LISTE DES ABRÉVIATIONS

Bengesco   *Voltaire: bibliographie de ses œuvres* (1882-1890).

BN   Bibliothèque Nationale, Paris.

D   *Correspondence and related documents*, éd. Th. Besterman, dans *OC*, lxxxv-cxxxv (1968-1977).

Desnoiresterres   *Voltaire et la société française au XVIIIe siècle* (1871-1876).

Duvernet   *La Vie de Voltaire* (1786).

Kehl   *Œuvres complètes de Voltaire* (1784-1789).

M   *Œuvres complètes de Voltaire*, éd. L. Moland (1877-1885).

OC   *Œuvres complètes de Voltaire / Complete works of Voltaire* (1968-).

PMLA   *Publications of the Modern Language Association of America*.

RHLF   *Revue d'histoire littéraire de la France*.

Rousseau   *L'Angleterre et Voltaire*, 1976.

Studies   *Studies on Voltaire and the eighteenth century*.

Vaillot   *Madame Du Châtelet* (1978).

NOTE SUR LES MONNAIES

Les valeurs relatives des monnaies françaises au dix-huitième siècle sont les suivantes:

12 deniers	=	1 sol (ou sou)
20 sous	=	1 livre ou franc (les deux termes sont équivalents)
3 livres	=	1 écu
10 livres	=	1 pistole
24 livres	=	1 louis

Il est fort difficile de donner des équivalents dans nos monnaies de 1985. Celles-ci sont instables, et la différence des modes et niveaux de vie rend toute comparaison aléatoire.

Indiquons seulement que Théodore Besterman estimait, en 1968, que le franc du dix-huitième siècle valait à peu près un dollar des U.S.A. (*OC*, lxxxv, p.xix).

Introduction

Au moment d'entreprendre une biographie de Voltaire, les doutes nous assaillent. Nous envions, sans pouvoir le partager, l'état d'esprit de notre prédécesseur, Gustave Desnoiresterres.[1] Il écrivait, il y a plus d'un siècle, en un âge qui nous apparaît comme celui d'une ingénuité critique. Sainte-Beuve régnait, sans que personne soupçonnât qu'on pût argumenter un «contre Sainte-Beuve». Desnoiresterres ne s'embarrassait pas, quant à lui, des théories de son contemporain Taine. Il ignorait jusqu'à l'existence de son autre contemporain, si étranger à son univers d'honnête Français lettré, Karl Marx. Il n'avait pas le moindre pressentiment de ce que pourrait apporter à la connaissance de l'homme, dans quelques décennies, un psychiatre viennois nommé Freud. Il ne se posait aucune question sur la validité de son entreprise.

Nous sommes désormais hors de ce «premier jardin». Ayant mordu aux fruits, sinon de la science, du moins de la critique, nous nous interrogeons.

Est-il possible de connaître un homme? Et à supposer résolu ce problème préalable, une autre question se présente: est-il possible de raconter une vie? Les techniques narratives sont-elles ici appropriées à leur objet? Le biographe, auteur d'une biographie impossible, est devenu un personnage de roman: le Roquentin de La Nausée n'écrira jamais sa vie du marquis de Rollebon, non plus que le Pierre Mercadier d'Aragon (Les Voyageurs de l'impériale) celle du financier Law. Un obstacle les arrête: il y a trop de faits. Le biographe veut tout savoir de son personnage. Il accumule ce qu'André Maurois appelait «un appareil complet de documents».[2] Enquête paralysante. Il est impossible de raconter une vie avec tous ses détails.

Difficulté particulièrement insurmontable dans le cas de Voltaire. Par sa correspondance, par les témoignages contemporains, de plus en plus nombreux à mesure que progresse sa célébrité, nous sommes informés de ses dits et gestes, presque jour par jour. Nous sommes en mesure d'établir sur lui une chronologie fourmillante de précisions. C'est même là l'indispensable travail préliminaire de sa biographie. Après quoi, à travers cette immense chronique il reste à découvrir l'homme et plus encore l'écrivain. Que sentait-il? que pensait-il? que voulait-il? Comment d'une poussière de menus faits fera-t-on

---

1. *Voltaire et la société française au XVIIIe siècle* (Paris 1871-1876), i.vi.
2. André Maurois, *Aspects de la biographie* (Paris 1930), p.53.

jaillir une personnalité vivante? Pour que le miracle s'opère, il ne suffit pas de totaliser les informations. Valéry le remarquait à propos de Léonard de Vinci: «nul n'est identique au total exact de ses apparences».[3] Ce qui est plus vrai encore de l'être multiple, changeant, que fut Voltaire. Parmi tant d'«apparences», lesquelles ressemblent le plus au Voltaire le plus essentiel? Comment déterminer où se situe le «vrai Voltaire»? Il est inévitable que dans la sélection intervienne la subjectivité du biographe.

On aboutit ainsi aux présentations si contrastées qu'on nous a proposées aux dix-huitième et dix-neuvième siècles. Un personnage qui suscita tant de haine comme tant d'enthousiasme ne pouvait être considéré de sang-froid. Dans une existence aussi inégale on a choisi selon ses préventions: soit ses petitesses, ses palinodies, ses fourberies, et l'on dénonce Voltaire l'infâme. On brandit les faiblesses d'une vie pour avilir un message détesté. Ou bien on jette un voile sur tant de misères; on ne veut connaître que l'homme aimable, l'ennemi des impostures, le défenseur des misérables, le champion d'un monde meilleur. Il n'est pas sûr que de tels clivages aient disparu au vingtième siècle. Le Maritain des *Trois réformateurs* (1925) stigmatise un Voltaire «vil», «méprisable personnellement», félicitant Rousseau d'avoir eu «le mérite de le haïr».[4] Lors du bicentenaire de 1978, alors que l'opinion, du fait de la circonstance, se montrait assez favorablement disposée, il s'est trouvé pourtant un polémiste pour reprendre, à peine rajeunies, les anciennes diatribes: ce Voltaire, un «talent tout d'adaptation», un philosophe enseignant «à se vautrer dans le bonheur matériel», responsable de l'anticléricalisme qui empoisonne la France, et aussi de la préférence de notre pays pour «l'Europe du Nord» (qui est, paraît-il, «le mauvais côté»); bref l'instaurateur du «pouvoir des intellectuels», ou pour mieux dire «d'une vermine d'intellectuels de gauche»...[5] Dans la direction opposée, on a vu en mai 1978 des étudiants allemands se réclamer de Voltaire au cours de manifestations qui devaient amener un président de Land à démissionner.[6] Il va de soi qu'un biographe conscient de ses devoirs se gardera de telles humeurs. Ce qu'écrivait Desnoiresterres sur une nécessaire objectivité[7] n'a rien perdu de sa valeur, bien que cette vertu, en un tel sujet, soit aujourd'hui plus facile à pratiquer.

Les critères de l'esprit partisan étant écartés, en vertu de quels principes regroupera-t-on détails et particularités? André Maurois, spécialiste de la

3. Paul Valéry, *Variété* (Paris 1924), p.174.
4. Jacques Maritain, *Trois réformateurs* (Paris 1925), p.229.
5. Marcel Signac, «Depuis deux siècles, la faute à Voltaire», *Rivarol*, 18 mai 1978.
6. Ces manifestations coïncidaient avec un colloque sur «Voltaire et l'Allemagne», organisé par l'Université de Mannheim.
7. Desnoiresterres, i.VI-VII.

biographie littéraire, recommandait d'imiter le peintre portraitiste ou paysagiste.[8] Ces artistes ont pour méthode d'«isoler ce qu'il y a d'essentiel dans l'ensemble considéré». Ils mettent en place leur sujet: Maurois conseille donc au biographe de «se promener cadre en mains», afin d'essayer des cadrages, comme le faisaient, à l'en croire, certains impressionnistes. On pourrait concevoir une vie de Voltaire qui se composerait d'une suite de portraits, saisis à des moments bien choisis. Le parti aurait des avantages: il permet de déblayer dans une matière surabondante. Il s'appuierait sur les images de Voltaire qu'ont fixées, aux diverses phases de sa vie, des peintres, des dessinateurs, des statuaires. Il rappellerait que cet homme fut un être de chair, une présence physique. «Je suis corps et je pense»,[9] déclarait l'auteur des *Lettres philosophiques*. N'oublions pas le corps. Une biographie ment, au moins par omission, qui néglige de raconter l'histoire de ce corps, avec son apparence, ses particularités, ses maladies, son usure inévitable. Ce serait un idéalisme inacceptable que de supposer que tout cela resta sans influence aucune sur les conduites, les pensées, les écrits.

Les objections à la biographie par portraits n'en paraissent pas moins dirimantes. Le portraitiste choisit «l'essentiel»? Autrement dit ce qu'il décide être l'essentiel: nous demeurons dans la subjectivité. Non qu'on doive en faire grief à l'artiste. Ce qui donne son prix au Balzac de Rodin, c'est le style de Rodin, interprétant le phénomène Balzac; non la fidélité à reproduire les traits et la stature du modèle. Mais une biographie ne peut s'accorder la pleine liberté de l'art. On attend d'elle un récit approchant autant qu'il se peut de la vérité. Un récit, non un portrait ou une série de portraits. La biographie a ceci de commun avec le roman qu'elle se constitue dans la catégorie de la durée. Elle ne vise pas comme le peintre portraitiste à composer une image fixe d'un être qui a vécu. Cette existence d'autrefois, elle en veut suivre le devenir, dans sa courbe complète de la naissance à la mort. Si parfois le récit s'arrête pour un instantané, c'est seulement à la manière de certains films projetant pendant quelques secondes une vue immobile. Le portrait dans la biographie n'est admissible que comme l'une de ces brèves interruptions bien vite récupérées dans le mouvement narratif.

Ainsi on évitera mieux les écueils du portrait littéraire. Voltaire récusait le genre, non sans raison.[10] A grouper des traits choisis pour leur valeur expressive,

---

8. *Aspects de la biographie*, p.72-73.

9. *Lettres philosophiques*, éd. G. Lanson et A.-M. Rousseau (Paris 1964), i.172.

10. La Beaumelle lui ayant reproché «de n'avoir pas semé assez de portraits» dans le *Siècle de Louis XIV*, Voltaire répond: «La curiosité insatiable des lecteurs voudrait voir les âmes des grands personnages de l'histoire sur le papier, comme on voit leurs visages sur la toile; mais il n'en va pas de même. L'âme n'est qu'une suite continuelle d'idées et de sentiments qui se succèdent et se détruisent; les mouvements qui reviennent le plus souvent forment ce qu'on appelle le

on construit une figure artificielle, où le talent du portraitiste s'exerce au détriment de la ressemblance. Dans le cas présent, il est d'une certaine importance que l'on prenne son parti sur cet article. Car notre personnage, par sa singularité et son relief, a très tôt tenté les émules de La Bruyère. Un portrait de lui resté célèbre circula vers 1735: «M. de Voltaire est au-dessous de la taille des grands hommes, c'est-à-dire un peu au-dessus de la médiocre»[11] ... L'auteur anonyme campe son «caractère» par des aperçus pertinents, saisis souvent avec acuité («c'est une ardeur qui va et vient, qui vous éblouit et qui pétille»). Pourtant ce morceau de bravoure demeure superficiel. Jean-Baptiste Rousseau observait justement qu'«on y a plus recherché l'antithèse que la vérité». Le portrait se conforme à une rhétorique, dont l'un des effets est que l'homme vrai reste extérieur à une image dont il fut le prétexte plutôt que le modèle.

On ne prétendra pas pour autant que la forme narrative puisse réaliser une parfaite adéquation à l'objet. Suivre le déroulement d'une existence suppose inévitablement qu'on choisit dans le flux infini des détails ce qu'on perçoit comme constituant le courant majeur avec ses ramifications principales. On ne se dissimulera pas qu'un tel discernement relève pour une bonne part de l'intuition. Le biographe met en usage la faculté de connaître les autres dont chacun dispose, peu ou prou, dans son expérience vécue. «On ne voit pas les cœurs», certes, mais quotidiennement on les devine, bien ou mal. Plus malaisément dans le cas du biographe, privé qu'il est de la présence immédiate de l'autre. Il n'accède à celui-ci qu'indirectement, à travers des documents inertes, souvent peu parlants. Et il ne lui suffit pas de connaître. Il a mission de recréer une vie par le langage. Faute de pouvoir accomplir véritablement un tel miracle, il s'efforce par des mots d'évoquer des images constituées à partir des informations parvenues jusqu'à lui sur un vivant d'autrefois.

Il est une voie cependant qui permet de surmonter l'embarras de ces résurrections, en limitant l'arbitraire des intuitions. Sartre s'est longuement interrogé sur les problèmes de la biographie.[12] Du *Baudelaire* au monumental *Idiot de la famille*, l'existentialisme sartrien remettait en valeur une recherche

caractère, et ce caractère même reçoit mille changements par l'âge, par les maladies, par la fortune. Il reste quelques idées, quelques passions dominantes, enfants de la nature, de l'éducation, de l'habitude, qui sous différentes formes nous accompagnent jusqu'au tombeau. Ces traits principaux de l'âme s'altèrent encore tous les jours, selon qu'on a mal dormi ou mal digéré. Le caractère de chaque homme est un chaos, et l'écrivain qui veut débrouiller après des siècles ce chaos en fait un autre» (*Œuvres historiques*, éd. R. Pomeau (Paris 1978), p.1256-57).

11. D878 (*c.* juin 1735): Jean-Baptiste Rousseau recopie et commente le portrait, à l'intention d'un correspondant non identifié. Voir le texte intégral ci-dessous, p.336-37.

12. Voir Victor Brombert, «Sartre et la biographie impossible», *Cahiers de l'Association internationale des études françaises* 19 (mars 1967).

dédaignée par d'aucuns, à partir de l'affirmation que toute vie est liberté; et que la liberté, en situation, s'exprime par le projet. «Faire voir cette liberté aux prises avec le destin, d'abord écrasée par ses fatalités puis se retournant sur elles pour les digérer peu à peu, prouver que le génie n'est pas un don mais l'issue qu'on invente dans les cas désespérés, retrouver le choix qu'un écrivain fait de lui-même, de sa vie et du sens de l'univers, jusque dans les caractères formels de son style et de sa composition, jusque dans la structure de ses images»[13]... La perspective tragique proposée par Sartre ne convient évidemment pas à une vie de Voltaire. Jamais François-Marie Arouet ne fut «écrasé par ses fatalités». Mais comme tout homme il a subi les contraintes de son insertion historique et sociale. Comme tout homme il a vécu avec les données psycho-somatiques de son hérédité. Sur les unes et les autres il s'est «retourné» pour les dépasser. Il s'est bien «choisi lui-même», par exemple lorsqu'il a refusé de poursuivre sur la lancée familiale en s'élevant dans la magistrature parlementaire, optant délibérément pour la littérature. Au sortir du collège il affirme sa liberté par la décision d'être poète. Les projets dont se tisse une vie s'élaborent lentement, au long des années. On ne déterminera pas la date précise à laquelle «M. de Voltaire», ce poète, a décrété qu'il serait aussi un «philosophe». Sa vocation «philosophique» est née d'orientations successives par quoi il réagit à des événements fortuits. S'il ne s'est jamais trouvé dans des conjonctures réellement «désespérées», même à la Bastille, même arrêté à Francfort sous la férule de l'agent prussien Freytag, il est exact qu'il a dû maintes fois découvrir des «issues» à des situations difficiles. L'accumulation de ses décisions, toujours improvisées et partielles, finira par constituer une ligne de vie continue, ayant le sens d'un projet.

On dira que nous en jugeons à notre aise, puisque de cette vie nous connaissons la fin. On fausse effectivement la perspective quand on apprécie les événements d'une vie, surtout en ses débuts, à la lumière de l'avenir. Ainsi l'abbé Duvernet nous montre un François-Marie déjà «philosophe» à l'âge tendre de trois ans: le bambin aurait dès ses premiers balbutiements récité par cœur un texte aussi peu enfantin que la *Moïsade*. Au collège le père Lejay aurait lancé à l'élève Arouet l'apostrophe: «Malheureux, tu seras un jour l'étendard du déisme en France!»[14] Les épisodes prophétiques éveillent toujours le soupçon d'avoir été altérés, sinon inventés de toutes pièces. Ils ont en outre le défaut d'anticiper maladroitement. Le récit biographique doit préserver l'intérêt, d'essence romanesque, créé par l'attente d'un Demain inconnu.

---

13. Jean-Paul Sartre, cité par J. Lecarme, *La Littérature en France depuis 1945* (Paris 1974), p.71.
14. Théophile Imarigeon Duvernet, *La Vie de Voltaire* (Genève 1786), p.11, 15.

5

Toute vie s'ouvre sur l'avenir. L'indétermination de ce qui adviendra, bien que progressivement réduite, doit subsister jusqu'en ses dernières phases.

Pourtant le romancier, presque toujours, sait où il conduira son personnage. Mieux encore le biographe connaît la suite et la fin de la vie qu'il raconte. Même s'il le voulait, il ne peut en faire abstraction. Et ce serait se priver d'une approche efficace. Dans le présent incertain dont il parle pourquoi feindre d'ignorer les lendemains que déjà il voit s'y dessiner? Il est plus sincère, comme plus utile, de pratiquer la méthode «progressive-régressive» définie par Sartre. Une situation donnée se trouvera bientôt dépassée. Comment? Seul un perpétuel aller et retour fait saisir au biographe la tension d'une vie. «Il s'agit d'inventer un mouvement, de le recréer.»[15] De plus dans ce dépassement du présent le biographe dépasse lui-même par l'intuition les données brutes de son information. L'école biographique anglaise, constituée autour de Virginia Woolf,[16] avait posé correctement un problème dont la solution se rencontrera dans la direction que nous indiquons. Comment dégager la vérité historique tout en procurant l'illusion de la vie? L'illusion ne s'obtient pas de l'extérieur, par des artifices empruntés au roman: descriptions donnant l'impression de la présence des lieux, invention de scènes «vivantes», dialogues imaginaires. La biographie romancée, faisant mouvoir ses marionnettes, ne réalise qu'une animation factice. Notre ambition est de saisir le mouvement interne d'une existence. La vérité d'une vie s'atteint par l'accès à ses motivations les plus déterminantes, non par une hypothétique reconstitution de ses apparences.

L'intériorisation de l'enquête s'impose plus encore dans le cas d'une biographie d'écrivain. La vie d'un homme qui a choisi pour activité principale l'écriture doit s'axer sur l'étude génétique de ses œuvres. Il est connu qu'à cet égard l'ouvrage de Desnoiresterres fut gravement déficient.[17] Son *Voltaire et la société au XVIIIe siècle* considérait le personnage sous un angle qui, sans doute, ne manquait pas de pertinence. Mais Desnoiresterres ne semble pas avoir pris conscience de ce que sa perspective avait d'appauvrissant. «L'organisation du récit fait que Voltaire n'y est jamais seul, qu'on ne le voit qu'en représentation».[18] Le philosophe qui pense, l'écrivain qui conçoit, élabore, rédige, est absent de cette biographie. Les ouvrages de l'homme de lettres ne

15. J.-P. Sartre, *Critique de la raison dialectique*, cité par V. Brombert, p.162.

16. A. Maurois traite surtout de ces biographies britanniques dans *Aspects de la biographie*, recueil de conférences prononcées à Trinity College, Cambridge.

17. On en dira autant d'une biographie comme celle de Jean Orieux, *Voltaire ou la royauté de l'esprit* (Paris 1966), adaptée, avec brio mais non sans erreurs, de Desnoiresterres. Les œuvres sont à tel point méconnues qu'il arrive à l'auteur d'en altérer le titre: les *Lettres philosophiques* ou *Lettres écrites de Londres sur les Anglais* deviennent bizarrement, p.188, 204, des *Lettres aux Anglais*.

18. Jean-Michel Raynaud, *La Jeunesse de Voltaire* (thèse de troisième cycle, Université de Paris-Sorbonne, 1975, exemplaires dactylographiés), p.15.

sont guère mentionnés que pour les péripéties de leur publication et les remous qu'ils suscitent. Sur la signification que leur imprime Voltaire, sur l'ébranlement qu'ont provoqué certains d'entre eux (on songe aux *Lettres philosophiques*), rien ou peu de choses. Les visées de l'écrivain par rapport à son époque ne sont pas prises en compte. La fébrilité des conduites, l'éparpillement des actions exposent effectivement le biographe à négliger le grand dessein voltairien. Mais on n'aura pas rendu justice au personnage si l'on oublie ou minimise le *projet* qu'il exprimait rétrospectivement lorsqu'il se flattait d'avoir «plus fait en [son] temps que Luther et Calvin».[19] «J'écris pour agir»,[20] déclare-t-il encore. En son cas moins qu'en tout autre on ne peut séparer «la vie» de «l'œuvre». L'écriture n'exige de sa part aucun retrait hors des activités quotidiennes d'une existence très chargée. Ce qui explique l'erreur de perspective de Desnoiresterres. Sa mobilité d'attention le met à même de reprendre dans l'instant un manuscrit commencé, parfois depuis longtemps. Même ses ouvrages de la plus longue haleine, tel *Le Siècle de Louis XIV*, furent ainsi lentement improvisés. Le biographe sera donc tenu de ne point perdre le fil d'une écriture toute mêlée aux circonstances, liée à une actualité proche ou lointaine, à la fois comme cause et comme effet.

Il est bien vrai que Voltaire fut peut-être le moins solitaire des hommes. Le titre d'ensemble que nous avons choisi, *Voltaire en son temps*, entend marquer son étroite participation à son époque. Un homme, remarque Sartre, n'est jamais à proprement parler un «individu»: plutôt un «universel singulier». «Totalisé» par son époque, «il la retotalise en se reproduisant en elle comme singularité».[21] Tel fut éminemment Voltaire: «écho sonore» sans doute, mais plus encore élément moteur de son temps.

Ici une nouvelle fois nous nous démarquons de Desnoiresterres. La «société au dix-huitième siècle» dont il parle, il tendait à la réduire aux relations littéraires et mondaines. La prodigieuse mutation du monde européen, où Voltaire fut pris, dont il fut l'un des agents, son biographe ne semble pas en mesurer l'importance. Tout au plus parle-t-il quelque part, pauvrement, de la «rénovation de 89». Peut-être se sentait-il trop proche de ce passé. «Nous commençons à nous éloigner de ces temps», écrivait-il.[22] Plus de cent ans après, en notre vingtième siècle finissant, le biographe a désormais la conviction d'être situé dans un monde très éloigné de celui de Voltaire. L'horizon de

---

19. *Epître à l'auteur du livre des Trois imposteurs* (M.x.404).
20. «Jean-Jacques n'écrit que pour écrire et moi j'écris pour agir», D14117 (*c*. 15 avril 1767), à Jacob Vernes.
21. J.-P. Sartre, *L'Idiot de la famille* (Paris 1971), i.7.
22. Desnoiresterres, viii.41.

l'Histoire se dessine à son regard: il ne le perdra pas de vue en suivant les péripéties des polémiques et combats voltairiens.

Nous aurons soin cependant que les lointains ne nous détournent pas de considérer les environnements les plus proches. Voltaire a traversé de nombreux milieux: le monde de la Régence, la société anglaise, les Pays-Bas des années 1730 et 1740, la cour de Nancy, celle de Louis XV, la Prusse, Genève, Paris derechef... En plusieurs de ses résidences il a séjourné ou s'est installé pour un temps assez long. Nouant de multiples relations, parfois orageuses, il a été influencé par ces ambiances diverses. Il y a réagi. Il affirmait qu'il avait été «Anglais à Londres», «Allemand en Allemagne». Des Délices et de Ferney il signe: «le Suisse Voltaire». Il parle de sa «peau de caméléon».[23] Aussi importera-t-il de reconstituer ces milieux, d'en caractériser les composantes morales. La biographie de Voltaire ne peut moins faire que d'adapter le principe de la philosophie voltairienne de l'histoire recommandant de connaître «l'esprit des hommes» vivant en société.

Mais dans cette recherche nous ne suivrons pas la méthode préconisée par André Maurois: celle de «voir tout à travers le héros». Maurois concédait qu'on peut à la rigueur prendre «quelquefois» du recul.[24] Nous posons que ce «quelquefois» deviendra la règle. La perspective personnelle de Voltaire sur l'histoire de son temps fait partie de cette histoire même. Elle aide l'historien d'aujourd'hui à définir une mentalité, dominante au dix-huitième siècle, celle de l'opinion «éclairée», dans l'une de ses branches majeures. La perspective voltairienne sur l'époque sera englobée par nous dans la perspective plus large que rend possible la distance de deux siècles. Voltaire témoin de son temps: grand sujet, qui a été traité.[25] Le biographe est quant à lui le témoin de Voltaire «en son temps».

Témoin: non accusateur, ni avocat. Et pas davantage romancier omniscient. «L'intuition» doit se résigner à laisser subsister des zones d'ombre. L'interprétation des projets et intentions reste, quoi qu'on fasse, extérieure à la conscience qui les pense. «Nul ne peut écrire la vie d'un homme que lui-même», prétend Rousseau:[26] ce qui reviendrait à récuser la biographie au profit de la seule autobiographie. Comme d'habitude en ses formules abruptes, Rousseau a raison dans l'absolu. Nul ne connaît mieux Jean-Jacques que Jean-Jacques lui-même. Nul récit ne sera plus véridique – dans la mesure où un récit peut l'être – que le livre des *Confessions* qu'il ne craindra pas de produire au jour du

---

23. D5786 (23 avril 1754), à Mme Du Deffand.
24. *Aspects de la biographie*, p.85.
25. Par Georges Mailhos, *Voltaire témoin de son temps* (thèse de doctorat ès lettres, Université de Toulouse le Mirail, 1972, exemplaires dactylographiés).
26. Préambule de Neuchâtel, *Les Confessions*, éd. J. Voisine (Paris 1964), p.787.

Jugement devant l'Etre suprême. Mais hors de l'hypothèse extrême, toute théorique, posée par le célèbre préambule, une connaissance relative des êtres demeure la seule accessible. Connaissance suffisante dans ses approximations pour que depuis Rousseau, en dépit de sa sentence, maints biographes et leurs lecteurs s'en soient contentés, ayant le sentiment de parvenir, sur le personnage en question, à une vérité incomplète mais réelle.

Une biographie de Voltaire appartient de toute évidence à cette catégorie. Nous n'accédons pas ici à la connaissance intime que les *Confessions* ouvrent au biographe de Rousseau. Quand notre auteur rédige des *Mémoires pour servir à la vie de M. de Voltaire*, il évite soigneusement le retour sur soi autobiographique. Il écrit à la manière du mémorialiste classique, parlant des grands personnages qu'il a fréquentés (ici Frédéric II) et des événements auxquels il fut mêlé. Avancera-t-on que sa correspondance, si copieuse, fournit à son biographe l'équivalent des *Confessions*? Il y manquerait le recul de l'autobiographie et l'effort de synthèse du narrateur embrassant la totalité de son passé. Voltaire ne s'écarte pour ainsi dire jamais de la règle épistolaire: il écrit chaque lettre non pour lui-même, mais en vue du destinataire. Si nous disposons là de documents irremplaçables, on n'oubliera pas que chacun est à décrypter en fonction des stratégies et tactiques voltairiennes.

Soutiendra-t-on que l'homme qui écrit beaucoup se livre dans son écriture, à la manière de celui qui parle «au hasard» sur le divan du psychanalyste, même si, comme Voltaire et à la différence de «l'analysé», il contrôle toujours ce qu'il exprime? L'auteur d'*Œdipe* offre certainement des éléments pour une critique psychanalytique.[27] Mais on connaît les limites de celle-ci et les incertitudes de son application en matière littéraire. Sartre a édifié une psychanalyse existentielle de Flaubert. Il n'échappe pas tout à fait, ce faisant, à la difficulté sur laquelle trébuchait son Roquentin: le biographe de *La Nausée* voyait son héros échapper aux tentatives d'organisation: «les faits s'accommodent à la rigueur de l'ordre que je veux leur donner, mais il leur reste extérieur».[28] Comment imaginer qu'on puisse capter dans le réseau d'une dialectique un personnage tel que Voltaire, autrement mobile que le Rollebon de Roquentin, ou le Flaubert de Sartre? Comme l'objet de toute connaissance, la vie, objet de la biographie, ne peut être constituée indépendamment de l'effort pour la connaître. Il demeure que cet «objet» dont nous nous occupons a son caractère propre, sur lequel devra se régler l'entreprise biographique: un homme instable, improvisateur et versatile, qui très tôt a composé son personnage et l'a fait pulluler. Constamment Voltaire tend à se dérober derrière

---

27. Voir José-Michel Moureaux, *L'Œdipe de Voltaire: introduction à une psycholecture*, Archives des lettres modernes 146 (1973).
28. J.-P. Sartre, *La Nausée* (Paris 1938), p.27.

ses rôles et ses masques. Au biographe de découvrir sous les déguisements le visage vrai, ou du moins le visage le plus vrai.

Il est un rôle pourtant que Voltaire a négligé de prévoir. Il a omis de modeler son masque posthume. Son *Commentaire historique* dicté peu avant sa mort à son secrétaire Wagnière n'a nullement le relief trompeur du *Mémorial* de Las Cases – ce Napoléon revu et corrigé par lui-même. Le *Commentaire* de Voltaire n'excède pas l'intérêt d'une notice biographique rédigée par l'intéressé. En cette suprême circonstance l'auteur n'a pas voulu se départir de la discrétion qu'a toujours comportée son éthique de «l'honnête homme».

Dans l'Angleterre victorienne, André Maurois nous assure que «les hommes prudents avant de mourir faisaient choix d'un biographe comme ils désignaient un exécuteur testamentaire».[29] Et Maurois, en bon connaisseur des biographies anglaises, cite des noms. Voltaire a rédigé plusieurs testaments. Il avait prévu à Ferney sa sépulture, que le hasard d'un décès à Paris laissa vide. Il n'a pas eu, en revanche, la naïveté de penser qu'une autobiographie ou qu'une biographie officielle désarmerait la malice de ses ennemis. Son abstention nous laisse le champ libre. Notre entreprise se situera à l'opposé des précautions posthumes des victoriens illustres. Non point une statue aussi convenable que conventionnelle. Mais une image indiscrète, le cas échéant scandaleuse. Nous sommes persuadés qu'à cette franchise Voltaire ne perdra rien.

Bien que plus que centenaires, les huit volumes de Desnoiresterres demeurent encore la base de la biographie voltairienne. Nous avons l'ambition de mettre fin à une situation aussi anormale. Depuis 1871-1876, un afflux énorme de documents a modifié notre connaissance de Voltaire, pendant que les avancées de l'Histoire et l'enrichissement de la méthodologie historique renouvelaient la connaissance de son temps. Il est inadmissible que d'ingénieux amateurs continuent de nos jours à écrire des *Vie de Voltaire*, prestement troussées à partir de l'archaïque Desnoiresterres, ajoutant aux erreurs de celui-ci les bévues de l'improvisateur.

Nous avons le dessein de substituer aux volumes d'il y a cent-dix ans une narration d'une ampleur analogue, entrant pareillement dans le détail. Voltaire vit au jour le jour. Les grandes lignes de son ou de ses projets n'apparaissent légitimement que dans le mot à mot d'un cheminement quotidien. Aussi suivrons-nous cette existence non seulement année par année, mais mois par mois, semaine par semaine, et parfois, en des phases critiques, jour par jour, voire heure par heure.

L'entreprise – on le conçoit – excède les forces d'un seul homme. La masse

---

29. *Aspects de la biographie*, p.30.

des documents, la masse plus considérable encore des analyses, commentaires, gloses, sont devenues si écrasantes qu'un auteur unique ne peut prétendre y pratiquer des dépouillements suffisamment exhaustifs, en vue d'en extraire une synthèse. On ajoutera qu'en notrc temps peu d'hommes de plume jouissent des loisirs qui permettaient à un Desnoiresterres de mener sa tâche jusqu'à son terme.

Nous avons donc constitué une équipe, laquelle est au travail depuis plusieurs années. L'ouvrage a été réparti en tranches chronologiques. Après ce premier volume, quatre autres paraîtront dans des délais aussi rapprochés que possible:

2. *Avec Madame Du Châtelet* (1734-1749)
3. *De la Cour au Jardin* (1750-1759)
4. *Ecraser l'Infâme* (1759-1770)
5. *On a voulu l'enterrer* (1770-1778)

Chacun des volumes suivants sera donné sous les signatures de son principal rédacteur et de ses collaborateurs. Quant au présent tome, il a été entièrement rédigé par son signataire, animateur de l'ensemble de l'entreprise: en tant qu'auteur, j'en assume la seule responsabilité. Mais le travail a été aidé par de précieux concours. Je remercie pour les informations, observations, avis, qu'ils ont bien voulu me communiquer Jacques Bertaud, Jacqueline Hellegouarc'h, André Magnan, Sylvain Menant, Livio Missir, Jean-Michel Raynaud, André-Michel Rousseau, Isabelle Reille, Jacques Spica. Je remercie Nicole Masson qui m'a aidé à mettre au point l'annotation et la bibliographie.

L'équipe entière exprime sa gratitude au Centre d'étude des XVIIe et XVIIIe siècles de la Sorbonne, laboratoire associé 96 du CNRS, et à son directeur Robert Mauzi. La biographie de Voltaire s'inscrit au nombre des activités du Centre. Celui-ci met à notre disposition un appui financier et des moyens logistiques sans lesquels aucune entreprise de recherche n'est aujourd'hui concevable.

Comment dire enfin notre reconnaissance pour la Voltaire Foundation qui veut bien accepter d'éditer nos volumes? Cette importante fondation, créée à l'initiative du très regretté Théodore Besterman (auteur lui-même d'une biographie, différente de la nôtre par la conception et l'ampleur) était toute désignée pour accueillir une publication comme celle-ci.

1. Voltaire Parisien

Français superlativement, Voltaire l'est grâce à Paris. Qu'il soit ou non né dans la capitale, il y a vécu son enfance et sa jeunesse. Il y a aiguisé son esprit. Il écrit d'abord pour le public de la grande cité. Il lui doit le début de ses succès. Ensuite, éloigné, exilé, il ne cesse de regarder vers ce centre de sa vie. Sa dernière folie sera d'y revenir, pour en mourir.

Le contact formateur d'un homme avec sa ville, il l'a vécu pendant ses trente premières années. Jusqu'à son départ pour l'Angleterre, il y réside continuellement, fût-ce comme pensionnaire de la Bastille. Son absence la plus longue dure cinq mois (mai-octobre 1716: il est assigné à résidence à Sully-sur-Loire). Ces années seront la partie la plus parisienne de sa biographie.

De quel Paris s'agit-il? Desnoiresterres ne se posait pas la question, comme si Voltaire avait habité la ville que lui-même avait sous les yeux. Pourquoi parler de ce que chacun de ses lecteurs alors connaissait bien? Postulat encore admissible vers 1860. Hausmann commençait à peine à détruire l'ancienne cité. Desnoiresterres peut se contenter de signaler en note une «transformation» faisant disparaître la rue de la Haumerie, où la sœur de Voltaire, Mme Mignot, avait sa maison.[1]

Aujourd'hui, il faut écarter l'image de l'agglomération qui est la nôtre. Sous le même nom, sur les mêmes lieux, représentons-nous une autre ville. Le plan de Turgot, dressé en 1734-1739, nous aide à la reconstituer.

Au nord de la Seine, Paris est bordé par un arc de cercle conservant des éléments d'anciennes fortifications, désormais plantées d'arbres. La limite, à l'est, part de l'Arsenal au bord de la Seine, passe par la Bastille, longe le couvent des Filles du Calvaire, dépasse la porte du Temple (au nord du «Temple»), la porte Saint-Martin, la porte Saint-Denis, continue à quelque distance de la place Vendôme pour rejoindre la Seine sur un espace qui sera la place de la Concorde, où l'on accède venant des Tuileries par un pont tournant. La ville s'arrête là du côté de l'ouest. Plus loin les bosquets des Champs-Elysées ne portent aucune habitation. Au nord de l'arc ainsi tracé, sur les axes routiers, plusieurs quartiers commencent à se construire: les faubourgs Saint-Antoine, Saint-Laurent (à l'emplacement de la future gare

---

1. Desnoiresterres, i.7.

de l'Est), le faubourg Montmartre en direction du village de ce nom, la Madeleine, le faubourg Saint-Honoré.

Au sud de la Seine, à l'ouest, l'hôtel des Invalides marque la fin de la ville. Au delà le Gros-Caillou forme sur le rivage du fleuve un village distinct. Sur la périphérie également se situent le palais du Luxembourg et ses jardins. Jouxtant celui-ci la rue de Vaugirard gagne la campagne à partir de la rue Notre-Dame-des-Champs, laquelle effectivement traverse les champs. L'Observatoire, comme il est normal, a été édifié en dehors de la partie construite. A l'endroit de l'actuelle place Denfert-Rochereau et de ses environs, le plan de Turgot dessine des moulins. En traversant les faubourgs Saint-Marcel, Saint-Victor, on retrouve à l'est le fleuve, en face du port de la Rapée, par la rue Poliveau; sur le côté droit de cette rue l'hôpital de la Salpêtrière est hors de la ville.

En descendant la Seine le premier pont de Paris est le pont de la Tournelle reliant la rive gauche à l'Ile Saint-Louis, prolongé par le Pont-Marie. Le dernier est le Pont-Royal entre les Tuileries et la rue de Beaune.

De banlieue, point. Mais des villages égaillés dans la campagne: Ménilmontant, Belleville, Montmartre, Chaillot, Auteuil, Gentilly. En 1776 encore, le promeneur Jean-Jacques Rousseau, partant du centre, au début de l'après-midi, gagne de son pas par des «sentiers à travers les vignes et les prairies» les hauteurs de Ménilmontant et Charonne, localités sises en un «riant paysage». Il rentre, toujours à pied, vers les six heures du soir.[2]

Dans ce périmètre, si étroit en comparaison du Paris du vingtième siècle augmenté de surcroît d'immenses banlieues, combien la ville comptait-elle d'habitants? Quatre cent mille? Cinq cent mille? L'un ou l'autre chiffre en faisait la ville la plus peuplée, avec Londres, de tout l'Occident. Ce serait aujourd'hui une agglomération de troisième ordre: l'une de ces cités où l'on peut dire que tout le monde connaît tout le monde. En outre, dans les années 1700, le Paris de la bonne société se réduisait à un cercle fort restreint. Tranchant sur une population de petits bourgeois, d'artisans, de domestiques, de manœuvres, de miséreux, les «honnêtes gens» n'étaient que quelques milliers. Ils se retrouvaient en certains lieux publics, centres obligés de passage ou de rencontre: les trois salles de spectacle, la Comédie-Française, le Théâtre italien (rouvert en 1716), l'Opéra; les divertissements de la Foire où maints d'entre eux aiment s'encanailler; les promenades dans les quelques jardins de la capitale, Luxembourg, Tuileries, Palais-Royal. La superficie de la ville, le caractère élitiste de la société déterminaient une vie de relations fort différente de ce qu'elle peut être dans nos métropoles. Les structures urbaines assurent

---

2. J.-J. Rousseau, *Les Rêveries du promeneur solitaire*, deuxième promenade.

à l'individu beaucoup plus de contacts avec ses concitoyens. Chacun se meut non dans la foule anonyme, mais dans un milieu où il se sait connu, ou reconnu. Significatif, ce qui arriva au jeune Arouet pendant l'affaire des «J'ai vu». Dans les jardins du Palais-Royal, le régent le croise, l'interpelle; car il connaissait au moins de visage ce jeune homme qui ne s'était encore signalé que par quelques méchants propos.[3] On n'imagine guère de nos jours une telle rencontre dans la rue entre le chef de l'Etat et un garçon de vingt-six ans (c'est l'âge d'Arouet lors de l'épisode) dont il croit avoir à se plaindre.

Le mode d'existence propre à l'«honnête homme» parisien n'est pas étranger à une certaine théâtralité de la vie française. On est en scène, sous le regard, non seulement à la cour, mais dans les cercles à peine plus élargis de la ville. L'un des hauts moments de la journée est celui où l'on va se montrer à la Comédie, française ou italienne, formant soi-même la partie non la moins intéressante du spectacle. Voltaire si féru de théâtre, comme auteur et comme acteur, ne cessera de composer son personnage à l'intention d'un public finalement étendu aux dimensions de l'Europe.

Centre d'élégance et de luxe, le Paris du dix-huitième siècle n'offre pourtant en la plupart de ses quartiers qu'un décor vétuste. La ville a pâti du transfert de la cour à Versailles. Louis XIV a négligé cet ancien foyer de la Fronde. On a même permis à un particulier, un certain Molet, de construire sa maison dans la cour carrée du Louvre. Le plan de Turgot reproduit cet édifice incongru. Les efforts d'urbanisme au Grand Siècle se sont bornés à des réalisations disparates. Voltaire en aura vite dressé le palmarès dans le *Temple du Goût*: outre la façade du Louvre, la Porte Saint-Denis, la Fontaine Saint-Innocent, le Palais du Luxembourg, le portail de Saint-Gervais.[4]

Rares chefs-d'œuvre dans une ville médiévale. Les quartiers du centre surtout n'offrent qu'un dédale de rues étroites, aggravé de ces culs-de-sac innombrables dont la dénomination grossière non moins que l'incommodité indignera Voltaire. Comme au Moyen Age les ponts (à l'exception du Pont-Neuf et du Pont-Royal) portent une rangée de maisons de chaque côté de la chaussée, bouchant la vue du fleuve. Point d'eau dans ces rues populeuses: les fontaines publiques ne laissent couler qu'un mince filet, quand elles ne sont pas taries. Le service de l'eau est fait par des porteurs livrant dans les maisons les seaux puisés dans la Seine. Dans un quartier comme Saint-Jacques de la Boucherie le plan de Turgot note qu'on est incommodé par la puanteur des étals, des échaudoirs, des triperies «qui sont concentrés dans de petites rues étroites, de même que les marchands de marée».[5] D'innombrables couvents,

3. Desnoiresterres, i.120.
4. *Le Temple du Goût*, éd. E. Carcassonne (Paris 1938), p.89.
5. *Le Plan de Turgot* (Paris 1966), «Remarques sur ce quartier».

communautés, prieurés, d'hommes et de filles, achèvent de donner à la ville son allure archaïque.

Le «gothique», le «welche», que Voltaire combattra obstinément, il le connaît bien pour en avoir longuement souffert le contact dans le Paris de sa jeunesse, l'un des quartiers les plus enchevêtrés étant celui du domicile familial. Son père François Arouet, en qualité de receveur à la Cour des comptes, occupe un logement parmi le fouillis du Palais de justice, en l'île de la Cité. Sa maison s'ouvre sur la cour du Palais, mais par une seule fenêtre, et au fond de la rue de Nazareth. On n'a qu'une vue étroite sur la petite place centrale, encastrée entre les bâtiments, dont l'un est la Sainte-Chapelle. Mais d'un autre côté la maison dispose d'un jardin. Milieu de bourgeoisie robine, à la fois rechignée et cossue. Voltaire se souviendra d'y avoir vu le vieux Boileau-Despréaux, qui avait sa demeure sur cette même cour du Palais.[6]

De l'émergence d'un être humain à la vie, qu'aperçoit le regard de l'historien? D'abord seulement le tissu nourricier: une famille installée en un point de l'espace social. Quand vient au monde le nouveau-né qui sera Voltaire, ses parents habitent encore sur la paroisse Saint-André-des-Arts. Pour peu de temps. François Arouet a déjà vendu sa charge de notaire au Châtelet (16 décembre 1692); il va acheter celle de receveur des épices à la Cour des comptes (10 septembre 1696). L'enfant naît dans cet intervalle de l'ascension familiale. Progression patiemment poursuivie depuis trois quarts de siècle. Les Arouet étaient du Poitou, principalement de Saint-Loup près d'Airvault. La souche provinciale subsista pendant tout le dix-huitième siècle: il en existait encore des descendants dans la région en 1811 et 1812 selon Beuchot.[7] En 1936 même Jacques Renaud signale des Arouet à Niort, «marchands de chevaux de père en fils»: l'un d'eux présenterait une ressemblance physique avec Voltaire.[8]

C'étaient gens de roture, mais non de la plus basse. Desfontaines croira insulter le grand homme en le traitant de «petit-fils d'un paysan». Ses ancêtres poitevins appartiennent en réalité à la bonne bourgeoisie de campagne. On cite au début du dix-septième siècle un Samuel Arouet, notaire à Saint-Loup.[9] Hélénus Arouet, arrière-grand-père de Voltaire, est tout à fait à son aise: il

6. *Epître à Boileau* (M.x.398).

7. M.i.190.

8. Jacques Renaud, «Les ancêtres poitevins de Voltaire», *Bulletin de la Société historique et scientifique des Deux-Sèvres* (1968), p.185-86. Cette étude complète et rectifie Guy Chardonchamp, *La Famille de Voltaire: les Arouet* (Paris 1911). Mais que penser de cette ressemblance si Voltaire n'est Arouet que de nom, étant né, comme il l'a prétendu, des œuvres du chansonnier Rochebrune (voir plus bas, p.22)?

9. Un tel prénom paraît dénoter des attaches avec la «religion prétendue réformée». J. Renaud, p.189, pense qu'il y eut des protestants parmi les ancêtres poitevins de Voltaire.

dirige à Saint-Loup une «grande tannerie»; il possède plusieurs maisons, des terres dans les environs. A sa mort son coffre se révèle bien garni de titres et de reconnaissances de dettes.[10]

C'est l'un des fils d'Hélénus, François né à Saint-Loup vers 1605, qui vient s'installer à Paris avant 1625 comme marchand de drap et de soie. Ce grand-père de Voltaire conserve des attaches au Poitou. Il y revient de temps en temps, en dernier lieu pour liquider ses avoirs provinciaux en vue d'investir dans son commerce à Paris. Le fils de ce François, prénommé aussi François, est devenu, lui, purement parisien. Né dans la capitale le 19 août 1649, il y acquiert une étude de notaire le 19 février 1675. Par lui une branche de la famille Arouet se détache de la bourgeoisie commerçante, tenant encore au terroir provincial, pour s'élever au niveau supérieur, celui de la bourgeoisie parisienne des offices.

Le fils de ce François II Arouet n'aura que de vagues notions des origines poitevines des siens. Il ne manifestera que de l'indifférence pour les gens de Saint-Loup et lieux environnants. Il n'aura jamais la curiosité d'aller faire là-bas une visite, même lorsque séjournant à Richelieu chez son ami le duc il n'en sera qu'à une journée de voiture.

10. J. Renaud, p.195.

16

2. Deux pères? deux baptêmes?

François II Arouet épouse le 7 juin 1683 Marie-Marguerite Daumard. L'union confirme que le fils du marchand a gravi un degré de l'échelle sociale. Les Daumard ne sont pas issus, comme l'écrivait Condorcet, d'une «noble famille du Poitou».[1] Non pas poitevins, mais parisiens, autant qu'on sache. S'ils ne sont pas nobles, ils sont en passe de se débarbouiller de leur roture. Le père de Marie-Marguerite comme greffier criminel au parlement s'engageait sur la voie de l'anoblissement robin. Et déjà un sien cousin, Nicéphore Symphorien (G. Chardonchamp) ou Sébastien (J. Renaud), capitaine au château de Rueil, avec le titre d'écuyer a acquis un premier quartier de noblesse. On voit qu'en 1726 dans sa querelle avec le Rohan Voltaire tentera de mettre en avant un cousin de sa mère (peut-être ce Symphorien ou Sébastien),[2] comme si la partie la plus huppée de sa famille se situait du côté Daumard.

Dans les premières années du ménage Arouet on rencontre les naissances et décès d'enfants en bas-âge conformes à la démographie française sous Louis XIV. Un Armand-François, né le 18 mars 1684, ne vivra pas. Un an plus tard, le 22 mars 1685, naît Armand, qui sera le frère janséniste de Voltaire. Au bout de dix-huit mois, vient au monde (le 28 décembre 1686) Marguerite-Catherine, la future Mme Mignot, mère de Mme Denis et de Mme de Fontaine. Un Robert Arouet né le 18 juillet 1689 meurt très vite. Ensuite François-Marie, dernier enfant du ménage, ne naît que cinq ans après, en 1694.[3] Cet intervalle, beaucoup plus long que les précédents, s'explique-t-il par la mauvaise santé de la mère, éprouvée par quatre maternités? Ou par un contrôle des naissances, qui commençait à se pratiquer dans quelques milieux? Ou par une mésentente conjugale?

---

1. M.i.190.
2. D293.
3. G. Chardonchamp, suivi par J. Renaud et Th. Besterman, attribue à Mme Arouet une seconde fille, prénommée comme sa mère Marie-Marguerite, née à une date inconnue, entre Robert et François-Marie; cette Marie-Marguerite aurait épousé Mignot; d'où il résulte que Marguerite-Catherine, née le 28 décembre 1686, n'aurait pas vécu. Mais c'est une erreur. Mme Mignot se prénommait Catherine, comme le prouve son contrat de mariage; elle est donc à identifier avec la fille née le 28 décembre 1686. Marie-Marguerite ne semble pas avoir existé. Jal, qui utilise les registres paroissiaux détruits en 1871, l'ignore; selon cet auteur, suivi par Guiffrey, c'est Marguerite-Catherine qui épousa Mignot.

Ce soupçon ne peut être écarté, compte tenu des énigmes qui entourent la naissance de Voltaire. Incertitude sur la date. Officiellement François-Marie Arouet, baptisé le 22 novembre 1694 à l'église de Saint-André-des-Arts, est «né le jour précédent»: c'est ce que mentionnait le registre paroissial aujourd'hui disparu.[4] Mais Voltaire a plusieurs fois affirmé qu'il était né en réalité le 20 février 1694. Il vaut la peine de lire les textes où apparaît cette assertion.

La plus ancienne notice biographique le concernant remonte à 1750. Elle fut rédigée par son disciple et alors ami Baculard d'Arnaud, pour figurer en tête d'une édition de ses *Œuvres* que devaient publier les libraires de Rouen. Elle lui fut soumise. Il en changea ou retrancha plusieurs passages. Mais il laissa sans changement ceci: «François-Marie de Voltaire [...] naquit le 20 février 1694»...[5]

Le 20 février 1765, écrivant à Damilaville sur diverses affaires de la campagne contre l'Infâme, il termine ainsi:

Je me recommande à vos saintes prières. J'entre aujourd'hui dans ma soixante et douzième année, car je suis né en 1694, le 20e février et non le 20e novembre comme le disent les commentateurs mal instruits. Me persécuterait-on encore dans ce monde à mon âge?[6]

Quelques jours plus tard, le 27 février, dans une lettre à son ami le maréchal duc de Richelieu, il vient à dire qu'il a renoncé à donner à Ferney des représentations théâtrales. Il explique sa décision en ces termes:

A l'égard du tripot, il est vrai que j'ai demandé mon congé, attendu que je suis entré dans ma soixante et douzième année, en dépit de mes estampes, qui par un mensonge imprimé me font naître le 20e novembre quand je suis né le 20e février.[7]

Il est à noter que les Richelieu connaissaient depuis fort longtemps la famille Arouet. Le père du maréchal avait été client du père de Voltaire; il fut, on le sait, en 1685 le parrain du fils aîné qui lui doit son prénom d'Armand.

Le 1er janvier 1777, s'adressant à un autre intime, le comte d'Argental, Voltaire peste encore contre la date officielle de sa naissance:

Quand il serait vrai, selon un maudit extrait, que je fusse né en 1694 au mois de novembre, il faudrait toujours m'accorder que je suis dans ma quatre-vingt-troisième année.[8]

---

4. Copie dans M.i.294. Il existe aux Archives nationales (Minutier central, cviii.471) une copie de l'acte datée du 8 juillet 1746.

5. Le document a été publié dans les *Mémoires* de Longchamp et Wagnière (Paris 1826), ii.482; il se trouve à la Bibliothèque nationale, N.a.fr. 25145, f.216-36.

6. D12411. On remarque que l'écart entre les deux dates est de neuf mois. Voltaire aurait-il voulu retenir pour la véritable date de sa naissance celle de sa conception?

7. D12422.

8. D20493.

Déjà en 1764, il avait glissé une allusion dans le *Dictionnaire philosophique*, article «Certain, certitude», au sujet d'un dénommé Christophe, apparemment fictif. A ce personnage on attribue l'âge de vingt-huit ans, sur la foi de son extrait baptistaire. Interrogés, un ami d'enfance, vingt autres témoins confirment le renseignement. Mais, continue Voltaire, «à peine ai-je entendu la réponse [...] que j'apprends qu'on a antidaté par des raisons secrètes, et par un manège singulier, l'extrait baptistaire de Christophe. Ceux à qui j'avais parlé n'en savent encore rien; cependant ils ont toujours la certitude de ce qui n'est pas.»

Comme il arrive parfois, Voltaire fait tacitement référence à son propre cas, sous cette réserve que, s'agissant de lui, «antidaté» est impropre: sur son extrait baptistaire, sa date de naissance aurait été, à l'en croire, «postdatée». Il omet ici de s'expliquer davantage. Quelles «raisons secrètes»? Quel «manège singulier»? Un dernier texte le laisse entrevoir.

Dictant en 1776 une biographie de lui-même à la troisième personne, il fait écrire ceci par son secrétaire Wagnière:

Les uns font naître François de Voltaire le 20 février 1694; les autres, le 20 novembre de la même année. Nous avons des médailles de lui qui portent ces deux dates; il nous a dit plusieurs fois qu'à sa naissance on désespéra de sa vie, et qu'ayant été ondoyé, la cérémonie de son baptême fut différée de plusieurs mois.[9]

Cette version ajoute une précision explicative: né mourant le 20 février, il aurait été alors seulement ondoyé; le baptême aurait eu lieu en novembre, quant il s'avéra que l'enfant décidément s'obstinait à vivre. Son biographe Duvernet en 1786 reprend la même version avec des détails plus développés:

Voltaire vint au monde au mois de février 1694. En naissant il n'apporta qu'un faible souffle de vie. Quand on l'eut baptisé dans l'intérieur de la maison, on l'abandonna aux soins d'une nourrice qui, pendant plusieurs mois, descendait chaque matin chez la mère pour lui annoncer que l'enfant était à l'agonie. On fut longtemps sans espérance de le conserver.[10]

Même version encore chez Condorcet en 1789, dans l'édition de Kehl des *Œuvres complètes*:

François-Marie Arouet, qui a rendu le nom de Voltaire si célèbre, naquit à Chatenay le 20 de février 1694, et fut baptisé à Paris, dans l'église de Saint-André-des-Arcs, le 22 novembre de la même année. Son excessive faiblesse fut la cause de ce retard, qui pendant sa vie a répandu des nuages sur le lieu et sur l'époque de sa naissance. On fut aussi obligé de baptiser Fontenelle dans la maison paternelle, parce qu'on désespérait de la vie d'un enfant si débile. Il est assez singulier que les deux hommes célèbres de

9. M.i.71.
10. Duvernet, p.9.

19

ce siècle, dont la carrière a été la plus longue, et dont l'esprit s'est conservé tout entier le plus longtemps, soient nés tous deux dans un état de faiblesse et de langueur.[11]

Ici apparaît pour la première fois l'indication d'un changement non seulement de date mais de lieu: François-Marie Arouet serait né le 20 février 1694 non pas à Paris mais à Chatenay, village proche de la capitale où son père achètera en 1707 une maison de campagne.[12]

A l'encontre de ces affirmations un document a paru longtemps décisif en faveur de la date du 21 novembre. Au milieu du siècle dernier Benjamin Fillon, apparenté lui-même à des alliés des Arouet poitevins, les Bailly Du Pont, de La Châteigneraie, a produit une lettre qu'aurait écrite de Paris, le 24 novembre 1694, un Pierre Bailly, cousin de François Arouet:

Mon père, nos cousins ont un autre fils, né d'il y a trois jours. Madame Arouet me donnera pour vous et la famille les dragées du baptême. Elle a été très malade; mais on espère qu'elle va mieux. L'enfant n'a pas grosse mine, s'estant senti de la cheute de la mère.[13]

Mais on doute aujourd'hui de l'authenticité des documents produits par Benjamin Fillon.[14] Le fantaisiste auteur se garde bien d'indiquer ses sources. Nul n'a jamais vu l'original du billet ci-dessus.[15] Et la présentation qu'il en fait a de quoi inquiéter. Ses *Lettres écrites de la Vendée* étaient, assure-t-il, à l'impression lorsqu'il s'avisa d'y ajouter dans une onzième lettre les documents relatifs à Voltaire:

Je me suis aperçu que j'avais oublié de fouiller un dernier carton perdu de vue depuis longtemps, dans lequel il m'arrivait ordinairement, il y a quelques années, de jeter mes notes de voyage. Au milieu de plusieurs centaines de bouts de papier de toutes tailles et de toutes couleurs, chargés de griffonnages étrangers aux matières qui nous occupent en ce moment, je viens de rencontrer [...] un volumineux dossier concernant les ancêtres de l'un des plus grands artistes du XVIIIe [*sic*].[16]

«Notes de voyage», «griffonnages»? Fillon affirme pourtant qu'il a «en ce

---

11. M.i.189-90.

12. Duvernet, p.10, écrit seulement que l'enfant était né sur une autre paroisse que Saint-André-des-Arts.

13. Benjamin Fillon, *Lettres écrites de la Vendée à M. Anatole de Montaiglon* (Paris 1861), p.113.

14. Outre celle-ci, B. Fillon donne la lettre du 29 décembre 1704 signée par «Zozo» Arouet (D1), et une lettre d'un chevalier de Lhuilière protestant contre la nomination de Voltaire en qualité de gentilhomme ordinaire de la Chambre du Roi (D3506).

15. D'où les réserves qui ont été émises. Par G. Chardonchamp, p.13: B. Fillon «se garde bien d'indiquer clairement ses sources, de signaler ses références, de citer un seul nom de notaire qui permettrait de contrôler à l'occasion ses affirmations.» Par J. Renaud, p.190: B. Fillon «ne cite jamais ses sources», et «a produit des documents que nul avant lui n'avait soupçonnés et que nul dans la suite ne devait jamais retrouver.»

16. B. Fillon, p.109.

moment sous les yeux» les «pièces originales».[17] D'où provenait donc ce prétendu original? Des archives Bailly Du Pont? Selon Jacques Renaud le docteur Louis Merle, de Niort, qui a pu les consulter au château de Velaudin à Bazoges-en-Pareds (Vendée), n'y aurait pas vu les pièces de la onzième lettre concernant Voltaire.[18] Si original il y a, Fillon eut grand tort de ne le pas citer intégralement: ni l'adresse, ni la date, ni la signature ne sont données textuellement; la formule de politesse est absente.

Au reste le Pierre Bailly auteur de la missive s'avère un témoin évanescent. Né vers 1666 ou 1667 (si, comme l'affirme Fillon, il mourut en 1696 ou 1697 à peine âgé de trente ans), il aurait été élevé à Paris chez François 1 Arouet: or celui-ci semble être mort avant 1670. Toujours selon Fillon, Bailly malgré son jeune âge serait allé «fonder une maison de commerce pour le compte de son père» au Canada. Il serait revenu à Paris opportunément pour assister à la naissance de Voltaire. Puis il serait reparti à Québec et y serait mort «bientôt, à peine âgé de trente ans, épuisé de fatigue et de chagrin, en voyant anéantir par la banqueroute de deux maisons associées le fruit de plusieurs années de travaux.»[19]

Comment croire que ce grand voyageur, écrivant le 24 novembre 1694 à son père pour lequel il fait des affaires au Canada, ne lui parle de rien d'autre que de la naissance de François-Marie, question litigieuse au moment où Fillon publie son livre?[20] Cette pièce unique de la correspondance d'un inconnu paraît trop bien calculée: en même temps qu'elle authentifie la date (en précisant bien: «il y a trois jours»), elle explique l'état maladif de la mère et de l'enfant. Fillon a soin de donner les graphies archaïques «s'estant», «la cheute»; mais ses «dragées du baptême» évoquent les mœurs du dix-neuvième siècle plutôt que celles du siècle de Louis XIV. Sans qu'on en ait la preuve

17. B. Fillon, p.110. Nous avons consulté à la Bibliothèque municipale de Nantes les papiers de B. Fillon (fonds Dugast-Matifeux 237/2). Le dossier, fort mince, intitulé «Preuves de la parenté des Arouet et des Bailly» ne contient en réalité aucune «preuve» de cette parenté, ni d'ailleurs la moindre mention des Bailly. On n'y trouve aucune des pièces litigieuses données dans les *Lettres écrites de la Vendée* mais seulement (outre un numéro du *Journal des débats*, du 25 juin 1858, sans rapport avec Voltaire) une copie de D21144 (publiée dans les *Affiches du Poitou*, 19 août 1779), et une brève note sur D3317, D3394, D3441: B. Fillon les a publiées dans ses *Lettres écrites de la Vendée*, p.116, d'après les manuscrits qu'il a lus à la Bibliothèque municipale de La Rochelle.

18. J. Renaud, p.187. Après la mort de M. de Pontlevoye qui avait accueilli le docteur Louis Merle, le château de Velaudin a changé de propriétaire. Il ne nous a pas été possible d'obtenir des informations sur les archives Bailly Du Pont.

19. B. Fillon, p.113.

20. Fillon ruinait par son «document» la position qu'avait prise l'année précédente J. Clogenson en faveur de la naissance le 20 février 1694 à Chatenay, *Lettre à M. le rédacteur du Nouvelliste de Rouen sur la naissance de Voltaire* (Rouen 1860).

formelle, tout renforce ici le soupçon d'une forgerie, comme Fillon en a commis dans le même volume.[21]

L'affaire de la date de naissance procède uniquement des déclarations de Voltaire. Les assertions de Duvernet et de Condorcet n'ont elles-mêmes pas d'autre source que le témoignage du grand homme ou de son entourage. Dès lors deux hypothèses sont à envisager.

Ou bien il a inventé la date du 20 février. En ce cas, pourquoi cette fiction? Il est curieux que ceux qui ont tenté de l'expliquer aient fourni en même temps l'argument qui ruine l'explication. Selon Desnoiresterres, «plus il sera vieux, moins on osera le persécuter»: mais le biographe doit avouer qu'en matière de persécution, du point de vue des autorités, neuf mois de plus ou de moins «ne sont rien».[22] Selon Théodore Besterman cette date du 20 février ne serait qu'un «jeu d'esprit». Mais Théodore Besterman reconnaît qu'on n'aperçoit pas «l'intention de cette petite comédie», le dessein d'écarter ainsi la persécution étant évidemment absurde.[23] D'ailleurs qu'y a-t-il de plaisant à se vieillir de neuf mois?

L'alternative est que Voltaire n'a pas menti, qu'il est bien né le 20 février 1694. En ce cas, il faudrait expliquer non pourquoi il a imaginé une fausse date, mais pourquoi ses parents ont retardé de neuf mois son baptême à la paroisse, lequel sous l'Ancien Régime équivaut à une déclaration d'état-civil.

C'est ici qu'intervient la seconde affaire inséparable de la première. De même que Voltaire a contesté sa date de naissance, il a contesté la paternité de François Arouet. Il serait né des œuvres d'un certain Rochebrune ou Roquebrune, François Arouet n'étant que son père putatif.

Tout ici encore repose sur le seul témoignage de Voltaire, qu'il est utile de citer.

Le 8 juin 1744, alors qu'il versifie l'opéra de *La Princesse de Navarre*, destiné aux fêtes de la cour, il mande à Richelieu, ordonnateur du spectacle:

> Je crains bien qu'en cherchant de l'esprit et des traits
> Le bâtard de Rochebrune
> Ne fatigue et n'importune
> Le successeur d'Armand et les esprits bien faits.[24]

21. Fillon produit une prétendue quittance d'un «commis d'Henry Estienne», qui aurait vendu à deux moines, Rabelais et Amy, des estampes de Mantegna... Relevé par G. Debien et E. Brethé, «Zozo Arouet ou Benjamin Fillon?», *Revue du Bas-Poitou* (janvier-février 1961), p.30-31.
22. Desnoiresterres, i.3.
23. Th. Besterman, *Voltaire* (Oxford 1976), p.25-26.
24. D2989.

«Bâtard en Apollon», proposait Desnoiresterres.[25] Non pas: l'expression est à prendre au sens littéral, comme le prouve la suite.

Le 11 août 1753, Voltaire est à la cour de l'électeur palatin. Malade, il souffre d'un «commencement d'hydropisie». Il écrit à Mme Denis: «Vous savez que Rochebrune en est mort, et que j'ai quelques raisons de prétendre à son tempérament.»[26]

Le texte le plus explicite est un propos de Voltaire dans son salon des Délices, en présence de ses nièces, rapporté par Jean Louis Du Pan le 15 août 1756. Ayant reçu la visite de d'Alembert, Voltaire se dit persuadé que le père de celui-ci est Fontenelle, en raison de leur ressemblance physique:

Je crois aussi certain, leur dit-il, que d'Alembert est le fils de Fontenelle, comme il est sûr que je le suis de Roquebrune; les nièces firent une exclamation et voulurent défendre l'honneur de leur grand-mère. Mais Voltaire prétendit que l'honneur de Madame sa mère consistait à avoir préféré un homme d'esprit comme était Roquebrune, mousquetaire, officier, auteur, à Mr son père qui pour le génie était un homme très commun, et dit qu'il s'était toujours flatté d'avoir l'obligation de sa naissance à Roquebrune.[27]

Duvernet dans sa biographie se contente d'une allusion discrète. Deux hommes «prenaient un grand intérêt» à l'enfant nouveau-né François-Marie: l'abbé de Châteauneuf, parce qu'il était son parrain, et M. de Rochebrune – sans explication.[28]

De quel personnage s'agit-il? D'un client du notaire Arouet. Un Guérin de Rochebrune, dit aussi de Roquebrune, a transféré à François Arouet une rente de mille livres qu'il possédait. L'opération a fait l'objet de plusieurs actes datés des 25 juin 1692, 20 décembre 1693, 2 et 7 juin 1698.[29] Tout en faisant affaire avec le notaire, Rochebrune s'intéressait sans doute à son épouse. Il n'a laissé d'autre part que peu de traces. Il descendait, selon Duvernet, «d'une ancienne et noble famille de la Haute Auvergne». Selon Voltaire, on l'a vu, il fut «mousquetaire, officier, auteur», et «homme d'esprit». Ou bien seulement un «poète de bourbier», se complaisant dans la chansonnette satirique? Un anonyme, dans de petits vers contre Mme Dacier et Houdar de La Motte, l'évoque en ces termes:

Mais voyez contre la Dacier

25. Desnoiresterres, i.10.
26. D5475. Ecrivant à Thiriot en 1729, Voltaire assure qu'il est né de parents «malsains et *morts jeunes*» (soulignés par nous), D344: ce qui peut s'appliquer à sa mère, mais non à François Arouet, décédé à plus de soixante-dix ans. On ignore cependant à quel âge mourut Rochebrune.
27. D6968.
28. Duvernet, p.9.
29. Dates mentionnées dans l'inventaire après décès de François Arouet, D.app.11, p.424-25.

> Venir un poète de bourbier,
> J'entends Monsieur de Rochebrune.
> Lorsque sa verve l'importune
> Il chansonne, c'est sa fureur,
> Tout comme à Dancourt d'être auteur.[30]

C'est comme chansonnier encore qu'il apparaît dans le seul passage des œuvres de Voltaire où il soit nommé. Vers 1716, Arouet a versifié un conte galant, *Le Cadenas*, histoire d'une ceinture de chasteté imposée à une dame par son mari sexagénaire. S'adressant à la «jeune beauté», le poète soupire:

> En qualité de prêtre de Cythère
> J'ai débité, non morale sévère,
> Mais bien sermons par Vénus approuvés,
> Gentils propos, et toutes les sornettes
> Dont Rochebrune orne ses chansonnettes.[31]

Outre ses sornettes et chansonnettes, celui-ci aurait donné une cantate d'*Orphée*, mise en musique par Clérambault. Il meurt en 1719. C'est François Arouet, apparemment peu rancunier, qui établit son inventaire après décès, le 12 avril.[32] Voltaire qui habite alors au domicile paternel, cour du Palais, a su que Rochebrune était mort d'«hydropisie». Il l'avait eu pour voisin, celui-ci ayant demeuré dans la même cour du Palais, en 1707, pour une durée, indéterminée. Il connaissait sans aucun doute l'homme qu'il croyait être son père naturel. L'analogie constatée des deux tempéraments, et peut-être une ressemblance physique (comme celle de d'Alembert avec Fontenelle) renforçaient sa conviction.

Avait-il d'autres preuves? Il n'en a jamais rien dit. Voltaire n'est pas de ces

---

30. Bibliothèque nationale, ms Fr. 12673, f.78. Ces mêmes vers se lisent dans le recueil ms 580, f.140 et suiv. de la Bibliothèque historique de la Ville de Paris.

31. M.ix.569. Tel est le texte de la première édition du *Cadenas*. Par la suite, le début du conte étant remanié, le nom de Rochebrune disparaîtra.

32. Etude de Mc Arouet, Minutier central. Nous supposons que ce Rochebrune est le même que l'amant présumé de Mme Arouet (opinion contraire de J.-M. Raynaud, *Voltaire soi-disant* (Lille 1983), p.43.) Apparemment le «de Rocquebrune» signant avec Voltaire une pétition contre une ivrognesse de la rue de Vaugirard, en août 1730 (D376), était un personnage différent. Mais comment situer cette «demoiselle de Rochebrune» à laquelle Voltaire adresse un compliment en vers, en lui envoyant le *Temple du Goût* (M.xxxii.405)? D'autre part, Nicole Masson me signale dans le *Mercure de France* (novembre 1730), p.2533, la notice nécrologique d'Elisabeth Mignot, décédée le 7 novembre 1730, à l'âge de quatre-vingt-douze ans: cette Elisabeth Mignot était la veuve de Louis Gosseau de Rochebrune, capitaine au régiment des gardes françaises. Elisabeth Mignot était-elle apparentée au Mignot beau-frère de Voltaire? Le capitaine aux gardes françaises était-il le chansonnier père présumé de François-Marie Arouet? Il est vraisemblable que plusieurs contemporains portaient ou avaient adopté en signe d'anoblissement le nom de Rochebrune ou Roquebrune.

hommes qui aiment à parler d'eux-mêmes. Nous n'avons aucune confidence de lui sur la voie par laquelle il a appris, ou a conjecturé, qu'il devait son être à Rochebrune. A-t-il élaboré ce que les psychanalystes nomment un «roman familial», à partir de son hostilité à son père? On n'aura pas assurément la témérité de décider qui, de François Arouet ou de Rochebrune, a effectivement engendré François-Marie. On remarquera simplement qu'entre les deux affaires, celle de la date de naissance, celle de l'origine adultérine, une cohérence apparaît, l'ensemble donnant l'impression d'un certain poids de réalité.

On reste dans le domaine des hypothèses. On peut estimer que Voltaire a plusieurs fois falsifié sa date de naissance, pour une raison de nous inconnue; qu'il se trompe en revendiquant Rochebrune pour père. Mais si l'on prend au sérieux ses confidences, prolongées par les indications de ses premiers biographes, on peut proposer une reconstitution des faits.

François-Marie naît le 20 février 1694, sur une paroisse autre que Saint-André-des-Arts (Chatenay?). Naissance discrète, sinon clandestine. Le nouveau-né est l'enfant de l'adultère, sujet d'embarras et d'irritation. Mais il y a apparence qu'il ne vivra pas. La progéniture mâle de Mme Arouet vient au monde peu viable. Le seul garçon qui ait survécu, Armand, était né mourant: on avait dû retarder le baptême de deux semaines.[33] Les deux autres, Armand-François et Robert, étaient morts au bout de peu de temps. François-Marie, si chétif, les rejoindra bientôt. Avec lui disparaîtra le fruit du péché de Mme Arouet. Il suffit d'attendre. On ondoie le bébé dans la maison, sans avertir le clergé. Car on est bon chrétien: à cette petite âme qui va partir pour l'au-delà on prend soin d'ouvrir le paradis. Puis on confie l'enfant ou on l'abandonne (c'est le mot de Duvernet) à une nourrice installée au premier étage[34] (à Chatenay? dans la maison de Saint-André-des-Arts?). Révoltante indifférence? Ne jugeons pas d'après notre sensibilité d'aujourd'hui, accordée à une situation démographique toute différente. Sous Louis XIV, parmi les nouveaux-nés la moitié sinon plus mouraient en quelques jours ou quelques semaines. Les familles y étaient accoutumées. On acceptait avec calme cette fatalité, à peu près aussi inéluctable que le décès des vieillards. C'était donc l'usage, dans les milieux aisés, d'«abandonner» à une nourrice un nouveau-né qui peut-être ne vivrait pas. En prévoyant la disparition prochaine d'un bébé très malingre, en le remettant d'ici là aux soins d'une femme qui l'allaiterait, le ménage Arouet demeurait dans la norme.

D'abord le pronostic pessimiste semble se vérifier. La nourrice, nous l'avons

---

33. Né le 25 mars 1685, il ne fut baptisé que le 5 avril (Desnoiresterres, i.2).
34. Duvernet, p.9.

vu, selon Duvernet «descendait chaque matin chez la mère pour lui annoncer que l'enfant était à l'agonie». Il reste ainsi pendant un certain temps entre la vie et la mort. Quelqu'un alors s'intéresse à cette petite masse de chair, dont on attend si tranquillement qu'elle quitte ce bas monde. C'est un libertin, un de ces hommes qui secouent la routine des pensées et des sentiments: l'abbé de Châteauneuf, frère de l'ambassadeur du roi à Constantinople. Les deux Châteauneuf sont amis de la famille. L'abbé a pour tuteur François Arouet; il sera le parrain de François-Marie. Pour le présent il a, lui, le souci, contrairement à l'usage, de sauver cette fragile existence. Duvernet donne un détail étonnant (qu'il n'a pas dû inventer): «L'abbé de Châteauneuf montait tous les jours dans la chambre de la nourrice, pour conférer avec elle des moyens de conserver la vie de l'enfant.»[35]

Les soins de l'abbé réussissent. Surtout, dirons-nous, une vitalité exceptionnelle était chevillée à ce petit corps mourant, qui mettra quatre-vingt-trois ans à mourir.

A l'automne de 1694, François-Marie est toujours là, bien vivant. Déjà il a su tromper son monde. Mais voilà qui est gênant. L'enfant n'a pas d'état-civil, puisque dans l'ancienne France le baptême équivalait à notre déclaration à la mairie, l'acte établi par le curé tenant lieu de certificat de naissance. Sans plus tarder il fallait donner à François-Marie Arouet une existence légale. Pas d'autre issue que de s'adresser à un prêtre de la paroisse Saint-André-des-Arts: en l'occurrence M. Bouché, premier vicaire. Celui-ci fut-il dupe? Le desservant, voué au célibat ecclésiastique, connaissait-il si peu les enfants au maillot qu'il put prendre pour un nouveau-né un bébé de neuf mois? C'est ce que prétend Duvernet. On peut supposer aussi que le vicaire, informé des difficultés du ménage Arouet, se prêta à une régularisation irrégulière. Il n'est même pas besoin de soupçonner chez lui de la malhonnêteté. Le prêtre a pu s'estimer fondé en conscience à éviter, même au prix d'un faux, le scandale à une famille honorable.

Un autre ecclésiastique a dû jouer un rôle dans la négociation, à savoir l'abbé de Châteauneuf. Voltaire écrira un jour qu'à ce «bon parrain» il «doit son baptême».[36]

Toujours est-il que le 22 novembre 1694 François-Marie reçut en l'église de Saint-André-des-Arts le sacrement qui le lavait du péché originel. Le prêtre voulut bien inscrire sur son procès-verbal la formule consacrée: «né le jour précédent». Nulle mention n'était faite du baptême par ondoiement du

35. Duvernet, p.10.
36. Dans *La Défense de mon oncle* (*OC*, lxiv.212), à propos de Ninon de Lenclos: «Voilà la vérité de cette historiette qui a tant couru, et que l'abbé de Châteauneuf mon bon parrain, à qui je dois mon baptême, m'a racontée souvent»...

mois de février précédent. Au registre ont signé, outre le père Arouet et le vicaire Bouché, le parrain Châteauneuf et la marraine, épouse du cousin Symphorien ou Sébastien Daumard: l'affaire ne sortait pas du cercle des intimes.[37] Quelle différence avec le baptême d'Armand, où le duc de Richelieu, parrain, et la duchesse de Saint-Simon, marraine, avaient apposé leurs signatures au bas de l'acte!

Le futur Voltaire se trouve donc, dans cette hypothèse, avoir été baptisé deux fois. Mais seul vaut au regard de la loi le baptême régulièrement enregistré du 22 novembre. La date légale de sa naissance sera le 21 novembre 1694. C'est celle qui doit être produite officiellement. Aussi lorsqu'Arouet est arrêté en 1717, il répond à l'interrogatoire du 21 mai qu'il est «âgé de vingt-deux années, originaire de Paris»: donc né en novembre 1694, et dans la capitale.[38] De même il n'a pas d'autre père légal que François Arouet. Nous n'aurions jamais mis en doute les données officielles, s'il n'avait lui-même affirmé que le fait ne coïncidait pas avec la situation de droit.

Un homme qui recherche les causes de sa naissance découvre souvent qu'il doit son être à des circonstances plutôt fortuites. Quand Voltaire enfant ou adolescent apprit ce qu'il croyait être la vérité de ses origines, il dut éprouver fortement cette impression d'exister par le plus contingent des hasards. «On donne la vie aux autres quand on ne sait où l'on en est»,[39] c'est la règle. Mais pour lui ni son géniteur, ni la date de sa venue au monde ne s'inscrivaient dans l'ordre préétabli. Il est entré dans l'existence «de contrebande».[40] Le malaise qu'il en ressent contient en germe une vision du monde: celle de Candide, autre enfant naturel, né d'une conjonction occasionnelle entre une sœur du baron et un bon gentilhomme du voisinage.

Voilà au moins qui libère l'individu. Voltaire ne se sentira pas lié par son ascendance. «Toute naissance lui était indifférente»,[41] écrit Duvernet. Doté d'un tel passé familial, on comprend qu'il ne s'en soucie guère. L'avenir, son avenir, sa présence dans un monde où il sait qu'il est apparu fortuitement, c'est ce qui seul va compter pour lui.

37. M.i.294.
38. M.i.299.
39. *Zadig*, dernier chapitre.
40. Expression qu'il emploiera en franchissant (sans autorisation) les barrières de Paris, à son retour de 1778.
41. Duvernet, p.8.

3. La Cour vieille du Palais

Agréé receveur des épices à la Cour des comptes, François Arouet ne fut pendant près de cinq ans que le commis de son prédécesseur. Celui-ci s'étant définitivement retiré, ou étant décédé, c'est en 1701 que l'ancien notaire occupe la charge en titre. Il résidait précédemment rue Guénégaud.[1] Il prend désormais possession du logement de fonction dans la Cour vieille du Palais. Il y était installé depuis peu lorsque Madame Arouet y mourut, le 13 juillet 1701.

On ne sait rien des causes de ce décès. La disparition de femmes jeunes ou assez jeunes (Mme Arouet avait environ quarante-et-un ans)[2] dans des accidents de maternité était fréquente aux dix-septième et dix-huitième siècles: ainsi mourra Mme Du Châtelet, âgée de quarante-trois ans. Mais on ignore si tel fut ici le cas. François-Marie avait sept ans (ou était dans sa septième année) quand il perdit sa mère. Il en conserva certainement le souvenir. A la fin de sa vie, il avait son portrait par Largillière au mur de sa chambre à Ferney. L'inventaire après décès mentionne la toile, qui serait passée aux Dompierre d'Hornoy et fut exposée à la Bibliothèque Nationale en 1979.[3] Or de cette mère dans l'œuvre immense du fils il n'est fait presque aucune mention. Elle n'est expressément désignée que dans trois des 15.000 et quelques lettres de Voltaire qui nous sont parvenues.[4] Le texte le plus explicite, une épigramme, nous laisse une impression de malaise:

> Dans tes vers, Duché, je te prie,
> Ne compare point au Messie
> Un pauvre diable comme moi:
> Je n'ai de lui que sa misère,

1. C'est l'adresse indiquée sur un acte du 6 septembre 1693, ainsi que sur un acte d'octobre 1694 relatif aux Châteauneuf (Minutier central).
2. Dans son contrat de mariage, du 7 juin 1683, Marie-Marguerite Daumard est dite «âgée de vingt-deux ans environ» (M.i.293).
3. D.app.503, p.369. Dans le catalogue de l'exposition, *Voltaire: un homme, un siècle* (Paris 1979), p.3. Les spéculations sur une éventuelle ressemblance entre la mère et le fils paraissent fragiles. A la même exposition, une toile de même provenance fut présentée comme le portrait «présumé», par Largillière, de François Arouet, père de Voltaire: un homme jeune ayant l'allure d'un homme du monde, voire d'un «petit maître», plutôt que d'un homme de loi.
4. D4456, D9878, D13485.

> Et suis bien éloigné, ma foi,
> D'avoir une vierge pour mère.[5]

On ne sait rien de ce Duché qui aurait comparé François-Marie Arouet au Messie. L'auteur dramatique Duché? Mais il mourut en 1704. Sur un manuscrit du sixain, le nom apparaît comme une correction pour celui de «Dussé»: le marquis d'Ussé, que fréquente le jeune Arouet?[6] Duché ou d'Ussé, s'agit-il d'un camarade de classe (G. Avenel)? Beuchot croit (sur quelle autorité?) que «Voltaire n'avait que douze ans quand il composa ce sixain, qui est alors de 1706».[7] L'apparence est bien celle d'une production juvénile, allusion étant faite à l'impécuniosité du versificateur. On décèle de l'amertume dans cette plaisanterie sur sa mère. Certes Mme Arouet qui mit au monde cinq enfants n'était pas «une vierge». Mais le trait n'est-il pas plus virulent? Ne vise-t-il pas les amours de la jeune femme? Le fils les aurait-il récemment découvertes? Le sixain fait-il écho à un choc émotif? La «misère» du «pauvre diable» suggère plus qu'un manque banal d'argent de poche. Quand l'enfant ou l'adolescent apprit la vérité (ou ce qu'il crut la vérité) sur sa naissance, il en fut sans doute blessé affectivement. Il surmonte le coup reçu en se durcissant. Il ne parlera plus de cette mère dont «la folie» lui a donné le jour.[8]

Le peu qu'on sait de Mme Arouet laisse entrevoir une jeune femme aimant le plaisir. Elle avait épousé à vingt-deux ans un homme ayant onze ans de plus qu'elle: différence d'âge non excessive. Mais le notaire Arouet n'était point un caractère folâtre. Son épouse cherche à se divertir. Elle se lie avec Ninon de Lenclos, cliente de son mari. Elle reçoit chez elle de beaux esprits parmi lesquels se glissent des galants. Elle a connu Despréaux, client lui aussi d'Arouet et leur voisin dans la Cour vieille du Palais. Le jugement qu'elle en porte est le seul propos d'elle qui nous soit parvenu. Il ne manque pas d'esprit: ce Boileau, disait-elle, c'était «un bon livre et un sot homme».[9] Assurément le vieux célibataire bougon n'était pas le genre d'homme qu'elle aimait à fréquenter. Mais plutôt l'abbé de Châteauneuf. De celui-là elle est «fort amie».[10] Son «amante», au sens où nous l'entendons? Le soupçon est venu sous la plume de Desnoiresterres. Mais il y eut Rochebrune. Cet officier, chansonnier, d'une

---

5. M.x.467.
6. Ces vers «à Duché» furent publiés pour la première fois dans l'édition posthume de Kehl. Voir R. Pomeau, *La Religion de Voltaire* (Paris 1969), p.72, n.182. Je serais aujourd'hui moins affirmatif pour dater le sixain de 1715-1716. La première lettre que nous ayons de Voltaire à d'Ussé, D34, 20 juillet 1716, suppose des relations antérieures. Voltaire aurait-il connu le marquis d'Ussé au collège, ou dans la société du Temple?
7. Cité dans M.x.467.
8. D13485 (*c.* 10 août 1766), à d'Alembert.
9. D9878 (6 juillet 1761), à d'Argental.
10. C'est Voltaire qui nous l'apprend, D4456 (*c.* 1er mai 1751), à Formey.

bonne maison d'Auvergne, savait déployer bien des grâces. M. Arouet ne possédait que les qualités solides.

L'ancien notaire avait amassé une fortune rondelette. En 1696, il est en mesure de verser comptant 240.000 livres pour payer sa charge de receveur des épices à la chambre des comptes.[11] Si l'on veut évaluer l'importance de la somme, on la comparera aux salaires des ouvriers les mieux payés, sous Colbert: entre 15 et 20 sous par jour (une livre valant 20 sous).[12] Pour considérable qu'il soit, l'investissement ne laisse pas François Arouet démuni. Il est propriétaire de deux maisons à Paris, rue Saint-Denis et rue Maubué, d'une autre à Gentilly avec jardin et dépendances, qu'il vend en 1707.[13] La même année il acquiert une autre «résidence secondaire», à Chatenay: habitation spacieuse, ouvrant d'un côté sur une cour, de l'autre sur un jardin avec terrasse, et comportant six chambres à l'étage.[14] A Paris, dans sa remise de la Cour vieille du Palais, il possède deux berlines, un chariot, deux chevaux, avec la domesticité que suppose un tel équipage.[15] Le 27 janvier 1709, malgré la dureté des temps, il marie sa fille Catherine en bourgeois cossu. Il lui a choisi un époux de même niveau social, d'une famille passée comme celle des Arouet du négoce à la robe: le futur, Pierre François Mignot, fils d'un «marchand bourgeois de Paris», est devenu «écuyer conseiller du roi, correcteur en sa chambre des comptes de Paris». On a du bien en ces milieux-là. Arouet donne comme dot à l'épousée la maison de la rue Maubué, plus 60.000 livres rapportant 5%, plus un collier de perles et un diamant (valeur: 5.000 livres), plus 1.000 livres en espèces…[16] A sa mort l'inventaire fera monter la succession, tous frais payés, à 367.845 livres.

D'où tirait-il ses ressources? Pas uniquement du revenu de ses charges. Le 16 décembre 1692, il vend son étude de notaire au Châtelet.[17] Il n'achète sa charge à la Cour des comptes qu'en 1696 et ne l'exercera pleinement qu'à partir de 1701. Dans l'intervalle il a glissé vers le monde des affaires. Son inventaire après décès le révèle:[18] depuis 1692 il prête à des particuliers de petites sommes à court terme. L'intérêt n'est pas spécifié: la reconnaissance de dette n'indique que la somme due à l'échéance – discrétion qui laisse supposer une rémunération substantielle du capital. A une époque où le

11. D.app.11, p.446.

12. E. Labrousse, *Histoire économique et sociale de la France* (Paris 1970), ii.669.

13. D.app.11, p.436.

14. Description dans l'inventaire après décès, D.app.11, p.403 et suivantes.

15. D.app.11, p.400.

16. D'après le contrat de mariage au Minutier central.

17. Néanmoins les actes du Minutier central où il signe avec des confrères prouvent qu'il continuera à exercer de temps à autre des fonctions notariales.

18. D.app.11, p.421 et suivantes.

système bancaire demeure en France embryonnaire, un particulier ayant besoin d'argent s'adresse à un autre particulier qu'il sait bien pourvu. Déjà à Saint-Loup Hélénus Arouet, arrière-grand-père de Voltaire, avait pratiqué ce genre de prêt: à sa mort on trouva dans son coffre de nombreuses reconnaissances de sommes à lui dues par des gentilshommes, des bourgeois, des paysans, des marchands des environs.[19] François Arouet à Paris prenait des risques plus grands: il subsistera dans son héritage bon nombre de créances impayées, mentionnées «pour mémoire». Parmi celles-ci des signatures de hauts personnages qui ne sont pas nécessairement les plus solvables. En 1721, la cassette de feu Arouet contenait toujours un billet de 50 écus dus depuis 1689 par la duchesse de Saint-Simon.[20] Lorsque le mémorialiste, fils de la débitrice, parle avec tant de morgue des papiers que le père de Voltaire venait faire signer à ses parents,[21] il ignorait apparemment que l'un desdits papiers enregistrait une avance – à fonds perdus – consentie par cet «homme de rien» à l'épouse du duc et pair. Petit épisode du «règne de vile bourgeoisie».

Voltaire continuera la tradition des Arouet. Il a vécu dans la maison paternelle jusqu'à la mort de François Arouet. Il a eu le loisir d'apprendre cet art de faire fructifier son argent. Il sera plus qu'il ne croit le fils de ce père qu'il renie. Il accordera des prêts bien autrement audacieux, à des têtes couronnées: opérations comportant, en contrepartie du risque de non-paiement, des avantages autres que financiers.

On se tromperait cependant à imaginer François Arouet sous les traits d'un Harpagon. L'homme est sévère: «fort grondeur» selon son fils.[22] Il n'en appartient pas moins à une bourgeoisie désireuse d'acquérir en même temps que la fortune une certaine élégance de vie. Il n'était point si grigou ni si béotien, cet Arouet qui faisait donner à sa fille des leçons de clavecin.[23] Son salon et le cabinet attenant s'ornaient de tableaux et tapisseries annonçant quelque prétention aux belles choses: une «naissance de Jupiter», des scènes de l'Ancien et du Nouveau Testament, cohabitant avec des *Métamorphoses*

---

19. J. Renaud, p.195.
20. D.app.11, p.432.
21. *Mémoires*, éd. A. de Boislisle (Paris 1879), xxxi.347.
22. D17573 (28 janvier 1772), à La Harpe: «J'avais autrefois un père qui était grondeur comme Grichard; un jour, après avoir horriblement, et très mal à propos, grondé son jardinier, et l'avoir presque battu, il lui dit: ‹Va-t-en, coquin, je souhaite que tu trouves un maître aussi patient que moi.› Je menai mon père au *Grondeur*. Je priai l'acteur d'ajouter ces propres paroles à son rôle, et mon bonhomme de père se corrigea un peu.» Grichard est le personnage principal du *Grondeur*, comédie de Brueys et Palaprat.
23. D.app.11, p.438.

d'Ovide, et dans un genre plus galant une «naissance de Vénus», une «chaste Suzanne», pour ne rien dire d'un portrait de la duchesse de Sully.[24]

Il se frotte au monde des auteurs, par relation d'affaires comme à la faveur du voisinage. «Mon père dans sa jeunesse, écrira Voltaire, avait fréquenté tous les gens de lettres de ce temps; plusieurs venaient encore chez lui.»[25] François Arouet a connu le grand Corneille dans sa vieillesse: «Il me disait que ce grand homme était le plus ennuyeux mortel qu'il eût jamais vu»…[26] Il était lié avec les amis du vieux tragique, tel «le bonhomme Marcassus» dont Voltaire assure qu'il «mourut chez [son] père à l'âge de quatre-vingt-quatre ans»: «Je me souviens de tout ce qu'il me contait comme si je l'avais entendu hier […] Il me semble que j'entends encore ces bons vieillards Marcassus, Réminiac, Tauvières, Régnier, gens aujourd'hui très inconnus»…[27] François-Marie avait alors une dizaine d'années, puisque Marcassus mourut en 1708.[28] Il rencontrait aussi chez son père des hommes de lettres plus jeunes. Tel l'abbé Gédoyn, né en 1667, nommé en 1701 chanoine de la Sainte-Chapelle, élu en 1711 à l'Académie des belles lettres, en 1719 à l'Académie française.[29] Ce sont donc les tenants d'une littérature sérieuse que fréquente le receveur de la Cour des comptes: son ami Gédoyn, par exemple, s'illustre en traduisant Quintilien. L'inventaire de François Arouet ne cite aucun livre.[30] Sans doute les héritiers s'étaient-ils approprié les ouvrages avant l'arrivée des notaires. Mais on a la liste de ceux que possédaient Catherine Arouet et son époux Mignot: à côté des dictionnaires de Moréri et de Furetière, de l'*Histoire de France* du jésuite Daniel, de l'*Histoire ecclésiastique* de Fleury, de *La Vérité de la religion chrétienne* d'Abbadie, des *Essais de morale* de Nicole, les seuls ouvrages un peu frivoles sont un Molière, un Boileau, un Saint-Evremond, un Saint-Réal, les *Caractères* de Théophraste (et de La Bruyère) et, suprême audace, la gazette de la *République des lettres* de Pierre Bayle.[31]

Ce n'est point apparemment dans le cercle familial que le futur Voltaire a découvert la littérature avancée de son temps. Mais c'est bien parmi les siens qu'il a pris l'habitude de versifier. Sur la vie intérieure de la famille Arouet

24. D.app.11, p.396, 398.
25. D9981 (31 août 1761), à Duclos.
26. D9999 (*c.* 10 septembre 1761), à d'Olivet.
27. D9981.
28. D.app.11, p.436. François Arouet, le 7 octobre 1708, a fait le testament de «François de Marcassus bourgeois de Paris».
29. *Œuvres diverses de M. l'abbé Gédoyn* (Paris, de Bure, 1745), p.xii: Gédoyn habite la maison canoniale et forme «une liaison étroite avec un homme très estimable, M. Arouet.»
30. Mais à Chatenay on signale un in-quarto et sept volumes in-douze (D.app.11, p.410).
31. Minutier central: inventaires après décès de Catherine Arouet (9 novembre 1726) et de Pierre François Mignot (30 octobre 1737).

nous n'avons que deux renseignements. Le premier, très ponctuel, provient d'une lettre que Voltaire reçut d'un curé de Montrichard en Touraine, en 1744.[32] Une demoiselle Jonquet, ancienne domestique des Arouet, vivait retirée là-bas. Les deux fils lui envoyaient un peu d'argent. Voltaire ayant accompagné son subside d'une lettre, le curé en donna lecture à la servante, illettrée. En l'écoutant Mlle Jonquet pleure. Sous le coup de l'émotion elle se met à raconter un incident d'autrefois, que le curé rapporte à son illustre correspondant. Un jour Armand refusait de se faire arracher des dents gâtées, malgré l'insistance de ses parents. Mlle Jonquet l'y décida en lui faisant boire du champagne. L'affaire se passait du vivant de Mme Arouet qui y est nommée. Le fils cadet, alors très jeune, n'est pas mentionné. Minuscule scène de la vie bourgeoise. Elle n'a pour nous d'autre intérêt que de laisser entrevoir le milieu où grandit le petit François-Marie.

L'abbé Duvernet (c'est à lui que nous devons l'autre information dont nous parlions) ne s'intéresse pas à ce genre de détails. Il ne retient des «enfances Arouet» que ce qui annonce le grand homme. Dans cette perspective il donne pourtant des précisions qu'on ne peut guère révoquer en doute. Selon lui, l'abbé de Châteauneuf continue à s'occuper de son filleul.[33] Au tout jeune bambin il fait réciter «les premières fables de La Fontaine».[34] Choix, à l'époque, original: ces textes, récemment parus (1668), ne bénéficient pas encore d'une longue tradition pédagogique. Du même mouvement, l'abbé exerce l'enfant à composer des vers. L'aîné, Armand, en faisait aussi. La famille excitait leur émulation.

On comprendrait mal une telle pratique imposée à des enfants dont l'un est encore tout jeune, si l'on ne se représentait la situation et la fonction de l'expression prosodique dans les milieux cultivés de l'époque. Ecartons le mythe romantique associant la forme versifiée à un «génie» du poète ou à ses états d'«inspiration». L'expression en vers, alors très répandue, fait partie du bagage de «l'honnête homme»: elle ne représente rien d'autre qu'un niveau linguistique supérieur. L'effort qu'elle exige lui assure une dignité, une efficacité auxquelles ne peut atteindre la prose. La pratique du vers affirme la «qualité» de l'homme, en ce sens aussi où cette «qualité» manifeste le privilège social de la culture.

Ainsi est-il de bon ton dans une lettre soignée de mêler les vers à la prose. Pendant longtemps Voltaire en écrira de cette sorte. Au collège les jésuites ont soin d'entraîner à la gymnastique prosodique les élèves qu'ils forment pour servir le roi et l'Eglise. On voit le P. Porée proposer à sa classe comme sujet

32. D2925 (30 janvier 1744).
33. Duvernet, p.10-12.
34. Duvernet, p.10: «dès qu'il put s'en faire entendre».

de devoir des vers sur la mort de Néron: la composition d'Arouet nous est parvenue. Au même Arouet Porée inflige comme punition des vers sur une tabatière confisquée, que nous pouvons lire aussi.[35] François-Marie compose encore pour un invalide à l'adresse du Dauphin une épître bien tournée.[36] L'enseignement de la versification au collège ne fera que prolonger la pratique familiale. Peut-être faut-il ajouter, malgré les démentis de Voltaire, la fable du *Loup moraliste*. Pièce qui illustrerait, si elle est authentique, l'affrontement du fils Arouet avec son père. Un «loup moraliste» prêche à son louveteau de belles leçons qu'il s'abstient lui-même de suivre. Le fils, malin et perspicace, réplique: «Mon père, je ferai ce que je vous vois faire.»

Ces productions juvéniles ont en commun un tour épigrammatique. Leur forme se ramasse en vue du trait final qui frappe – aux divers sens du mot. Ainsi le quatrain sur Néron est agencé pour placer après l'aveu par l'empereur de ses «actes de cruauté» cette pointe:

> J'ai voulu me tuant en faire un de justice.

Epigramme, on l'a vu, son sixain à Duché sur lui-même,

> ... bien éloigné, ma foi,
> D'avoir une vierge pour mère.

Parmi les siens déjà le vers était pour le petit garçon une arme. Armand et lui alignent des rimes, mais l'un contre l'autre. L'émulation dégénère en duel.[37] «Dans la famille on se plaisait à les mettre aux prises.» François-Marie, quoique de neuf ans le plus jeune, tient tête victorieusement. Ses épigrammes «étincelaient d'esprit».[38] Sous le toit paternel la vie de cet enfant qui n'a plus sa mère est un combat – un combat de plume. La situation familiale lui a donné pour ennemis deux hommes durs avec lesquels il vit: son frère, et vraisemblablement son père, ce «loup moraliste». Le voici tendu, cherchant le trait qui blesse; le trouvant. François Arouet peut s'en alarmer. Dès ces premières années un pli est pris, définitivement.

A en croire Duvernet, Châteauneuf n'enseignait pas à son filleul les seules fables de La Fontaine. Il lui faisait réciter un poème commençant ainsi:[39]

---

35. Ces deux poèmes ainsi que *Le Loup moraliste*, M.x.467-68.
36. M.x.213-14.
37. Voltaire octogénaire, D20649 (26 avril 1777), à son neveu Mignot à propos de Caïn qui «fut assez puni d'avoir cassé la tête à son frère», évoque Armand Arouet: «Je n'ai pas tué mon frère le janséniste, le convulsionnaire, le fanatique, qui se croyait puissant en œuvres et en paroles. J'aime ma famille, et surtout vous, à qui je suis tendrement attaché pour le peu de temps que j'ai encore à vivre.»
38. Duvernet, p.10.
39. Duvernet le reproduit en note, p.290-92. C'est ce texte que nous citons.

> Votre impertinente leçon
> Ne détruit pas mon pyrrhonisme:
> Ce n'est point par un vain sophisme
> Que vous surprendrez ma raison.
> L'esprit humain veut des preuves plus claires
> Que les lieux communs d'un curé.

C'est la *Moïsade*, satire anonyme circulant clandestinement en manuscrit. D'un rationalisme alerte, à la Fontenelle, les vers expliquent que la religion n'est que l'imposture d'un adroit politique, d'un Moïse (ou d'un Numa: variante de prudence), pour établir son pouvoir sur un peuple crédule. Conséquence:

> Le mensonge subtil passant pour vérité
> De ce législateur fonda l'autorité,
> Et donna cours aux créances publiques
> Dont le monde fut infecté.

Cette *Moïsade*, qui compte soixante-et-onze vers, François-Marie l'aurait-il récitée par cœur dès l'âge de trois ans, comme le prétend Duvernet? Précocité invraisemblable. Mais on peut admettre que le jeune garçon savait fort bien débiter le poème vers ses dix ans, lorsque l'abbé de Châteauneuf parlait de lui à Ninon avant de le lui présenter.[40]

Pour apprécier le libertinage de l'abbé (au sens philosophique du terme), nous ne disposons que de l'unique écrit qu'il ait laissé: son *Dialogue* posthume *sur la musique des anciens*, publié en 1725.[41] Imitant le dialogue platonicien, il met en scène Ninon de Lenclos sous le nom de Léontium, et lui-même sous celui de Callimaque. La musique des anciens fournit prétexte à quelques réflexions d'une audace mesurée. On critique la croyance populaire aux guérisons miraculeuses. C'est, avec moins d'agressivité, l'esprit de la *Moïsade* et de l'*Histoire des oracles* de Fontenelle. Callimaque-Châteauneuf, à propos d'îles flottantes évoluant au son de la flûte, confesse son «pyrrhonisme»: «Ce qu'on appelle la foi historique n'est fondé que sur plusieurs témoignages qui pour l'ordinaire se réduisent à un seul, lequel est lui-même souvent sujet à caution.»[42] Léontium préside à l'entretien. Femme philosophe, féministe par philosophie: «Comme le premier usage qu'elle a fait de sa raison a été de s'affranchir des erreurs vulgaires, elle a compris de bonne heure qu'il ne peut y avoir qu'une même morale pour les hommes et pour les femmes.»[43] Esprit

---

40. Duvernet, p.11: «Mlle Ninon demandant un jour à l'abbé de Châteauneuf des nouvelles de son filleul, – Ma chère amie, répond celui-ci, il a un double baptême, et il n'y a rien qui n'y paraisse, car il n'a que trois ans et il sait toute la *Moïsade* par cœur.»
41. *Dialogue sur la musique des anciens* (Paris, Pissot, 1725), p.23. L'abbé de Châteauneuf mourut en 1708.
42. *Dialogue*, p.118.
43. *Dialogue*, p.111.

fort toujours comme au temps où elle conseillait Molière sur son *Tartuffe*, Ninon est maintenant une bien vieille dame. On ne vient plus chercher dans son salon que des plaisirs intellectuels. Mais ceux-là sont d'une qualité rare: «Sa maison est peut-être la seule où l'on ose encore faire usage de l'esprit, et où l'on passe des journées entières sans jeu et sans ennui.»

C'est cette même Ninon assagie qui, peu de temps avant sa mort, demanda à voir le petit François-Marie, fils de son notaire, dont Châteauneuf lui disait tant de bien. La courtisane aurait eu, le jour de ses soixante ans, la fantaisie d'accorder pour la dernière fois ses faveurs à un abbé: Gédoyn, selon la rumeur, ou Châteauneuf si l'on en croit Voltaire.[44] Mais cet enterrement de sa vie de femme émancipée est désormais bien loin dans le passé. Ninon a atteint le seuil de la quatre-vingt-cinquième année, quant Châteauneuf conduit chez elle son filleul.[45]

Le petit garçon conservera de cette visite le souvenir d'une femme «sèche comme une momie», «une décrépite ridée qui n'avait sur les os qu'une peau jaune tirant sur le noir».[46] L'enfant «avait fait quelques vers qui ne valaient rien, mais qui paraissaient fort bons pour [son] âge.»[47] Il plut assez à la vieille dame pour qu'elle se le rappelât en dictant, quelques jours après, son testament. Elle y lègue au fils de M. Arouet «qui est au jésuite [*sic*] mille francs pour lui avoir des livres».[48] En fait le collégien n'a pas reçu de son père les mille francs.[49] Il n'a pas eu les livres. Mais à partir de cette image il retrouvera, devenu historien et philosophe, la figure d'une Ninon affranchie de tout préjugé, plus honnête en sa liberté de mœurs que les dévots hypocrites.[50]

44. *La Défense de mon oncle* (*OC*, lxiv.212). Mais dans D4456 Voltaire écrit que Ninon «ce jour-là avait juste soixante et dix ans».

45. Ninon de Lenclos est née en novembre 1620. D'après la date de son testament, 19 décembre 1704, la visite dut avoir lieu dans l'automne de 1704. Voltaire a, ou va avoir, dix ans. Voir E. Magne, *Ninon de Lenclos* (Paris 1948), p.17-18, 301.

46. M.xxvi.384.

47. D4456 (*c.* 1er mai 1751), à Formey.

48. Reproduit par E. Magne, p.300-301. Ninon désigne François Arouet comme exécuteur testamentaire.

49. Voltaire se trompe quand il donne le chiffre de 2.000 francs (D4456). Erreur explicable: son père garda la somme par devers lui. Voltaire ne recevra le legs de 1704 qu'en 1727, à la liquidation de la succession paternelle (D.app.11, p.457).

50. L'anecdote du *Dépositaire* vient de Châteauneuf, qui y fait allusion dans le *Dialogue sur la musique des anciens*, p.114.

4. Le collège

En octobre 1704, Arouet entre en sixième au collège de la rue Saint-Jacques, auquel les jésuites, bons courtisans, ont donné le nom de Louis-le-Grand. Il y restera sept ans, le quittant après la classe de philosophie en août 1711.[1]

Pourquoi François Arouet, après avoir placé son fils aîné Armand à l'établissement jansénisant de Saint-Magloire, confie-t-il son cadet aux Pères de la Société de Jésus? On devine ses raisons. Peut-être s'alarmait-il déjà de l'ardeur janséniste qui fera plus tard d'Armand Arouet un convulsionnaire fanatique. Il n'était pas prudent en cette fin de règne d'être soupçonné de sympathie pour Port-Royal, la grâce efficace, le «cas de conscience». Le receveur de la Cour des comptes en inscrivant son second fils chez les jésuites donnait des gages. Il songeait aussi à l'avenir de François-Marie. Jamais la Compagnie de Jésus n'avait été en France aussi puissante. Elle s'était insinuée par ses protégés dans les rouages de l'administration monarchique. Bientôt dans la chasse aux ennemis de l'*Unigenitus*, certains de ses membres usurperont la fonction d'une police supplétive.[2] L'influence de la Société s'exerce à la tête même de l'Etat, sur l'esprit du roi, par son confesseur: le P. La Chaise, puis à partir de 1709 le P. Le Tellier, précédemment recteur du collège Louis-le-Grand. Voltaire se souviendra de cette situation dans l'*Ingénu*, qu'une première esquisse plaçait sous le règne du P. Le Tellier. On peut supposer que François Arouet ne perdait pas de vue les projets d'avancement de la famille. On savait que les jésuites avaient à cœur de favoriser la carrière de leurs anciens élèves. Au collège même, un roturier se trouvait mêlé aux rejetons de la haute aristocratie. Des liaisons se formaient, grâce à quoi le fils d'un ancien notaire pourrait avec moins de peine s'élever dans les sphères dirigeantes. Le collège parisien constituait comme un séminaire préparant les futur cadres supérieurs de la monarchie. C'était à ce titre le meilleur établissement d'enseignement de toute

---

1. Sur cette chronologie, voir R. Pomeau, «Voltaire au collège», *RHLF* 52 (1952), p.1-4. Depuis cette étude, Th. Besterman a découvert et publié la lettre qu'un ancien condisciple, Maurice Pilavoine, adressait à Voltaire de Pondichéry le 15 février 1758 (D7635). Pilavoine écrit qu'il a accompagné son illustre camarade de la septième à la rhétorique, ayant quitté le collège après la classe de rhétorique en septembre 1709. Mais à cinquante ans de distance, Pilavoine se trompe sur les dates: en 1708-1709 Arouet était élève de la classe d'humanités; il fit sa rhétorique en 1709-1710. Il en résulte qu'il était entré au collège, en 1704, en sixième et non en septième.

2. A. Adam, *Du mysticisme à la révolte, les jansénistes du XVIII⁰ siècle* (Paris 1968), p.307-308.

la France. Là se trouvaient rassemblés les plus éminents pédagogues d'une congrégation particulièrement riche en esprits brillants. Précisément, François Arouet a dû considérer que ces Pères ingénieux conviendraient à un petit garçon pétillant d'intelligence, vif et virulent dans son propos. Ils développeraient ses dons, dans la bonne direction; éventuellement ils corrigeraient ce qu'annonçait déjà d'inquiétant l'insolent François-Marie.

La mécanique du collège n'avait pas son pareil pour dompter et redresser les natures même les plus rebelles.[3] L'adolescent allait en subir pleinement l'emprise. Il avait été mis en pension: son père veuf se déchargeait ainsi du soin de surveiller un garçon indocile. Si l'enseignement lui-même était gratuit, l'internat ne l'était pas: mais le prix annuel, 400 francs, porté à 500 francs en 1709, s'il suffisait à écarter la petite bourgeoisie, ne grevait pas le budget d'un père de famille aussi bien pourvu que le receveur de la Cour des comptes.

Pendant sept années le futur Voltaire est donc astreint à suivre le régime du collège. Chaque matin, réveil à 5 heures: prière, étude, récitation des leçons. A 7 h. 30, cours. A 10 h., messe, suivie du déjeuner puis de la récréation. A 14 h., cours. A 18 h., souper, puis récréation. Ensuite répétition des leçons, corrections des devoirs. A 21 h., après une prière et une lecture spirituelle, extinction des feux.

On accusera le lycée napoléonien d'introduire dans l'enseignement le régime de la caserne. On voit qu'une telle discipline se trouvait en fait préformée dans les collèges des jésuites, dont le lycée impérial s'inspirera. Le système se recommandait par une souple efficacité. L'enseignement, aux horaires répartis, laissait du temps pour la mémorisation. On favorisait le contact direct avec les «préfets», chargés de la surveillance, mais aussi du contrôle des leçons et devoirs, guides et conseillers toujours proches de l'enfant. Celui-ci n'est jamais seul, ni livré à lui-même. Il ne fait pas un pas sans être observé. Dans les chambres, à l'étude, à la chapelle, au jeu, à la promenade, il demeure sans cesse sous le regard de plusieurs préfets. La nuit même les élèves sont répartis par petites chambrées en compagnie d'un préfet dit «cubiculaire». Ainsi l'éducation collective s'efforçait de conserver les avantages du préceptorat, par la présence constante d'un pédagogue connaissant bien ses élèves. A quoi s'ajoutait l'immense domesticité du collège: les «cuistres», nullement cantonnés dans les fonctions de cuisine. En outre les enfants de haute lignée avaient le droit de se faire servir par leurs domestiques personnels. Réunissant professeurs, préfets, élèves, cuistres, valets, le collège formait un milieu populeux, mais évoluant avec ordre, grâce à un emploi du temps aussi rigoureux que judicieux, et à une discipline fermement maintenue.

---

3. L'organisation des collèges de jésuites au début du dix-huitième siècle nous est connue par les ouvrages de Dupont-Ferrier, La Servière, Rochemonteix, Schimberg.

Dans la masse, l'historien a peine à saisir l'individu qui se nomme François-Marie Arouet. Rien de plus insipide, dira Voltaire, que les détails de l'enfance et du collège.[4] Sur lui-même élève de Louis-le-Grand, il n'a laissé échapper que de rares informations. Nous connaissons ses préfets cubiculaires. D'abord le P. Charlevoix, mais pendant une année seulement: le Père fut envoyé dès 1705 à Québec.[5] Il devait écrire plusieurs ouvrages sur les missions des jésuites que Voltaire utilisera: *Histoires* de Saint-Domingue, du Paraguay, du Canada. A Charlevoix succède le P. Thoulier: celui-ci, ayant quitté les jésuites, fera carrière dans les belles-lettres sous le nom de l'abbé d'Olivet, et restera un correspondant de son ancien élève. Né en 1682, il était alors fort jeune, comme la plupart des cubiculaires.[6] Voltaire nomme aussi comme l'un de ses préfets, mais non, semble-t-il, préfet de chambrée, le P. Biennassès. Le malheureux défraya la chronique du collège: «[Il] nous dit adieu le soir et […] le lendemain matin, après avoir dit sa messe et avoir cacheté quelques lettres, se précipita du troisième étage.»[7] Voltaire, rapportant l'incident dans l'article «Suicide» du *Dictionnaire philosophique*, déclare qu'il ne veut point «éplucher les motifs» de Biennassès, que sans doute il connaissait.

Un collège a ses zones d'ombre, voire ses bas-fonds. Arouet y a vu les élèves se battre à coups de canifs avec les cuistres.[8] Les châtiments corporels étant en usage, il a vu (vraisemblablement comme victime) «des barbares qui faisaient dépouiller des enfants presque entièrement nus; une espèce de bourreau souvent ivre les déchirait avec de longues verges, qui mettaient en sang leurs aînes, et les faisaient enfler démesurément. D'autres les faisaient frapper avec douceur, et il en naissait un autre inconvénient.»[9] La stricte répression sexuelle rendait inévitable dans ces établissements certaines perversions. L'accusation traditionnelle de sodomie contre les collèges de jésuites, appuyée sur quelques faits, était amplifiée par les ennemis de la Société. Nous avons un pamphlet se présentant comme le rapport d'une *visitation* – une «inspection générale» – au collège Louis-le-Grand en 1708. L'auteur recommande benoîtement aux Pères de s'abstenir d'embrasser les enfants, «au moins en public s'ils ne le peuvent en particulier».[10] La généalogie de la syphilis dans *Candide* mention-

---

4. M.i.71.

5. D'après Sommervogel, *Bibliothèque de la Compagnie de Jésus* (Bruxelles et Paris 1890-1900), ii.1075. C'est dans *Un chrétien contre six juifs* (1776) que Voltaire écrit que Charlevoix á été son préfet «il y a soixante et quinze ans [sic] au collège de Louis-le-Grand» (M.xxix.530).

6. D9743 (20 avril 1761), à d'Alembert: «il me donnait des claques sur le cul quand j'avais quatorze ans».

7. M.xx.445.

8. M.i.56-57.

9. M.xx.558.

10. R. Pomeau, «Voltaire au collège», p.9.

nera «un page qui l'avait reçu[e] d'un jésuite». Le petit Arouet eut-il à subir pareille atteinte? Voltaire l'affirmera: il s'en serait tiré à moins bon compte que le jeune Jean-Jacques Rousseau à l'hospice du Saint-Esprit (si l'on en croit l'*Emile* et les *Confessions*). Un jour en Angleterre, à la table de Pope, la vieille mère du poète lui demanda comment sa santé pouvait être si mauvaise à l'âge qu'il avait: «Oh! s'écria-t-il en anglais, ces damnés jésuites quand j'étais enfant m'ont sodomisé à tel point que je ne m'en remettrai jamais tant que je vivrai.»[11] Faut-il ajouter foi à une sortie, par quoi le jeune Français jouait à horrifier une vieille dame anglaise? Voltaire ne renouvellera jamais cette accusation contre ses anciens maîtres, et ses maladies relèvent certainement d'un autre diagnostic. Mais il est possible que l'enfant ait reçu quelques caresses indiscrètes.

L'enseignement du collège, l'auteur du *Dictionnaire philosophique* le résumera en deux mots: «du latin et des sottises».[12] Nous reviendrons sur ce que l'ennemi de «l'Infâme» nomme «des sottises». Quant au latin, on a peine à concevoir aujourd'hui ce paradoxe: les hommes cultivés du siècle des Lumières, qui parlaient et écrivaient un si excellent français, furent presque tous formés dans des collèges où ils apprirent non leur langue, mais la langue latine. Les autres enseignements lui étaient sacrifiés, même le grec, dont l'ignorance exposera Voltaire à de fâcheuses bévues. Peu d'histoire et de géographie, peu de mathématiques; aucun enseignement des sciences, ni des langues vivantes. Voltaire devra se donner par lui-même toute sa culture scientifique et mathématique; il apprendra par ses propres moyens l'anglais et l'italien. Ecartant toute ambition encyclopédique, le collège concentre ses efforts sur l'acquisition de la langue latine. En principe, le français, officiellement méprisé comme idiome «vernaculaire», aurait dû être proscrit jusque dans l'usage quotidien. L'institut des jésuites rêvait de promouvoir au rang d'un second parler maternel la langue de la catholicité. Mais l'évolution européenne, vers l'émergence des nations et de leurs langages, allait à l'encontre de cet œcuménisme du latin. Il ne fait aucun doute qu'à l'époque d'Arouet les élèves entre eux parlaient le français. L'enseignement du français commençait même à s'insinuer dans les classes par le biais d'abord de la version latine. On continuait cependant à exercer les collégiens à la pratique de la langue de Cicéron, comme s'ils étaient destinés à l'employer couramment dans la vie.

On enseignait moins le latin que l'expression latine. On proposait des sujets

---

11. Témoignage de Gay, cité d'après un manuscrit, par A.-M. Rousseau, *L'Angleterre et Voltaire*, Studies 145-147 (Oxford 1976), p.113. Nous reviendrons sur cet incident à sa date, ci-dessous p.226.

12. M.xviii.471.

à traiter: «La Vierge Marie cherche l'enfant Jésus perdu à Jérusalem», «Une mère déplore la mort d'un fils tué à la guerre», «Dioclétien décide de détruire le nom chrétien»...[13] Sur ces thèmes, les élèves ont à composer des discours latins, des vers latins. Les œuvres latines imprimées des régents nous conservent les corrigés du professeur: ainsi dans la *Bibliotheca rhetorum* du P. Lejay le poème en hexamètres sur un miracle de saint François-Xavier, apaisant une tempête en lançant dans les flots son crucifix, qu'un crabe lui rapporte pieusement:[14] l'auteur de l'*Essai sur les mœurs* se rappellera cette édifiante «sottise». On entraînait les latinistes novices à «développer». On les exerçait à l'amplification, discipline pour laquelle, selon Voltaire, on décernait des prix: il eût mieux valu, écrira-t-il, couronner «celui qui aurait resserré ses pensées».[15] Mais les régents avaient à combattre l'aridité des esprits. Ils montraient comment mettre en œuvre les figures de rhétorique. Ils enseignaient l'art de démarquer en prose Cicéron, en vers Virgile et Horace. A cette fin ils meublaient la mémoire de leurs élèves de classiques latins. Les textes gravés dans de jeunes têtes ne s'en effaçaient jamais. D'où, au dix-huitième siècle, dans les correspondances même les plus familières une abondance de citations latines qui nous étonne. De leur formation première un Montesquieu, un Diderot ont acquis un fonctionnement de la pensée produisant en même temps que les mots français des réminiscences des grands anciens: ce qui donne à l'idée autorité et couleur. Qu'on se reporte à l'index de la correspondance de Voltaire: l'auteur le plus cité, venant bien loin devant les Français, les Italiens, les Anglais, est Virgile, suivi par Horace. Le disciple des Pères a retenu en outre du collège un usage facile du latin. On en jugera par ses lettres en cette langue, adressées soit à des princes de l'Eglise, soit à des Académiciens de l'Europe orientale. Au siècle dernier un excellent universitaire a longuement dénoncé les solécismes, gallicismes et autres fautes de Voltaire latiniste.[16] C'était oublier que l'ancien élève de Louis-le-Grand s'exprimait en un latin parlé, langue restée pour lui vivante, fût-ce au prix de maintes incorrections.

Les jésuites visaient à exciter chez leurs disciples les qualités d'invention. Ils pratiquaient une pédagogie active. Sans doute dans les classes le régent s'adressait du haut de sa chaire à un auditoire trop nombreux: cent ou deux cents élèves. Mais pour secouer dans de telles foules la nonchalance des individus, l'effectif était partagé en groupes: les décuries, menées par un élève de confiance, le décurion. La classe s'animait par des affrontements entre décuries. Périodiquement des concours publics, les «concertations», procurent

13. Sujets mentionnés par Rochemonteix, *Un collège de jésuites* (Le Mans 1889), iii.47-48.
14. Lejay, *Bibliotheca rhetorum* (Paris 1725), ii.625.
15. M.xvii.184.
16. Alexis Pierron, *Voltaire et ses maîtres* (Paris 1866).

aux meilleurs l'occasion de briller. Le collège, après la famille, va donc encourager chez le jeune Arouet des qualités de pugnacité. Quotidiennement la compétition scolaire fouette une vanité qui devient vanité d'auteur. Car les instructions stipulaient que les devoirs les plus remarquables seraient conservés, dans un cahier spécial: «On joindra à ces compositions l'éloge des auteurs, on les consignera sur le même livre pour en perpétuer le souvenir, et célébrer leur nom dans le royaume des lettres.»[17] Non seulement les régents savaient inspirer pour la belle littérature le goût vif qui était le leur: ils suscitaient l'envie d'imiter et de créer parmi leurs meilleurs disciples, entre lesquels bientôt va se distinguer le jeune Arouet.

Deux institutions favorisaient grandement la culture littéraire: le théâtre de collège et le cadre des *scriptores*.

La distribution des prix au mois d'août s'agrémentait chaque année d'une représentation donnée par les élèves. On jouait une tragédie ou un drame en latin, quelquefois en français, suivi d'une comédie en français. En intermède les élèves exécutaient un spectacle de ballet. La préparation d'une telle manifestation exigeait beaucoup de travail. Les pièces étaient confectionnées par les régents eux-mêmes. Les collèges de jésuites disposaient d'un répertoire. Mais parfois un père composait tout exprès une œuvre nouvelle: parmi les productions dues au P. Porée son *Pezophilus* (*Le Joueur*) restera célèbre, égalé par d'aucuns à la comédie de Regnard. Une fois le programme arrêté, il fallait faire répéter les élèves choisis comme interprètes. Quant aux danseurs du ballet il arrivait que pour les exercer on fît appel aux professionnels de l'Opéra. De si grands efforts se justifiaient par des raisons pédagogiques. Acteurs ou spectateurs, les élèves pénétraient mieux le sens d'un texte, les finesses d'un caractère. Ceux qui jouaient, et même les autres, amélioraient leur diction, leur geste, acquéraient de l'aisance en public.

On pense bien cependant que de pareils arguments, si fondés fussent-ils, ne désarmaient pas les austères ennemis du théâtre, jansénistes et jansénisants. Il faut avouer que l'ambiance des représentations pouvait alimenter les accusations de relâchement moral et religieux intentées à la Société de Jésus. Le spectacle donné dans la plus vaste cour intérieure de l'établissement crée une intense agitation parmi les Pères: «On voit les nôtres aller, venir, courir, s'arrêter, monter, descendre, repousser, avancer, dire des injures, en recevoir, battre, être battus, ce qui fait un intermède plus divertissant que la pièce même.»[18] La représentation attirait des foules de moines, sevrés de toute autre sorte de théâtre. En même temps qu'elle affirmait le prestige du collège

---

17. Jouvency, *De Ratione discendi et docendi* (Francfort 1706), p.114-15.
18. Cité par R. Pomeau, «Voltaire au collège», p.9.

dans les couvents parisiens, elle confirmait la réputation de mondanité dont bénéficiait la Compagnie de Jésus. Dans le public, l'élément féminin, mères, sœurs, amies des élèves, était largement représenté. Après la fête on célébrait le succès au champagne, en compagnie des dames, dans les chambres et les salles d'étude.

Tout cela scandalisait les dévots. On s'efforçait de corriger la fâcheuse impression par les sujets des pièces, toujours édifiants. Entre 1705 et 1711, Arouet put voir jouer *Jonas, Saül, Josephus Aegypti prefectus, Josephus venditus, Josephus agnoscens fratres, Maxime martyr, Celse martyr*. Les ballets sont en général empruntés à la mythologie; mais parfois ils se prêtent à de pieuses allusions comme *Jupiter vainqueur des Titans* ou le *Ballet de l'Espérance* donné dans la sombre année 1709.[19] Bien que les acteurs fussent recrutés parmi les seuls pensionnaires, on ne sait si Arouet joua dans l'une de ces pièces. Mais il n'est pas douteux qu'il contracta au collège son amour du théâtre. Faute de pouvoir fréquenter la Comédie-Française, il découvre alors les auteurs récents à travers les livres. Il avait onze ans et était donc en classe de sixième ou de cinquième, lorsqu'il lut «tout seul, pour la première fois, l'*Amphitryon* de Molière»: il a ri «au point de tomber à la renverse».[20] Mais c'est dans le genre tragique que le collégien s'essaie bientôt, en entreprenant de versifier un *Amulius et Numitor*.

La tragédie voltairienne ne rompra jamais avec l'héroïsme moralement exaltant dont les tréteaux de Louis-le-Grand ne se lassaient pas de proposer l'exemple. L'amour et même les rôles de femmes étaient exclus de ces spectacles: avant peu Arouet tentera d'imposer aux acteurs de la Comédie-Française le paradoxe d'une tragédie sans amour. La vertu, les grands sentiments continueront à dominer son théâtre comme jadis celui du collège. Il n'est pas étonnant qu'un sujet, celui de *Brutus*, traité par son régent le P. Porée, ait été repris par lui-même. Ses pièces se plaisent dans le climat cornélien où s'installe tout naturellement un théâtre pédagogique. Et comme au collège ses tragédies de «prédicateur»[21] se heurteront à l'hostilité des dévots fanatiques. Il mènera à son tour le même combat pour le théâtre, qui se rallumera lorsque Jean-Jacques prendra le relais du janséniste hargneux.

Les jésuites n'avaient pas créé le théâtre de collège. Ils n'étaient pas les seuls à le pratiquer, s'ils l'avaient développé avec le plus d'éclat. En revanche

---

19. G. Dupont-Ferrier, *Du Collège de Clermont au Lycée Louis-le-Grand* (Paris 1921-1925), iii.254-56.

20. M.xx.374.

21. *Le Monde comme il va*, dans *Romans et contes* (Paris 1966), p.101: Babouc va au théâtre à Persépolis: «il ne douta pas» que les acteurs et actrices qu'il entend «ne fussent les prédicateurs de l'empire».

l'institution des *scriptores* était propre à leurs établissements. Certains Pères se trouvaient affectés au collège sans y être chargés d'un service d'enseignement. Nous dirions aujourd'hui qu'ils assuraient une fonction de «recherche». Comme l'indique leur nom, les *scriptores* avaient pour mission de produire des travaux personnels, de caractère scientifique. On leur demandait, ce faisant, de s'entretenir avec les élèves, librement, hors de tout cadre préétabli. L'institut des jésuites entendait ainsi répondre à l'aspiration de tempéraments juvéniles avides d'échapper aux structures rigides imposées par le règlement. Grâce aux *scriptores*, des ouvertures étaient ménagées vers le monde intellectuel extérieur au collège. Pendant ses années de Louis-le-Grand Arouet a pu y connaître le P. Buffier, esprit original et fécond, *scriptor* de 1701 à 1737.[22] Nous savons qu'il fréquenta le P. Tarteron, traducteur d'Horace, de Perse et de Juvénal.[23] Il fut surtout lié avec le P. Tournemine, directeur de la revue de la Société, les *Mémoires de Trévoux*. Vif et ingénieux, Tournemine s'était fait une spécialité des discussions avec les libertins. Pendant son séjour au collège de Rouen, il avait été l'interlocuteur de Fontenelle. A Paris, «sa chambre, nous dit-on, était pleine d'esprits forts, de déistes et de matérialistes.»[24] L'homme était bien choisi pour maintenir la revue de la Société dans le courant des idées à la mode. Il préparait un ambitieux ouvrage sur l'*Origine des fables*. S'inspirant des «démonstrations» figuristes de Daniel Huet, il se faisait fort d'établir que les événements de la Genèse se retrouvaient dans la mythologie païenne, «quoiqu'un peu altérés et mêlés de fables». Le bon Père découvre que Prométhée n'est autre que Lucifer; que l'histoire de Saturne est «copiée sur celle d'Adam»; qu'Athéna «a bien du rapport» avec «le Verbe produit du Père par voie de connaissance», etc.[25] Arouet a dû être informé alors de ces inventions du P. Tournemine qui, disait-on, «croit tout ce qu'il imagine».[26] Un peu plus tard le *scriptor* développera une apologétique moins aventureuse, en reprenant les arguments traditionnels dans une préface à la *Démonstration de l'existence de Dieu* par Fénelon (1715).

Le collège d'Ancien Régime habituellement se repliait sur lui-même, refusant le monde.[27] Mais tel n'était pas le cas d'un établissement de prestige

22. Voir Kathleen S. Wilkins, *A study of the works of Claude Buffier*, Studies 66 (1969), p.19 et n.9. Faut-il identifier avec le P. Buffier le P. Tuffier qui aurait été le préfet de rhétorique (d'humanités? cf. n.1 ci-dessus) d'Arouet et de Maurice Pilavoine, d'après ce qu'écrira celui-ci un demi-siècle plus tard (D7635, 15 février 1758)?

23. C'est ce qu'on peut inférer du récit de J.-B. Rousseau, D1078.

24. Selon le cardinal de Bernis, *Mémoires et lettres* (Paris 1878), i.18.

25. Voir R. Pomeau, *La Religion de Voltaire*, p.60-61. Tournemine avait publié une esquisse de son système en 1702 dans les *Mémoires de Trévoux*; il y est revenu en 1710.

26. *Souvenirs de Jean Bouhier* (Paris 1866), p.86.

27. Voir R. Mortier, «Ecole chrétienne et refus du monde (XVIIᵉ et XVIIIᵉ siècles)», dans *Eglise et enseignement* (Bruxelles 1977), p.79-87.

comme Louis-le-Grand. *Scriptores*, régents, préfets n'oubliaient pas de faire auprès de leurs élèves la propagande de la Société. Leurs missions lointaines constituaient l'un des aspects les plus attrayants de leurs activités, sur lequel ils devaient au reste se défendre contre leurs adversaires. La querelle des missions chinoises atteignit sa phase aiguë dans les années qu'Arouet passa au collège. Il dut être comme ses condisciples un lecteur au moins épisodique du périodique des jésuites lancé au début du siècle, les *Lettres édifiantes et curieuses*: recueil effectivement «curieux», dont on sait la part qu'il eut dans la formation de ces mythes philosophiques: le bon sauvage, le Chinois vertueux. Certains élèves dans le collège même attestaient par leur présence les orientations exotiques de la Société. Arouet vit à Louis-le-Grand «six jeunes Chinois»: curieux de comparer leur langue au grec, il leur demanda de parler entre eux: il ne parvint pas à distinguer dans leur prononciation «la moindre intonation».[28] Le collège accueillait des boursiers du Proche Orient: les «jeunes de langue» qu'on destinait au service du roi dans les Echelles du Levant. Arouet connut au moins l'un d'entre eux: le chevalier Vincent Mamachi de Lusignan, né en 1697, d'une famille originaire de Chypre, qui aurait été le grand-oncle d'André Chénier. Marie-Joseph Chénier, frère d'André, se prévaudra de cette parenté lors du triomphe parisien de Voltaire en 1778. Faut-il rapprocher de ces relations avec le levantin Mamachi la confidence selon laquelle Arouet ne se serait senti au collège aucune disposition pour les langues orientales?[29]

C'est en 1709 qu'on commence à discerner dans la masse anonyme des élèves François-Marie Arouet, alors en classe dite d'«humanités» (l'équivalent de la seconde dans l'enseignement ultérieur). Le 27 janvier de cette année il assiste au mariage de sa sœur Catherine. Alors vient de s'abattre sur la France une vague de froid, la plus rigoureuse et la plus longue qu'on ait connue à l'époque historique: fleuves glacés, mer prise le long des côtes, récoltes détruites en terre. «Vous souvenez-vous du temps que nous grelottions au coin d'un méchant feu, et dans une méchante chambrette, pendant le vilain hiver de 1709?», lui écrira plus tard son ancien cubiculaire, Thoulier d'Olivet.[30] L'accident climatique frappait la France au pire moment. La guerre de Succession d'Espagne prenait un tour désastreux. Après la défaite du duc de Bourgogne à Audenarde, le royaume était envahi, Lille assiégée et bientôt prise. La situation devint à ce point critique que Louis XIV se résigna à envoyer secrètement Torcy à La Haye pour solliciter la paix (mai 1709). La rumeur des événements se propageait dans le collège. Duvernet rapporte qu'Arouet discutait avec ses professeurs et ses camarades. Il aimait «à peser, aurait dit le

---

28. D15004.
29. Voir R. Pomeau, «Défense de M. Mamaki», *RHLF* 76 (1976), p.239-42.
30. D9087 (24 juillet 1760).

P. Porée, dans ses petites balances les grands intérêts de l'Europe».[31] Il ne se départira plus de cette attention à la conjoncture politique et militaire, jusqu'à en devenir le chroniqueur par des œuvres comme l'*Histoire de la guerre de 1741* et le *Précis du siècle de Louis XV.*

Présentement il traite l'actualité sur le mode poétique. Comme il arriva plusieurs fois dans des périodes de détresse, on se tourna vers sainte Geneviève, espérant que la patronne de Paris écarterait les périls imminents. Le 16 mai 1709, on promena sa châsse dans les rues de la capitale affamée. Quelques mois plus tard le P. Lejay versifie en l'honneur de la sainte une ode latine. Or, de cette production de son régent Arouet fait une imitation française, en strophes d'octosyllabes. Poème éloquent, dont la chaleur et le mouvement entraînent. Cinq strophes évoquent une apparition de «l'illustre bergère», entourée d'un «chœur d'esprits saints», saluée du prosternement des «humbles mortels». Le poète s'accuse d'avoir mal rempli ses vœux; il promet à l'avenir de réparer: il offrira aux «saintes reliques» de Geneviève l'«hommage de [ses] écrits» (trois strophes). Il rappelle les interventions de la «protectrice de la France» contre la sécheresse, contre la peste: il l'adjure d'apporter son secours à la «France en alarmes», ravagée par la guerre. Que grâce à sainte Geneviève

> ... Bellone, de fers chargée,
> Dans les enfers soit replongée,
> Sans espoir d'en sortir jamais.

Brillante performance, selon les normes poétiques de l'époque. Les Pères firent imprimer l'ode en sept pages in-quarto, avec le nom de l'auteur: «François Arouet, étudiant en rhétorique et pensionnaire au Collège de Louis-le-Grand». L'indication date le poème non de 1709, comme on l'écrit souvent, mais de 1710, Arouet ayant fait son année de rhétorique en 1709-1710: il est probable que le P. Lejay avait composé son ode latine pour la fête de la sainte du 3 janvier 1710.

En cette année de rhétorique, le génie poétique d'Arouet s'affirmait avec éclat. Il était entré dans la classe où enseignaient les deux régents les plus prestigieux du collège: le P. Lejay et le P. Porée. Ils se partageaient la tâche, l'un professant l'éloquence latine, l'autre la poésie latine, sans qu'on sache comment se fit la répartition en 1709-1710. Il semble qu'Arouet s'entendait mal avec Lejay, professeur irascible et chahuté. Mais il portait une estime affectueuse au P. Porée. Ce père, né en 1676, en était à ses débuts. Ordonné prêtre en 1706, il venait, après deux années passées à Rouen, d'être affecté au collège de Paris. Chez l'un comme chez l'autre régent, l'élève Arouet se distingua. A la fin de l'année scolaire, il obtint l'honneur exceptionnel de

---

31. Duvernet, p.19.

remporter à la fois le premier prix de discours latin et le premier prix de vers latins. Le beau livre qui lui fut remis en récompense a été retrouvé au siècle dernier: c'était un gros in-folio, *L'Histoire des guerres civiles en France* par Davila (choisi sans doute en raison de l'intérêt manifesté par Arouet pour l'histoire).[32]

C'est alors que Jean-Baptiste Rousseau fait la connaissance d'Arouet. Le poète, non encore condamné à l'exil, assistait à la représentation de la tragédie donnée au collège des jésuites en août 1710. A la distribution des prix qui suivit le spectacle, il remarqua qu'on appelait deux fois le même écolier, du nom d'Arouet. S'informant auprès du P. Tarteron, il apprit que c'était «un petit garçon qui avait des dispositions surprenantes pour la poésie». On le lui présente: «Un jeune écolier qui me parut avoir seize à dix-sept ans, d'assez mauvaise physionomie, mais d'un regard vif et éveillé, et qui vint m'embrasser de fort bonne grâce», rapportera le poète.[33]

La réputation d'Arouet poète de collège s'appuyait sur des œuvres latines et des œuvres françaises. Un de ses anciens condisciples de rhétorique le lui rappellera: dans la classe de Lejay et de Porée la poésie était «la partie dans laquelle il excellait» le plus: «surtout la française», précise son correspondant: le brillant élève composait celle-ci «avec une facilité égale à la latine».[34] Seuls quelques productions en français de sa muse collégienne nous sont parvenues. La tradition, pour souligner la précocité de l'enfant, fait remonter plusieurs de ces essais aux premières années de Louis-le-Grand. Voltaire lui-même dans le *Commentaire historique* présente l'un des plus remarquables, les vers au Dauphin pour un invalide, comme antérieurs à la visite à Ninon de Lenclos: c'est cette composition que l'enfant aurait lue à l'amie de son parrain. Ce qui la daterait de ses premières semaines de collège, à l'automne de 1704. Voltaire, qui d'ailleurs n'est pas absolument affirmatif,[35] se trompe certainement. On connaît l'épisode: un invalide, ancien soldat du régiment du Dauphin, vient demander au collège des jésuites qu'on rédige pour lui un placet en vers à présenter à Monseigneur. Le régent l'adresse à un «jeune élève»: Arouet. Qu'on lise la composition du collégien: le compliment fort adroitement tourné,

---

32. Ce volume est actuellement à la Réserve de la Bibliothèque nationale, Rés.fol.La[22].15D. Il porte le certificat disant que le livre a été offert à Franciscus Arouet, comme prix de vers latins, le 1er janvier 1710: la date fait difficulté et se trouve en contradiction avec le témoignage de J.-B. Rousseau. Desnoiresterres, i.183, dit avoir vu le volume, qu'il désigne comme étant l'*Histoire d'Italie* de Guichardin; il donne une version différente des deux vers dont nous parlerons plus loin. Mais Desnoiresterres qui parle de mémoire fait sans doute erreur.

33. D1078 (22 mai 1736), lettre ouverte de J.-B. Rousseau à la *Bibliothèque française* sur ses démêlés avec Voltaire.

34. Maurice Pilavoine, D7635.

35. M.i.71: la pièce de vers récitée à Ninon «est *probablement* celle qu'il composa pour un invalide» (souligné par nous).

jouant sur le mot «donner», ne peut être l'ouvrage d'un enfant de dix ans, si précoce qu'on l'imagine.[36] La version rapportée par Luchet nomme le régent: il s'agirait de Porée.[37] En ce cas, les vers pour l'invalide seraient de 1709-1710, et leur maîtrise comparable à celle de l'*Ode à sainte Geneviève* n'aurait plus rien d'invraisemblable. Les autres vers, sur la tabatière confisquée, sur Néron, sont de la même époque, puisqu'ils ont comme origine une punition ou un exercice donnés par Porée. L'adolescent atteignant les quinze et seize ans sent en lui monter les dons du poète. Son ambition vise plus haut que les petits vers bien troussés. Il met en chantier une tragédie, un *Amulius et Numitor*.[38] Retrouvant plus tard son manuscrit, Voltaire le brûlera. Il n'en subsiste que deux fragments, sauvés par Thiriot: leur gaucherie n'annonçait pas une grande œuvre. Ils ont le mérite pourtant d'indiquer l'orientation du jeune Arouet.

Celui-ci déjà dispose d'un public, son premier public au delà du cercle familial. Il était conforme à la pédagogie des Pères d'exciter les jeunes talents par des éloges. Arouet poète a ses admirateurs dans sa classe: les témoignages de ses anciens condisciples le laissent entendre. Son confesseur se plaint qu'il soit «dévoré de la soif de la célébrité»:[39] le collège avait fait beaucoup pour allumer cette «soif». A la distribution des prix de 1710, les lauriers d'Arouet sont salués de longs applaudissements. Les vers pour l'invalide auraient fait «quelque bruit à Versailles et à Paris»:[40] l'assertion, dans le *Commentaire historique*, n'a rien d'invraisemblable, étant données les relations du collège avec la cour. Et si les Pères ont fait imprimer l'*Ode à sainte Geneviève*, c'est bien à dessein de la répandre hors des murs de Louis-le-Grand.

Le rhétoricien sans doute pensait à ce monde qui bientôt s'ouvrirait à lui. Aussi bien tout pensionnaire rêve-t-il de s'évader hors de l'internat. Arouet

36. C'est l'âge qu'aurait eu Arouet, et non pas douze ans, d'après la version du *Commentaire historique*. Il n'est pas impossible que Voltaire ait ultérieurement révisé son texte, dont il existe des variantes. Même compte tenu de celles-ci, la composition suppose une maturité invraisemblable chez un enfant de dix ans. Un autre texte, daté de 1750, rédigé ou inspiré par Voltaire (dans Longchamp et Wagnière, ii.483) indique l'âge de quatorze ans.

37. Luchet, *Histoire littéraire de M. de Voltaire* (Cassel 1781), i.8-9.

38. Wagnière (Longchamp et Wagnière, i.20), veut qu'elle ait été aussi commencée à douze ans. Le sujet est tiré de Tite-Live. Autrefois Amulius a détrôné Numitor, roi d'Albe, son frère, et exposé sur le Tibre les fils jumeaux de sa sœur Rhéa Sylvia, Romulus et Rémus. Les enfants recueillis par Faustus, ayant atteint l'âge d'homme, renversent Amulius et restaurent Numitor: la tragédie devait porter sur ce dernier épisode. Dans les fragments retrouvés parmi les papiers de Thiriot, on remarque ce vers de Faustus à Romulus: «Je sers les rois, mon fils, et non pas les tyrans.» Voir M.xxxii.379-82.

39. Duvernet, p.14. Outre le témoignage de Pilavoine déjà cité nous avons ceux des frères d'Argenson, Desnoiresterres, ii.220.

40. M.l.72.

avait fait plusieurs incursions dans le Paris entourant le collège. Vers 1706, il avait été introduit par l'abbé de Châteauneuf dans la société libertine du Temple, réunie autour des Vendôme, princes du sang. Le collégien a des besoins d'argent que ne couvre pas le père Arouet. A l'âge de treize ans, il a signé à une femme Thomas un billet de 500 livres: on lui en réclamera le remboursement en 1719, lorsqu'il atteint sa majorité.[41] Il protestera que l'engagement souscrit à un si jeune âge avait été «surpris». Il reste qu'il s'était adressé à une usurière pour obtenir une somme qui n'était pas mince: 500 livres ou francs équivalent à une année de la pension versée par son père (après la majoration de 1709). C'est aux années de collège aussi que remonte apparemment la mésaventure racontée dans la préface du *Dépositaire*. Dans la nécessité encore une fois d'emprunter de l'argent, il se trouve en présence d'un usurier opérant entre deux crucifix. Il lui dit qu'un seul suffit, et qu'il fallait le placer «entre les deux larrons». Colère du bonhomme: il ne prêtera pas un sou à un garçon aussi impie. Arouet se retire. Mais le dévot personnage le rattrape sur l'escalier. Après lui avoir fait promettre qu'il n'avait que «de très bonnes intentions», il lui prête sur gage à 10% pour six mois en retenant d'avance les intérêts. A l'échéance, l'usurier disparaît, emportant le gage qui valait quatre ou cinq fois la somme prêtée.[42]

Le gage: un jour ce fut le beau volume de prix de 1710, l'in-folio de Davila qui servit à cette fin. Le volume porte deux vers où l'on a cru reconnaître la main d'Arouet:

> De ma gloire passée illustre témoignage,
> Pour cinquante-deux sols je t'ai mis en otage.[43]

L'élève des Pères était brillant mais non point sage. Cet argent acquis par des moyens douteux, on devine à quoi il fut dépensé: le jeu, les filles…

Le voici parvenu à sa dernière année de collège. En 1710-1711, il est élève de la classe de philosophie. Ce qu'on enseigne chez les jésuites sous ce nom, c'est toujours la vieille scolastique. Les efforts du P. André pour y substituer le cartésianisme avaient échoué. Le régent dictait chaque année le même cours à ses élèves. Arouet ne s'est pas le moins du monde intéressé à cette prétendue philosophie, agrégat archaïque d'Aristote et de saint Thomas. Sa grande année restera sa rhétorique, celle où Lejay et Porée lui ont fait découvrir ce que nous appelons la littérature. Point de distribution de prix à l'issue de cette dernière année: l'élève doit soutenir une thèse, après quoi il reçoit une attestation

---

41. D.app.7.
42. M.vi.394.
43. M.i.192.

d'études. En cet ultime exercice, Arouet n'a pas brillé: il a mal répondu aux «argumentants» en sa soutenance du mois de mai 1711. Il devra soutenir encore. Il semble ne pas avoir mené à terme la dernière épreuve scolaire. En juillet, alléguant des migraines il renonce, avec l'autorisation de son père, à soutenir un «demi-acte».[44]

Nous connaissons les dernières semaines de sa vie de collège par les lettres qu'il adresse à un condisciple, Fyot de La Marche. Celui-ci, fils d'un président à mortier au parlement de Dijon, était retourné dans sa famille dès le mois de mai. Les deux amis s'étaient promis de s'écrire chaque semaine: les lettres d'Arouet furent retrouvées au siècle dernier par Henri Beaune, parmi les papiers des descendants, les réponses de Fyot de La Marche étant perdues. Ces débuts de l'immense correspondance voltairienne se ressentent visiblement des leçons reçues au collège. Arouet, cultivant le badinage de style jésuite, cherche le trait piquant. Spirituel et complimenteur, il s'engage dans une écriture assez contournée: «Je vous dirai qu'en quelque état que vous soyez je serais trop heureux de vous ressembler en tout, voire même en mentant comme vous faites dans toutes les lettres que vous me faites l'honneur de m'écrire et dans lesquelles vous ne cessez de vous nommer paresseux et épicurien. Après tout je crois que j'ai un peu tort de me plaindre de cette tromperie prétendue, car», etc.[45]

Ici pour la première fois ressort la vocation de Voltaire pour l'amitié. Fyot de La Marche était aimé de tous ses condisciples. Particulièrement d'Arouet. Fyot essayait d'être poète aussi: les deux garçons se communiquaient leurs ouvrages.[46] L'absence de l'ami laisse son compagnon désorienté. Celui-ci attribue à son trouble son mauvais succès à la soutenance de sa thèse. Sa douleur trouve des traits touchants (encore qu'inspirés de réminiscences littéraires): «Bien tristement j'ai passé ma journée [...] Toutes les fois que je regarde par la fenêtre, je vois votre chambre vide; je ne vous entends plus rire en classe; je vous trouve de manque partout, et il ne me reste plus que le plaisir de vous écrire.»[47]

La dernière lettre nous fait connaître une «chose assez plaisante», qui étonne. Un bruit se répand dans le collège: Fyot de La Marche et Arouet se seraient promis de devenir ensemble religieux, apparemment dans la Compagnie de Jésus. La Société opérait son recrutement à l'intérieur de ses collèges. Il n'est pas impossible que quelques Pères aient rêvé d'attirer à eux un sujet aussi brillant qu'Arouet, qu'ils en aient causé autour d'eux: d'où la rumeur

44. D5.
45. D4.
46. D3: «le souvenir que j'ai de vos ouvrages».
47. D2.

dont un M. Blanchard vient faire son compliment à l'intéressé. Arouet écarte ironiquement la nouvelle: son ami et lui ont «trop d'esprit pour faire une pareille sottise».[48]

L'incident nous invite cependant à nous interroger sur l'enseignement religieux que reçut au collège le futur adversaire de l'Infâme. Les jésuites se proposaient avant tout de former de bons chrétiens. Les instructions précisaient que l'enseignement littéraire devait être subordonné à cette fin. D'où dans les travaux scolaires le choix d'un grand nombre de sujets religieux. L'emploi du temps multiplie les exercices pieux. Au lever, prière à genoux, sans appui, dans les chambres. Toute la journée ensuite est ponctuée d'oraisons accompagnées de signes de croix: en s'habillant et se déshabillant, avant et après chaque classe, avant et après chaque repas. On entend la messe chaque jour de la semaine; deux fois le dimanche, avec vêpres et sermon. La journée se termine par une prière en commun, suivie d'une visite au Saint-Sacrement. La confession et la communion sont obligatoires au moins une fois par mois. Mais depuis que s'est répandue la «fréquente communion», beaucoup d'élèves se confessent et communient chaque semaine. Tous doivent apprendre à servir la messe et la servent tour à tour.

Il ne fait aucun doute qu'Arouet a pratiqué pendant sept ans cette gymnastique de dévotion. On rencontrera sous sa plume un souvenir du temps où il servait la messe par la citation, bien longtemps après, du répons initial.[49] Il a suivi, très certainement, les retraites imposées aux élèves. Pendant huit jours toutes les relations avec l'extérieur étaient interrompues; on consacrait son temps à méditer, à écouter des sermons, à suivre des offices. En mai 1711, Arouet écrit à Fyot de La Marche à l'issue d'une de ces retraites, faite au noviciat des jésuites. Ce qu'il en dit permet d'apprécier l'effet produit sur lui par l'excès des pratiques dévotes. De cette retraite il sort «moulu»; il a entendu «cinquante sermons»…[50] «Plier la machine», conseillait Pascal. Le risque, c'est que la machine trop bien rodée en vient à tourner à vide. La satiété engendre l'indifférence. Ce fut apparemment ce qu'éprouva François-Marie Arouet. Son confesseur le P. Pallu,[51] personnage semble-t-il assez terne, ne sut pas susciter sa ferveur.

---

48. D5.

49. D10035, à l'abbé Jacques Pernetti, 21 septembre 1761: «Je serais charmé de servir votre messe, quoique je ne puisse plus dire: *qui laetificat juventutem meam.*» Ecrivant en 1752 au comte d'Argenson (D5028), Voltaire lui rappelle le temps où ils étaient «ensemble *dans l'allée noire*» (souligné par Voltaire): sans doute un endroit pour la pénitence ou la méditation.

50. D3.

51. A ne pas confondre avec le P. Polou (Paullou), nommé dans D2; voir R. Pomeau, «Voltaire au collège», p.7.

Faut-il pour autant penser que le futur Voltaire s'affirma déjà sur les bancs du collège un virulent ennemi de la religion? Les biographes, enclins à la prophétie après coup, relatent des épisodes tendant à le suggérer. Un jour Arouet bouscule un camarade près du poêle: «Range-toi, sinon je t'envoie chauffer chez Pluton. – Que ne dis-tu en enfer? Il y fait encore plus chaud. – Bah! aurait répliqué Arouet, l'un n'est pas plus sûr que l'autre.» Une autre fois, au réfectoire, Arouet cache le verre d'un camarade: «Arouet, rends-lui son verre; tu es un taquin, qui n'ira jamais au Ciel. – Tiens, que dit-il avec son Ciel, s'écrie Arouet; le Ciel, c'est le grand dortoir du monde.» Les deux anecdotes sont rapportées après plus d'un siècle par Paillet de Warcy, qui écrit sous la Restauration (1824).[52] Les propos n'ont peut-être pas le sérieux que leur attribue le biographe. Il n'est pas impossible non plus qu'on ait transféré à l'illustre Voltaire des épisodes concernant d'autres élèves des jésuites, comme on lui a prêté l'appréciation (qui certes lui conviendrait) *puer ingeniosus, sed insignis nebulo*», «enfant bien doué, mais fieffé polisson», portée en réalité sur Crébillon le tragique lorsqu'il était élève au collège de Dijon.

Une autre anecdote paraît plus authentique. Dans la classe du P. Lejay Arouet lança une saillie qui mit le régent en fureur: «Il descend de sa chaire, court à lui, le prend au collet, et en le secouant rudement lui crie à plusieurs reprises: Malheureux, tu seras un jour l'étendard du déisme en France!» Le trait est recueilli par Duvernet et Condorcet. Mais il circula de bonne heure,[53] dès 1760, sans que Voltaire le démentît. L'insolence d'Arouet et le caractère colérique de Lejay le rendent vraisemblable. Pour en bien juger, on voudrait connaître le propos qui alluma l'ire du régent. Il est exclu cependant que l'élève ait affiché habituellement une impiété scandaleuse: les jésuites renvoyaient les sujets mauvais ou dangereux. L'indévotion du futur Voltaire devait rester assez discrète pour que certains en 1711 puissent le juger capable d'entrer dans les ordres.

On le voit ironiser non seulement sur la retraite de mai 1711, mais aussi sur la distribution des prix du 5 août. A la représentation de la tragédie,[54] «deux moines se sont cassés le col l'un après l'autre, si adroitement qu'ils n'ont semblé tomber que pour servir à notre divertissement.» Le P. Lejay, auteur du ballet,[55] «s'est enroué». De gros nuages menaçaient le spectacle en plein air. Le P. Porée a cru sauver la situation: il a «prié Dieu pour obtenir un beau temps». Las! «Le ciel n'a pas été d'airain pour lui; au plus fort de sa prière le

---

52. Paillet de Warcy, *Histoire de la vie et des ouvrages de Voltaire* (Paris 1824), i.7.
53. Voir R. Pomeau, *La Religion de Voltaire*, p.72.
54. *Crésus*, pièce du répertoire.
55. *Apollon législateur ou le Parnasse réformé*; voir D6, n.1. Le livret du P. Lejay ayant été imprimé nous fait connaître la date de la représentation et le titre de la tragédie.

ciel a donné une pluie abondante.»[56] Attitude narquoise, n'excédant pas les limites du tolérable, et qui ne devait pas être le fait du seul Arouet.

Tout enseignement, dans la mesure même où il s'assure une forte emprise, provoque une salubre réaction d'indépendance. La philosophie religieuse des jésuites y encourageait leurs élèves. Leur théologie teintée de molinisme mettait l'accent sur les idées généreuses et optimistes, contredisant en cela une pratique qui abusait des dévotions tatillonnes. On le voit par le catéchisme de Canisius, dans la version enseignée dans les collèges au début du dix-huitième siècle. On estompe ce qui choque la raison. Le péché originel n'est mentionné que brièvement. L'existence de l'enfer est à peine évoquée. On passe vite sur le drame de la Passion. Paradoxalement, s'agissant d'un ordre qui se réclame du nom de Jésus, on insiste sur le Dieu créateur, «Père céleste et éternel», plus que sur la seconde personne de la Trinité. Soucieux de se démarquer de l'augustinisme et plus encore du jansénisme, l'enseignement des jésuites tend à se replier sur les positions de la religion naturelle, orientant vers le déisme Arouet comme beaucoup d'autres de leurs anciens élèves.[57]

Le hasard qui a conservé seulement les cinq lettres à Fyot de La Marche pour les deux années 1711 et 1712 ne doit pas fausser pour nous les perspectives, au point de privilégier les relations avec cet ami. Leur correspondance autant qu'on sache s'interrompit bientôt. Elle ne reprendra que quarante-quatre ans plus tard: installé à Genève, Voltaire à la faveur du voisinage renoue avec son ancien condisciple, devenu président à mortier au parlement de Dijon.[58] D'autres amitiés de collège s'étaient prolongées avec plus de continuité. Celui qui sera «l'ange» du grand homme, le comte d'Argental, entre à Louis-le-Grand quand Arouet y terminait ses études (il était né en 1700): leurs relations devaient se resserrer un peu plus tard dans la société des Ferriol et des Tencin. Cideville en revanche, du même âge qu'Arouet, établit avec lui la liaison que nous verrons bientôt s'affirmer, lorsque Cideville sera à Rouen conseiller au parlement, et bel esprit porté à la «métromanie». En 1709, le collège accueille les fils d'un puissant personnage: le lieutenant de police d'Argenson. René Louis, le futur marquis (né en 1694), Marc Pierre, le futur comte (né en 1696), avaient été d'abord confiés à un déplorable précepteur. Pour redresser la situation, on les envoie terminer leurs études chez les Pères jésuites: ils deviennent pendant deux ans condisciples d'Arouet. Celui-ci saura le leur rappeler lorsqu'il fera appel à la protection du premier, ministre des Affaires

---

56. D6.

57. Pour une étude plus détaillée nous renvoyons à notre *Religion de Voltaire*, p.47 et suivantes.

58. De 1755 à la mort de Fyot de La Marche (1768), les relations se poursuivirent assez régulièrement. Fyot rendit visite à Ferney (D10006, 13 septembre 1761). L'ancien condisciple emprunte alors à Voltaire 20.000 francs (D10848).

étrangères de 1744 à 1747, et du second, ministre de la Guerre de 1743 à 1757.

Arouet quitte le collège après la distribution des prix d'août 1711. Libéré soudain de l'internat, affranchi de l'autorité des régents, sans rompre avec ses anciens maîtres il gardera ses distances. Parfois il raillera cruellement les Pères de la Société de Jésus. Ses sept années de collège l'ont pourtant profondément marqué. De cet ordre aux activités planétaires, il retient le goût des vues larges tendant à embrasser l'ensemble de l'humanité. Ceux qu'il caricaturera sous le nom de Tout-à-tous[59] l'ont exercé à cette souplesse redoutable qui est la leur. S'insinuer auprès des puissants, savoir parler aux grands, et aussi bien se mettre au niveau de chacun avec politesse et grâce: cet art éminemment voltairien doit beaucoup à l'urbanité des jésuites. Si leur pédagogie religieuse n'obtenait que des résultats médiocres, leur éducation mondaine était une réussite. Autre réussite: leur formation littéraire. Voltaire demeurera la meilleure illustration de leur excellent enseignement des belles-lettres. Il leur doit un goût des grandes œuvres, qui corrigera la tendance à l'afféterie du goût jésuite. Leur pédagogie active a doté le plus doué de leurs disciples d'une technique d'écriture facile, rapide. Ils lui ont instillé la passion ardente de briller par la plume. Sans tarder, Arouet va montrer que cet ordre, si riche en *scriptores*, a réussi enfin à former un écrivain.[60]

59. Nom du jésuite entremetteur dans l'*Ingénu*.

60. Pour être juste, rappelons que Pierre Corneille avait été élève du collège de Rouen près d'un siècle plus tôt (1615-1622).

5. Un début dans la vie

La biographie de Voltaire rencontrera la difficulté que crée la surabondance des documents. Le récit aura à se frayer un chemin à travers la multitude des petits faits au jour le jour. Dans la phase que nous abordons l'embarras naît d'une situation toute contraire. Sur les quatre années s'étendant de la sortie du collège à l'avènement de la Régence, notre information sur Arouet reste des plus lacunaires. A partir d'une certaine date, une copieuse correspondance suppléera à l'indigence des éléments autobiographiques. Mais de 1711 à 1715, exception faite des quinze lettres échangées avec Pimpette, sauvées par l'indiscrétion d'une mère,[1] nous ne connaissons qu'une seule lettre, de juin 1715 à la marquise de Mimeure. A quoi s'ajoutent seulement une lettre de Dacier à l'auteur d'*Œdipe*, et un court fragment de J.-B. Rousseau. De celles que certainement Arouet écrivit à son père, il ne subsiste qu'une phrase; encore n'est-on pas sûr qu'elle soit exactement rapportée. De ce qu'il écrivait à sa sœur, à son beau-frère, à son frère Armand aussi sans doute, à ses amis, aux personnages dont il cherchait l'appui, tout a disparu.[2] Ceux qui connaissent ce jeune homme n'en font pas assez d'estime pour conserver ses proses familières. Qui en ces années prévoyait la réputation future d'Arouet? Le biographe en est réduit à quelques ragots repris longtemps après par les ennemis du grand homme, et visiblement déformés. Le plus sûr, ce sont encore les compositions en vers que l'apprenti poète égrène au long de cette période.

C'est là précisément un sujet de conflit avec son père. Le receveur à la Cour des comptes veut que ce fils bien doué poursuive dans le droit fil de l'ascension familiale. Et tous les siens sont de cet avis.[3] Mais au sortir du collège son fils lui a signifié tout net qu'il ne veut pas prendre d'autre état que celui d'homme de lettres. Le père se récrie: il veut donc être «inutile à la société», «à charge à ses parents», et «mourir de faim»?[4] A dix-sept ans François-Marie demeure dans la dépendance de son père: il habite chez lui, il reçoit de lui la petite pension qui lui permet de vivre.[5] Il doit donc se soumettre. Il suit l'Ecole de

---

1. Sauf D14, la lettre de Pimpette à Voltaire.
2. Par exemple la lettre à J.-B. Rousseau mentionnée dans D27, la lettre à Chaulieu où s'insérait l'épigramme sur Danchet, M.x.470.
3. «Ses parents», écrit Duvernet, p.23.
4. Duvernet, p.22.
5. D.app.11, p.438.

droit; après quoi il est prévu qu'il s'inscrira au Barreau. En ce temps les cours se donnaient, nous dit-on, dans une sorte de grange.[6] On chargeait la mémoire des étudiants d'un fatras d'inutilités.[7] Et l'enseignement se faisait en un jargon barbare.[8]

Arouet, dégoûté, plus que jamais veut être poète. Il s'échappe vers la belle société, celle où l'on s'amuse et qui applaudit son talent pour les vers. Car en son esprit la poésie a partie liée avec la mondanité. Nous sommes aux antipodes de tout romantisme. A une époque où Horace est considéré comme le modèle des poètes, la poésie est conçue comme la forme la plus raffinée de la vie en société. Elégance, esprit, invention aussi et sensibilité, mais dans la mesure où l'expression n'offusque pas le bon goût: ces valeurs sociales constituent le mérite d'un poète tel qu'entend l'être le jeune Arouet.

Il retrouve dans l'été de 1711 Fyot de La Marche, en voyage à Paris. Son ami l'introduit chez ses parents, le marquis et la marquise de Mimeure. La marquise, femme spirituelle aux idées émancipées, tient un salon littéraire en son hôtel de la rue des Saints-Pères; Arouet était fait pour lui plaire.[9] Il se lie avec la mère du jeune d'Argental encore au collège: Mme de Ferriol. Cette fille du président de Tencin, «qui sait allier la galanterie à l'érudition»,[10] n'a pas encore été rejointe à Paris par sa sœur cadette, l'ex-religieuse qui sera Mme de Tencin et qui l'éclipsera. Son salon protège J.-B. Rousseau en un moment critique. Accusé d'être l'auteur de couplets diffamatoires, le poète vient d'être condamné et banni (7 avril 1712). Mme de Ferriol le cache chez elle. Puis quand il est réfugié en Suisse sans ressources, elle organise une collecte en sa faveur. Arouet depuis leur rencontre de 1710 cultive le lyrique comme son patron en poésie. Il aurait voulu prendre publiquement sa défense: son père l'en empêche. A défaut il aide Mme de Ferriol à le secourir et verse sa contribution à la collecte.[11]

Dans le même temps, il a renoué avec la société du Temple. Son parrain qui l'y présenta est mort depuis plusieurs années.[12] Ce milieu de libertins

---

6. Duvernet, p.23.

7. D2054 (28 juillet 1739), au marquis d'Argenson: «Pour moi ce qui m'a dégoûté de la profession d'avocat, c'est la profusion des choses inutiles dont on voulut charger ma cervelle. *Au fait* est ma devise.»

8. M.l.72.

9. H. Beaune, *Voltaire au collège* (Paris 1867), p.clxxi. Le marquis de Mimeure, d'après les *Souvenirs* de Bouhier, p.40-41, était fils d'un conseiller au parlement de Dijon. Il fit carrière dans les armes. Son goût pour la poésie lui valut d'entrer à l'Académie française en 1707. Il mourra en 1719.

10. Jean Sareil, *Les Tencin* (Genève 1969), p.39.

11. Duvernet, p.24.

12. L'abbé de Châteauneuf décéda en 1708. Voltaire se rappellera (D6347, 22 juillet 1755)

sceptiques, mal vu du pouvoir, a fait encore une autre perte, par l'exil du grand-prieur de Vendôme. Mais Arouet y fréquente les petits poètes qui gravitent autour de son frère le duc: La Fare, l'abbé Courtin, l'abbé Servien, et surtout Chaulieu. Le vieil homme (Chaulieu naquit en 1639) continue à chanter les plaisirs en petits vers: sa poésie cautionne la débauche assez vulgaire du Temple. Arouet cherche son patronage. L'épigramme contre le malheureux Danchet, élu en 1712 à l'Académie française, faisait partie d'une lettre, aujourd'hui perdue, qu'il adresse à l'oracle du Temple.[13] Il n'a aucune peine à prendre le ton de l'épicurisme poétique. La comtesse de Fontaines lui fait lire en manuscrit son roman, *L'Histoire de la comtesse de Savoie*: en remerciement une épître du jeune admirateur met l'ouvrage au-dessus de ceux de Mme de La Fayette. La romancière avait alors dépassé la cinquantaine.[14] Avec trente ans de moins, Arouet ne craint pas cependant de l'inviter à la volupté: «Sapho, soupire-t-il, qui ne croirait que l'Amour vous inspire?»

> Ah! pouvez-vous donner ces leçons de tendresse
> Vous qui les pratiquez si peu?

Mais le débutant aspire aux grands genres. Il voudrait bien vite conquérir la notoriété par une composition qui lui fasse honneur. Jusqu'à la fin de l'Ancien Régime, une récompense de l'Académie française restera l'un des meilleurs moyens qu'un nouveau venu ait de se faire connaître. Ainsi réussiront Marmontel, La Harpe. Arouet montre l'exemple à ses futurs disciples : en 1712 il décide de concourir pour le prix de poésie.

Le sujet pourtant n'avait rien pour lui de bien séduisant. Louis XIV venait de faire édifier à Notre-Dame de Paris le chœur qu'avait promis son père, trois-quarts de siècle plus tôt. L'Académie invitait les poètes à célébrer le *Vœu de Louis XIII*, accompli par son fils. Arouet s'exécute, confiant en son savoir-faire. Sur le thème imposé il versifie dix strophes d'octosyllabes – forme classique de l'ode. Il se tire d'affaire à force d'artifice. Il feint l'enthousiasme inspiré:

> Du Roi des rois la voix puissante
> S'est fait entendre dans ces lieux.

Il multiplie les allégories: il invoque la Paix, la Piété sincère, la Foi,

---

qu'aux soupers du Temple «ces messieurs brisaient leurs verres avec leurs dents et ni le vin ni le verre ne leur faisaient mal».

13. M.x.470: l'élection de Danchet prouve que «les pauvres de génie» peuvent «gagner l'Académie», «comme on gagne le paradis».

14. Selon Beuchot (M.x.214), elle mourut en 1730, à l'âge de soixante-dix ans. Les éditeurs de Kehl datent l'*Epître à la comtesse de Fontaines* de 1713: elle parut pour la première fois dans le *Mercure de France* d'octobre 1755, p.42-44.

«souveraine des rois», fait comparaître «la Chicane insinuante», «le Duel armé par l'Affront», «la Révolte pâle et sanglante». Le recours aux machines poétiques ne rend que trop sensible l'absence de sincérité. Le comble est atteint dans la Prière rituelle couronnant l'ode: le poète qui n'a pas vingt ans demande à Dieu que le roi septuagénaire «soit encor l'appui de nos neveux, comme il fut celui de nos pères». Il envoie son ouvrage à l'Académie: le verdict, combien décevant, ne sera rendu que deux années plus tard.

Combien on préfère l'ode qu'il compose peu après, *Sur les malheurs du temps*. Certes le poète continue à user de l'allégorie, du cliché noble, et de la mythologie:

> Des plaines du Tortose aux bords du Borysthène
> Mars a conduit son char, attelé par la Haine.

Mais il traite ici un sujet qui lui tient à cœur. Les «malheurs du temps», c'est la guerre dévastatrice, ce sont les deuils qui viennent de frapper la famille royale:

> D'un monarque puissant la race fortunée
> Remplissait de son nom l'Europe consternée:
> Je n'ai fait que passer, ils étaient disparus.

S'élevant à une sorte de philosophie de l'histoire, le poète lyrique s'interroge sur l'origine de tant de maux. Alors qu'ailleurs il se réclame d'un épicurisme à la Chaulieu, il se montre ici encore influencé par la prédication de collège. La France doit ses revers au relâchement des mœurs: «l'Orgueil et le Luxe», la «Mollesse oisive», le «Vice trop aimable» ont détruit parmi nous «l'héroïque rudesse» des anciens Francs.

Autre question qui intéresse Arouet: celle du «vrai Dieu». Dans un recueil de 1715 paraît sous son nom une ode portant ce titre. Voltaire la désavouera.[15] Elle peut cependant être authentique. Le «vrai Dieu», c'est en apparence celui du christianisme; mais l'ode insinue à travers l'orthodoxie les objections déistes contre l'Incarnation et la Rédemption. La dernière strophe de cette pièce singulièrement équivoque conclut:

> L'Homme est heureux d'être perfide,
> Et, coupables d'un déicide,
> Tu nous fais devenir des dieux.

Le jeune Arouet ne s'enfermait pas, il s'en faut, dans la gravité. Ses ennemis, au temps de la *Voltairomanie*, ramasseront les échos de ses fredaines. Il passait des journées et parfois des nuits à s'amuser. Un soir, fort tard, trouvant close la porte de la maison paternelle, il fut réduit à dormir blotti dans une chaise

---

15. M.x.200.

à porteurs. Au matin, deux conseillers au parlement l'y aperçoivent, encore plongé dans un sommeil profond: ils font transporter la chaise au café de la Croix de Malte, sur le quai; c'est là qu'il se réveille enfin, au milieu des rires des buveurs.[16]

Il dilapide le peu d'argent qu'il a. La duchesse de Richelieu lui a demandé de corriger des vers qu'elle a faits. En récompense elle lui donne cent louis. Voici qu'Arouet avec cette somme achète un carrosse, des chevaux, des habits de livrée. En cet équipage il parcourt la ville, se montre à ses amis. Mais le soir il est embarrassé pour remiser. Les chevaux placés dans l'écurie de son père font avec ceux de la maison un affreux tapage à trois heures du matin. Le père Arouet, furieux, fait vendre le tout le lendemain. L'anecdote, démentie par Voltaire, ne manque pas cependant de vraisemblance.[17]

François Arouet veut éloigner son fils du milieu où il est en train de se perdre. Il l'envoie à Caen en 1713. Ce voyage ne nous est connu que par une unique source: une chronique manuscrite de Charles de Quens, postérieure d'une vingtaine d'années.[18] Il nous est dit qu'il fréquenta le salon d'une muse provinciale, Mme d'Osseville. La dame, maigrichonne et laide, se consolait en composant des vers.[19] Elle fut d'abord enchantée par l'esprit du jeune Parisien, poète lui aussi. Mais Arouet lisait également, dans d'autres sociétés de la ville, des vers offensant la religion et la morale. Lesquels? A cette date aucun des siens qui nous sont parvenus ne pouvait offenser une âme pieuse. Sans doute récitait-il des poèmes d'auteurs libertins, plus ou moins scabreux, tels ceux qu'il recueillera dans ses carnets.[20] Toujours est-il que Mme d'Osseville, informée, le bannit de chez elle. Il se lia aussi avec le professeur de rhétorique au collège des jésuites: le P. Couvrigny, qui allait par la suite faire parler de lui par ses débauches. Cette rencontre est même ce qui permet de dater le voyage de 1713: on sait d'autre part que Couvrigny se trouvait cette année-là

16. Desnoiresterres, i.47: l'anecdote est dans Lepan et Paillet de Warcy.

17. Desnoiresterres, i.44. Lepan et Paillet de Warcy ont pris l'anecdote dans le *Voltairiana* (Paris 1748). Le *Commentaire historique* (M.i.77), produit un certificat de son ami le duc de Richelieu déclarant qu'à cette date (1712 ou 1713) il était veuf: c'est inexact: la première duchesse de Richelieu ne meurt qu'en 1716.

18. Le texte, découvert par Charma et Mancel, *Le Père André* (Caen 1844), est reproduit par Th. Besterman, D.app.1. De Quens y fait allusion à *Zaïre*. Une confirmation se trouve dans le *Mercure de France* (août 1731), p.2002, relatant une représentation de *Brutus* à Caen: l'abbé Charles Heurtauld a versifié un prologue où il désigne Voltaire comme «un auteur autrefois habitant en ces lieux.»

19. Desnoiresterres, i.53, signale que la Bibliothèque de Caen conserve un recueil de ses poèmes.

20. Voir notamment *OC*, lxxxi.276 et suiv. Il ne peut s'agir du *J'ai vu* qu'on lui attribue, et dont la diffusion se situe au début de la Régence. Ce que dit Voltaire, *Lettres sur Œdipe* (M.ii.12), doit se rapporter à une autre date et à une ville de province qui n'est pas Caen.

à Caen. Mais on ignore à quel moment et combien de temps Arouet séjourna dans la ville. Si son père l'envoyait là-bas en vue d'un établissement, le projet très certainement échoua.

Il semble qu'après cette nouvelle déconvenue le receveur à la Cour des comptes se soit résigné à un plus lourd sacrifice. La famille avait proposé au jeune homme de lui acheter un office d'avocat du roi: il refusa.[21] Inquiet de l'avenir de son second fils, François Arouet lui offrit donc une charge beaucoup plus coûteuse: celle de conseiller au parlement.[22] Il aurait ainsi fait carrière au niveau supérieur de la noblesse de robe: il y aurait rejoint certains de ses camarades comme Fyot de La Marche. Le père, craignant de s'y mal prendre, confia à une tierce personne la négociation. Combien de fils de bourgeois auraient accueilli avec enthousiasme une perspective de cette sorte! Car peu de familles avaient les moyens d'assumer un si considérable investissement. Mais Arouet persiste dans son refus. «Dites à mon père, répond-il, que je ne veux point d'une considération qui s'achète, je saurai m'en faire une qui ne coûte rien».[23] On mesure ici la force de sa vocation littéraire. Son option pour la poésie apparaît comme une volonté de rompre avec la tradition familiale. Et elle s'identifie en son esprit avec une ambition de conquérir la «considération».

La famille songe alors à une autre voie. Les traités d'Utrecht venaient d'être conclus (11 avril 1713), mettant fin à la guerre de Succession d'Espagne commencée douze ans plus tôt. Une ancienne relation du notaire Arouet, le marquis de Châteauneuf, frère de l'abbé parrain de François-Marie, a été nommé ambassadeur du roi à La Haye. On obtient qu'il prenne avec lui François-Marie, à titre de secrétaire privé. C'était adopter un parti intelligent. On voyait que le garçon portait une vive attention à l'actualité politique. Un peu plus tard il fera de son propre chef des offres de service au responsable de la diplomatie française. Mais en 1713 la tentative tourne court, par une étourderie de jeune homme.

La république des Etats-Généraux présentait un spectacle très neuf pour un Français: à quelques dizaines de lieues, les antipodes du royaume de Louis XIV. Mais Arouet alors n'a pas le temps d'en faire l'exploration. Bientôt il n'a d'yeux que pour Pimpette.

Dans la nombreuse colonie des huguenots français réfugiés en Hollande, on remarquait une aventurière, Mme Dunoyer. «Nouvelle catholique» originaire de Nîmes, elle avait laissé en France son mari; après avoir vécu d'expédients en Angleterre, elle s'était établie à La Haye. Elle subsistait par le débit de la *Quintescence*, feuille périodique colportant ragots et commérages. Elle

21. M.xxii.61 (*Mémoire sur la satire*, 1739).
22. Duvernet, p.25, confirmé par D2035.
23. Duvernet, p.25.

entendait aussi tirer profit du mariage de ses deux filles, qui l'avaient suivie. Elle avait uni l'aînée à un M. Constantin, vieillard bien pourvu d'écus. Comme disait cette bonne mère, «il faut se marier une fois dans sa vie par intérêt, et la seconde pour ses plaisirs.»[24] Restait à établir la fille cadette, Pimpette, c'est-à-dire Olympe.[25] Mme Dunoyer avait jeté d'abord son dévolu sur un héros de la guerre des Cévennes, le chef camisard Jean Cavalier, accueilli triomphalement à La Haye en 1708. Les fiançailles durèrent deux ans; après quoi le prétendant rompit et s'enfuit en Angleterre (où Voltaire le retrouvera en 1726).

La jeune fille avait du charme: fraîcheur, gentillesse, sensibilité. Peu après son arrivée Arouet la rencontre, et c'est très vite le grand amour. Il se dit son «amant», il la nomme sa chère «maîtresse»: termes à prendre dans leur acception d'aujourd'hui. On se jure de s'aimer toute sa vie. Passion très juvénile des deux côtés, avec une nuance quelque peu maternelle de la part de la fille, de deux ans plus âgée que son amant.[26]

La liaison de Pimpette avec un garçon sans fortune et apparemment sans avenir ne faisait point du tout l'affaire de la mère. Elle alla porter plainte à l'ambassadeur. Fureur du marquis de Châteauneuf. La journaliste de la *Quintescence* pouvait être dangereuse. Les relations diplomatiques entre la France et les Etats-Généraux reprenaient à peine après plus d'une décennie d'interruption. Le représentant du roi devait faire preuve de beaucoup de prudence. D'autant plus qu'installé depuis plusieurs semaines à La Haye, il n'y avait pas fait encore son «entrée» officielle, l'équivalent de notre remise des lettres de créance. La cérémonie n'aura lieu que le 15 janvier suivant. L'incartade du petit Arouet pouvait donc susciter une méchante affaire. L'ambassadeur décide de le renvoyer à Paris. La première lettre de l'amant de Pimpette que nous ayons, des environs du 25 novembre, annonce qu'il doit partir le lendemain. En fait le départ fut reporté de plus de trois semaines. On ne voulait pas laisser Arouet voyager seul, de peur qu'il ne revînt. Il fallut attendre la mission en France d'un attaché de l'ambassade, le comte du Maussion. Le délai permit aux amants de se revoir. Ce n'était pas chose facile: Mme Dunoyer fait coucher sa fille dans son lit, et Arouet est consigné à

---

24. Cité par Desnoiresterres, i.56.

25. Le diminutif n'apparaît pas dans le texte des lettres de Voltaire publié, après censure, par Mme Dunoyer. On le rétablit facilement en plusieurs endroits à la place des points de suspension. Il est attesté par La Beaumelle qui grâce à ses liaisons dans le milieu protestant eut connaissance de l'épisode: il le rapporte, avec des erreurs, dans ses *Remarques sur le Siècle de Louis XIV* (voir Desnoiresterres, i.58).

26. Elle était née à Nîmes le 2 mars 1692; voir Marcel Fabre, *Voltaire et Pimpette de Nîmes* (Nîmes 1936). La sincérité de ses sentiments est attestée par la seule lettre d'elle qui nous soit parvenue, D14: Arouet l'avait sur lui quand il fut conduit à la Bastille; la pièce fut ainsi conservée dans les archives de la prison.

l'ambassade. Ils surmontent cependant les obstacles selon les meilleures recettes du roman galant. Ils communiquent par un valet de l'ambassade, nommé Lefèvre, et par un cordonnier, logé dans le même bâtiment que Mme Dunoyer. Arouet s'échappe par la fenêtre. Louant une voiture, il va passer quelques heures avec sa maîtresse à Scheveningen près de La Haye, alors simple village de pêcheurs.[27] Un autre soir, c'est Pimpette déguisée en homme qui rejoint son amant dans sa chambre à l'ambassade.[28] Au cours de ces rendez-vous, Arouet met au point un plan: il va faire venir Pimpette à Paris, sous le prétexte d'une conversion au catholicisme. Il lui fait écrire des lettres à son père, à son oncle, à sa sœur, restés en France. Il fera intervenir l'évêque d'Evreux, parent de la jeune fille, et le P. Tournemine: les deux ecclésiastiques, en croyant œuvrer pour la vraie foi, serviront leur amour.[29] Ces beaux projets ne pouvaient qu'accroître le mécontentement de l'ambassadeur, s'il en eut connaissance: les Hollandais n'allaient-ils pas s'imaginer qu'à peine installée la mission française faisait du prosélytisme en faveur du «papisme»? Enfin le 18 décembre Arouet part pour Paris, où il arrive le 24.

Hélas! il avait été devancé par une lettre de Châteauneuf à son père: lettre «sanglante»,[30] «telle qu'il n'en écrirait point contre un scélérat».[31] Au comble de la rage, le père Arouet a obtenu une lettre de cachet pour faire enfermer ce fils scandaleux. En outre il le déshérite. Averti à son arrivée, François-Marie doit se cacher. Il ne renonce pas cependant à faire venir Pimpette. Il rêve: comme tous deux seront heureux, menant «une vie douce et tranquille à Paris».[32] La bonne volonté du P. Tournemine lui est acquise.[33] Il exhorte sa maîtresse à persévérer: qu'elle écrive à l'évêque d'Evreux, en n'oubliant pas de le nommer «Monseigneur». Mais la jeune fille avait toujours hésité à s'engager dans l'aventure. Faible de caractère et de santé, elle préfère rester auprès de sa mère; elle omet de répondre aux suppliques de son amant. La correspondance va s'interrompre après la lettre d'Arouet du 10 février 1714.

Cette flambée amoureuse ne restera pourtant pas sans suite. Après Arouet, Pimpette s'éprend de Guyot de Merville, petit homme de lettres réfugié à La Haye.[34] Voltaire ne pardonnera pas à ce confrère de l'avoir supplanté. Puis

27. D8.
28. D12.
29. D7, D18.
30. D20.
31. D21.
32. D22.
33. D21: «J'ai employé les moments où j'ai pu me montrer en ville à voir le P. Tournemine, et je lui ai remis les lettres dont vous m'avez chargé: il engage l'évêque d'Evreux dans vos intérêts».
34. Il ajouta à ses torts celui de prendre parti pour J.-B. Rousseau et Desfontaines contre Voltaire. Le hasard fit qu'il se trouvait à Genève en 1755. Il proposa une réconciliation que Voltaire refusa. Peu après il se donna la mort (D6247, D6252).

lorsqu'Arouet fut devenu l'auteur à succès d'*Œdipe*, Mme Dunoyer s'avise de tirer parti des lettres à sa fille qu'elle a interceptées. Elle les publie en 1720 dans son périodique,[35] avec un commentaire par lequel elle s'attribue le rôle d'une mère irréprochablement vertueuse. Elle a seulement soin de supprimer les passages où l'amoureux s'exprimait sur elle sans ménagement. Ainsi fut sauvée cette correspondance. L'année suivante, Pimpette se trouve enfin mariée sous le nom de Mme de Winterfeld. Vivant alors à Paris, elle spécule dans le «système» de Law. Elle va être ruinée, si elle ne fait «passer au visa» les billets qu'elle détient. En cette extrêmité elle s'adresse à Voltaire: son ancien amant, en souvenir du passé, lui accorde sa caution.[36]

Dans les derniers jours de 1713, tandis qu'Arouet se terre en sa cachette, son père peu à peu s'est calmé. Il accepte de transformer la sentence d'emprisonnement en une déportation «aux Iles», en Amérique. Le fils se soumet:

Je consens, ô mon père, de passer en Amérique, et même d'y vivre au pain et à l'eau, pourvu qu'avant mon départ, vous me permettiez d'embrasser vos genoux.[37]

Il mande à Pimpette qu'il va partir pour Brest.[38] Puis, les jours s'écoulant, François Arouet fait réflexion qu'il est maintenant en mesure d'imposer sa volonté à son fils indocile. Il lui pardonne, à une condition: il ira apprendre un métier dans une étude. François-Marie entre donc en janvier 1714 comme pensionnaire chez Me Alain, procureur au Châtelet, rue de Pavé Saint-Bernard, près de la place Maubert.[39]

Il venait d'affronter la première crise grave d'une vie qui en comportera bien d'autres. Dès ses premiers pas il a failli grever dangereusement son avenir. Il brûlait de se lier durablement à Pimpette, de l'épouser peut-être.[40] On présume qu'une pareille union aurait vite débouché sur de pénibles conflits. Peu s'en est fallu qu'il connût la Bastille à dix-neuf ans, par réquisition paternelle: motif plus humiliant que la sentence du pouvoir qui l'y conduira trois ans plus tard. Une déportation aux Iles eût été pire quant aux conséquences: comment peut-on être un poète à Saint-Domingue en 1714? Voltaire manifeste

---

35. Intitulé maintenant *Lettres historiques et galantes*.

36. Il lui donne sa garantie auprès d'un certain M. André, un «échappé du système». Celui-ci, trente ans après, un jour avant la prescription, demande le paiement du billet à Voltaire, qui s'exécuta (D4397, 22 février 1751).

37. Cet unique fragment de la correspondance de Voltaire avec son père nous a été conservé par Duvernet, p.33-34.

38. D21.

39. D22.

40. Dans ses lettres Arouet ne prononce pas le mot de mariage: à dix-neuf ans, il ne pouvait le conclure sans l'autorisation de son père. Mais la vie commune à Paris qu'il prévoyait n'aurait pu longtemps se passer d'une sanction légale.

déjà en cette circonstance son aptitude à traverser les tempêtes sans sombrer. A l'issue, il se trouve disponible, en fait débarrassé de Pimpette, prêt pour un nouveau départ, le stage chez Mᵉ Alain ne constituant qu'une gêne momentanée.

On ignore combien de semaines ou de mois il demeura chez le procureur. On imagine que l'officine dans le quartier Maubert n'était pas l'asile des Muses. La bourgeoise Mme Alain, qui nourrissait les apprentis de son mari, n'avait rien d'une poétique personne. A un ancien camarade qui le félicite du *Temple du Goût*, Voltaire répondra que la dévote dame «ne se doutait pas qu'il y eût pareille église au monde».[41] Duvernet pense qu'Arouet y a gagné une initiation à la procédure qui lui sera ultérieurement fort utile.[42] Il est certain qu'il doit à son passage chez Mᵉ Alain une connaissance plus précieuse encore. Il y rencontre Nicolas Thiriot, garçon de son âge, en apprentissage comme lui.[43]

Le compagnon faisait exception parmi les employés du procureur: il aimait les vers, citait Horace et Virgile, fréquentait les spectacles.[44] Tous deux se lièrent alors pour la vie. Arouet, le plus sociable des hommes, est fait pour l'échange direct, confiant, avec un *alter ego*. Thiriot mieux qu'un Fyot de La Marche le met à même d'accomplir sa vocation de l'amitié. Entre lui-même et le fils d'un président au parlement de Dijon, Arouet sentait une différence de niveau social: une nuance déférente dans ses lettres se mêle à l'échange amical. Mais avec son camarade Thiriot il se trouve de plain-pied. Le plus ancien billet[45] que nous ayons dénote une très franche familiarité. Arouet demande un renseignement pour sa *Henriade*: il tutoie Thiriot – ce qui est rarissime dans sa correspondance – agrémentant ses quatre lignes d'un trait d'érudition scabreuse (sur la manière étrange dont M. de Sully insulta «pendant une heure» M. Du Palais): transgression des convenances par quoi deux amis jeunes affirment leur entente. Thiriot sera son confident, son homme de confiance; l'amitié de Voltaire survivra aux faiblesses de l'ami, à ses trahisons même.

François Arouet croyait-il qu'à l'école de Mᵉ Alain son fils se résignerait à un métier de chicane? François-Marie bientôt demande sa liberté. «Quel état

---

41. D628, 9 juillet 1733.
42. Duvernet, p.32.
43. Le nom dérive de Thierry comme diminutif. Voltaire l'orthographie Tiriot, ce qui nous renseigne sur la prononciation. La graphie Thiériot, adoptée notamment par Desnoiresterres, est donc fautive. Thiriot lui-même hésitait entre cette forme et Thieriot. Nous adoptons l'orthographe Thiriot qui est celle qu'on rencontre dans les éditions du dix-huitième siècle.
44. Duvernet, p.32.
45. D44, que Th. Besterman date conjecturalement 1716-1717.

veut-il donc prendre?», gémit le père.[46] Etant entendu que la poésie n'est pas un «état». Le désaccord persistait. Voltaire remarquera plus tard, à propos de Molière, que «presque tous ceux qui se sont fait un nom dans les beaux-arts les ont cultivés malgré leurs parents».[47] Enfin, au printemps de 1714,[48] une intervention va lever les exigences paternelles et retirer le jeune Arouet de l'étude du procureur.

L'ancien notaire comptait parmi ses clients et relations les Caumartin. Le chef de la famille intercède en faveur du stagiaire de Me Alain. Il obtient que celui-ci passera quelque temps à la campagne, à Saint-Ange, dans son château. La retraite lui laissera le loisir de décider de «l'état» qu'il veut prendre.

Or le séjour le confirme dans son option pour la poésie. Saint-Ange, aujourd'hui disparu, était situé à Villecerf, près de Fontainebleau. Pour la première fois Arouet vit en invité dans l'un de ces châteaux proches de la capitale, résidences secondaires de l'aristocratie parisienne: l'habitude est d'y aller chercher à la belle saison du repos et des divertissements. On ne sait si en 1714 Arouet contribue, comme il fera souvent par la suite, aux plaisirs de la vie de château: parties, jeux, spectacles... La chronique a seulement retenu ses conversations avec son hôte. Louis Urbain Lefèvre de Caumartin, marquis de Saint-Ange, a son portrait dans les *Mémoires* de Saint-Simon.[49] Il était l'un de ces membres de la noblesse robine que Louis XIV avait avancés au grand dépit du duc et pair. Boileau dans un vers le place au même rang pour la vertu d'équité que Bignon et d'Aguesseau. Saint-Simon ne trouve guère à lui reprocher qu'une incongruité vestimentaire: il fut «le premier homme de robe qui ait hasardé le velours et la soie». A cela près, un parfait honnête homme. «Grand», «beau et très bien fait», «fort capable dans son métier de robe et de finances». Car le roi l'avait fait entrer en son Conseil et l'avait nommé intendant des finances, charge qu'il avait remplie avec distinction. Il avait les belles manières d'un courtisan, d'un «grand seigneur».[50] Conteur disert, il se montrait intarissable sur l'ancien temps, celui de la splendeur du grand roi. «Il savait infiniment d'histoire et de généalogie, d'anciens événements de la cour». L'hommage de Saint-Simon confirme celui qu'exprime Arouet dans l'épître qu'il adresse de Saint-Ange au prince de Vendôme, pendant le carême de 1717:

46. Duvernet, p.33.
47. M.xxiii.88.
48. Selon les vraisemblances chronologiques, car on ignore la date à laquelle Arouet quitta l'étude de Me Alain.
49. Ed. Boislisle, iv.5-7. Sur Caumartin, né en 1653, mort en 1720, on trouvera une bonne notice dans Edouard Barthélemy, *Les Correspondants de la marquise de Balleroy* (Paris 1883), i.XXXVIII-XLIX.
50. «D'un sot grand seigneur», dit Saint-Simon, qui n'accepte pas ce genre d'usurpation.

Caumartin porte en son cerveau
De son temps l'histoire vivante.
Caumartin est toujours nouveau
A mon oreille qu'il enchante;
Car dans sa tête sont écrits
Et tous les faits et tous les dits
Des grands hommes, des beaux-esprits.[51]

A Saint-Ange, Arouet fait donc une plongée dans le passé. Il se rappelle, Caumartin aidant, que le château fut construit par François premier. Il imagine l'ombre de ce roi galant encore présente sous les marronniers du parc, en compagnie de Diane de Poitiers, de la belle Ferronière... Arouet alors est bien loin de penser à des ouvrages historiques. Il ne concevra le *Siècle de Louis XIV* que vingt ans plus tard. Mais déjà la conversation de Caumartin lui donne le goût de s'informer sur le passé récent à travers des «récits et anecdotes»: «charmantes bagatelles», par lesquelles revit une époque révolue. De rencontres comme celle de Caumartin naîtra une méthode d'enquête de Voltaire historien, procédant par interviews quasi journalistiques auprès des survivants. Le seigneur de Saint-Ange savait des historiettes remontant jusqu'au temps de Henri IV. Il est de ceux qui au déclin du règne de Louis XIV exaltent la légende du roi gascon, fondateur de la dynastie bourbonienne. Le malheur des temps fait apparaître plus attrayante l'image du bon roi Henri, ami de son peuple, protecteur des petites gens, appliqué à restaurer la prospérité d'un pays ruiné par quarante ans de guerres de religion. Caumartin, on peut le supposer, dès 1714 évoqua devant son visiteur ce règne pacificateur. Mais c'est un peu plus tard qu'Arouet en concevra le projet d'une grande composition épique.

Depuis deux ans, le poème envoyé pour le concours sur «le vœu de Louis XIII» demeurait en instance auprès de l'Académie. Celle-ci enfin se décide à rendre son verdict. Dans la séance solennelle du 25 août 1714, pour la fête de saint Louis, Houdar de La Motte au nom de la Compagnie prononce un «Discours sur les prix que l'Académie française distribue».[52] Auparavant on avait lu le palmarès. Stupeur, fureur: Arouet n'est pas nommé. L'Académie couronnait l'abbé Dujarry. Sexagénaire, l'heureux gagnant était un habitué de ce genre de joutes. Il avait remporté sa première victoire quarante ans plus tôt. Dans l'intervalle il avait triomphé deux autres fois. Sur la lancée l'Académie en 1714 récompensa encore la Muse essoufflée du bonhomme. L'influence de La Motte s'était avérée prépondérante: Dujarry était son protégé.

Un autre qu'Arouet eût pu prendre son parti de l'échec. Mais lui, tout

51. M.x.241.
52. Imprimé en appendice dans les *Réflexions sur la critique*, (Paris 1716).

inconnu qu'il était, ne voulut point laisser passer sans crier une si évidente injustice. C'est ici la première querelle de Voltaire, et l'infortuné Dujarry se trouve ouvrir le long défilé de ses victimes. De ce prix qu'on lui a refusé il fait une «affaire». A travers le monde étroit qu'est alors le Paris des lettres il se répand en protestations. Il mène campagne en prose et en vers. Il fait circuler une *Lettre à M. D...*[53] Feuille virulente, qui campe d'abord le «pauvre Dujarry»: «un de ces poètes de profession qu'on rencontre partout et qu'on ne voudrait voir nulle part», un parasite qui «paie dans un bon repas son écot par de mauvais vers». Suivent des remarques sur le chef-d'œuvre couronné par l'Académie. Amphigouris, chevilles, platitudes, sottises: tout est étalé par l'impitoyable censeur. Il fait un sort à un trait particulièrement malencontreux. Pour dire que Louis XIV est admiré de toute la terre, Dujarry s'était écrié:

> Pôles glacés, brûlants, où sa gloire connue
> Jusqu'aux bornes du monde est chez vous parvenue...

Arouet s'esclaffe de ces «pôles glacés, brûlants». Le pluriel suppose qu'il existe «plusieurs pôles de chaque espèce»; «par malheur» nous n'en avons que deux: encore sont-ils tous deux glacés. «Certes, poursuit le critique, si ces pôles brûlants sont bien reçus à l'Académie française où l'on juge des mots, ils ne passeraient point à l'Académie des sciences où l'on examine les choses». Arouet n'est à cette date rien moins qu'un homme de science. On retiendra pourtant comme révélateur d'un tour d'esprit son exigence d'un langage exact, même en vers, et son mépris des vagues clichés, relevant de la «vieillerie poétique». Le coup tombait si juste que La Motte crut devoir défendre les «pôles brûlants» de son lauréat: l'erreur, explique-t-il, «appartenait à la géographie et ne regardait nullement l'Académie française». Pitoyable défaite, qui valut, nous dit-on, à l'académicien et à son poète de nouvelles railleries.[54]

La *Lettre* derrière Dujarry atteint son protecteur. La querelle des Anciens et des Modernes venant de se rallumer, Houdar de La Motte s'y est déclaré le champion des Modernes: les tenants de son parti à l'Académie avaient voté pour le candidat de leur chef de file. Ces académiciens, commente Arouet, «trouvent Horace plat, Virgile ennuyeux, Homère ridicule». «Il n'est pas étonnant, continue-t-il, que des personnes qui méprisent ces grands génies de l'antiquité estiment les vers de M. l'abbé Dujarry». Arouet se trouve ainsi porté vers les Anciens, alors que ses tendances de débutant naturellement novateur l'aurait plutôt incliné vers les Modernes. Mais le ressentiment est présentement le plus fort. Il drape dans une épigramme le Moderne Terrasson, lequel prétend démontrer que les beautés d'Homère

---

53. M.xxii.1-11.
54. Duvernet, p.27.

Ne nous charment que par hasard.[55]

Il s'acharne surtout sur La Motte. L'académicien ayant, dans sa harangue du 25 août, confondu la couronne civique (de chêne) avec la couronne olympique (d'olivier), Arouet accuse un si piètre connaisseur de l'antiquité de prendre

Un chêne pour un olivier
Et Dujarry pour un poète.[56]

Il ne s'en tient pas à des escarmouches. Il versifie une satire en décasyllabes marotiques, *Le Bourbier*. Autre titre: *Le Parnasse*. Le poète en effet décrit les degrés de la montagne sacrée. Au sommet, dans de «riants jardins» parmi les «fontaines d'eau pure», trônent les grands Anciens: «Anacréon, Virgile, Horace, Homère». Plus bas se situent les poètes médiocres, «de la raison partisans insipides», «d'un sol aride incultes nourrissons»: là se rencontrent les «consorts» de La Motte. Puis tout en bas, «au pied de la montagne», voici

Un bourbier noir, d'infecte profondeur,
Qui fait sentir très malplaisante odeur.

Dans «la fange la plus orde» barbottent les partisans et protégés de La Motte. Lui-même siège au bord du cloaque:

Houdar ami de la troupe aquatique
Et de leurs vers approbateur unique…
Houdar enfin qui dans un coin du Pinde,
Loin du sommet où Pindare se guinde,
Non loin du lac est assis, ce dit-on,
Tout au-dessus de l'abbé Terrasson.[57]

On mesure la violence injurieuse de cette polémique. Telles étaient les mœurs littéraires de l'époque. Arouet fait preuve de téméraire audace en s'attaquant, lui obscur jeune homme, à une personnalité de grande autorité comme La Motte. Mais il était d'usage alors dans les querelles poétiques d'accabler d'insultes l'adversaire. La vogue des cafés avait eu ce triste résultat. Un poète contemporain, Roy, peint ces

… réduits fumants
Où l'on voit dans le délire
Les sophistes écumants.

Arouet dans sa satire évoque pareillement les «rimeurs diffamés»,

---

55. M.x.471.
56. M.x.470. Mais Beuchot se demande si cette épigramme n'est pas de Gacon plutôt que d'Arouet.
57. bis. M.x.77.

Peintres, abbés, brocanteurs, jetonniers,
D'un vil café superbes casaniers.

C'est dans les établissements où l'on sert le «noir breuvage» (il en existe jusqu'à trois cents à Paris en 1715) qu'avait éclaté récemment le scandale des couplets, éclaboussant Jean-Baptiste Rousseau, La Motte, La Faye, Saurin. En 1713 dans les cafés encore s'étaient querellés partisans et adversaires d'Homère. Gens diffamés que les gens de lettres: «citoyens du bourbier», comme dit Arouet. Il faudra du temps pour qu'au dix-huitième siècle l'homme de plume conquière sa dignité. Dans les dernières années de Louis XIV, ce n'est pas seulement par préjugé bourgeois que le père Arouet tient les poètes pour des gens sans aveu. Il partage en cela une opinion communément admise.

Le poème du *Bourbier*, allégorie du monde littéraire contemporain, prend aussi une signification par rapport à la personnalité de Voltaire. On voit s'y inscrire son aspiration au grand, au noble, qui vise les sommets du Parnasse: déjà Arouet a l'ambition de s'élever au niveau des Horace, des Virgile. En sens inverse, et complémentairement, l'évocation du cloaque par des images impressionnantes le révèle sensible, pour ainsi dire physiquement, à la bassesse sale, corrompue. La faune du «Bourbier», il veut la fuir. Mais déversant sur elle de fangeuses injures, il se laisse entraîner vers les mêmes bas-fonds. Dès l'affaire Dujarry se dessine une fatalité de la polémique voltairienne.

Jean-Baptiste Rousseau lui avait donné alors de judicieux conseils. Arouet s'était adressé au poète ennemi et victime de La Motte; de son exil Rousseau avait tenté de le calmer. Il lui conseillait d'éviter les formes subalternes de la littérature. Il lui proposait en modèles les plus grands, ceux qui hantent les cimes du Parnasse: ni Corneille, ni Racine, ni Boileau n'ont jamais concouru pour un prix d'Académie, «ils craignaient trop de compromettre leur réputation».[58] Un peu plus tard, Rousseau fait transmettre au jeune poète un autre avis, non moins sage. Exilé en Suisse, à Soleure, il a eu communication de trois pièces en vers d'Arouet. Deux sont fort satiriques. L'une est une épigramme contre l'actrice Duclos; l'autre «roule sur les jésuites et les jansénistes». Nous proposons d'identifier celle-ci avec un quatrain qui sera ultérieurement inséré dans l'opuscule *Sottise des deux parts*. Voltaire l'y donne comme ayant été composée «il y a quelques années», lorsqu'on vendait dans Paris «une taille douce représentant Notre Seigneur Jésus-Christ habillé en jésuite». On se rappellera que l'amour de Dieu était un sujet de conflit entre jésuites et jansénistes. Quelques théologiens de la Société, dignes confrères d'Escobar, avaient soutenu la thèse que l'attrition suffisait au salut; autrement dit, qu'un

---

58. D25: nous ne connaissons de cette lettre de J.-B. Rousseau qu'une seule phrase, citée par Boissy, *L'Elève de Terpsichore* (1718).

chrétien pouvait être sauvé par la seule pratique des sacrements, accompagnée de la crainte de l'enfer, sans avoir jamais fait un seul acte d'amour de Dieu. Pure hypothèse d'école. Mais les jansénistes avaient accrédité l'idée que les jésuites voulaient empêcher les fidèles d'aimer Dieu. Boileau avait jugé utile de consacrer toute une épître, la douzième, à démontrer «l'indispensable loi d'aimer Dieu pour lui-même». Se référant à cette prétendue hostilité des jésuites à l'amour de Dieu,[59] «un plaisant» – Voltaire lui-même – feignant d'être, comme il dit, «le *loustig* du parti janséniste», inscrivit au bas de l'estampe ces vers:

> Admirez l'artifice extrême
> De ces pères ingénieux:
> Ils vous ont habillé comme eux,
> Mon Dieu, de peur qu'on ne vous aime.

Jean-Baptiste Rousseau se dit enchanté «du tour et du style de ces petits ouvrages». Mais il redoute les conséquences; il craint que «ce jeune auteur qui a certainement bien de l'esprit ne s'en serve pas avec la discrétion nécessaire à un homme qui veut se faire des amis et s'attirer l'estime des gens sages».[60] Il se propose lui-même en exemple des malheurs qu'entraîne l'esprit satirique. Prudente leçon, dont Voltaire ne tiendra aucun compte – Jean-Baptiste Rousseau en fera bientôt la cuisante expérience.

Arouet n'en prétend pas moins atteindre les sommets dans la hiérarchie des genres. Il a mis en chantier une tragédie: *Œdipe*.

Le théâtre, on le sait, demeurait la forme la plus prestigieuse de l'activité littéraire. Et parmi les diverses sortes de pièces la tragédie est celle qui l'emporte en dignité. Un succès éclatant à la Comédie-Française, qui a l'exclusivité du genre noble, poserait Arouet comme l'émule de Crébillon. Car après Corneille et Racine, seul l'auteur d'*Atrée et Thyeste* (1707), de *Rhadamiste et Zénobie* (1711), occupe encore la scène tragique avec autorité. Près de lui Danchet (*Cyrus*, 1706), Mlle Barbier (*Tomyris*, 1707), l'abbé Pellegrin (*Pélopée*, 1710), et quelques autres, font piètre figure. Crébillon lui-même, après l'échec de son *Xerxès* (1714), va renoncer au théâtre pour longtemps. La tragédie, honneur de la France, allait-elle dépérir? On peut supposer qu'Arouet, manifestant le don d'intuition qui caractérisera Voltaire, a perçu alors qu'un vide se creusait dans la république des lettres et qu'une place était à prendre.

Quelque soixante années plus tard, il prétendra avoir commencé son *Œdipe* «dès l'âge de dix-huit ans».[61] De sa part une telle indication n'a qu'une valeur

---

59. M.xxii.67: «Ils passèrent toujours à Paris pour ne vouloir pas qu'on aimât Dieu.»
60. D27.
61. *Commentaire historique* (M.i.72).

toute relative. Rien ne prouve qu'il travaillait déjà à sa tragédie en 1712. Dans l'épître dédicatoire d'*Oreste* (1750), il écrira que «la première idée» lui en vint en assistant à Sceaux à une représentation de l'*Iphigénie en Tauride* d'Euripide, donnée en l'honneur de la duchesse du Maine.[62] On ignore malheureusement la date de cette fête. Il est possible qu'elle se situe en 1713 avant le départ d'Arouet pour La Haye.[63] Mais il est probable que la pièce ne prit forme qu'à son retour, lorsqu'il recommença à fréquenter les spectacles à Paris, et qu'il sentit la nécessité d'opposer au refus paternel des preuves substantielles de sa vocation littéraire.

Que l'œuvre procède de la rencontre avec la tragédie grecque, non par l'intermédiaire d'une lecture, mais par le contact direct d'une représentation, on peut le croire. Si sensible à l'émotion théâtrale, Arouet n'avait jusqu'alors du tragique grec que les notions théoriques enseignées au collège: terreur, pitié... Soudain il en sent la force. Il admire «l'antique dans toute sa noble simplicité.» Impression esthétique qu'il va tenter de fixer dans une création originale.

La première trace de son *Œdipe* se rencontre dans une lettre que lui adresse André Dacier, le 25 septembre 1714.[64] Le débutant, soucieux effectivement de s'attirer, selon les termes de Jean-Baptiste Rousseau, «l'estime des gens sages», avait consulté le savant helléniste, dont il utilisait sans doute la traduction française de Sophocle.[65] Il ressort de la réponse qu'à cette date l'auteur du nouvel *Œdipe* a élaboré un plan, et versifié quelques passages, dont «la catastrophe d'Œdipe», au cinquième acte.

On est tenté de s'interroger sur le fait que pour sa première œuvre Arouet ait choisi un sujet pour nous si chargé de significations psychanalytiques. Peut-on avancer que s'exprime ainsi le «complexe» d'un François-Marie, orphelin de mère, en conflit avec son père et son frère aîné, persuadé en outre que son père putatif n'est pas son véritable père? Assurément l'*Œdipe* voltairien traduit avec force, compte tenu du style d'époque, l'univers de la faute et du châtiment; les dieux cruels, le clergé imposteur s'affirmant solidaires du Père assassiné pour punir dans un climat d'horreur sacrée le fils, coupable d'avoir tué le Père

---

62. M.v.81.
63. Voir ci-dessus, p.60.
64. D26. Dacier adresse sa lettre à Aubervilliers: on ne sait rien du séjour d'Arouet dans cette localité au nord de Paris. Th. Besterman, n.3, avance l'hypothèse qu'il s'y rendit pour la préparation de la future *Henriade*, puisque Henri IV, pendant le siège de Paris, avait installé son camp à Aubervilliers. Mais il semble qu'en septembre 1714 Arouet n'avait pas encore conçu le projet de son poème épique. On pensera plutôt qu'il séjournait là dans la résidence de campagne d'un de ses amis. Le détail fait en tout cas ressortir le caractère lacunaire de notre information sur cette période de la biographie voltairienne.
65. *L'Œdipe et l'Electre de Sophocle* (1692).

et épousé la Mère. On notera que pour Arouet l'élément générateur de l'œuvre semble être ce cinquième acte, rédigé le premier, où le héros frappé d'un châtiment terrifiant se dresse face aux dieux pour clamer contre eux son innocence. Révolte libératrice d'un vaincu, fort de son bon droit puisqu'il n'a ni connu ni voulu les abominables forfaits que ces dieux lui ont fait commettre. Dans sa lettre à Dacier, Arouet se disait «frappé» du «tragique» qui règne dans la pièce de Sophocle «depuis le premier vers jusqu'au dernier».[66] Un sujet «aux traits mâles et terribles», répètera-t-il plus tard.[67] Il ne voulait pas l'affaiblir par l'intrigue amoureuse, de règle sur la scène française. Et Dacier l'approuve de vouloir «rendre la véritable tragédie dont nous n'avons encore que l'ombre». On ne peut écarter une motivation, échappant à la conscience claire du poète, que suggère la psychologie des profondeurs. Mais il est incontestable d'autre part que le débutant avait le sentiment juste de se trouver là en présence d'un beau sujet, capable de faire grand effet. C'est pour cette raison sans doute que Racine à la fin de sa vie, si l'on en croit Dacier, avait songé à le traiter.

En tout cas c'est l'helléniste qui lui recommanda, comme il l'avait fait auprès de Racine, de se conformer au modèle grec en maintenant la présence du chœur d'un bout à l'autre de l'action. Arouet suit partiellement le conseil. Un peu plus tard, sa pièce est terminée:[68] il va la proposer aux comédiens. Comme il l'avouera à demi mots, elle fut d'abord refusée.[69] Les comédiens traitèrent de haut le jeune homme: on ne voulait point d'une tragédie où il n'y a avait pas de rôle pour «l'amoureuse»; on se moquait de ses chœurs, et d'une imitation trop fidèle de Sophocle dans son quatrième acte. Arouet reprend donc sa pièce. Mais il ne l'abandonne pas. Il va la remanier pour la rendre «acceptable».

En 1715, dans les mois où s'achève le règne de Louis XIV, on aperçoit Arouet très introduit dans les milieux du théâtre. Il en rapporte les potins à Mme de Mimeure, en style émoustillé.[70] On va redonner L'Important, bagatelle de Brueys. On joue à l'Opéra Zéphire et Flore. Surtout voici des nouvelles des actrices. Le maigre N... «adore toujours la dégoûtante Lavoie». Mlle Aubert risque de n'avoir «point de gorge pour Fontainebleau». Arouet s'en afflige: «c'est la seule chose qui lui manquera»; il voudrait «de tout [son] cœur que sa gorge fût aussi belle et aussi pleine que sa voix». On sait peu de chose de cette comédienne qui se retirera en 1722. A ce moment-là, Voltaire s'intéressera encore à elle, non plus pour sa gorge mais pour une vente de rentes sur des

66. C'est ce qui ressort de la réponse de Dacier, D26.
67. D392, au P. Porée, en lui envoyant une édition d'*Œdipe*, 7 janvier (1731?)
68. A une date postérieure à celle de D28 (*c.* 25 juin 1715).
69. «En un mot les acteurs, qui étaient dans ce temps-là petits-maîtres et grands seigneurs, refusèrent de représenter l'ouvrage» (D392).
70. D28.

maisons et terres situées à Richelieu: il recommande l'affaire au sénéchal de l'endroit.[71]

La lettre à Mme de Mimeure fait une mention spéciale de Mlle Duclos. De ce côté Arouet n'a pas été heureux. Il s'est épris de la «belle Duclos». La comédienne avait pourtant quelques vingt années de plus que lui, étant née vers 1670, et ayant débuté l'année même qui précéda la naissance de François-Marie.[72] Elle était encore en 1715 dans tout l'éclat de son talent. Sa voix admirable, sa diction chantante subjuguaient le public. Par les intonations vibrantes qu'elle savait donner à de simples mots, «mon père», «mon amant», elle faisait fondre en larmes toute une salle. Au reste, assez sotte personne. Voltaire racontera dans les *Questions sur l'Encyclopédie* (1772) l'anecdote de son *Credo*: «Je parie, mademoiselle, que vous ne savez pas votre *Credo*. – Ah, ah, dit-elle, je ne sais pas mon *Credo*! Je vais vous le réciter. *Pater noster qui...* Aidez-moi, je ne me souviens plus du reste.»[73] A quarante-cinq ans elle était toujours une beauté parfaite, recherchée par «une légion d'amants». Elle avait du goût pour les très jeunes gens. Elle fera une fin en épousant à cinquante-cinq ans un jouvenceau de dix-sept. Pourtant les vingt ans du petit Arouet n'eurent guère de succès auprès d'elle. Il fit pour la séduire une grande dépense d'esprit. Il rima à sa gloire le conte de l'*Anti-Giton*. Sous prétexte de censurer un certain Courcillon, adepte de l'amour grec, il célèbre la prêtresse du véritable amour:

> O du théâtre aimable souveraine,
> Belle Chloé, fille de Melpomène,
> Puissent ces vers de vous être goûtés!
> Amour le veut, Amour les a dictés.

Il l'invite en conclusion à venir «dès ce jour sacrifier» sur l'autel de la divinité orthodoxe.[74] La comédienne trouva-t-elle Arouet trop freluquet? Il constate, dépité:

> Je chantais la Duclos; d'Uzès en fut aimé!
> C'était bien la peine d'écrire![75]

Il va s'en venger. En prose, à Mme de Mimeure: «La Duclos [...] prend tous les matins quelques prises de séné et de casse, et le soir plusieurs prises du comte d'Uzès».[76] En vers:

---

71. D172 (*c.* novembre 1723).
72. Voir G. Bengesco, *Les Comédiennes de Voltaire* (Paris 1912), p.35-41.
73. M.xx.465.
74. M.ix.561. Ultérieurement Voltaire transférera l'hommage de l'*Anti-Giton* à Mlle Lecouvreur.
75. M.x.220.
76. D28.

Belle Duclos,
Vous charmez toute la nature;
Belle Duclos,
Vous avez les dieux pour rivaux,
Et Mars tenterait l'aventure,
S'il ne craignait le dieu Mercure,
Belle Duclos![77]

La déception sentimentale auprès de l'actrice était allée de pair avec la déconvenue littéraire auprès des acteurs refusant son *Œdipe*. Il s'en faut que tous les chemins se soient facilement ouverts devant lui. Il commence par des échecs. Mais dès ses débuts il sait surmonter l'adversité. Il prend sur-le-champ une revanche de plume: bien tournés, des vers, ou un écrit en prose sur l'incident fâcheux lui rendent l'avantage. Puis il s'obstine. Il reviendra vers les comédiens et vaincra leur résistance. Auprès de Mlle Duclos, s'il ne se risque pas à «tenter l'aventure» une deuxième fois, au moins évite-t-il la rupture. A la création de *Mariamne* (1724), c'est elle qui interprétera le rôle de Salomé. Les intérêts du théâtre priment toutes autres considérations.

Nous arrivons aux dernières semaines de la vie de Louis XIV. Au dernier soupir du grand roi, tout un monde déjà en sursis va s'effacer. Ce «Siècle de Louis XIV», Voltaire l'a bien connu. Il y a vécu sa première jeunesse, il y a fait ses débuts, atteignant sa vingt-et-unième année l'année de la mort du roi. Du «grand siècle» sans doute il a vu surtout la décadence. Comme beaucoup d'autres, à la disparition de Louis XIV, il se sentira libéré. Pourtant son idée de la grandeur en politique trouvera son répondant dans le règne qui a fini sous ses yeux. Les «malheurs du temps» mêmes, chantés par lui, ont belle allure. Il a orienté sa visée d'écrivain par rapport à cette société de sa jeunesse. Il veut être grand poète, comme Racine, comme Boileau, accordé aux fastes d'un monde monarchique. Il va persévérer dans ce projet, alors même que le centre du décor sera occupé non plus par le roi, mais par un régent.

77. M.x.471.

6. «Le temps de l'aimable Régence»

Le 2 septembre 1715, lendemain de la mort du roi, Arouet est présent dans la grand'salle du parlement de Paris.[1] Il assiste à la séance solennelle où fut ouvert le testament de Louis XIV, devant le duc d'Orléans. Il entend celui-ci déclarer qu'il ne peut accepter les sévères restrictions imposées à son pouvoir de régent. A la suite de quoi les parlementaires déclarent nulles les dernières volontés du défunt monarque. Ils accordent au régent le droit de constituer à sa guise le Conseil de régence et de pourvoir les hautes charges de l'Etat. Arouet venait d'être témoin de la prise du pouvoir par Philippe d'Orléans.

Quelques jours après, il observe une autre scène du changement de régime. Il est, le 9 septembre, sur le passage du convoi funèbre conduisant Louis XIV à la sépulture royale de Saint-Denis. Il a vu de «petites tentes» dressées en bordure du chemin. «On y buvait, on y chantait, on y riait». Il interroge cette «populace». Il comprend que la cause d'une joie aussi indécente était le jésuite Le Tellier. Plusieurs spectateurs lui disent qu'il fallait «mettre le feu aux maisons des jésuites avec les flambeaux qui éclairaient la pompe funèbre».[2] L'historien du *Siècle de Louis XIV* sollicite-t-il après coup ses souvenirs, dans le sens de ses préoccupations? Mais de telles manifestations d'un anti-jésuitisme populaire n'ont rien d'invraisemblable, à l'époque de l'agitation contre la bulle *Unigenitus*.

Arouet, on peut le supposer, avait voulu être présent sur les lieux où apparaîtraient les signes d'une ère nouvelle. Cette Régence qui prendra fin théoriquement à la majorité de Louis XV (quatorze ans en février 1723), en fait à la mort de Philippe d'Orléans (2 décembre 1723), bénéficie aujourd'hui d'une appréciation positive des historiens. On ne doit pas s'en tenir aux apparences, si voyantes fussent-elles: immoralité, débauche, le mauvais exemple venant du prince lui-même. En réalité, le gouvernement du régent réussit à opérer, dans une situation de faillite, un relèvement des finances et de l'économie. La dette publique, écrasante, est sensiblement allégée. La production et le commerce se raniment. Une pratique plus libérale du pouvoir est

---

1. *Précis du siècle de Louis XV*, dans *Œuvres historiques*, p.1299, démentant les allégations de La Beaumelle sur cette séance: «J'y étais».
2. *Œuvres historiques*, p.949. Même témoignage dans l'épître à Mme Du Châtelet sur la calomnie (M.x.285).

essayée, avec l'instauration des Conseils, bien que le régent ait pris soin de conserver entre ses mains la plénitude de l'autorité. Surtout, il veut tirer les conséquences de la défaite française devant l'Angleterre et la Hollande. Avec une ouverture d'esprit qu'on se plaît maintenant à lui reconnaître,[3] il renonce à l'option louis-quatorzième «en faveur des scléroses», «amarrant la France à la nation alors la plus arriérée de l'Europe»:[4] le choix de l'intégrisme religieux, le refus de tout libéralisme risquaient d'engager le royaume sur la pente d'une décadence à l'espagnole. Le régent tente une autre voie. Il entend rénover fondamentalement l'économie et donc la société. Il entreprend de mettre fin au sous-développement, notamment bancaire, du pays. La création d'un institut de crédit sur le modèle de la Banque d'Angleterre devait promouvoir des activités nouvelles, de caractère «capitaliste»: progrès des équipements (routes, canaux, ports), essor des manufactures, expansion coloniale. Telle était, on le reconnaît aujourd'hui, la signification du système de Law. Malgré les vicissitudes de l'entreprise, le bilan global fut si peu négatif que le régent se proposait de relancer l'expérience sur nouveaux frais. Lorsqu'il mourut subitement, il était sur le point de rappeler Law de son exil à Venise: Voltaire le rapporte, suivi en cela par les historiens modernes.[5]

Qu'Arouet, entre 1715 et 1723, que Voltaire plus tard, auteur du *Précis du siècle de Louis XV*, n'ait pas aperçu la portée de la politique menée par le régent et par Law, on ne s'en étonnera pas. Il faudra attendre notre époque pour qu'à la faveur de la longue perspective, nos moyens d'analyse fassent apparaître dans le Système autre chose qu'un accident aberrant de l'Histoire.

Vivant cette Histoire quotidiennement, Arouet est sensible comme ses contemporains aux aspects les plus évidents du nouveau régime. L'ambiance avait changé totalement, presque du jour au lendemain. Soudain on ose parler. La liberté de s'exprimer, et de critiquer, étonne tout un chacun, par contraste avec les contraintes antérieures. Le Prince a cessé d'être un personnage lointain, inaccessible en son palais versaillais, isolé par le cérémonial de cour. Paris redevient le centre où s'élabore la politique française, Philippe d'Orléans continuant à résider au Palais-Royal. Versailles sera délaissé, jusqu'au retour de Louis XV, en 1722. Le régent se montre un souverain d'abord aisé, familier même. On a vu comment certain jour Arouet en fut apostrophé sur la voie publique. Une autre fois, c'est au bal de l'Opéra qu'il a avec le Prince une conversation au sujet de Rabelais: il est surpris de l'admiration du régent pour le vieil auteur gaulois, que lui-même juge alors grossier et choquant.[6]

---

3. Notamment Robert Mandrou, *L'Europe absolutiste* (Paris 1977), p.137.
4. Edgar Faure, *La Banqueroute de Law* (Paris 1977), p.74.
5. *Œuvres historiques*, p.1313, et E. Faure.
6. D8533 (13 octobre 1759), à Mme Du Deffand.

La «facilité»[7] de Philippe d'Orléans du côté des mœurs s'était immédiatement manifestée par l'indulgence envers les milieux libertins. Ainsi la société
du Temple va recouvrer bien vite sa liberté d'allure. On sait que le groupe est
ainsi nommé de l'endroit où il tenait habituellement ses assises: l'ancien
monastère de l'ordre des Templiers, construit initialement hors de l'enceinte
parisienne, sur l'emplacement actuel du square du Temple et de la mairie du
troisième arrondissement.[8] Le grand-prieur de Vendôme y avait fait construire
son palais en 1667. Ce Bourbon, comme son frère le duc de Vendôme,
descendait d'un bâtard légitimé de Henri IV et de Gabrielle d'Estrées. Sa
naissance lui assurait une quasi impunité. En outre l'enclos du Temple
bénéficiait du droit d'asile. A la faveur de quoi le grand-prieur et son frère
aîné le duc avaient réuni en ces lieux une troupe libertine menant joyeuse vie:
débauches de table et autres, propos irrévérencieux à l'égard du Ciel et du roi.
L'abbé de Châteauneuf, qui y avait ses habitudes, avait eu le temps avant de
mourir, en 1708, d'y présenter son filleul. On peut supposer que celui-ci,
libéré du collège, s'y était montré assidu.

Mais les dernières années de Louis XIV furent tristes pour les familiers du
Temple. Le duc était mort en 1712, dans la lointaine Espagne où il commandait
des armées. En dépit des privilèges, la répression s'était appesantie sur ces
irréguliers qui avaient le tort de vivre bien et de penser mal. Le grand-prieur
avait été frappé d'exil. Et dans les derniers mois, le 10 janvier 1714, l'un des
commensaux, l'abbé Servien, avait été emprisonné au château de Vincennes.
Coup d'autorité dont s'émeut Arouet: il rime une épître de consolation à
l'adresse de la victime. Le motif de l'incarcération n'apparaît pas clairement.
Servien, abbé mais non prêtre, était connu comme sodomiste.[9] Mais pour ce
genre de crime le coupable était envoyé d'ordinaire à Bicêtre. La sanction
semble être plutôt d'ordre politique. Arouet fait allusion à des propos impru-
dents qu'aurait tenus ce «bel esprit»; il l'exhorte à montrer le même courage
que jadis «le grand Fouquet», «environné de sa seule vertu».[10] Le douteux
individu avait du répondant: fils du surintendant Abel Servien, oncle du duc
de Sully, il était des amis du duc d'Orléans: «le prince aimable à qui tu plais,
qui t'aime», comme le lui rappelle Arouet. L'un des premiers gestes de
Philippe devenu régent est de faire libérer l'abbé, dès le 2 septembre. Aussi
promptement, le grand-prieur est rappelé de l'exil où il se morfond depuis

7. C'est le mot de Voltaire, M.x.285, et *Œuvres historiques*, p.1313.
8. Après la destruction de l'Ordre, les bâtiments furent affectés aux Hospitaliers de Saint-Jean
de Jérusalem, à l'exception d'une partie transformée en prison: Louis XVI y sera incarcéré en
1792. L'ensemble sera détruit en 1811.
9. Voir dans les carnets (*OC*, lxxxi.277) le «Noël» de l'abbé Servien.
10. M.x.218.

neuf ans.[11] De Lyon où il attendait, Vendôme réintègre le Temple. La vie de plaisirs reprend, plus voluptueuse que jamais, sans que le pouvoir s'en offusque le moins du monde.

Malheureusement la plupart des comparses ont vieilli. Le maître des lieux, le grand-prieur de Vendôme, a dépassé la soixantaine.[12] Son ami, Guillaume Amfrye, abbé de Chaulieu, «l'Anacréon du Temple», le poète en titre de cette société, en est aussi le doyen: il approche des quatre-vingts ans et n'a plus que quelques années à vivre.[13] Il sera précédé dans l'au-delà par l'abbé Servien, lequel décède en 1716, ne survivant guère à sa libération. Autre épicurien sur l'âge: l'abbé Courtin, né vers 1659, fils d'un conseiller d'Etat, n'ayant rien fait d'autre en sa vie que de prendre du plaisir en dépensant les deniers de l'Eglise. Nous avons la chance de *voir* ce personnage, grâce à de petits vers d'Arouet: l'abbé formait avec le poète le couple comique du petit gros et du grand maigre. A côté de Courtin: «rond, court, avec la croupe rebondie», Arouet fait son autoportrait: «long, sec et décharné, n'ayant eu croupe de sa vie». L'abbé est censé être poète aussi. Mais quand il s'agit d'écrire au grand-prieur une lettre mi-partie vers et prose,[14] ou de versifier un compliment pour deux dames,[15] le «cher Courtin», aimable et paresseux glouton,[16] laisse toute la besogne à son compagnon «sec et décharné». Homme d'âge également, Jean François Lériget de La Faye, né en 1674, gentilhomme de la chambre du roi, diplomate ayant accompli des missions à Gênes, à Utrecht en 1713, à Londres, se piquait pareillement de poésie. Arouet dans une lettre le salue, en vers comme il convient, le gratifiant d'un «luth tendre et galant», qui le place «auprès de Malherbe et d'Horace».[17] Toute exagération mise à part, Voltaire estimait assez ce petit poète pour recueillir quelques-uns de ses vers dans ses carnets.[18]

Parmi ces Muses vieillissantes, Arouet est dans le Temple renaissant le seul capable de versifier avec une élégance nerveuse. Sa facilité à produire les rimes bien tournées dont on est friand fut pour beaucoup dans son succès auprès de

11. A en croire Saint-Simon (xxvi.284), le régent admirait le grand-prieur «parce qu'il y avait quarante ans qu'il ne s'était couché qu'ivre, et qu'il n'avait cessé d'entretenir publiquement des maîtresses et de tenir des propos continuels d'impiété et d'irréligion».

12. Né en 1655, il mourra en 1727.

13. Les dates de la vie de Chaulieu: 1639-1720.

14. D37.

15. D40.

16. Expressions de D37, D38.

17. D39. La correspondance de Voltaire contient une autre lettre à La Faye, l'invitant à Cirey: D1178 (*c.* 20 octobre 1736). Mais cette lettre ne peut s'adresser à La Faye, que D1009 (10 février 1736) donne comme décédé. En effet il mourut en 1731 (selon E. Carcassonne, édition critique du *Temple du Goût*, p.183) ou 1732, selon les dictionnaires.

18. *OC*, lxxxi.263-64, 272, 275.

ces épicuriens lettrés. Avec lui, dans la génération plus jeune, se mêlant aux vétérans du Temple, on distingue le futur président Hénault, le chevalier d'Aydie,[19] le chevalier Louis-Gabriel de Froulay, l'abbé de Bussy fils de Bussy-Rabutin: ne croyant pas en Dieu, selon Mathieu Marais, ce qui ne l'empêchera pas de devenir évêque de Luçon. Bussy avait un agréable talent de poète mondain qui lui vaudra une niche dans le *Temple du Goût* voltairien.[20]

On regrette ici encore que Voltaire n'ait pas lui-même évoqué les cercles où sa jeunesse vécut des jours brillants, comme le fera Jean-Jacques Rousseau dans ses *Confessions* pour les milieux d'Annecy et de Chambéry qu'il fréquenta (plus obscurément) vers le même âge. C'est à peine si l'on entrevoit l'ambiance du Temple à travers quelques traits rapides de sa correspondance (peu abondante pour ces années) et de ses «poésies mêlées». La grande affaire y était le plaisir. «Petits soupers, jolis festins»,[21] avec des excès contre quoi Arouet, à l'estomac déjà faible, proteste timidement, réclamant «un peu plus d'hypocras [une infusion douce de cannelle], un peu moins d'eau-de-vie». Pour agrémenter les jours qui passent «quelques femmes toujours badines», vite remplacées quand elles vous quittent ou quand elles meurent.[22] On soupçonne que la débauche n'avait pas constamment les allures gracieuses que lui prêtent les transpositions littéraires. Le ton en tout cas était étonnamment libre. S'adressant à un personnage tel que le duc d'Aremberg, Arouet l'exhorte à occuper la paix revenue par des «exploits lubriques», afin de repeupler de bâtards les «campagnes belgiques» dévastées par la guerre. Ou plutôt, délaissant

Des tétons du Brabant la chair flasque et tremblante,

qu'il vienne s'amuser à Paris où on l'attend.[23] Dans la même veine, à un destinataire qui n'est rien moins que le prince Eugène, le poète enjoint d'envahir le harem du Sultan, ce «séminaire des Amours», et, afin de rimer à «vaincu», de faire le Grand Turc «cocu».[24] Plus gaillardement encore, au grand-prieur de Vendôme il conseille carrément (mais toujours en vers) de faire soigner sa v…, qui rime avec «parole».[25]

Quelqu'un voyait avec tristesse le jeune Arouet jeter ses feux dans le beau monde: c'était son père. Sentant désormais son impuissance, renonçant à sévir, le bonhomme déplore que son fils «s'enivre», moins de vin que «du succès de

---

19. Qui plus tard s'éprendra d'une passion romantique pour Mlle Aïssé; il meurt en 1761.
20. Edition Carcassonne, p.84.
21. D37.
22. Voir l'épître «à M. l'abbé de … [Bussy?] qui pleurait la mort de sa maîtresse» (M.x.220-21).
23. M.x.223-25.
24. M.x.226.
25. M.x.242.

sa poésie, des louanges et de l'accueil que lui font les grands». Ah! si l'étourdi voulait bien comprendre que ces beaux seigneurs sont pour lui «de francs empoisonneurs».[26]

A son habitude le vieil Arouet se trompe. Son fils n'est point si frivole. Sans doute ses petits vers chantent le banal hédonisme, en faveur parmi ces viveurs. A l'abbé qui a perdu sa maîtresse il enseigne la «véritable sagesse»: «savoir fuir la tristesse dans les bras de la volupté».[27] Aux jeunes femmes il conseille de s'abandonner «prudemment» à la galanterie.[28] Que celle-ci, «un peu mondaine et trop dévote», songe qu'il est un temps pour chaque chose:

Dans ta jeunesse fais l'amour
Et ton salut dans la vieillesse.[29]

Il va de soi qu'il n'a pas de mots assez durs pour les ennemis patentés des plaisirs, tous ces «mystiques fous», ces «dévots fainéants», ces «pieux loups-garous».[30] Une brusque apparition du «révérend père Quinquet», théatin «à l'aspect terrible», a chassé l'Amour s'employant à séduire la «dame un peu mondaine». Arouet met en garde aussi contre l'abbé Couet, célèbre confesseur, et contre les sermons des Massillon, Bourdaloue, La Rue... Pourtant une pointe de philosophie rehausse l'exhortation au plaisir. Arouet avait devant lui l'exemple de Chaulieu, élevant dans ses épîtres sur la mort le libertinage au niveau philosophique. Lui-même s'avance un peu plus loin.[31] Un trait en passant conteste «d'un double Testament la chimérique histoire». A partir du *carpe diem*, l'épicurisme s'élargit en vision lucrétienne:

Le plaisir est l'objet, le devoir et le but
De tous les êtres raisonnables.

Dieu? Que Mme de G... ne se méprenne pas:

Vous croyez servir Dieu; mais vous servez le diable.

Antithèse d'un Dieu idéal, et d'un autre, «diabolique», qu'on retrouvera dans la pensée et dans l'imaginaire voltairiens. Dieu, «s'il est un Dieu», ne peut être qu'un Etre souverain à la «tranquille puissance». Il ne s'occupe pas mesquinement à épier les étreintes des amants. Il a établi une loi fondamentale, «la loi de nature»: ceux-là s'y conforment qui goûtent les plaisirs de l'amour.

---

26. D43 (20 octobre 1716).
27. M.x.221.
28. M.x.219-20, à Mme de Montbrun-Villefranche, épître datée de 1714.
29. M.x.222-23. Il s'agit d'une dame de la cour: l'Amour qui la conseille ainsi est mis en déroute par le confesseur; il retourne de Versailles dans Paris «où tout vit sous sa loi»: indice que l'épître est antérieure à la mort de Louis XIV et au transfert de la cour dans la capitale.
30. M.x.231.
31. M.x.231, à Mme de G..., 1716.

Première affirmation d'une philosophie déiste, dont l'épître par sa clausule réduit malheureusement la portée. C'est une philosophie intéressée qu'Arouet prêche à Mme de G...:

> Pour vous, pour vos plaisirs, pour l'amour et pour moi.

Au dix-huitième siècle, un jeune homme au sortir du collège gagne sa maturité, non dans les universités, sclérosées et décadentes, mais dans le monde. La fréquentation du Temple, école de volupté, est aussi pour Arouet une école de poésie. Les versifications de ses premiers débuts s'inspiraient du lyrisme solennel et convenu de Jean-Baptiste Rousseau. Au Temple, il rencontre un autre maître: Chaulieu. Cet Anacréon moderne lui offre les modèles d'une poésie légère, toute en saillies, qui convient mieux à son tempérament et à ses thèmes libertins. A partir de 1714 Arouet délaisse la strophe lyrique pour les petits vers vifs. Il rime des épîtres aux mètres inégaux ou en octosyllabes: forme qui aiguise le trait. Et il continue à répandre de brèves et cinglantes épigrammes – dont on reparlera.

Au Temple, le sybaritisme ne fait pas fi des plaisirs de l'esprit. On se pique de belles lettres. On juge les nouveautés, hautainement, non sans prévention. Voltaire rapportera l'anecdote des *Fables* de La Motte. Le recueil venant de paraître, ces messieurs en disent pis que pendre. Par comparaison, on porte aux nues La Fontaine. Faisant chorus, Arouet tire de sa poche une fable de La Fontaine, récemment retrouvée, prétend-il. Il la lit. On applaudit. Or la fable était de La Motte.[32] Malgré tout, Arouet fait confiance au goût de ses amis, du moins de certains. Ayant remanié son *Œdipe*, il l'a lu à un souper chez l'abbé de Bussy, devant le grand-prieur et Chaulieu: on lui fait des remarques dont il tire profit.[33] Bientôt il consultera encore Chaulieu dans une circonstance délicate: il lui soumettra l'épître destinée à regagner à l'exilé les bonnes grâces du régent. Plus tard, il est vrai, revenu de son admiration pour «l'Anacréon du Temple», il ne lui concédera que le mérite d'être «le premier des poètes négligés, et non pas le premier des bons poètes».[34] Mais présentement il se flatte que Chaulieu l'aidera à «réussir dans les grands ouvrages» – du moins il le lui dit.[35]

En même temps que la société du Temple, Arouet fréquentait la cour de Sceaux. En ce lieu aussi siégeait une personne de sang royal: Louise Bénédicte

---

32. D17809 (vers le 1ᵉʳ juillet 1772), à La Harpe. Si l'épisode est vraiment contemporain de la première édition des *Fables* de La Motte, il se situerait en 1719.
33. D35 (20 juillet 1716).
34. *Le Temple du Goût*, p.84.
35. D35.

de Bourbon, petite-fille du grand Condé, épouse du duc du Maine fils de Louis XIV et de Mme de Montespan, bâtard légitimé que le vieux roi, en ses derniers mois, avait déclaré apte à succéder au trône. Que le jeune Arouet soit introduit jusqu'à un certain degré de familiarité auprès de personnes d'aussi haut parage, peut aujourd'hui étonner. Un aspect majeur de la vie de Voltaire, ses relations avec les Grands, apparaît ainsi dès ses débuts.[36]

Nous ne devons pas perdre de vue la structure de la société d'un Ancien Régime qui en ces premières décennies du dix-huitième siècle était bien loin d'être finissant. Dans cette France monarchique un prince du sang dispose de puissants moyens, ne serait-ce que par sa fortune: en 1715 le duc du Maine avait trois millions de francs de dettes, ce qui donne la mesure de ses revenus. Un Vendôme, un Maine, par leurs intimes, par leurs courtisans, par tous ceux qui sont liés d'intérêt avec eux exercent une influence sur les centres du pouvoir, même lorsque le souverain les tient en suspicion. Plus tard Voltaire s'appliquera à séduire les Grands, ayant parmi d'autres visées celle de les enrôler au service de ses idées. Mais vers 1715 son grand dessein philosophique n'a pas encore pris forme. Ce qui l'attire au Temple, à Sceaux, c'est le goût d'une vie de plaisirs élégants. C'est également chez le poète débutant un certain souci de carrière. Les cercles aristocratiques sont des foyers d'animation intellectuelle. Arouet y rencontre des écrivains en renom, tel Chaulieu, des gens de goût capables de le bien conseiller sur ses premières productions. Mieux encore il trouve là un auditoire prêt à applaudir son talent et à le faire connaître. Ces sociétés ont leurs grands hommes, dont elles célèbrent la gloire. On sait combien La Bruyère fut redevable aux Condés, ses patrons. Les coteries: *mass-media*, dirions-nous, d'une France aristocratique. La rumeur qui déjà environne Arouet prend son origine au Temple, à Sceaux. De là se répand sa réputation d'homme d'esprit, auteur intarissable de petits vers. De là des bruits courent déjà sur sa future tragédie qui influencent ce «grand public» (en réalité, selon nos critères, fort restreint), lequel décide au théâtre du sort d'une pièce nouvelle.

La duchesse du Maine avait créé Sceaux comme compensation au sort malheureux fréquemment réservé alors aux princesses du sang. A seize ans, Louise Bénédicte par la volonté de Mme de Maintenon avait été mariée au favori de celle-ci, le duc du Maine. Union dictée par les calculs de l'épouse morganatique du roi, sans tenir le moindre compte des affinités de tempérament et de caractère. Rarement ménage fut aussi mal assorti. Maine, boiteux et pied-bot, mou, veule, se trouvait associé à la plus pétulante, la plus active, la plus despotique des femmes. De l'hérédité chargée des Condés il n'était échu

---

36. On connaît l'important ouvrage de Jean Sareil, *Voltaire et les grands* (Genève et Paris 1978).

à Louise Bénédicte qu'une très petite taille. Sa minuscule personne, fort bien faite, était toute en foucades. Altière, la princesse ressent amèrement l'humiliation d'être l'épouse d'un bâtard: sa politique sera dominée par la volonté d'effacer une telle disgrâce. Le duc très vite avait pris le large, terrorisé. Il vivait le plus souvent à l'ombre du roi et de Mme de Maintenon, ou confiné en sa résidence de Clagny, pendant que la duchesse organisait son existence de son côté.

En vraie fille des Condés, elle avait du goût pour les choses de l'esprit. Assez tôt une voie de recours s'était ouverte à elle dans cette direction. La rencontre qui marqua le plus la vie de cette femme, ce fut celle non de son mari, mais d'un savant, Nicolas de Malézieu. La compétence de celui-ci lui vaudra d'entrer à l'Académie des sciences lors de sa réorganisation en 1699. Auparavant Bossuet l'avait placé comme professeur de mathématiques auprès du jeune duc du Maine. Louise Bénédicte le trouve en 1692 aux côtés de son mari. Elle suit les leçons de ce maître qui malgré ses quarante ans passés était toujours, nous dit Fontenelle, «robuste et de feu».[37] Leurs flammes s'amalgamèrent. Malézieu initie la princesse aux sciences, mais aussi aux lettres. Il lui fait aimer la poésie, les romans, le théâtre. Bientôt le précepteur devient l'amant de l'épouse déçue. Elle va vivre avec lui à Chatenay. L'achat du château de Sceaux tout proche, en 1699, couvre d'un voile décent leur liaison. Après de longs travaux d'aménagement, à la faveur desquels se prolonge son séjour à Chatenay, elle s'installe enfin à Sceaux en 1704. Malézieu ne se sépare pas d'elle pour autant. Depuis longtemps promu administrateur des biens du duc, il va jouer à Sceaux le rôle du maître de maison, mari de la main gauche. L'époux en titre accepte le partage, comme il accepte les autres amants épisodiques de sa femme: le duc de Nevers, le président de Mesmes, le cardinal de Polignac...[38] Malézieu, non moins tolérant, conservera jusqu'à sa mort, en 1727, la haute main sur la cour de Sceaux, rassemblée autour de la duchesse.

---

37. Cité par André Maurel, *La Duchesse du Maine, reine de Sceaux* (Paris 1928), p.42.
38. Si du moins on en croit les rumeurs qui circulaient. Ainsi ce couplet:

> Que du Maine laide et nabote
> Au Malézieu trousse sa cotte,
> Le marché pour tous deux est bon.
> Mais que le Polignac n'en bouge
> Et couche avec cet embryon,
> C'est faire honte au chapeau rouge.

(Bibliothèque historique de la Ville de Paris, ms.580, f.125). Au sujet de Polignac (et d'autres), la princesse palatine est affirmative (Charlotte-Elisabeth de Bavière, *Correspondance*, éd. G. Brunet (Paris 1857), i.422, 12 juillet 1718): «L'amant *tenant* de Mme du Maine est le cardinal de Polignac; mais elle en a encore beaucoup d'autres, le premier président, et même des drôles.»

Du château qui en fut le cadre, il ne subsiste que peu de chose: les deux pavillons d'entrée, une partie de l'Orangerie, le pavillon de l'Aurore. Le bâtiment lui-même, vendu en 1796, a été rasé. Moins élevé mais plus étendu que le château actuel,[39] l'édifice construit par Perrault comportait dans le même style que les Tuileries deux ailes embrassant une large cour pavée. A l'entour un grand parc à la française (aujourd'hui partiellement restauré).

Les lieux se prêtaient à de brillantes festivités. L'abbé Genest nous en a conservé la chronique dans les *Divertissements de Sceaux* (1712), complétés après sa mort par la *Suite des divertissements* (1725). Genest, jadis lauréat d'un prix d'Académie comme l'abbé Dujarry, avait été introduit à la cour de la duchesse sous la protection de Malézieu. Il collaborait avec le maître des lieux à l'ordonnancement des plaisirs. Au tout venant des soupers, bals, petits jeux de société, Ludovise (comme se faisait appeler la duchesse) avait ajouté une invention romanesque: la fondation d'un ordre de chevalerie, celui de la Mouche à miel. La «reine des abeilles» (la duchesse elle-même) avait solennellement investi les premiers récipiendaires dans une fête donnée le 3 août 1703, à Chatenay: le nouveau chevalier jurait aveugle obéissance à Ludovise, moyennant quoi il recevait, attachée par un ruban jaune, une médaille d'or, portant côté face l'effigie de la princesse, et représentant au revers une abeille volant vers sa ruche, avec l'inscription: *Piccola si, ma fa piu gravi le ferite.*[40] Il se peut, on le verra, qu'un conte de Voltaire fasse allusion à cette chevalerie de la Mouche à miel.

Parmi les plaisirs de Sceaux Ludovise se souciait de faire une place à ceux de l'esprit. On s'avisa de lire les grands anciens. Malézieu, qui savait parfaitement le grec, ouvrait un Sophocle, un Euripide, et traduisait sur le champ en un français plein de vie: «l'admiration, l'enthousiasme dont il était saisi lui inspirait des expressions qui répondaient à la mâle et harmonieuse énergie des vers grecs», rapporte Voltaire qui fut présent à ces exercices.[41]

Des séances de lecture on passa nécessairement au spectacle proprement dit. Malézieu, à l'occasion d'une élection académique, confectionna *Polichinelle et son voisin*, qui fut joué sur le théâtre des marionnettes. On donna des comédies-ballets, tel ce *Prince de Cathay* où faunes, sylvains et nymphes dansèrent sur des vers de l'abbé Genest. On se lança même dans le grand théâtre. Les amateurs de Sceaux interprètent du Molière, du Racine. Pour tenir ses rôles la duchesse prend des leçons du vétéran de la Comédie-

39. Celui-ci, sans grand caractère, fut construit en 1856 par le duc de Trévise. On peut voir une maquette de l'ancien château au Musée de l'Ile de France, dans l'actuel château de Sceaux.
40. «Je suis petite, mais mes blessures n'en sont que plus douloureuses»: allusion à la petite taille de la duchesse. Genest, *Divertissements* (Trévoux 1712), p.168-74, raconte la cérémonie.
41. Epître dédicatoire d'*Oreste* à la duchesse du Maine (M.v.150).

Française, l'acteur Baron. Grâce à quoi, on parvient à monter en 1714 *Athalie*, non encore jouée à cette date sur la scène parisienne. Ludovise représente Josabeth et Malézieu Joad: le couple irrégulier se retrouvait pour la durée de cinq actes conjugalement uni.

Hors de ces grandes circonstances, la poésie, ou du moins la versification, est d'usage quotidien. La princesse exige des siens qu'ils produisent des vers pour les moindres événements. La mort d'une levrette, un mal de gorge, le cadeau d'une lunette, d'un pot à tabac, de deux saladiers…, doivent être chaque fois salués de rimes, qu'on voudrait toujours vives, piquantes, étourdissantes, et qui le sont rarement.[42] L'un des familiers de Sceaux, le futur président Hénault, demandera pardon à Dieu pour «toutes les fadeurs prodiguées dans de bien médiocres poésies». Autres prouesses: celles de la «loterie poétique». On tire une lettre et l'on est dans l'obligation de confectionner sans délai quelque chose dans le genre dont elle est l'initiale: un conte pour C, une fable pour F, un opéra pour O. Possédée de la «métromanie», Ludovise s'évertue à donner l'exemple. Mais autour d'elle plus d'un, plus d'une souvent se trouvent à quia. C'étaient, dira Malézieu, «les galères du bel esprit».[43] Les forces venant à manquer, on fait appel aux spécialistes de cette sorte d'exploit. On a conservé le souvenir des bouts-rimés improvisés par Fontenelle sur *fontanges, oranges, collier, soulier*:

> Que vous montrez d'appâts depuis vos deux fontanges
> Jusqu'à votre collier!
> Mais que vous en cachez depuis vos deux oranges
> Jusqu'à votre soulier![44]

Il est certain qu'Arouet fut l'un de ceux que son talent de rimer fit admettre dans l'entourage de Ludovise. La date de ses débuts à Sceaux n'est pas connue. Mais elle doit être antérieure à la Régence. Plusieurs indices convergent. Dans l'épître dédicatoire d'*Oreste* à la duchesse du Maine (1750), Voltaire déclarera avoir assisté «quelquefois» aux lectures improvisées de Sophocle et d'Euripide par Malézieu, «presque au sortir de l'enfance», précise-t-il.[45] Selon le *Mercure galant*, ces séances commencèrent en 1709.[46] Elles durèrent plusieurs années.

---

42. A. Maurel, *La Duchesse du Maine*, p.62-63, donne d'après le livre de Genest une énumération impressionnante de ces versifications de circonstance.

43. Cité par A. Maurel, p.207.

44. Cité par A. Maurel, p.68. Le compliment s'adressait à Ludovise, qui, on le voit, n'était pas bégueule. Plus d'une fois l'abbé de Chaulieu prêta son concours, comme il ressort des *Divertissements* de Genest.

45. M.v.150.

46. Le *Mercure galant* de septembre 1709 insère une lettre sur les divertissements de Sceaux. Les lectures de Malézieu ne se faisaient pas en petit comité: «plus de deux cents personnes» (p.169-70) étaient présentes.

Malézieu en vint à rédiger une traduction d'*Iphigénie en Tauride*. Il la fit jouer dans une fête offerte à la princesse: celle-ci interprétait le personnage d'Iphigénie. Or Arouet fut présent à ce spectacle.[47] A quelle date? Les premiers *Divertissements* de l'abbé Genest, publiés en 1712, n'en parlent pas. Mais la quatorzième Nuit de Sceaux, en 1715, mentionne parmi les rôles tenus par «une grande princesse» Iphigénie.[48] La représentation eut donc lieu en 1713 ou 1714, sans doute à la fête que Malézieu donnait chaque année à Ludovise, à Chatenay, le premier dimanche d'août. Arouet ayant alors admiré «l'antique dans toute sa noble simplicité», il en aurait conçu la «première idée» de son *Œdipe*.

Il a participé aussi à certaines des Nuits blanches de Sceaux. Ces grandes fêtes, dont chacune avait son programme et son maître d'œuvre, furent au nombre de seize, du 31 juillet 1714 au 15 mai 1715. Lorsque de son exil à Sully, dans l'été de 1716, Arouet écrit: «Nous avons des Nuits blanches comme à Sceaux»,[49] il parle de celles-ci non par ouï-dire mais comme y ayant assisté. Ce que confirme ce qu'il en dit d'autre part en annotant les *Souvenirs* de Mme de Caylus.[50] Il se propose même comme ordonnateur d'une fête donnée à Sully pour la marquise de Mimeure ou pour Mme de La Vrillière, ainsi que cela s'était pratiqué à Sceaux. Il défend en outre les petits jeux de la loterie poétique comme quelqu'un qui sait ce qu'il en fut.[51]

On a même des raisons de penser que deux de ses contes en prose remontent à l'époque du «premier Sceaux». Voltaire n'avait pas recueilli dans les éditions de ses œuvres *Le Crocheteur borgne* et *Cosi-Sancta*. En insérant pour la première fois ces deux textes, les éditeurs de Kehl les présentent comme des «amusements de société», datant de «la jeunesse de M. de Voltaire et fort antérieurs à ce qu'il a fait depuis dans ce genre». De telles indications excluent que les contes, comme on l'a admis longtemps sur la foi de Beuchot, appartiennent à la période de 1746-1747, lorsque Voltaire ayant renoué avec la duchesse écrit pour elle *Zadig* et quelques autres récits. *Le Crocheteur borgne* et *Cosi-Sancta* sont donnés comme «fort antérieurs» à ces années-là. Voltaire d'ailleurs avait alors dépassé la cinquantaine, âge difficilement compatible avec la «jeunesse» dont parlent les éditeurs de Kehl.

Jacqueline Hellegouarc'h a rassemblé les arguments convaincants qui assi-

47. M.v.152.
48. *Suite des divertissements* (1725), p.296.
49. D40.
50. M.xxviii.288.
51. M.xxviii.288: «Cela n'est pas aussi ridicule que le prétend Mme de Caylus qui était un peu brouillée» avec la duchesse du Maine.

gnent les deux contes aux années 1714-1716.[52] L'un et l'autre furent écrits pour les divertissements de Sceaux.

Cosi-Sancta résulta d'une des loteries littéraires imaginées par la duchesse du Maine. «Mme de Montauban, nous disent les éditeurs de Kehl,[53] ayant tiré pour son lot *une nouvelle*, elle pria M. de Voltaire d'en faire une pour elle»: ce fut *Cosi-Sancta*. Mme de Montauban appartenait à la cour de Sceaux, étant l'épouse d'un lieutenant-colonel au régiment du Maine, et la mère d'une fille d'honneur de la duchesse. Elle allait perdre son fils unique en octobre ou novembre 1716:[54] il est impossible qu'après cette date Arouet ait rédigé sous son nom un conte aussi libre. *Cosi-Sancta* serait donc antérieur à son exil à Sully (5 mai 1716).

Cette «nouvelle africaine» s'annonce aussi bien comme un «proverbe», illustrant la maxime: «un petit mal pour un grand bien».[55] La chose se passe dans le «diocèse» de saint Augustin, sous le proconsulat de Septimius Acindynus. Arouet cite comme source *La Cité de Dieu* du Père de l'Eglise. En réalité il a pris l'anecdote dans Bayle, article *Acindynus*: il n'est nullement étonnant qu'un familier des cercles libertins pratique le *Dictionnaire historique et critique*, notamment pour y chercher des anecdotes grivoises. Arouet évidemment n'a pas consulté l'in-folio avant de prendre la plume. Ecrivant de mémoire, il se trompe de référence: Bayle renvoyait, non à l'œuvre la plus célèbre de saint Augustin, *La Cité de Dieu*, mais, ce qui est plus piquant, à un traité sur le sermon sur la Montagne. L'histoire rapportée dans le *Dictionnaire*, d'une femme qui sauve son mari en accordant ses faveurs à un riche débauché, est complètement transformée. Arouet attribue à Cosi-Sancta les infortunes bien connues de la jeune épouse mariée à un vieux vilain jaloux. Un jeune homme, «formé par les mains de l'amour», pour la courtiser se déguise «en moine, en revendeuse à la toilette, en joueur de marionnettes»: variante d'innombrables farces que Beaumarchais reprendra dans sa parade du *Sacristain*, avant de l'adapter au *Barbier de Séville*. Cosi-Sancta se refuse au galant: il en résulte que celui-ci est tué dans un guet-apens tendu par le mari. Le «curé» de la jeune fille le lui avait bien prédit: sa vertu causerait des malheurs.

---

52. J. Hellegouarc'h, «Mélinade ou la duchesse du Maine, deux contes de jeunesse de Voltaire: *Le Crocheteur borgne* et *Cosi-Sancta*», *RHLF* 78 (1978), p.722-35.

53. Dans une notice en tête du conte (M.xxi.25-30).

54. J. Hellegouarc'h, «Mélinade», p.732.

55. «Nouvelle africaine» et le proverbe sous-titrent le conte dans l'édition de Kehl. Mme de Montauban n'aurait-elle pas tiré, plutôt que N, «nouvelle», P, «proverbe»? Comme l'a montré Christiane Mervaud, «Voltaire, saint Augustin et le duc du Maine, aux sources de *Cosi-Sancta*», *Studies* 228 (1984), p.89-96, la mise en cause irrévérencieuse du Père de l'Eglise visait le duc du Maine, lequel charmait ses loisirs en composant un manuscrit des *Maximes et réflexions* de saint Augustin.

Mais ensuite elle serait un jour canonisée pour avoir fait trois infidélités à son mari. Ce qui arrive: en se donnant successivement au proconsul Acindynus, à un chef de brigands et à un médecin, elle sauve la vie à son époux, à son frère et à son fils. Constamment la narration joue sur l'anachronisme. Cette ville d'Hippone au quatrième siècle ressemble à une cité de la province française au temps de la Régence. Le vieux mari est «conseiller au présidial», en conflit avec l'intendant Acindynus. Le pays est rempli de «jansénistes», comme il convient dans l'évêché d'Augustin, grand docteur de la secte. Et c'est une dévote janséniste qui est sainte à sa manière (en italien, *cosi sancta*), en tout cas canonisée pour un usage bienfaisant de ses charmes. Arouet peut-être faisait allusion à un épisode connu de ceux auxquels s'adressait le conte: les noms de Capito, le mari, de Ribaldos, l'amoureux, devaient être facilement décryptés par les initiés.

Le Crocheteur borgne se rattache plus étroitement encore aux divertissements de Sceaux vers 1715. Le *Journal des dames* de mars 1774 publie pour la première fois le conte, dans une version édulcorée destinée à ménager la pudeur des lectrices. Une notice l'annonce comme «l'ouvrage d'un homme très célèbre qui ne l'a jamais fait imprimer», «fait dans la société d'une princesse qui réunissait chez elle les talents qu'elle protégeait». Le conte aurait été écrit comme «pensum», pour réparer «sur-le-champ» une faute commise. Les éditeurs de Kehl, ignorant cette publication, donnent une autre version, certainement plus authentique. Le texte leur venait de Panckoucke qui l'avait reçu d'un des héritiers de la duchesse du Maine, «peut-être le prince de Condé».[56]

Or par son contenu un tel «pensum» ne peut appartenir qu'au «premier Sceaux». Le récit présente un caractère nettement scabreux. Mesrour, crocheteur à Bagdad, est borgne de naissance. Par bonheur son œil unique lui sert à voir le bon côté des choses. Il voit donc passer, dans un char brillant, «une grande princesse». Aussitôt éperdument amoureux, il court à côté du carrosse, regardant celle-ci de son «bon œil». Il la sauve d'un accident où la voiture est détruite. Ils continuent à pied. La princesse, qui marche fort mal, tombe et découvre à Mesrour des appâts qui lui font perdre tout sang-froid. Suit une nuit d'amour aux plaisirs sans cesse renaissants. Selon la meilleure tradition, le crocheteur possesseur de la princesse se métamorphose en un jeune homme parfaitement beau, qui n'est plus borgne. Devant lui, désormais «maître de l'anneau», s'ouvrent les portes d'un splendide palais oriental. Un somptueux festin est offert aux deux amants en attendant d'autres voluptés. Ici, une

---

56. Voir les documents dans la notice de Frédéric Deloffre, *Romans et contes* de Voltaire, Bibliothèque de la Pléiade (Paris 1979), p.672.

rupture. Un dévot musulman de Bagdad fait venir chez lui pour ses ablutions l'eau de la mosquée. Après usage la servante jette «l'eau sacrée» par la fenêtre. Le contenu du seau tombe sur un pauvre crocheteur endormi au coin d'une borne. C'est Mesrour: il se réveille, toujours en guenilles, toujours borgne, toujours rabroué par les balayeuses qui lui refusent leurs faveurs. Heureux cependant, car «il n'avait point l'œil qui voit le mauvais côté des choses». Le récit qu'on a lu n'était qu'un rêve, comme le sera plus tard celui du conte *Le Blanc et le Noir*.

Un rêve érotique. Les étreintes du crocheteur et de la princesse sont évoquées en termes discrets mais suffisamment suggestifs. Et l'on conçoit ce que veut dire cet anneau dont l'heureux amant est «le maître».[57] Le texte s'ouvrait par des réflexions sur «nos deux yeux». La liaison du regard avec le désir amoureux est indiquée d'un bout à l'autre du récit. Une leçon se dégage: mieux vaudrait pour éviter de voir «les maux de la vie», perdre un œil, ou même deux. Telle sentence: «il y a tant de gens qui aimeraient mieux être aveugles que de voir tout ce qu'ils voient», nous rappelle que le conteur est en train d'écrire la tragédie de cet Œdipe qui s'est ôté la vue pour cesser «de voir tout ce qu'il voit». Et ne disons rien des *J'ai vu* qu'à ce moment-là on attribue à Arouet.

Le Crocheteur borgne, comme *Cosi-Sancta*, comporte une clé, mais ici aisément déchiffrable. Quelle est cette «grande princesse», qui se déplace en un carrosse tiré par six grands chevaux blancs, qui marche suivie de son petit chien, avec de «fort petits pieds» dans de tout petits souliers, vêtue d'une robe éclatante faisant valoir «la beauté de sa taille» (sous-entendu: très petite), sa chevelure blonde étant relevée sur sa tête en tresses et en boucles? A ces détails les familiers reconnaissaient la duchesse du Maine. Le nom du personnage confirme qu'il s'agit bien d'elle: Arouet a choisi celui de Mélinade, qui fait penser à l'ordre de la Mouche à miel, dont Ludovise est la reine.[58] Arouet a donc osé faire de celle-ci l'héroïne d'un conte galant. Voltaire ne se serait jamais permis de telles libertés en 1746-1747 à l'égard de la duchesse du Maine alors âgée de plus de soixante-dix ans. Mais vers 1715 Ludovise, dont les amours n'étaient guère secrètes, ne s'offusquait pas de ce genre d'allusions,

---

57. L'érotisme disparaît de la version du *Journal des dames*, dont on lira le texte dans le volume de la Pléiade, p.677-81. Les plaisirs de la nuit sont supprimés: le crocheteur et la princesse se contentent de passer celle-ci à dormir sagement. L'anneau n'a plus rien de grivois: Mesrour l'a trouvé dans un tas de chiffons. Nous pensons que la révision fut faite par les rédactrices du *Journal des dames*, sans que Voltaire y soit pour rien. Voir J. Hellegouarc'h, «Genèse d'un conte de Voltaire», *Studies* 176 (1979), p.31-34.
58. Pour le détail des rapprochements voir J. Hellegouarc'h, «Mélinade ou la duchesse du Maine».

pour peu qu'elles fussent enveloppées de gazes délicates. La sensualité des deux contes s'accordait à l'ambiance voluptueuse qui régnait à Sceaux à l'époque des Nuits blanches. Les plaisirs de l'amour, bannis de Versailles par un Louis xiv morose, prenaient là leur revanche.

Cosi-Sancta et *Le Crocheteur borgne*, en ces débuts littéraires d'Arouet, attestent la variété de ses dons. Son talent souple brille ici en un genre bien différent de sa manière habituelle. On rapproche les deux contes en prose de ses contes en vers contemporains. Certes les uns et les autres se ressemblent par leurs thèmes érotiques. *Le Cadenas*, «envoyé en 1716 à Mme de B...», dénonce les procédés d'un mari sexagénaire pour contrarier les ardeurs du poète et de sa maîtresse, une «brune piquante»: il interdit à celle-ci l'opéra et les jardins «sur les bords de la Seine», propices aux rencontres des amants. Le jaloux enfin impose à son épouse le «cadenas»: la suite du conte relate l'invention de la ceinture de chasteté par Pluton, aux enfers.[59] *Le Cocuage* raconte à grand renfort de mythologie la naissance de ce fils allégorique sorti du cerveau de Vulcain, et ses exploits sur la terre. Fantaisies assez conventionnelles, en décasyllabes, dans le genre mineur mais classique illustré par La Fontaine. *Le Crocheteur borgne* s'inspire au contraire d'un type de conte alors plus moderne: les récits des *Mille et une nuits* que Galland publie depuis 1704; Mesrour notamment emprunte certainement son nom à l'histoire des *Trois calenders*, lesquels sont borgnes.[60]

On voit qu'ici encore Arouet jeune crée à partir de modèles. Il lui faut prendre appui sur des œuvres qu'il imite à sa manière. Voltaire ne se départira jamais tout à fait de ce mode d'écriture, au risque d'encourir le reproche d'avoir un talent tout d'imitation. Mais on oublie peut-être qu'il se conforme à la poétique classique dans laquelle il fut formé. Jusqu'à ce que prévale une esthétique du génie, l'imitation qui n'est pas «esclavage» ne passait pas pour une preuve de stérilité. Aussi bien écrivant le *Crocheteur* dans le goût des *Mille et une nuits*, il déploie une verve, une invention, une aisance de plume qui lui appartiennent en propre, comme il le fait, avec moins d'éclat cependant, dans *Cosi-Sancta*. Nous y décelons quant à nous les premiers signes de sa vocation de conteur en prose. Lui-même n'en a pas pris conscience alors, ou bien il a refusé de s'engager dans cette voie. Peut-être a-t-il commis l'erreur, fréquente chez quiconque écrit, de mépriser ce qu'il réussissait le plus facilement. Il reviendra au conte en prose que bien plus tard: en 1737 avec le *Songe de Platon*,

59. Première édition du *Cadenas* en 1722, dans *La Ligue ou Henry le Grand* (Amsterdam, J.F. Bernard), p.172-75. *Le Cocuage* est publié dans le même volume, p.178. La première version du *Cadenas* correspond aux variantes données par M.ix.569-70.

60. Pour plus de précisions voir J. Hellegouarc'h, «Genèse d'un conte», p.7-13. Il y est signalée une réminiscence probable du *Roland furieux* de l'Arioste, notamment de l'anneau d'Angélique.

en 1739 avec le *Voyage du baron de Gangan*. Son option pour la poésie, au moment où nous sommes, le détourne de l'écriture du prosateur, exception faite de ces rédactions sans prétention que sont les lettres aux familiers (encore celles-ci sont-elles souvent à cette date entremêlées de vers). Option qui vise la noblesse des grands genres. Car Voltaire délaissera le conte en vers plus longtemps encore que le conte en prose: après *L'Anti-Giton*, *Le Cadenas*, *Le Cocuage*, c'est en 1764 seulement qu'il publie les *Contes de Guillaume Vadé*.[61]

Ce qu'il veut donner au public en ces premiers mois de la Régence, c'est une tragédie. Bientôt ce sera un poème épique. Mais entre temps sa causticité naturelle va lui attirer d'assez sérieux ennuis.

61. *La Mule du pape* vers 1734 apparaissant tout à fait isolée, cette veine voltairienne se manifestera dans l'intervalle par l'élaboration des chants de la *Pucelle*.

7. De Sully à la Bastille

Quelques semaines après la prise du pouvoir par le régent, sa mère la princesse palatine déplore qu'il ait «autant d'ennemis que d'amis».[1] Sa manière de vivre donnait prise à la satire. Ses excès de table et de boisson, ses amours étaient connus de tous. Les dévergondages, plus affichés encore, de sa fille la duchesse de Berry aggravent sa mauvaise réputation: on l'accuse d'y avoir part lui-même. Depuis que le siège du gouvernement a été transféré de Versailles dans la capitale, les désordres privés du prince et de son entourage se trouvent directement exposés à la malignité parisienne. La liberté de s'exprimer octroyée par le régent a commencé par s'exercer contre lui.

On le ménage d'autant moins que, dans la situation critique du royaume, les mécontents sont nombreux. Il était urgent de prendre des mesures pour sauver l'Etat de la faillite: en 1715 les impôts des trois années suivantes étaient déjà par avance dépensés. Le régent établit une Chambre de justice, afin de faire rendre gorge aux financiers ayant le plus scandaleusement abusé de la détresse publique. Ceux-ci se défendent. Une ode sur *La Chambre de justice*, commandée, nous dit-on, par MM. Pâris et Héron,[2] fait appel à l'opinion: on flétrit le «tribunal infâme», on revendique la «désirable liberté» de piller impunément le roi et ses sujets. Plate versification, qui n'est certainement pas d'Arouet. Elle ne fut introduite dans les œuvres complètes de Voltaire qu'en 1817, sur de faibles indices.[3] Nous n'avons aucun renseignement sur les finances d'Arouet au début de la Régence, mise à part la pension versée par son père. Nous n'avons aucune preuve qu'il soit déjà en relation avec les frères Pâris.

Le régent avait d'autres ennemis que les maltôtiers du précédent règne. Parmi les princes du sang, sa position paraissait précaire. Si le jeune roi, un enfant de cinq ans de santé fragile, venait à mourir, qu'adviendrait-il? La couronne allait-elle échoir à ce régent scandaleux? Le Bourbon d'Espagne, fils de Louis XIV, ne reviendrait-il pas sur sa renonciation au trône de France?

1. *Correspondance* de la princesse palatine, i.195 (18 octobre 1715).

2. Selon Maurepas, cité par Desnoiresterres, i.166-67.

3. M.viii.418: P.A. Laplace, connu pour son adaptation française du *Théâtre anglais* (1745-1748), avait écrit sur son exemplaire qu'un M. de Querlon lui avait «assuré» que l'ode était de Voltaire. Sur ce seul témoignage l'édition Lefèvre et Deterville la recueillit en 1817.

Les Condés, les bâtards légitimés que le vieux roi avait déclarés aptes à lui succéder ne réclameraient-ils pas leurs droits? De ce côté le centre d'opposition le plus actif était la cour de Sceaux, animée par la duchesse du Maine. La princesse haïssait le duc d'Orléans. Elle avait intrigué avec Mme de Maintenon, pendant les derniers mois de Louis XIV, pour l'évincer et promouvoir son mari. Les codicilles du testament ne lui avaient accordé qu'une satisfaction partielle, réduite à fort peu de chose par la séance du parlement du 2 septembre. Le duc du Maine a perdu le commandement de la Maison militaire du roi; il ne conserve que la surintendance de l'éducation du petit Louis XV. La duchesse brûle de prendre une revanche. Elle attire à Sceaux les mécontents, les «caresse», les «plaint», les «excite» contre le régent.[4] Philippe d'Orléans, sous des dehors faciles, n'en est pas moins jaloux de son autorité, qu'il identifie à juste titre avec celle de l'Etat. Ses agents observent les palabres de Sceaux. Il n'hésitera pas à sévir le moment venu.

Arouet s'est placé dans le camp des suspects, par sa présence à la cour de Ludovise. A Paris, dans les soupers du Temple et d'ailleurs, il donne libre cours à son esprit satirique. Les applaudissements stimulent sa verve. Comme le dit Jean-Baptiste Rousseau, depuis longtemps inquiet à son sujet, «il n'y a rien de si dangereux que de se répandre dans le monde avant d'avoir appris à le connaître».[5] Arouet et plus tard Voltaire (quoique davantage sur ses gardes) ne résiste pas à la tentation d'un bon mot. Insoucieux des conséquences, il ne se prive pas de brocarder la politique du jour, en parole et par écrit. Une image de lui s'est constituée dans l'opinion: celle d'un homme d'esprit redoutablement caustique. Son personnage public déjà prend forme: ombre qui ne cessera plus de le suivre jusqu'à la fin de sa vie et au-delà. Une épigramme, une poésie bien méchante circule-t-elle, on la lui attribue. Dans la masse des chansons et couplets de toutes sortes accompagnant les débuts de la Régence, on lui en donne un certain nombre qui ne nous sont pas parvenus: Duvernet parle d'une épitaphe de Louis XIV; d'une épigramme sur la réforme de la moitié des chevaux des écuries royales: «on eût mieux fait de supprimer la moitié des ânes dont on avait entouré Sa Majesté.»[6] On le dénonce au lieutenant de police comme l'auteur d'un quatrain injurieux, sur le prince de Bournonville et l'abbé Alary.[7] On répand enfin sous son nom une pièce de vers bien venue et spirituelle: les *J'ai vu*.

Le poète «a vu» tous les maux qui accablent la France à la fin du règne de

---

4. Selon la Palatine, *Correspondance*, i.421 (8 juillet 1718).

5. Lettre à Mme de Ferriol, 14 juillet 1717, après l'arrestation d'Arouet, dans P. Bonnefon, «Une inimitié littéraire au XVIIIe siècle», *RHLF* 9 (1902), p.550 et D50 (voir *OC*, cxxx.41).

6. Duvernet, p.32.

7. D55.

Louis XIV:[8] «le peuple gémissant sous un rigoureux esclavage», le soldat mourant «de faim, de soif, de dépit et de rage», «les impôts criants», «les traitants impunis»... Il «a vu» surtout les persécutions contre les jansénistes, à l'époque de la bulle *Unigenitus*: les prisons pleines de «braves citoyens, de fidèles sujets»; la Maintenon «donnant la loi», «démon sous l'habit d'une femme»; «le lieu saint», c'est-à-dire Port-Royal des Champs, «avili»; les tombes des religieuses profanées; un cardinal, «l'ornement de la France», c'est-à-dire Noailles, à cause de son opposition à la bulle *Unigenitus* ressentant «les effets d'une horrible vengeance». Enfin, comble d'horreur:

> J'ai vu, c'est tout dire, le jésuite adoré.

Il conclut:

> J'ai vu ces maux et je n'ai pas vingt ans.

Au lendemain de la mort de Louis XIV, ce pamphlet janséniste fut, dira Voltaire, «fort recherché»; sa malignité lui valut «un cours prodigieux».[9] L'auteur s'était entouré d'un prudent anonymat.[10] Arouet avait à peine dépassé les vingt ans du trait final. Il appartenait par sa famille à un milieu suspect de jansénisme. On lui attribua donc les *J'ai vu*, non seulement à Paris mais même dans les provinces. Il raconte que passant par une «petite ville», non identifiée, «les beaux esprits du lieu» le prièrent de réciter ce «chef-d'œuvre»: il eut beau protester qu'il n'en était pas l'auteur, on admira sa modestie, mais on ne voulut pas le croire. Le plus fâcheux était que le régent aussi lui attribuait les *J'ai vu*, et s'en montra irrité. C'est alors que Philippe d'Orléans l'interpelle dans les jardins du Palais-Royal: «Monsieur Arouet, je gage vous faire voir une chose que vous n'avez jamais vue. – Quoi? – La Bastille.» «Monsieur Arouet» aurait répondu: «Ah! monseigneur, je la tiens pour vue.»[11] Pourtant le gouvernement du duc d'Orléans n'y était nullement attaqué. Les traits du poème, manifestement antérieur à la Régence, portent uniquement sur la politique de Louis XIV. Mais le régent avait le sens de l'Etat. Bien qu'il prît presque en tout le contrepied de son prédécesseur, il ne pouvait accepter qu'on insultât celui-ci.[12]

---

8. M.i.294-95 donne le texte des *J'ai vu*.

9. Ce sont les termes de Voltaire, première lettre sur *Œdipe* (version de 1719), M.ii.12.

10. Voltaire saura par la suite que c'était l'abbé Régnier, ou l'abbé Lebrun. Voir chapitre VIII ci-dessous, n.4, et D16267 (31 mars 1770), à G. Cramer. Ce Lebrun d'ailleurs, s'il est né en 1680 comme le dit M.i.294, avait en 1715 beaucoup plus de vingt ans.

11. Desnoiresterres, i.120.

12. Par exemple par ces vers sur

> ... le règne funeste
> D'un prince que jadis la colère céleste
> Accorda par vengeance à nos désirs ardents

(Allusion à la naissance longtemps désirée du fils de Louis XIII et d'Anne d'Autriche).

Une incertitude subsiste, tant sur l'authenticité que sur la date d'autres vers attribués à Arouet. Ainsi les deux épigrammes scandaleuses sur les amours du régent et de sa fille la duchesse de Berry sont-elles de lui? Se situent-elles, comme on l'admet généralement, dans les premiers mois de l'année 1716? Dans le flou de notre documentation, une pièce apporte des précisions.

Un an plus tard, au début de mai 1717, Arouet s'est lié d'amitié avec un certain Beauregard. Il ignore que cet officier est en réalité un indicateur de la police. Il lui parle à cœur ouvert. Beauregard transmet aussitôt au lieutenant de police les confidences qu'il a adroitement sollicitées. Nous avons son rapport, reflet apparemment fidèle de leur conversation.[13] Arouet revient de la campagne. Il demande «ce qu'on disait de nouveau». Beauregard répond qu'il avait paru «quantité d'ouvrages sur M. le duc d'Orléans et Mme la duchesse de Berry»: on y trouve beaucoup d'esprit, on les lui attribue, mais lui ne le croit pas. Arouet réplique qu'il a tort de ne pas croire que «c'est lui véritablement qui avait fait tous les ouvrages qui avaient paru pendant son absence». Il ajoute qu'il les a écrits à la campagne, chez M. de Caumartin, d'où il les a envoyés à Paris. Que lui a donc fait le duc d'Orléans, demande Beauregard, pour qu'il s'acharne ainsi contre lui? Réaction d'Arouet, saisie sur le vif: «Il était couché en ce moment et se leva comme un furieux et me répondit: Comment! vous ne savez pas ce que ce bougre-là m'a fait? Il m'a exilé parce que j'avais fait voir au public que sa Messaline de fille était une p...».

Arouet reconnaît ainsi avoir commis deux séries de vers satiriques: les uns au début de 1716 avant son exil à Sully, contre les mœurs de la duchesse de Berry, les autres une année plus tard pendant le carême de 1717, contre le régent et sa fille la duchesse. A partir de là, nous proposons d'identifier les vers «faisant voir au public» que cette moderne Messaline «était une p...» comme étant ceux-ci:

> Enfin votre esprit est guéri
>   Des craintes du vulgaire;
> Belle duchesse de Berry,
>   Achevez le mystère.
> Un nouveau Loth vous sert d'époux,
>   Mère des Moabites;

13. D45 (c. 10 mai 1717). Th. Besterman, *Voltaire*, p.68, refuse d'ajouter foi à ce rapport, considérant que l'imprudence dont fait preuve Arouet est invraisemblable. Imprudence réelle, mais fort vraisemblable de la part d'un jeune homme inexpérimenté, dont Beauregard a su gagner la confiance, et dont il flatte l'amour-propre d'auteur. Le rapport de Beauregard est confirmé pour l'essentiel par celui moins complet de l'autre indicateur, d'Argenteuil, D52: ce que n'a pas vu Th. Besterman qui attribue à tort D52 au commissaire de police Ysabeau.

> Puisse bientôt naître de vous
> Un peuple d'Ammonites![14]

C'est cette épigramme qu'Arouet désavoue, après avoir obtenu sa grâce, en présentant au régent d'autres vers de même facture:

> Non, monseigneur, en vérité,
> Ma muse n'a jamais chanté
> Ammonites ni Moabites.
> Brancas vous répondra de moi.
> Un rimeur sorti des jésuites
> Des peuples de l'ancienne loi
> Ne connaît que les Sodomites.[15]

La référence aux Ammonites et Moabites vise uniquement l'attaque contre la duchesse, citée ci-dessus, et non l'épigramme sur le nouvel Œdipe, dont nous allons parler. La mention de Brancas, parallèlement, renvoie à l'intervention de ce duc en faveur d'Arouet pendant son exil. Les vers au régent qu'on vient de lire datent par conséquent de la fin de cet exil: fin octobre ou novembre 1716.

Quant à l'épigramme comparant le régent à Œdipe: «Ce n'est point le fils, c'est le père»..., nous la reconnaissons comme étant l'un de ces «ouvrages» que devant Beauregard Arouet avoue avoir écrits à Saint-Ange pendant le carême de 1717. Un détail confirme la chronologie proposée ici. L'épigramme fait allusion aux maux d'yeux du père incestueux:

> S'il vient à perdre les deux yeux,
> C'est le vrai sujet de Sophocle.[16]

Or la Palatine fait remonter le début de l'affection au milieu de 1716, au moment où Arouet est déja exilé à Sully.[17] Le mal, inflammation ou blessure,

---

14. M.x.474. Selon la Genèse, les Moabites descendent de Moab fils de Loth et de l'aînée de ses filles, les Ammonites d'Ammon fils du même Loth et de la plus jeune de ses filles. Ce genre d'attaque n'était alors nullement isolé. Dès les premières semaines de la Régence avait circulé dans Paris un pamphlet sur les relations incestueuses entre la duchesse de Berry et son père le régent, intitulé *Les Amusements de la princesse Aurélie*. Le 17 février 1716, Buvat, *Gazette de la Régence* (Paris 1887), rapporte qu'on a envoyé au duc d'Orléans son portrait en cire dans une attitude indécente avec sa fille. Buvat parle d'un accouchement clandestin de celle-ci et commente: «Cette conduite rappelle les Messalines».

15. M.x.474. Voir aussi M.x.237.

16. M.x.473.

17. *Correspondance* de la Palatine, i.361 (23 décembre 1717): le régent souffre des yeux depuis dix-huit mois (voir aussi p.349, 25 novembre 1717). Selon sa mère, il se serait donné un coup au jeu de paume. Selon Duclos, cité par Brunet, la marquise d'Arpajon l'aurait frappé d'un coup d'éventail pour repousser ses assauts.

qui dura au moins dix-huit mois, s'aggrava sans doute en 1717, justifiant la maligne comparaison avec le sort d'Œdipe.

On comprend donc pourquoi, au début du mois de mai 1716, Arouet est frappé d'exil. On lui impute les *J'ai vu* et peut-être quelques autres vers satiriques. On sait qu'il est l'auteur de l'épigramme «Enfin votre esprit est guéri». Mais une satire répétant l'accusation banale de débauche contre la duchesse est moins grave, malgré le trait contre le «nouveau Loth», que ne le sera l'épigramme sanglante du printemps 1717, laquelle constituera en outre une récidive. Le coupable est puni, mais modérément. Le régent a pour principe de garder la mesure dans les sanctions. Le 4 mai «le sieur Arouet fils» est «relégué» à Tulle.[18] Le 21, celui-ci étant encore à Paris, son exil est changé, sur intervention de son père: non plus Tulle, mais Sully-sur-Loire, «où il a quelques parents dont les instructions et les exemples pourront corriger son imprudence et tempérer sa vivacité».[19] On ne connaît point ces prétendus parents: pur prétexte pour permettre à l'exilé de séjourner plus près de Paris, parmi des connaissances à vrai dire peu faites pour «corriger son imprudence et tempérer sa vivacité»: il va retrouver là-bas plusieurs de ses compagnons du Temple.

Entre tous les châteaux où vécut Voltaire, Sully apparaît comme le plus «gothique», pour employer le vocabulaire de l'époque. La forteresse avait été construite au quatorzième siècle, quand les pays de la Loire étaient zone de combat: elle surveillait un point de passage sur le fleuve. Tours d'angle trapues, quatre corps de bâtiments aux murs aveugles, couronnés d'un chemin de ronde à machicoulis, enfermant une cour intérieure. Par la suite, un corps de bâtiment avait été abattu pour éclairer la cour centrale, une tour arasée aux deux tiers, des fenêtres ouvertes dans les épaisses murailles. L'ensemble n'en conservait pas moins et conserve encore aujourd'hui l'allure d'une massive construction féodale, cernée de douves où se jette la Sange, petit affluent de la Loire. Le poète de *La Pucelle* n'aura pas oublié ce témoin architectural des guerres d'antan, mais associé dans sa mémoire à d'agréables souvenirs.

Arouet va passer là tout un été et un début d'automne. Campagne riante, dans la meilleure saison de l'année. A proximité un bois «magnifique», pour la promenade et la chasse. Des fenêtres du château on découvre les eaux brillantes du fleuve. Arouet n'est pas insensible au charme du paysage: «le plus beau séjour», «la plus belle situation du monde», répète-t-il.[20] Mais, poète, il

18. D29.
19. D31. Dans ce texte, «révoquant à cet effet S.M. l'ordre» veut dire: «Sa Majesté révoquant l'ordre», contrairement à la note de D31 qui traduit bizarrement S.M. par «seulement».
20. D32, D40.

ne sait peindre par des mots ce qu'il voit, ou il n'y songe pas. Rime-t-il une épître pour Mme de Gondrin qui faillit se noyer en traversant la Loire? Il lui parle d'Eole, des Amours: ce sont ceux-là qu'il a *vus* «à la nage, et plongés jusqu'au cou dans l'eau» conduire son bateau au rivage.[21] En revanche l'épître a soin d'énumérer tous ceux qui attendaient la voyageuse, en spéculant diversement sur son sort. Ainsi en allait-il alors de la vie de château. On goûte l'agrément du cadre naturel. Cependant c'est à la société qui s'y trouve rassemblée et à ses divertissements qu'on s'intéresse.

Le séjour d'Arouet à Sully ne nous est connu que par la correspondance qu'il entretient de là-bas avec ses amis parisiens. Neuf lettres, à Chaulieu (avec deux réponses de celui-ci), au marquis d'Ussé, au duc de Brancas, au grand-prieur de Vendôme, à La Faye, à la marquise de Mimeure, à l'abbé de Bussy.[22] Quatre sont datées de juillet (11 et 20 juillet), une autre à un destinataire inconnu doit être de septembre. Toutes se présentent comme des compositions littéraires. Mêlant à la prose de petits vers, Arouet vise à écrire, comme le lui dit Chaulieu, «les plus jolies lettres du monde». Deux de ces exercices de style seront bientôt imprimés dans le *Mercure*: la lettre au grand-prieur en octobre 1716, une lettre à Chaulieu en avril 1717. On conçoit que des missives ainsi destinées au public contiennent peu d'informations d'ordre privé. A peine apprenons-nous qu'Arouet a sa chambre dans une «tour assez sombre», celle peut-être qu'habita jadis à Sully pendant deux ans «le plus badin des beaux-esprits», Chapelle (mais il n'y était pas exilé).[23]

Nous sommes surtout renseignés sur les hôtes du château, en cet été 1716. Le maître des lieux d'abord, le duc de Sully. Sa famille se trouvait de longue date en relations d'affaires avec l'ancien notaire Arouet.[24] Le duc régnant est depuis 1712 Maximilien-Henri de Béthune. Il approche de la cinquantaine, et reste néanmoins célibataire. «Homme aimable qui se ressentait d'avoir vécu avec des gens d'esprit»,[25] il fréquentait le Temple: ce qui explique l'asile offert au poète proscrit. Sully ne passa pas toute la saison en son château: il en est absent vers le 20 juillet, étant apparemment demeuré à Paris; il s'y rendit ensuite. Il y était pour accueillir ses visiteuses: Mmes de Gondrin, de La Vrillière, de Listenay;[26] il en repartit à l'approche de l'automne, laissant Arouet affligé à l'idée de passer là l'hiver.[27] L'épître à Mme de Gondrin nomme

---

21. M.x.227-28.
22. A quoi il convient d'ajouter les deux épîtres en vers à Mme de Gondrin et à Mme de... (M.x.229-30).
23. D32.
24. D.app.11, p.425-26.
25. Selon Hénault, cité par Desnoiresterres, i.109.
26. M.x.227, D40.
27. D41.

d'autres invités: le duc de La Vallière, dont c'est la première apparition dans la biographie de Voltaire; Guiche, un Périgni, chansonnier, personnage salace (quand on repêchera Mme de Gondrin, il espère voir ce que «l'humeur un peu fière» de la dame «sans ce hasard lui cacherait»); un Lespar, un Roussy inconnus; puis le bon abbé Courtin aussi assidu à Sully, semble-t-il, cet été-là qu'Arouet lui-même.[28]

Grâce aux dames on passait le temps galamment. Mme de Gondrin, héroïne du principal incident de la saison, doit se montrer reconnaissante envers le dieu Amour qui l'a sauvée des flots. A la fleur de l'âge (elle a vingt-huit ans), elle est venue à Sully accompagnée non de son mari, Louis de Pardaillan marquis de Gondrin, mais d'un duc son amant (Guiche? La Vallière? Sully lui-même?). On donne des fêtes, non indignes des Nuits blanches de Sceaux. Quand la duchesse de La Vrillière et sa sœur Mme de Listenay vinrent faire du tapage au château à une heure tardive, elles furent bien étonnées de se voir offrir un divertissement nocturne en plein air, dans une «grande salle d'ormes éclairée d'une infinité de lampions». On sert une «magnifique collation» en musique. Chacune des deux sœurs trouve sur son assiette un compliment en vers, de la façon d'Arouet. Ensuite un bal, «où parurent plus de cent masques habillés de guenillons superbes».[29] En ce pays de Loire, la chère est délicate. A une dame gourmande, restée anonyme, qui ne fit que passer, Arouet enverra, accompagnée d'une épître en vers, «l'appétissante recette d'un potage».[30]

Le ton d'enjouement dans ce qu'écrit Arouet pendant cet été de Sully ne relève certainement pas de la seule fiction littéraire. Dans le bois attenant au château, les amants gravent leurs chiffres sur l'écorce des arbres. De sorte qu'on peut croire les bords du Lignon transférés à Sully-sur-Loire. Lui-même ne demeure pas simple spectateur de la galanterie ambiante. Il a pour maîtresse la fille du procureur fiscal, maire héréditaire du village: Suzanne de Livry. C'est apparemment pendant ce séjour, le plus long qu'il fit à Sully, qu'il réussit sa conquête. Sans doute la demoiselle, fière de sa beauté, s'ennuyait-elle à la campagne. Elle rêve de faire du théâtre et de venir à Paris. Elle compte sur Arouet pour l'y conduire. Desnoiresterres affirme que, guidée par son amant, elle s'essaya dans les spectacles de société qui se donnèrent cet été-là au château; et qu'elle suivit Arouet à son retour dans la capitale. Pures conjectures, mais que rien ne dément.[31]

28. Courtin est au terme de ses jours: il va mourir avant la fin de l'année.
29. D40.
30. M.x.229.
31. Desnoiresterres, i.123-24. On n'a aucune information sur des représentations à Sully en 1716; mais on peut supposer qu'on ne se priva pas de ce divertissement habituel de la vie de château. On montre aujourd'hui aux visiteurs une salle qui se prête à l'organisation d'un spectacle. Selon Kehl, repris par M.x.269, c'est pour Suzanne de Livry que fut peint le célèbre portrait de

Voltaire aimera toujours la vie de château, jusqu'à devenir châtelain lui-même. Il fréquente peu les salons. On ne voit pas, dans les années où nous sommes, qu'il se soit introduit dans celui de Mme de Lambert, alors le plus important de Paris. Mais il se plaît dans ces petits mondes où des personnes distinguées, loin de l'agitation parisienne, se retrouvent pour jouir, dans les aises d'une résidence aristocratique, des plaisirs de la société. Tel est son genre de vie, en cet été de 1716, malgré sa condition d'exilé. Un emploi libéral du temps, au château, présente un avantage considérable pour un homme comme lui: celui d'associer les divertissements au travail, dans la proportion que l'on veut.[32] Il lui est loisible de demeurer en sa chambre, à écrire, sans que personne puisse s'en plaindre. Il suffit quand il reparaît de se montrer encore plus actif dans les occupations du groupe.

Il lui faut, peu après son arrivée, composer un écrit dont dépend son sort: une épître au régent afin de se disculper et d'obtenir son pardon. Pour ses débuts de poète courtisan, l'affaire est malaisée. Il se sent plus porté à accuser et se plaindre qu'à flatter. Heureusement il a la prudence de demander conseil. Une première version insistait malencontreusement sur les ennemis nombreux qui censurent la politique du régent. Chaulieu lui recommande de retrancher cet article et de le remplacer par un éloge bien senti du prince.[33] Arouet s'y résigne, mais avec un haut-le-cœur:

> Quoi, je vais devenir flatteur?
> Et c'est Chaulieu qui me l'ordonne!

«Je ne puis vous en dire davantage, ajoute-t-il, car cela me saisit.»[34] Eclair qui laisse entrevoir la vivacité de son ressentiment. Un jour il ne pourra plus retenir ce qu'il a sur le cœur. Présentement, il versifie, avec peu de sincérité, une épître louangeuse. Il ne ménage pas le compliment:

> Prince chéri des dieux, toi qui sers aujourd'hui
> De père à ton monarque, à son peuple d'appui...

Il évoque, même assez longuement, les ennemis du régent; mais ce ne sont que les «censeurs extravagants d'un sage ministère». Il condamne aussi bien

---

Voltaire jeune par Largillière. La notice la plus détaillée que nous ayons sur la vie aventureuse de Suzanne de Livry est due à Beuchot, M.x.269-70. Selon le *Journal de Gien* (28 janvier 1965), un érudit local, l'abbé Mansion, décédé depuis, affirmait que Voltaire avait pendant son exil fréquenté le château de La Ronce, à Lion-en-Sullias, sur la rive droite de la Loire, en amont de Sully. C'est là qu'il aurait fait la connaissance de Suzanne de Livry. L'abbé Mansion, descendant de la famille de Boissoudry qui fut longtemps propriétaire du château de La Ronce, possédait des feuillets autographes d'une tragédie de Voltaire (*Œdipe* ou *Artémire*).

32. Nous renvoyons aux réflexions pertinentes de Jean Sareil, *Les Tencin*, p.222.

33. D33 (16 juillet 1716).

34. D35 (20 juillet 1716).

l'encens des «écrits mercenaires». D'ailleurs un aussi grand prince que Philippe d'Orléans n'a nul besoin d'être chanté par les poètes. Ce qui n'empêche pas Arouet d'en tracer un portrait très embelli:

> Affable avec noblesse, et grand avec bonté,
> Il sépara l'orgueil d'avec la majesté;
> Et le dieu des combats, et la docte Minerve,
> De leurs présents divins le comblaient sans réserve...

Il termine en se déclarant innocent des vers infâmes dont on l'accuse:

> Vois ce que l'on m'impute et vois ce que j'écris.

«Bienfaisant envers tous», le prince sera-t-il «envers *lui* seul sévère»? Que ne connaît-il mieux le poète qu'il a exilé!

> A verser les bienfaits ta main accoutumée
> Peut-être de mes maux voudrait me consoler,
> Et me protégerait au lieu de m'accabler.[35]

Arouet s'est flatté, dans une aussi difficile composition, «d'éviter les flatteries trop outrées et les plaintes trop fortes, et d'y être libre sans hardiesse». En effet, parfois l'auteur de l'épître se redresse et avec dignité prend ses distances. Rappelant les adulations prodiguées à Louis XIV, il assure que

> L'équitable Français ne voit en lui qu'un homme.

Auprès du régent, il se réclame de

> La libre vérité qui règne en mon ouvrage.

Le duc d'Orléans a-t-il senti dans les vers d'Arouet une sourde réticence? L'épître en tout cas tarda à faire son effet. L'exilé l'avait définitivement mise au point vers le 20 juillet; il la soumet encore au marquis d'Ussé, en sollicitant son avis.[36] Quelques jours après, il l'envoie au duc de Brancas, familier du régent, pour qu'il la présente dans un moment favorable.[37] Mais deux mois après, Arouet attendait toujours sa grâce. Dans l'intervalle il avait risqué une nouvelle tentative. Son épître à Mme de Gondrin se terminait par une prière au duc ami de la dame d'intercéder pour lui. Il se compare à Ovide chez les Scythes, ce qui lui permet de placer Philippe d'Orléans au-dessus d'Auguste:

> Grand prince, puisses-tu devenir aujourd'hui
> Et plus clément qu'Auguste et plus heureux que lui![38]

En vain. L'automne a commencé et Arouet est toujours à Sully. Il se morfond

35. M.x.232-37.
36. D34.
37. D36.
38. M.x.228.

maintenant, lui qui n'est «pas fait pour habiter longtemps le même lieu».[39] Pour tromper son ennui, il chasse un peu, il versifie beaucoup. C'est alors sans doute qu'il remanie ou achève de remanier les cinq actes de son *Œdipe*. Il rapportera de Sully un texte propre à satisfaire les comédiens.

Enfin, vers le 20 octobre, le régent lève la sentence d'exil.[40] Faisant preuve de modération encore une fois, il ne voulut pas condamner le coupable à passer l'hiver seul, dans un sombre château, loin de Paris.

Nous ne savons que peu de chose sur les six mois qui vont du retour d'Arouet à son arrestation. Aucune lettre, dans la correspondance conservée, entre celle qui annonce la fin de son exil (20 octobre 1716) et l'ordre d'incarcération (15 mai 1717).[41] Nous ne rencontrerons plus ensuite d'aussi longue lacune. On regrette d'autant plus la pauvreté de notre information que dans cette période Arouet commet les graves imprudences qui vont le conduire à la Bastille.

Selon un écho incertain recueilli par les éditeurs de Kehl,[42] l'exilé rentré à Paris serait allé remercier le régent. Un désaccord alors serait apparu. Le duc d'Orléans, bien renseigné, persiste à le croire l'auteur du couplet contre la duchesse de Berry; il estime avoir fait grâce à un coupable. Celui-ci continue à protester de son innocence: pour tenter de persuader le prince, il lui adresse l'épigramme sur le «rimeur sorti des jésuites» qui ne peut connaître ni Ammonites ni Moabites, mais seulement les Sodomites.

Arouet a repris le chemin de Sceaux. Il lit son *Œdipe* devant la duchesse, Malézieu et Polignac: on le blâme d'avoir ajouté l'épisode amoureux exigé par les comédiens.[43] En évoquant cette séance, Voltaire la situe après la réception de la pièce à la Comédie-Française, laquelle selon les frères Parfaict fut acceptée le 19 janvier 1717.[44] La lecture aurait donc eu lieu entre cette date et le moment où, au début du carême, Arouet partit pour Saint-Ange. On peut supposer que l'auteur d'*Œdipe* ne se contenta pas d'aller une seule fois à Sceaux pour présenter sa tragédie.

Les œuvres de Voltaire conservent la trace de ses relations avec l'entourage

---

39. D42 (septembre 1716).

40. Nous le savons par une lettre de François Arouet datée de ce jour: plus sévère que le régent, le père de l'exilé trouve le rappel «beaucoup trop précipité».

41. On ne peut faire entrer en ligne de compte le billet non daté à Thiriot, D44, que Th. Besterman range conjecturalement en 1716-1717.

42. M.x.237.

43. Epître dédicatoire d'*Oreste* (M.v.79-88). La cinquième lettre sur *Œdipe*, M.ii.35-42, nous apprend qu'Arouet a lu sa pièce aussi, sans doute vers le même temps, au prince de Conti: il en recueillit «les critiques les plus judicieuses et les plus fines».

44. François et Claude Parfaict, *Histoire du théâtre français depuis son origine jusqu'à présent* (Amsterdam 1735-1749), xv.305.

de la duchesse. Un jour il a entendu le cardinal de Polignac, l'un des intimes de cette cour, réciter de «sa bouche mielleuse» le début de son *Anti-Lucrèce*: le poème lui parut «un chef-d'œuvre».[45] Il eut surtout des entretiens avec Malézieu. C'est de lui qu'il tient le mot de Louis XIV sur Fénelon: «le plus bel esprit et le plus chimérique du royaume».[46] Une autre fois il fut témoin d'un fâcheux lapsus: Malézieu lisant la Bible au duc du Maine, au lieu de «Dieu lui apparut en songe», prononça «Dieu lui apparut en singe».[47] A l'automne de 1716, Arouet a conçu son projet d'un poème épique: la mention insistante de Henri IV dans l'épître au régent permet de le supposer. Est-ce au cours de ces mois qu'il consulte Malézieu, et s'entend dire: «Vous entreprenez un ouvrage qui n'est pas fait pour notre nation: les Français n'ont pas la tête épique»?[48] Datation vraisemblable pour cet entretien et certains des autres qui viennent d'être mentionnés. Examinons en effet ce calendrier: Arouet vers le 10 février 1717 se rend à Saint-Ange, d'où il ne revient qu'après Pâques, au bout de deux mois, vers le milieu d'avril. Le 16 mai, il est incarcéré à la Bastille. Il n'en sort que le 15 avril 1718, pour être assigné à résidence à Chatenay. Or, une fois libéré, Arouet a changé d'attitude à l'égard du pouvoir. Il cherche le patronage du régent pour son *Œdipe*, pour sa *Henriade*. Dans ce même temps, les opposants de Sceaux se sont engagés dans la voie de la subversion. La duchesse trame, avec une folle témérité, la conspiration de Cellamare. On peut penser qu'Arouet alors, instruit par l'expérience, se garde bien de se compromettre de ce côté. En décembre 1718, la conspiration est découverte. La duchesse, Malézieu, leurs amis sont arrêtés. Malézieu ne recouvrera sa pleine liberté qu'en 1722. Il est donc vraisemblable que les relations les plus étroites d'Arouet avec la cour de Sceaux se situent à une période antérieure au printemps de 1717 (avec un prolongement possible entre le milieu d'avril et le milieu de mai). Sans doute est-ce à l'automne de 1716 et à l'hiver de 1716-1717 qu'il faut rapporter ce que dit Duvernet de son «assiduité dans la maison du duc du Maine».[49]

Or en ces mois-ci le conflit entre Sceaux et le régent s'aggrave. De nouvelles mesures se préparent contre le duc du Maine: annulation de la décision de Louis XIV accordant aux légitimés la qualité de princes du sang, ayant droit de succéder à la couronne (1er juillet 1717); retrait au duc de la surintendance de

45. D11667 (28 janvier 1764), à Marmontel. D'après un passage de Mme de Staal, *Mémoires* (Paris 1877), i.128, cette lecture pourrait remonter à 1713 ou 1714.

46. *Œuvres historiques*, p.1095.

47. C'est ce que rapporte Piron à Mlle de Bar, le 20 juillet 1738, d'après J.-B. Rousseau, auquel Voltaire l'aurait raconté en 1722.

48. Rapporté dans la conclusion de l'*Essai sur la poésie épique* (M.viii.363).

49. Duvernet, p.42.

l'éducation du roi (26 août 1718). La duchesse continue à exciter «les mécontents et les frondeurs».[50] Elle suscite, elle fait circuler des écrits attaquant le duc d'Orléans. Encouragé par elle, Lagrange-Chancel a commencé à écrire et à répandre ses furieuses satires, les *Philippiques*. La première, en 1716, fait état de l'exil d'Arouet.[51]

Quant à lui, est-ce la fréquentation de Sceaux qui entre novembre et février avive ses ressentiments contre le régent? Le fait est que dans ses confidences à Beauregard il a reconnu avoir fait «beaucoup de temps» avant de partir pour Saint-Ange une insultante inscription latine, que voici:

> *Regnante puero,*
> *Veneno et incestis famoso*
> *Administrante,*
> *Ignaris et instabilibus consiliis,*
> *Instabiliori religione,*
> *Aerario exhausto,*
> *Violata fide publica,*
> *Injustitiae furore triumphante,*
> *Generalis imminente seditionis*
> *Periculo,*
> *Iniquae et anticipatae hereditatis*
> *Spei coronae Patria[52] sacrificata,*
> *Gallia mox peritura.*

Ce qu'on peut traduire:

> Sous le règne d'un enfant,
> Sous la régence d'un homme fameux
> Par le poison et les incestes,
> Sous des Conseils ignorants et chancelants,
> La religion étant plus chancelante encore,
> Le trésor épuisé,
> La foi publique violée,
> La fureur de l'injustice triomphant,
> Le danger d'une sédition générale menaçant,
> La patrie sacrifiée à l'espoir inique et prématuré
> D'hériter de la couronne,
> La Gaule bientôt va périr.

On reconnaît en ce texte les références à l'expérience malheureuse de la polysynodie, à l'agitation janséniste, à la faillite du trésor et à la révision des

---

50. Duvernet, p.42.
51. Dans l'édition «définitive» de Léon de Labessade (Paris 1876), p.257.
52. M.i.297, donne *pairia* au lieu de *Patria*. Nous reproduisons, en rectifiant sur quelques points la ponctuation, le texte de D45, n.3, donné d'après le chansonnier Clairambault.

dettes («la foi publique violée»), aux troubles provinciaux (notamment en Bretagne à l'instigation de Pontcallec). Mais surtout sont reprises les accusations les plus graves contre le régent: non seulement de relations incestueuses avec sa fille, mais d'avoir empoisonné les membres de la famille royale pour accéder à la régence; d'aspirer maintenant à la couronne de France, si le jeune roi mourait prématurément.

Arouet est bien l'auteur d'une si virulente dénonciation. On retrouvera dans les papiers de Voltaire un projet de vers latins contre le régent, différents mais non moins violents. Nous traduisons:

> Ce que tu es, je l'ai révélé à Apollon;
> Bientôt Apollon le révélera à tout le genre humain [...]
> Melon et Rey [?] son collègue servent
> Tes scandaleuses amours, en dignes ministres
> D'un tel héros.[53]

On colporte le *Regnante puero*, sans se tromper sur l'auteur. Car Arouet a désormais une réputation bien établie. Il n'a encore publié aucun grand ouvrage. Pourtant le *Mercure galant* d'octobre 1716, en donnant une de ses lettres de Sully, constatait: «La réputation de M. Arouet répond suffisamment du mérite» de ses écrits. Il passe particulièrement pour un satirique aussi mordant que Jean-Baptiste Rousseau, naguère exilé pour de scandaleux couplets. «C'est assez, observe le baron de Breteuil, que quelque chose ait de la force et de la malignité pour qu'on l'attribue à Rousseau ou à Arouet.»[54] La police du régent est bien faite. Il a ses espions à Sceaux et dans Paris. Après le *Regnante puero*, Arouet ne se sent plus en sûreté. Il va donc se mettre à l'abri à la campagne, à Saint-Ange, pour la durée du Carême.[55]

Il y retrouvait Caumartin et ses anecdotes du passé. Bien que le vieillard n'ait pas connu l'époque lointaine de Henri IV, ou pour cette raison même, il était «idolâtre» du bon roi gascon. Il en reparle à son visiteur, comme en

---

53. M.i.296. C'est à Beuchot que l'on doit la copie de ce «projet de vers latins trouvé chez Voltaire»:

> *Jam qui sis docui Apollinem, mox qui sis*
> *Docebit universum orbem.* [...]
> *Melonius et Reus collega amores*
> *Tuos putidos serviunt digni tali hero ministri.*

(M.i.296, donne *qui fis* que je propose de corriger en *qui sis*).

54. Barthélemy, *Les Correspondants de la marquise de Balleroy*, i.140, 2 avril 1717. Le baron de Breteuil est le père d'Emilie, qui sera Mme Du Châtelet. Celle-ci a alors dix ans, étant née le 17 décembre 1706 (voir René Vaillot, *Madame Du Châtelet* (Paris 1978), p.23).

55. D45: Arouet a dit à Beauregard que «pour empêcher que M. le duc d'Orléans et ses ennemis ne crussent que c'était lui qui avait fait (les ouvrages satiriques), il avait quitté Paris dans le carnaval pour aller à la campagne où il a resté deux mois avec M. de Caumartin».

1714. Arouet, qui d'abord s'était montré sans doute seulement intéressé, est maintenant «saisi» de tout ce que lui raconte son hôte. Car depuis plusieurs mois il songe à ce qui deviendra la *Henriade*.[56] Stimulé par la conversation de Caumartin, c'est pendant ce séjour de 1717 qu'il commence son poème épique, «après avoir fait *Œdipe*, et avant que cette pièce fût jouée». L'indication précise du *Commentaire historique*, recoupant les autres données, ne peut être révoquée en doute.[57] On voit ici ce qui l'incite à écrire. Comme déjà *Œdipe*, la *Henriade* est née sous l'influence directe du contact avec quelqu'un qui lui communique son enthousiasme. Selon le même processus l'*Histoire de Charles XII* devra son origine aux entretiens de Voltaire à Londres avec Fabrice.

Le projet relève d'une esthétique classique des genres. Ce que nous appelons la littérature est alors conçu comme un ensemble organisé de formes, chacune ayant ses règles, sa tonalité, ses convenances. Un ensemble hiérarchisé. Il est admis qu'au-dessus de la tragédie, au-dessus de l'ode, se situe l'épopée. Une littérature nationale reste un édifice inachevé tant qu'elle ne s'est pas enrichie, au sommet, d'un poème à la manière de l'*Enéide*, ressemblant plus ou moins à l'*Iliade* et à l'*Odyssée*. La querelle d'Homère, au moment où Arouet met en chantier sa *Henriade*, conserve toute son actualité au préjugé en faveur de l'épopée. Les Italiens ont leur *Enéide*: la *Jérusalem délivrée* du Tasse. Bientôt Arouet découvrira que les Portugais peuvent s'enorgueillir des *Lusiades* de Camoens. Les Français? Ce n'est pas qu'on ait épargné les efforts pour donner à nos lettres le Virgile qui leur manque. Mais depuis Ronsard et sa *Franciade*, que d'œuvres mort-nées: le *Saint Louis* du P. Lemoyne (1653), la malheureuse *Pucelle* de Chapelain (1656), le *Clovis* de Desmarets de Saint-Sorlin (1657), le *Charlemagne* de Le Laboureur (1664), le *Jonas ou Ninive pénitente* de Coras, le *David ou la vertu couronnée* du même, le *Saint Paulin* de Charles Perrault...

Que des échecs si déplorablement répétés puissent s'expliquer par la fausseté du genre, procédant d'une erreur sur ce qu'était l'*épos* homérique, l'idée ne se présente pas à l'esprit d'Arouet ni de ses contemporains. Il vient de terminer les cinq actes de son *Œdipe*. Il se sent assez de force et d'habileté pour réussir l'exploit manqué par tous ses prédécesseurs. Première condition: choisir un bon sujet. Les propos de Caumartin lui prouvent que l'histoire d'Henri IV mettant fin aux guerres de religion n'a pas cessé d'intéresser au temps de la Régence. Le bon roi Henri reste populaire. En une période où la monarchie bourbonienne traverse une crise, ne convient-il pas de remonter à l'exemple donné par le fondateur? *Generalis imminente seditionis periculo*, disait le *Regnante puero*: une guerre civile comparable à celles de la Ligue n'est-elle pas à

---

56. Pour simplifier nous désignons dès le début l'œuvre par son titre définitif.
57. M.i.74.

craindre? Le fanatisme des factions religieuses se déchaîne depuis des années en France. Mais où est le prince capable de les réprimer pour rétablir la concorde? Jadis il en existait un. Un roi aimé qui fut aussi un grand homme, des péripéties guerrières, des scènes atroces comme la Saint-Barthélemy: Arouet en 1717 est convaincu qu'il tient là la matière d'une *Enéide* française.

Une œuvre qui n'encensera pas le prince alors régnant. Plus tard il proposera au régent de lui dédier son poème, comme traitant du souverain auquel Philippe «ressemble le plus».[58] La *Henriade* se prêtera en effet aux interprétations courtisanes. Mais en 1716, évoquant dans l'épître au duc d'Orléans «Henri», dont «nous admirons encore [la] valeur et [la] bonté», il se garde bien d'ajouter qu' «Henri» revit en «Philippe», comme l'affirmera une correction ultérieure.[59] Il voit alors en son héros épique bien plutôt la condamnation du pouvoir exercé par le régent. Car à Saint-Ange en même temps qu'il trace les premiers alexandrins de son poème, il dénonce Philippe dans une épigramme vengeresse.

A Beauregard, nous l'avons vu, il va confier que pendant les deux mois passés auprès de Caumartin il a montré à celui-ci «le premier» les «ouvrages» satiriques contre le régent et sa fille qu'il vient d'écrire. Parmi ces «ouvrages»[60] on peut identifier le couplet sur le nouvel Œdipe:

> Ce n'est point le fils, c'est le père;
> C'est la fille, et non point la mère;
> A cela près tout va des mieux.
> Ils ont déjà fait Etéocle;
> S'il vient à perdre les deux yeux,
> C'est le vrai sujet de Sophocle.[61]

Accusation horrible, et combien dangereuse, quand celui qu'elle atteint dispose du pouvoir absolu. Que Caumartin n'ait, à notre connaissance, rien fait pour obtenir d'Arouet qu'il supprime de tels vers, montre à quel degré était montée la haine chez les ennemis du régent. Caumartin, homme de la vieille cour, devait être très hostile à la nouvelle politique. L'honnête homme qu'il était s'indignait assurément de l'immoralité affichée par le duc d'Orléans. Il laissa faire. Arouet, après lui avoir montré ses vers, les envoie à Paris, pour qu'on les fasse circuler.[62]

---

58. D70.
59. M.x.234.
60. Au moment de l'arrestation d'Arouet, la police saisira dans ses papiers douze pièces de vers que J.L. Carra, qui a pu consulter en 1789 les dossiers des prisonniers, publie dans ses *Mémoires historiques et authentiques sur la Bastille* (Londres et Paris 1789), ii.150-76.
61. M.x.471, qui reproduit une note de Clogenson disant que Cideville, assurément bien renseigné, attribuait ces six vers à Voltaire.
62. D'après D45.

On se pose la question que va poser Beauregard: pourquoi tant d'animosité contre le régent? Philippe d'Orléans par son libéralisme, par son mépris de la bigoterie, voire de la religion, par son affabilité sans cérémonie, avait de quoi plaire à Arouet. Par la suite celui-ci portera un jugement favorable sur l'homme, sinon sur sa politique. En 1733, il écrit que «le bon régent [...] gâta tout en France», mais qu'il était né «pour la société, pour les beaux-arts, et pour la volupté», «peu scrupuleux, mais de crime incapable».[63] Le *Précis du siècle de Louis XV* répètera que sous la Régence «la confusion faisait tout craindre», que «cependant ce fut le règne des plaisirs et du luxe», Philippe ressemblant à Henri IV, au physique et au moral.[64] Voltaire changera d'attitude après les réflexions solides que vont lui inspirer onze mois de Bastille. A partir de 1718, il fait sa cour au régent et à Dubois, en attendant de porter sur cette époque de sa jeunesse le regard impartial de l'historien. Auparavant, il s'est laissé entraîner par une amère rancœur consécutive à l'exil de 1716, sanction pourtant modérée et non imméritée. Il s'est laissé impressionner par les milieux qu'il fréquente: Sceaux où l'on milite contre le nouveau pouvoir, Saint-Ange où on le tient en franche aversion.

Arouet apparaît en ces semaines tout à fait téméraire et inconscient du danger. Dans la deuxième quinzaine d'avril 1717, il revient à Paris. Croyant peut-être mieux échapper aux recherches, il va loger non chez son père, mais dans un hôtel garni: le Panier vert, rue de la Calandre. Là il donne sa confiance à des personnages dont il ne s'aperçoit pas qu'ils sont de la police: l'officier Beauregard et un prétendu comte d'Argenteuil,[65] qui se dit originaire de la Champagne. Les deux indicateurs ont pour mission de le faire parler. Leurs rapports au lieutenant de police nous ont été conservés. Nous avons déjà fait état de celui de Beauregard. Le rapport de d'Argenteuil est le texte que Théodore Besterman attribuait à tort au commissaire de police Ysabeau: l'inscription manuscrite d'époque sur le document, «le sr. Dargenteuil», indique l'auteur de la pièce non signée. Celui-ci se trouvait à la fenêtre avec Arouet quand la police fit irruption dans l'hôtel garni: Arouet, demande-t-il, ne craint-il rien au sujet de ses écrits, cause probable de son arrestation? Le poète répond, en toute naïveté, que «l'on n'aurait point de preuves» contre lui, «puisqu'il ne s'était confié qu'à ses véritables amis»: à savoir d'Argenteuil et Beauregard...[66]

Le régent lança le 15 mai l'ordre d'arrestation, exécuté le lendemain, jour

---

63. M.x.285, épître à Mme Du Châtelet sur la calomnie.
64. *Œuvres historiques*, p.1310, 1313.
65. Qu'il ne faut évidemment pas confondre avec le comte d'Argental.
66. D52.

de la Pentecôte.[67] Arouet à l'entrée des exempts dans sa chambre a, nous rapporte-t-on, «beaucoup goguenardé», «disant qu'il ne croyait pas que l'on dût travailler les jours de fête». Il se déclare enchanté d'être mis à la Bastille: il pourra y prendre tranquillement son lait. Si dans huit jours on le libère, il demandera à y rester quinze jours de plus, afin d'y terminer sa cure diététique; il proteste d'ailleurs qu'il n'a rien à se reprocher. Ces détails, dans le rapport du «lieutenant de robe courte» conduisant l'escouade, ne manquent pas d'intérêt. Le régime lacté dont il est question est la plus ancienne mention des troubles digestifs dont se plaindra souvent Voltaire. Surtout les propos «goguenards» prouvent à quel point Arouet s'illusionne sur la gravité de son cas. Dès son premier interrogatoire, le 21 mai, il s'apercevra que la police est bien informée: on l'arrête comme l'auteur du *Regnante puero* et des «vers exécrables» contre le régent et sa fille, sur les rapports des sieurs d'Argenteuil et Beauregard.[68]

Les objets saisis et consignés au greffe décèlent l'homme en sa vie quotidienne. Les ciseaux dans un étui, le «morceau de fer pour les dents», bientôt la «petite bouteille d'essence de géroufle» – un dentifrice – qu'il réclame dans sa cellule, disent le soin qu'il prend de sa personne. La «lorgnette» révèle l'habitué du théâtre, les tablettes l'homme de lettres, bien que le procès-verbal le déclare «sans profession». Le détail d'un «portefeuille de maroquin garni de soie» fait apparaître le souci d'élégance dont il entoure l'acte d'écrire. Sans être riche, il ne manque pas d'argent. On a compté dans ses poches «six louis d'or de trente livres chacun», plus de la menue monnaie.

Il se trouve emprisonné sur lettre de cachet, c'est-à-dire par simple décision royale. Ce genre d'incarcération ne présentait aucun caractère infamant: il procédait souvent de considérations politiques ou sanctionnait les désordres de la vie privée. Ainsi le duc de Richelieu, petit-neveu du cardinal, futur maréchal de France et confident de Louis XV, fut mis trois fois à la Bastille en sa jeunesse, les deux premières fois pour des affaires galantes, la troisième pour s'être compromis dans la conspiration de Cellamare. Arouet d'ailleurs à son arrivée dit qu'il connaît bien les lieux pour y être allé plusieurs fois «rendre ses devoirs à Mgr le duc de Richelieu»:[69] soit lors de l'incarcération du duc entre le 22 avril 1711 et le 19 juin 1712, soit plus vraisemblablement à celle du 5 mars au 21 août 1716. Notons incidemment qu'Arouet a déjà noué des relations assez étroites avec ce fils d'une grande famille, dont il cultivera soigneusement l'amitié sa vie durant.

67. D46, D47.
68. D.app.5.
69. D48. La troisième incarcération de Richelieu intervint le 28 mars 1719. Sur les détentions de celui-ci voir Paul d'Estrée, *Le Maréchal de Richelieu (1696-1788)* (Paris 1917), p.9.

Un prisonnier à la Bastille n'est pas inculpé judiciairement; il n'est pas nécessaire qu'il soit traduit devant un tribunal. Mais il peut l'être. Dans le cas d'Arouet, il semble qu'on ait essayé de constituer un dossier, afin de le faire condamner en justice. On fit fouiller les lieux d'aisance du Panier vert, espérant en retirer les papiers compromettants qu'il y aurait jetés. Sans résultat.[70] On s'en tint là. Mais il demeure en prison. Les autorités persuadées de sa culpabilité, sans avoir des preuves suffisantes, refusent de le libérer. Tout de suite il avait appelé à l'aide le duc de Sully:[71] si son ami intervint, ce fut sans succès. Rien n'empêchait qu'il restât indéfiniment à la Bastille. Il n'a pas encore vraiment fait ses preuves comme écrivain. Sa réputation ne le protège pas; elle aggraverait plutôt son cas. On peut l'oublier longtemps dans sa cellule: peu s'en soucieront. Peut-être même va-t-on saisir l'occasion de faire disparaître silencieusement un plumitif redouté. Des rumeurs sinistres se répandent. On va l'envoyer à la prison de Pierre-Encise, près de Lyon: «il y sera sans encre ni papier, et pour le reste de ses jours [...] On a agité si on le chasserait du royaume, mais on a dit que de là il écrirait contre tout le genre humain et que c'était une peste qu'il fallait séquestrer de la société civile.»[72] Deux mois plus tard, on raconte qu'on a «pendu à l'Arsenal à petit bruit un jeune homme, auteur de satires sur la cour et sur les affaires du temps»: ne s'agit-il pas d'Arouet? En fait il n'est pas soumis à un régime particulièrement sévère. Il arriva à un autre pensionnaire de la forteresse, le marquis de Baufremont, de dîner avec lui à la table du gouverneur; c'était, il est vrai, peu de temps avant sa libération.[73]

Comment a-t-il vécu ses onze mois de prison? Il va sans dire qu'il n'a jamais raconté sa détention. Son poème en décasyllabes *La Bastille* s'en tient à l'épisode de l'arrestation.[74] Il reste sur le ton «goguenard»: au lieu de la colombe du Saint-Esprit, en ce jour de Pentecôte «vingt corbeaux de rapine affamés» viennent le visiter. Parvenu à destination, il entend «certain croquant avec douce manière» lui vanter son nouveau gîte. Ici quelques détails ont toutes chances de répondre à la réalité: entre des murs de dix pieds d'épaisseur (plus de trois mètres), la cellule ne voit jamais le soleil; à la triple porte, triple serrure; «grilles, verrous, barreaux de tous côtés». Le jeu d'esprit dans ce texte

70. D54.
71. D50.
72. Buvat, *Gazette de la Régence*, p.79, 183, 185, 199.
73. Références dans Desnoiresterres, i.134. Baufremont est incarcéré du 2 au 4 avril 1718. Arouet sera libéré le 10 avril.
74. M.ix.353-56. La date de composition du poème est inconnue: fut-il écrit dans les premiers jours de captivité, comme le suggère le texte («Me voici donc en ce lieu de détresse»)? Ou après sa libération? *La Bastille* paraîtra pour la première fois dans l'édition de Kehl, mais le poème avait été inséré dans la *Correspondance littéraire* dès le 15 avril 1761.

occulte toute réaction affective. Pour une évocation plus sentie, il faut se reporter à l'un de ces contes où Voltaire, on le sait, parfois transpose des éléments biographiques. Un demi-siècle plus tard, il va narrer la mésaventure d'un homme jeune, comme il l'était en 1717, jeté comme lui alors brutalement à la Bastille par une lettre de cachet: l'Ingénu est porté «en silence dans la chambre où il devait être enfermé, comme un mort qu'on porte dans un cimetière»; «on referma les énormes verrous de la porte épaisse, revêtue de larges barres»; voilà l'Ingénu «séparé de l'univers entier».[75] On perçoit dans ces mots l'écho d'impressions vécues. Non qu'il faille prendre l'épisode pour autobiographique. Arouet n'a pas dans sa cellule un bon Gordon, prêtre janséniste, pour le consoler et l'instruire. Il n'en est plus, comme le Huron du conte, à faire ses humanités. Mais il a tout loisir de penser. Certainement comme l'Ingénu, il songe à cette Clio «armée du poignard». Comme lui il considère «l'histoire de France remplie d'horreurs», «même du temps de Henri IV».[76] Car, quant à lui, il est occupé de composer sur ces «horreurs» un poème épique.

Il a demandé, avec quelques objets de toilette, «deux livres d'Homère latin et grec»:[77] lecture utile pour qui prétend écrire une épopée. Mais précisément le prisonnier peut-il *écrire*? Pendant son séjour en Angleterre (entre 1726 et 1728), il racontera au philosophe George Berkeley qu'il a composé la *Henriade* à la Bastille sans avoir rien pour écrire. Comme son interlocuteur s'étonnait, il répliqua qu'il «mâchait son linge pour en faire du papier»:[78] il est arrivé plus d'une fois à Voltaire de choquer ses hôtes britanniques par des propos saugrenus. Qu'il n'ait eu, en sa cellule, ni papier ni livre, il le répète en 1730 dans une préface de son poème: il aurait composé de mémoire six chants, qu'il mit par écrit au sortir de la Bastille. Ensuite il n'en aurait conservé que le deuxième, sur la Saint-Barthélemy: «les cinq autres étaient très faibles, et ont été depuis travaillés sur un autre plan.»[79] A Baculard d'Arnaud il assure encore qu'il était à la Bastille sans plume ni encre.[80] A Wagnière il a confié qu'il avait imaginé son deuxième chant «en dormant», «qu'il le retint par cœur, et qu'il n'a jamais rien trouvé à y changer».[81] Mais pour Hénault, version un peu différente: manquant de papier mais disposant d'un crayon, il traça les vers du poème entre les lignes d'un livre.

---

75. *L'Ingénu*, fin du chapitre IX.
76. *L'Ingénu*, chapitre X.
77. D53, «ce jeudi 21e mai 1717».
78. Recueilli par André-Michel Rousseau, *L'Angleterre et Voltaire*, i.132.
79. *OC*, ii.298-99.
80. Références dans Desnoiresterres, i.133, ainsi que pour Hénault ci-dessous.
81. Longchamp et Wagnière, i.23.

Il n'était pas le premier prisonnier de la Bastille à procéder de la sorte. Un volume circulait entre les chambres de la forteresse, «lu de tous les prisonniers qui ont eu la permission d'avoir des livres»: le traité d'Adrien Baillet, *Auteurs déguisés sous des noms étrangers, empruntés, supposés, etc.* (Paris 1690). Entre les lignes imprimées on lisait les vers manuscrits d'un poème, *La Vision*, inscrits par un certain Constantin de Renneville, embastillé du 16 mai 1702 au 16 juin 1713. La Beaumelle, lors de son incarcération de 1753, eut l'ouvrage entre les mains. Il remarqua des ressemblances avec le chant VI de la *Henriade*, équivalent de l'épisode virgilien des Enfers. Il arracha les pages, qui lui ayant été reprises à sa sortie furent remises dans le volume.[82] Il accusera néanmoins Voltaire de plagiat dans son *Commentaire de la Henriade* de 1769. Ira O. Wade, qui a étudié l'affaire, pense qu'en effet le chant VI fut influencé par Renneville.[83] Il a échappé à La Beaumelle (ou bien il n'a pas voulu en tenir compte) et à Ira O. Wade qu'en réalité *La Vision* de Renneville et le chant VI ont une source commune: dans le *Télémaque*, la visite rendue aux Enfers aux mauvais rois. Ce qui suffit pour expliquer les ressemblances. On retiendra néanmoins comme vraisemblable qu'Arouet, pendant ses mois de Bastille, eut à sa disposition un traité des pseudonymes. Il va s'en souvenir lorsque, libéré, il voudra devenir à son tour un auteur «déguisé».

Sur la *Henriade* commencée à la Bastille, les confidences à variations manifestent la propension de Voltaire à la fabulation quand il parle de lui-même. La fantaisie du propos (confinant à l'absurde dans ce qu'il a dit à Berkeley) est chez lui fréquemment une manière d'éluder la relation directe et objective. En l'espèce que retenir de ses assertions peu explicites? Il lui fut sans doute interdit de posséder de quoi écrire. Buvat s'est fait l'écho de la crainte qu'on avait qu'Arouet ne répandît de nouvelles satires.[84] Peut-être n'avait-il pas même la permission de recevoir des livres. Il ne lui restait que la ressource de faire des vers, de mémoire. Il aurait ainsi élaboré plusieurs chants de son poème. Seul le chant de la Saint-Barthélemy sera conservé. Même la confidence à Wagnière, apparemment peu sérieuse, sur une composition «en dormant» n'est peut-être pas à écarter complètement. Comme tous les hommes d'esprit actif, Voltaire rêve beaucoup. Il dira, dans des circonstances où on peut le croire, qu'il lui arrive de rêver qu'il fait des vers.[85] Le langage

---

82. D5603 (26 décembre 1753), lettre d'un gardien de la Bastille nommé Chevalier.

83. Ira O. Wade, *Studies on Voltaire, with some unpublished papers of Mme Du Châtelet* (Princeton 1947), p.3-10.

84. Buvat, *Gazette de la Régence*, p.185-86 (4 juin 1717).

85. M.xx.435, section IV de l'article «Somnambules et songes» du *Dictionnaire philosophique*: le fragment daté «A Lausanne, 25 octobre 1757» parmi les exemples de vers composés par Voltaire dans le sommeil cite celui-ci: «Dans un autre rêve, je récitai le premier chant de *la Henriade* tout autrement qu'il n'est.»

versifié est devenu chez lui assez spontané pour apparaître dans les songes du sommeil. L'existence carcérale dut favoriser une telle disposition. En bref, on admettra que confiné dans sa cellule il mit en mémoire des séries d'alexandrins, élaborés de tête. Ceci du moins au début. Car avec le temps le régime rigoureux infligé à un prisonnier s'atténue; la surveillance se relâche. Arouet finit sans doute par obtenir, fût-ce clandestinement, de quoi écrire. Il put alors noter, entre les lignes d'un livre ou autrement, des parties plus ou moins longues de ce qu'il avait imaginé.

«Ainsi se passaient les jours, les semaines, les mois».[86] A vingt-deux ans, on peut croire qu'il ne rêvait pas uniquement de rimes et d'hémistiches. «Dans le repos de la nuit», l'image d'une femme aimée devait effacer en son esprit les idées de la *Henriade*. La prison l'avait brusquement séparé, comme l'Ingénu, de sa maîtresse. Mais celle-ci ne lui resta pas fidèle, comme Mlle de Saint-Yves aurait voulu l'être à son Huron. Il se plaint dans les décasyllabes de *La Bastille* d'être

> Trahi de tous, même de [sa] maîtresse.

Le conte de 1767 corrigera la réalité. En son absence la légère Suzanne de Livry se donne à Génonville ou à d'autres, et cela non certes pour libérer son amant.

Dans une prison il est nécessaire parfois de faire de la place pour les nouveaux arrivants. On réexamine les situations. Jugea-t-on Arouet suffisamment puni par onze mois de captivité? Ou se résigna-t-il, comme l'affirme Duvernet, à s'avouer coupable, et obtint-il à ce prix sa liberté?[87] Toujours est-il que, le 10 avril 1718, Louis XV, du haut de ses huit ans, ordonna, «de l'avis de son oncle le duc d'Orléans régent», de libérer «le sieur Arouet». A la date symbolique du Jeudi saint 14 avril ledit sieur sortait de la Bastille.[88]

L'épreuve avait été rude. Une «très dure prison», dira-t-il, ayant affecté sa santé.[89] Il ne lui arrivera plus de rester si longtemps ainsi coupé de toutes ses relations, contraint à l'inaction. Une césure aussi marquée, survenant à un âge où le caractère n'est pas définitivement fixé, va le transformer. Un certain Arouet tête en l'air appartient maintenant au passé. Il le dira à son ami Génonville: à la Bastille,

> J'appris à m'endurcir contre l'adversité,
> Et je me vis un courage

86. *L'Ingénu*, chapitre x.
87. Duvernet, p.37.
88. D56, D57.
89. *OC*, ii.298-99.

> Que je n'attendais pas de la légèreté
> Et des erreurs de mon jeune âge.[90]

Il veut être désormais différent de ce qu'il était. Et pour prendre un nouveau départ, pour changer sa personnalité, il va se donner un autre nom – son vrai nom.

90. M.x.245-46.

8. Arouet de Voltaire, auteur d'*Œdipe*

Un prisonnier libéré de la Bastille était assigné à résidence hors de Paris: telle était la règle. Voltaire ne fut pas envoyé dans une lointaine province. Il est seulement relégué à Chatenay, d'où il peut apercevoir les premières maisons de la capitale.[1] Il y séjourne jusqu'au 12 octobre 1718, dans la maison de campagne de son père. Sans relâche il travaille à obtenir sa liberté complète. Le jour même de son arrivée (15 avril) à Chatenay, il tourne à l'adresse du lieutenant de police Machaut une lettre de remerciement: il proteste qu'il n'a jamais rien écrit contre le régent, qu'il a toujours ressenti pour lui de la «vénération»... Quinze jours plus tard (2 mai), nouvelle lettre, celle-ci à La Vrillière,[2] secrétaire d'Etat: protestant encore de son innocence, il demande de se rendre à Paris pour «une seule heure». Point de réponse. Revenant à la charge auprès du même après deux semaines (19 mai), il obtient l'autorisation de passer vingt-quatre heures dans la capitale. En juillet, on lui accorde une permission de huit jours, puis une autre d'un mois, renouvelée en août. En octobre enfin, permission de venir à Paris «quand bon lui semblera».[3]

Il avait fait communiquer au régent par La Vrillière un aveu écrit de l'abbé Régnier, reconnaissant devant témoins la paternité des *J'ai vu*.[4] S'estimant disculpé par là même des autres vers qu'on lui imputait (non à tort), il alla «se jeter aux pieds» du duc d'Orléans. Le prince, selon Duvernet, le reçut «avec un accueil distingué». Il saisit donc l'occasion de plaisanter: «Monseigneur, je trouverai fort bon si Sa Majesté voulait désormais se charger de ma nourriture; mais je supplie Votre Altesse de ne plus se charger de mon logement.»[5]

Pour entrer dans l'ère nouvelle, le fils de François Arouet venait de changer son nom. La signature «Arouet de Voltaire» se lit pour la première fois dans

---

1. C'est du moins ce qu'il affirme dans une lettre à La Vrillière, D63.

2. Louis Phelypeaux de La Vrillière (1672-1725). Voltaire aura affaire ultérieurement à un autre La Vrillière (1705-1777) qui est le fils de celui-ci.

3. D63, D64, D65, D66, D67.

4. C'est ce qu'affirme la première *Lettre sur Œdipe*, dans l'édition de 1719. Mais dans une version ultérieure du même texte, Voltaire donne un autre nom pour le responsable des *J'ai vu*: l'abbé Lebrun, «poète du Marais», qui aurait «imité» l'abbé Régnier. Ces variations jettent la suspicion sur la pièce justificative présentée au régent.

5. Duvernet, p.37: la scène est située «le lendemain» de la libération de Voltaire, ce qui est impossible.

un billet écrit de Chatenay le 12 juin.[6] Curieusement le destinataire en est un Britannique, le comte d'Ashburnham. «Arouet de Voltaire» demande qu'il lui prête un cheval. Nous manquons d'information sur cette relation anglaise, la plus ancienne, autant qu'on sache, de l'auteur des *Lettres philosophiques*.[7] Le billet du 12 juin suppose un commerce antérieur, et notamment le prêt déjà de deux chevaux. En octobre, deux lettres sont signées «Arouet de Voltaire». Mais en novembre, après le triomphe d'*Œdipe*, l'auteur, s'adressant au régent, signe tout simplement «Voltaire».

L'origine du nom demeure obscure. Fréquemment au dix-huitième siècle une personne de qualité complétait son patronyme ou le changeait en prenant le nom d'une terre appartenant à lui-même ou à sa famille. L'écrivain que nous nommons Montesquieu se nommait en réalité Charles-Louis de Secondat.[8] Mais il a préféré se faire connaître sous le nom d'une baronnie proche d'Agen. L'usage était imité par la bourgeoisie en voie d'anoblissement. La forme «Arouet de Voltaire» permettait de croire que le second fils du receveur de la Cour des comptes entendait se distinguer par là de son frère aîné. Aussi Beuchot prétend-il qu'il avait pris «le nom d'un petit bien de famille qui appartenait à sa mère».[9] On a voulu préciser: Voltaire viendrait de Veautaire, «petite ferme située dans la paroisse d'Asnières-sur-Oise», que François-Marie Arouet aurait reçue par héritage d'un cousin nommé Gromichel. Mais Desnoiresterres n'a pas pu trouver trace de ce cousin.[10] Une autre étymologie, Voltaire anagramme d'Arouet l.j. (le jeune), a circulé au dix-huitième siècle. Nonnotte la donne pour certaine.[11] Elle est tout au plus vraisemblable. Personne en fait parmi les contemporains de Voltaire ne connaissait au juste l'origine de son pseudonyme. D'autres hypothèses ont été depuis avancées. Voltaire contraction de «volontaire», selon Paillet de Warcy.[12] Ou bien dérivant d'un nom de théâtre: on a découvert dans *Balde, reine des Sarmates*, tragédie ancienne (1651) d'un certain Jobert un personnage nommé Voltare, lequel, incestueux comme Œdipe, se répandait en blasphèmes contre les dieux.[13] Il n'est pas absolument impossible que Voltaire ait eu connaissance de cette œuvre tout à fait oubliée: elle avait été dédiée au président de Maisons, grand-père de son ami; peut-être s'était-elle conservée dans la bibliothèque

---

6. D62.

7. Ashburnham souscrira à l'édition de Londres de la *Henriade* en 1728.

8. R. Shackleton, *Montesquieu, biographie critique* (Grenoble 1977), p.155, donne le nom complet, qui tient trois lignes et demi.

9. M.i.190.

10. Desnoiresterres, i.162.

11. Cité par Desnoiresterres, i.162.

12. *Histoire de la vie et des ouvrages de Voltaire*, i.21-22.

13. Desnoiresterres, i.162, et Ira O. Wade, «Voltaire's name», *PMLA* 44 (1929), p.554 et suiv.

de famille. Ira O. Wade a proposé une autre explication, qui reprend sur une base plus solide la référence à un nom de lieu. Le berceau de la famille Arouet à Saint-Loup est proche de la petite ville d'Airvault: «Voltaire» aurait été formé par inversion des deux syllabes.

La vérité est que si François-Marie Arouet s'est créé un autre nom, jamais il n'a fait savoir à partir de quels éléments il l'avait élaboré. Aussi toutes les hypothèses demeurent-elles fragiles. La seule explication qu'il ait donnée porte sur les motivations du changement. Vers le 1er mars 1719, en envoyant à Jean-Baptiste Rousseau son *Œdipe*, il ajoute: «J'ai été si malheureux sous le nom d'Arouet que j'en ai pris un autre, surtout pour n'être plus confondu avec le poète Roi.» Et il signe «Voltaire», et même «Mr de Voltaire».[14]

Il veut donc rompre avec son passé: avec ses onze mois de Bastille, ses exils, mais plus encore avec cette famille Arouet à laquelle il ne croit appartenir qu'à titre putatif. Il va autant qu'il le pourra effacer ce nom aux consonances vulgaires, qui au surplus ressemble trop à celui d'un contemporain qu'il méprise, le poète Roi, prononcé «Roué» à l'ancienne manière. Autre inconvénient, relevé par Casanova: Arouet est homophone de «à rouer».[15] Il sait combien un nom est consubstantiel à l'être. Dans ses contes, la création de ses personnages se résume parfois dans l'invention de leur nom. Il s'y était essayé déjà dans l'onomastique du *Crocheteur borgne* et de *Cosi-Sancta*. Lui-même, au cours de son intrigue avec Pimpette, s'était donné des pseudonymes par deux fois. Pour déjouer la surveillance, il mandait à son amante de lui écrire sous le nom de «Monsieur de Tilly», puis de «Monsieur de Saint-Fort»:[16] noms forgés à la hâte, qui ne brillent pas par l'originalité. On peut croire qu'il mit plus d'attention à former celui de Voltaire. Nom euphonique par sa répartition des consonnes et des voyelles, ainsi que par sa finale en -e muet. A l'esprit d'un Français, et d'un Français nourri de latin comme la plupart de ses contemporains, il évoque le radical de *volvere*: c'est-à-dire, beaucoup plus que la volonté, les *voltes* de mouvements rapides.[17] La vivacité de la personnalité voltairienne s'inscrit dans le nom qu'il s'est choisi.

Quoi qu'on pense de l'étymologie Voltare-Voltaire, il est certain que la création fut marquée par l'ambiance du théâtre. Il a inventé son nom au moment où il va faire à la scène un début à sensation. *Œdipe* sera l'œuvre, non d'un Arouet, mais de Monsieur de Voltaire. La dignité de la tragédie n'exige-

---

14. D72. Il précise que le courrier est à adresser «à Mr. de Voltaire», ceci ajouté au-dessus de la ligne, «chez Mr. Arouet, cour du palais».
15. Cité par D62, commentaire.
16. D20, D22.
17. Cf. *Zadig*, «Les combats»: «Les deux champions firent des passes et des voltes avec tant d'agilité».

t-elle pas un tel changement? Sa vocation d'homme de théâtre s'affirme ici moins par l'invention de ses personnages (dans le cas d'*Œdipe* il les reçoit de la tradition) que par celle de son propre personnage. Depuis que nous le suivons, nous l'avons vu soucieux toujours du regard d'autrui. Pénétré d'une notion théâtrale de l'existence, il compose son apparence en fonction de ce regard, multiple et pourtant convergent, de l'auditoire devant lequel, et peut-être par lequel, il existe. Désormais auteur dramatique à succès, vedette de la vie publique, son rôle va s'imposer, et avec quelle autorité, grâce au nom qui l'évoque. Après Molière, avant Stendhal et maints autres, Voltaire va s'exprimer pleinement sous le masque du pseudonyme.

Libre enfin, en octobre 1718, d'aller et venir à sa guise, il s'occupe de faire jouer *Œdipe*, depuis longtemps terminé.

Le théâtre va tenir dans sa vie une telle place qu'à la veille de sa première pièce quelques précisions sont nécessaires. Les réalités concrètes correspondant à ce mot différaient grandement de ce que nous connaissons aujourd'hui. Quatre sortes de spectacles existaient alors à Paris. Contrairement à son contemporain Marivaux, Voltaire ignorera tout à fait le Théâtre-Italien, où se pratique un genre de comédie tenu pour inférieur. Aux théâtres de la Foire il ne prêtera attention que pour s'emporter contre les parodies qu'ils osent donner de ses propres pièces. Il collaborera plus tard à des spectacles de l'Opéra. Mais c'est au Théâtre-Français qu'il fera représenter la quasi totalité de son œuvre dramatique. Seule cette scène, haut lieu de la tragédie et du comique noble, répond à ses ambitions comme à son esthétique qui privilégie les «grands genres».

Malheureusement la Comédie-Française se trouvait installée dans une salle tout à fait indigne des œuvres qui s'y jouaient et de sa réputation dans toute l'Europe. Elle était située dans une rue étroite, aujourd'hui rue «de l'Ancienne-Comédie». A la sortie du spectacle, les carrosses s'enchevêtraient dans d'inextricables encombrements. La salle elle-même avait conservé la forme rectangulaire allongée des jeux de paume, qui avaient accueilli à Paris les premiers spectacles. Il en résultait de fâcheuses conséquences. La hiérarchie sociale s'y trouvait projetée en réduction: aux étages les loges, louées à l'année, fort cher; au rez-de-chaussée, le parterre, où le prix d'entrée était plus accessible sans être bon marché (une livre, soit l'équivalent d'une journée de travail des ouvriers parisiens les mieux payés). La bonne société se tenait dans les loges; c'est là seulement que les femmes étaient admises. Or les spectateurs des loges, disposés sur chaque grand côté du rectangle, se faisaient face, par-dessus le parterre. Pour regarder la scène, ils devaient se tourner de biais. On préférait souvent s'observer d'un côté à l'autre. On se saluait, on se rendait visite, on tenait salon, on faisait monter des rafraîchissements. Le bon ton exigeait qu'on n'accordât qu'une attention modérée à ce qui se passait sur la scène.

Au niveau inférieur, les spectateurs du parterre restaient debout, plantés sur leurs jambes pendant la durée du spectacle, environ quatre heures. Public fort bruyant, on le conçoit. Il lui était facile par son tumulte d'empêcher la représentation d'une pièce qui lui déplaisait. Le sort d'une œuvre nouvelle, à la première, dépendait du parterre. Il était en principe interdit de siffler. Mais quand toute une salle sifflait, le commissaire chargé de la police du spectacle était impuissant. Parfois une pièce à sa création succombait sous les clameurs et ne pouvait être jouée jusqu'à la fin. Même à la représentation d'une bonne pièce, du parterre on apostrophait les acteurs, les actrices: ceux-ci devaient s'interrompre pour répliquer et reconquérir l'auditoire contre le perturbateur. De la scène à la salle le contact est non seulement constamment maintenu, mais vécu avec intensité: lorsque l'œuvre subjugue le public, on gémit, on pleure, on pousse des cris, on s'évanouit.

Entre la salle et la scène il n'existe pas cette séparation qui s'instituera plus tard, puisqu'une partie du public est installée sur la scène même. Depuis le succès du *Cid*, la Comédie-Française plaçait sur le plateau de chaque côté un certain nombre de sièges, loués au prix fort. D'autres spectateurs se tenaient debout au fond, obstruant l'accès des coulisses. Tous étaient placés à l'intérieur du décor; les jours d'affluence, ils touchaient presque les acteurs. Cette disposition rendait impraticable toute mise en scène. Elle permet en outre de comprendre un incident dont Voltaire sera responsable à l'une des représentations d'*Œdipe*. Qu'on songe enfin à ce que pouvait être l'éclairage de la salle et celui de la scène. Les seuls effets consistaient dans le mouvement d'une rampe de lumignons à flamme nue, alignés, qu'on haussait ou baissait selon qu'on voulait projeter plus ou moins de lumière sur les acteurs.

Voltaire ne cessera de protester contre des conditions matérielles aussi mauvaises. «Nous courons aux spectacles, et nous sommes indignés d'y entrer d'une manière si incommode et si dégoûtante, d'y être placés si mal à notre aise, de voir des salles si grossièrement construites, des théâtres si mal entendus, et d'en sortir avec plus d'embarras et de peine qu'on n'y est entré.»[18] Les «embellissements» qu'il réclame n'interviendront que fort tard. Les spectateurs évacueront la scène en 1758, et la mise en scène de son *Tancrède* bénéficiera aussitôt d'un plateau enfin dégagé. Mais la grande période de la tragédie voltairienne se termine avec cette pièce. Il ne verra pas la nouvelle salle, où le parterre aura des places assises, inaugurée en 1782, sur l'emplacement actuel de l'Odéon. Son triomphe du 30 mars 1778, à la représentation d'*Irène*, aura

---

18. *Des embellissements de Paris* (1749; M.xxiii.297).

encore pour cadre une salle «grossièrement construite» d'un théâtre toujours «mal entendu».

On se souvient qu'en 1715 ou 1716 les comédiens français avaient refusé la première version d'*Œdipe*. Ils n'avaient accepté la tragédie qu'après révision. Le 20 avril 1717, Brossette annonce la première comme imminente.[19] Mais voici qu'Arouet est envoyé à la Bastille. Il devenait impossible de créer sa pièce. On peut penser qu'une fois libéré, il s'employa à la faire inscrire à nouveau au programme.

Il s'était efforcé de donner satisfaction aux comédiens. Autant qu'on sache, sous sa forme première, *Œdipe* comportait déjà le rôle de Philoctète, indispensable pour remplir les trois premiers actes. Philoctète intervient parce qu'il continue d'aimer Jocaste. Le premier *Œdipe* n'était donc pas dépourvu de toute action amoureuse, comme on le croit généralement et comme Voltaire plus tard l'insinuera. «Une tragédie *presque* sans amour», dira-t-il plus justement.[20] La révision avait consisté à introduire non pas précisément de l'amour, mais «un rôle pour l'amoureuse».[21] Dans la version définitive, Jocaste mariée d'abord à Laïus, remariée avec Œdipe, persiste à aimer toujours tendrement Philoctète, l'élu de sa jeunesse.[22] Ainsi Mlle Desmares, interprète du personnage à sa création, peut déployer les ressources de son talent. Cette actrice, nièce de la Champmeslé et formée par elle, se livrait quelquefois, nous dit-on, «un peu trop à son feu», et passait «les bornes d'une heureuse hardiesse».[23] Elle a d'ailleurs en 1718, étant née en 1682, à peu près l'âge de Jocaste.

La critique des comédiens avait porté également sur l'introduction d'un chœur. Ici le poète débutant tint bon.[24] Dacier, on l'a vu, lui avait conseillé de maintenir en scène le chœur constamment du début à la fin. Ainsi en avait usé Racine dans ses tragédies sacrées. Voltaire avait dû assister à la première représentation d'*Athalie* à Paris, le 3 mars 1716.[25] Le public avait alors

19. Cité par Desnoiresterres, i.138.

20. D392 (7 janvier 1731), au P. Porée, en lui envoyant une nouvelle édition d'*Œdipe*. Souligné par nous. C'est dans D9959, 20 août 1761, à l'abbé d'Olivet, que Voltaire semble dire que sur le conseil de Dacier il avait d'abord totalement exclu l'amour de son sujet.

21. D392: «Les comédiennes se moquèrent de moi quand elles virent qu'il n'y avait point de rôle pour l'*amoureuse*.»

22. Voir la démonstration convaincante de J.-M. Moureaux, *L'Œdipe de Voltaire, introduction à une psycholecture*, p.28-29.

23. Lesage, dans un passage de *Gil Blas* qui semble la viser, cité par Bengesco, *Les Comédiennes de Voltaire*, p.12.

24. D'après D9959, il lui fallut cependant accepter de «retrancher une partie des chœurs».

25. C'est seulement en mai de cette année qu'il est exilé à Sully. *Athalie* précédemment n'avait été jouée que deux fois, devant des auditoires restreints: en 1691 par les demoiselles de Saint-Cyr, sans costumes ni décors, en 1702 chez Mme de Maintenon.

découvert cette pièce novatrice. *Œdipe* à ce moment-là en cours d'élaboration a dû en être influencé. Le grand-prêtre thébain n'est pas sans rappeler Joad, et ce n'est sans doute pas un hasard si Mlle Desmares, interprète d'Athalie, est cn 1718 chargée du rôle de Jocaste. A l'instar de Racine, Voltaire suggère la présence dans le drame de toute une collectivité par la participation du chœur. Mais il n'ose pas comme Racine remplir l'intervalle des actes par les chants de celui-ci. Il en fait «un personnage qui paraît à son rang comme les autres acteurs», ou «qui se montre quelquefois sans parler [...] pour ajouter plus de pompe au spectacle». Il lui paraît «impraticable» de le maintenir continuellement en scène.[26] Dès sa première pièce, Voltaire innove, mais déjà avec prudence. Une prudence justifiée. Les répliques des personnages du chœur, à la deuxième scène du premier acte, débitées par des acteurs «peu accoutumés», font rire la salle.

Lors des répétitions les acteurs étaient restés réticents. On avait fait pression sur eux pour qu'ils donnassent la pièce. Voltaire avait mis en mouvement ses protecteurs. Mlle Desmares refusait les multiples retouches du texte que l'auteur prétendait lui imposer. Il faut qu'il lui fasse parvenir de force ses corrections, soit dans un pâté, soit par le trou de la serrure.[27] Dufresne, interprète d'Œdipe, disait que pour punir le poète de son «opiniâtreté», «il fallait jouer la pièce telle qu'elle était, avec ce mauvais quatrième acte tiré du grec».[28]

Pourtant, contre l'attente des acteurs, la première, le 18 novembre 1718, est un triomphe. Suivent vingt-neuf représentations presque consécutives, plus quatre autres données au Palais-Royal.[29] Chiffre extraordinairement élevé pour l'époque. A titre de comparaison, l'*Electre* de Longepierre, jouée en février 1719, n'en obtiendra que six.[30] Une pièce qui réussissait atteignait en général à sa création quinze ou vingt représentations. Ce qui s'explique par l'étroitesse du public des théâtres dans le Paris de la Régence. Près d'un demi-siècle plus tard, Voltaire écrira encore que ce public n'est composé que «d'environ onze ou douze cents [personnes], s'il s'agit d'une pièce de théâtre. Il y a toujours dans Paris plus de cinq cent mille âmes qui n'entendent jamais parler de tout cela».[31]

Parmi les spectateurs il y eut, dit-on, certain soir, Arouet le père du poète.

---

26. *Lettres sur Œdipe* (M.ii.42-43).
27. D8549, D10939.
28. D392. Le quatrième acte est celui de la double confidence d'Œdipe et de Jocaste.
29. H. Carrington Lancaster, *The Comédie-Française 1701-1774: plays, actors, spectators, finances* (Philadelphia 1951), p.660-61.
30. Lancaster, p.661.
31. D12909 (septembre – octobre 1765).

Des amis de la famille y entraînèrent le vieil homme, qui n'était pas un habitué des théâtres. Il fut touché du pathétique de la pièce, jusqu'à en pleurer. «Ah! le petit coquin! le malheureux!», s'écriait-il.[32] Une circonstance dut impressionner particulièrement l'ancien notaire: les représentations rapportèrent au poète plus de 3.000 francs.[33] Un autre spectateur de bien plus haut parage nous a laissé le témoignage de son admiration. Le jeune Conti, prince du sang, tourne une épître ingénieuse à la gloire du poète et de la tragédie. Aux Enfers, Corneille et Racine déplorent le déclin de la scène française. Heureusement ils font la connaissance

> D'un démon sans expérience,
> Mais dont l'esprit vif, gracieux,
> Surpassait déjà les plus vieux
> Par ses talents et sa science.

Ce «démon», c'est Arouet; et celui-ci

> Ayant puisé ses vers aux eaux de l'Aganipe,
> Pour son premier projet il fait le choix d'Œdipe.[34]

L'événement qu'est cet *Œdipe* fait naître une floraison de brochures, au moins une vingtaine: «point de coin de rue ni de boutique de libraire»[35] qui n'en affiche quelqu'une. La plupart, sous des éloges forcés, prodiguent la critique venimeuse, telle celle de Longepierre,[36] plein de rancœur du triste sort de son *Electre*. Signe infaillible et rançon du succès, ces petites méchancetés des jaloux.

Œdipe paraissait en un moment où la scène parisienne souffrait d'une pénurie de bonnes pièces. Comme le disait le prince de Conti, on déplorait «du théâtre français le funeste abandon». Le dernier succès de Crébillon, *Rhadamiste et Zénobie*, remontait à 1711. Son *Xerxès* en 1714 avait été un échec. Il ne reviendra au théâtre que trente ans plus tard, poussé par une cabale hostile à Voltaire.

Le nouvel *Œdipe* offrait précisément ce qu'attendait le public de Crébillon: une tragédie de l'horreur. On sait comment le Thyeste crébillonien s'aperçoit en pleine scène, au moment de boire à une coupe, que celle-ci est remplie de sang: le sang de son fils assassiné par Atrée; comment Rhadamiste tue le père de son épouse Zénobie, la poignarde elle-même et jette son corps dans le

---

32. Longchamp et Wagnière, i.21-22.

33. Lancaster, p.660-61, qui indique aussi la présence de la duchesse de Berry le 28 novembre, et l'achat de billets par Voltaire le 22 novembre, 4 décembre, 7 janvier et 18 mars. Entre le 18 novembre et fin janvier, presque 25.000 personnes ont assisté aux représentations d'*Œdipe*.

34. Texte intégral de l'épître, M.i.302-303. L'Aganipe est une source de l'Hélicon, la montagne de Béotie consacrée à Apollon et aux Muses.

35. D81 (25 juin 1719), Brossette à J.-B. Rousseau, après la publication de la pièce.

36. Reproduite dans l'édition T. Tobari d'*Electre* (Paris 1981).

fleuve Araxe. A l'instar, dans le *Cyrus* de Danchet (1706) un père mange la chair de son fils au cours d'un festin. Dans la *Tomyris* de Mlle Barbier (1707), l'héroïne conserve la tête de son amant, massacré par elle, en un bocal plein de sang. Dans une *Pélopée* (1710), l'abbé Pellegrin s'était donné un inceste encore plus corsé que celui d'Œdipe: la protagoniste a eu un enfant de son père; or, quinze ans après, elle tombe amoureuse d'un jeune homme qui n'est autre que ce fils même. Par le choix de son sujet, Voltaire se conforme au goût du temps. Il évoque une lugubre cité de Thèbes laquelle, après avoir été désolée par un monstre cruel, le sphinx, est présentement ravagée par un fléau, la peste, dont l'origine surnaturelle ne fait aucun doute. Bientôt la vérité, annoncée déjà par les voix sacrées des oracles et du grand-prêtre, éclate dans toute son atrocité: Œdipe a tué Laïus, qui est son père, et il a épousé Jocaste sa mère. Le dramaturge cependant, comme ses prédécesseurs, respecte une certaine discrétion, imposée par les bienséances classiques. L'Œdipe de Sophocle au dénouement se déchire les yeux avec les agrafes de Jocaste et revient sur la scène le visage sanglant. L'*Œdipe* de 1718, non seulement évite de montrer un tel spectacle, mais se borne à y faire allusion en deux vers.

Il s'en faut que Voltaire cherche uniquement à rivaliser avec Crébillon. Il vise plus haut. C'est à Corneille, auteur aussi d'un *Œdipe*, c'est à Racine que les contemporains le comparent. Sa tragédie, selon le prince de Conti,

> Fit croire des Enfers Racine revenu,
> Ou que Corneille avait corrigé la sienne.

La Motte, approuvant comme censeur l'édition de l'œuvre, atteste qu'à la représentation «le public [...] s'est promis un digne successeur de Corneille et de Racine».[37] Même appréciation de Jean-Baptiste Rousseau, après lecture, du moins en ce qui concerne Corneille.[38]

Il serait vain de discuter ici de tels jugements. Notre propos nous engage toutefois à comprendre les raisons de cet enthousiasme. La tragédie au dix-huitième siècle s'adresse à un public d'habitués, donc de connaisseurs, plus ou moins avertis. Il est certain que nul en 1718 n'était capable de parler comme Voltaire la langue de la tragédie classique. Là où nous sommes gênés par une écriture ressentie par nous comme empruntée et conventionnelle, les contemporains goûtaient un usage parfaitement aisé du langage tragique. «De grands mouvements, des vers fort bien tournés»:[39] avec le souple talent d'imitation qui est le sien, Voltaire reproduit le «drapé» de ses modèles, sans

---

37. M.i.196-97, en date du 2 décembre 1718.
38. D73, D75. Mais Brossette, D74, est plus réservé: «Ce n'est ni Corneille, ni Racine, quoiqu'il paraisse que le jeune poète a eu devant les yeux ces deux grands écrivains».
39. Selon Brossette, D744.

jamais tomber dans les platitudes et les gaucheries de versificateurs moins doués, tel Longepierre, ni dans l'expression rugueuse d'un Crébillon. Euphonique et fluide, le dialogue assez souvent se ponctue de vers-maximes vigoureusement frappés. Au point que Fontenelle reproche à la versification d'*Œdipe* d'être «trop forte et trop pleine de feu»: à quoi Voltaire répond que pour se corriger il va lire les *Pastorales* de son censeur.[40]

Des vers qu'on cite, aisément détachables de leur contexte: le dramaturge débutant sait que le moyen est bon pour confirmer un succès et le prolonger. On rapporte que quelques quatre-vingt-dix ans plus tard, à l'entrevue de Tilsitt (1807), le tsar Alexandre appliquera flatteusement à Napoléon l'alexandrin d'*Œdipe*:

> L'amitié d'un grand homme est un bienfait des dieux. (I.i)

Surtout c'est dans cette tragédie que fut proféré le distique, très applaudi en 1718 et promis à une longue vogue:

> Nos prêtres ne sont pas ce qu'un vain peuple pense:
> Notre crédulité fait toute leur science. (IV.i).

En s'exprimant ainsi, Jocaste en l'occurrence se trompe: le grand-prêtre qui vient de dénoncer la culpabilité d'Œdipe, anticipant sur les résultats de l'enquête, a fait preuve d'une «science» bien réelle; il n'abuse pas de la «crédulité» d'un «vain peuple». Mais qu'importe! Le public, oubliant la situation, approuve bruyamment le trait contre le clergé. Voltaire a réussi à enfermer en une sentence énergique le grief d'imposture sacerdotale, fort répandu dans l'esprit des contemporains. Aujourd'hui même, l'érosion du temps laisse encore subsister une parcelle du distique: il arrive que l'on cite «ce qu'un vain peuple pense», sans bien savoir l'origine de l'expression.[41]

Dès *Œdipe*, on voit que Voltaire excelle à toucher un auditoire en ses points sensibles. Un autre vers applaudi aux premières représentations fut cette réflexion de Philoctète pensant à tout ce qu'il doit à Hercule:

> Qu'eussé-je été sans lui? rien que le fils d'un roi (I.i)

Fit effet également, dans le même registre, le propos sur les rois qui, pour Hercule et pour Philoctète, ne sont que des «hommes ordinaires» (II.iv). On se gardera d'exagérer la portée de ce républicanisme de tragédie, conforme à une tradition. Mais les vers d'*Œdipe* rencontraient un écho particulier en un moment où la monarchie traversait une phase difficile, sous un roi de huit ans et un régent contesté. Voltaire avait eu soin de placer une allusion précise aux

40. D87 (26 mai 1720).
41. Ainsi dans *Le Monde* (18 décembre 1981), p.23, col. 1: «Mais ce n'est pas là ce qu'un vain peuple cherche»…

mœurs de Philippe d'Orléans: la tirade de Jocaste (III.i) sur les «inquiets regards» des courtisans, avides de scruter les «faiblesses» des princes, ne passa pas inaperçue. Adroitement le passage, tout en s'adressant à la malignité du public, semblait blâmer ses commentaires indiscrets. De même les considérations d'Œdipe sur le discrédit où tombe après sa mort un souverain adulé de son vivant furent comprises comme visant Louis XIV: l'opinion en 1718 commençait à regretter le défunt roi, dont on avait trois ans plus tôt insulté les funérailles. Par son sujet enfin *Œdipe* se rapportait à l'actualité théologique, en un temps où l'affaire de la bulle *Unigenitus* exacerbait la querelle sur la prédestination. Comme l'explique J.-B. Rousseau, l'œuvre enseigne que «les crimes n'en sont pas moins crimes quoiqu'ils nous soient souvent cachés à nous-mêmes». Il en conclut que «les anciens ont tous été de parfaits jansénistes»,[42] ne remarquant pas qu'au dénouement la tragédie voltairienne s'insurge contre cette sorte de «jansénisme».

Tant de clins d'œil au public n'auraient sans doute pas suffi à assurer le triomphe du nouvel *Œdipe*. A lire aujourd'hui la pièce, on imagine comment l'auditoire à la représentation pouvait être captivé par une construction dramatique efficace. L'intrigue entretient le suspens, à la manière de nos romans policiers. Il s'agit bien au départ d'une enquête. «Qui a tué Laïus?» Du résultat dépend le sort de la cité. Selon une recette pour nous familière, l'investigation s'égare d'abord sur de faux coupables: sur Phorbas, puis avec plus d'insistance sur Philoctète. L'amant évincé de Jocaste n'avait-il pas toutes les raisons de se débarrasser d'un rival? Les soupçons orientés à tort dans sa direction occupent les trois premiers actes. Mais voici qu'éclate le coup de théâtre. Dans une scène haletante, le grand-prêtre, pressé par Œdipe, lui jette au visage: «le coupable, c'est vous!» Dès lors tout bascule. Jocaste se résigne à faire au roi son mari une confidence longtemps (et fort invraisemblablement) différée. Elle a jadis sacrifié un fils qu'elle eut de Laïus, afin d'éviter le parricide et l'inceste annoncés par les oracles. Œdipe de son côté se souvient: avant son arrivée à Thèbes, il a «dans un chemin étroit» tué un vieillard. Quel était-il? Phorbas vient aussitôt confirmer ses craintes: la victime n'était autre que Laïus. Cependant, se reconnaissant coupable, Œdipe se croit encore fils d'un roi de Corinthe. Assassin de Laïus, mais rien de plus, si l'on ose dire. Or à la fin de l'acte IV, on annonce l'arrivée d'un messager corinthien, porteur, on le pressent, de redoutables révélations.

L'acte V s'ouvre sur un faux dénouement. Œdipe abdique. Pour apaiser les dieux, il va quitter son royaume, avec un amer soulagement:

> Ma gloire me suivra dans mon adversité.

42. D73.

Soudain se produit le rebondissement attendu. Le messager de Corinthe parle: le roi de cette cité en mourant a déclaré qu'Œdipe n'était pas son fils. Quel était donc le père? On ne tarde pas à l'apprendre. Phorbas, encore lui, révèle l'horrible vérité. Œdipe est ce fils de Laïus et de Jocaste, miraculeusement sauvé, élevé à Corinthe, qui revint à Thèbes pour y commettre les deux transgressions les plus épouvantables: tuer son père, épouser sa mère. Foudroyé par l'évidence de ses crimes involontaires, Œdipe s'enfuit de la scène. On est aussitôt informé que, tentant d'échapper à une intolérable angoisse, il s'est aveuglé avec l'épée même qui tua Laïus. Jocaste, quant à elle, se donne la mort, presque sous nos yeux. Grâce à quoi, Thèbes renaît. Les tombeaux se referment, les «feux contagieux» s'éteignent, et un «soleil serein» éclaire à nouveau la cité.

On sent que Voltaire fut porté par son sujet. Il s'est profondément engagé dans cette œuvre, sa première grande œuvre. Il n'en est pas d'*Œdipe* comme des tragédies qu'il improvisera plus tard, en quelques jours ou quelques semaines, mettant au service d'une inspiration soudaine les ressources d'une technique bien rodée. Il a lentement élaboré cette pièce, au cours de plusieurs années. Sans doute s'est-il trouvé en sympathie avec les thèmes que lui proposait le mythe d'Œdipe. Mais d'abord pourquoi, parmi toutes les données de la tradition, choisir précisément celle-là? Un lecteur d'aujourd'hui, alerté par Freud, ne peut tenir une telle création pour dénuée de signification par rapport à l'histoire personnelle de l'auteur. Dans cette direction, José-Michel Moureaux a poussé aussi loin qu'il est possible «l'analyse».[43] Sa psycholecture met en relation l'imaginaire de l'œuvre avec une situation œdipienne de François-Marie Arouet. Réseau d'indices, serré et convergent, qui séduit. Toutefois, comme c'est fréquemment le cas des psychanalyses littéraires, on éprouve quelque doute devant un système si bien lié. J.-M. Moureaux lui-même, qui ne se départ jamais d'une rigoureuse exigence critique, sait que les résultats d'une enquête comme la sienne demeurent du domaine de la conjecture: «des hypothèses, et d'un bonheur probablement très inégal».[44] Le biographe ne peut ignorer de telles ouvertures sur les «profondeurs», qu'on tend à méconnaître, de la psychologie voltairienne. Mais il n'osera s'avancer plus avant que J.-M. Moureaux.

On alléguera seulement ici, à l'appui des suggestions psychocritiques, l'allure fantasmatique de certaines évocations. Ainsi le récit par Jocaste de son mariage avec Œdipe (II.ii). A l'autel elle s'est sentie saisie d'une «horreur» sacrée. Une

43. Voir ci-dessus, n.22.
44. J.-M. Moureaux, p.84.

hallucination lui fait voir «les enfers» devant elle «entr'ouverts». Du milieu de ceux-ci s'élève, menaçante, «de [son] premier époux l'ombre pâle et sanglante»; il lui montre leur fils, et tente de l'entraîner dans l'abîme. Sans manquer jamais aux convenances du «songe» dans la tragédie classique, l'expression a de la force. Plus frappant encore le récit par Œdipe de l'assassinat de Laïus. C'est un souvenir jusqu'ici oblitéré – refoulé – qui, comme sous l'effet d'un déclic, émerge de l'inconscient.[45] La scène présente un caractère nettement onirique. «Dans un chemin étroit», «sur un char éclatant que traînaient deux coursiers», un vieillard avec son compagnon; en face, le fils agresseur se sent «jeune et superbe», enivré de «l'orgueil» de son sang royal. D'une main furieuse, il arrête les chevaux. Comme poussé par une force surnaturelle, il terrasse, il transperce les deux hommes. Alors le plus vieux, «déjà glacé par l'âge», gisant dans la poussière, fait un geste en sa direction, tente de parler, et fixe sur lui en expirant un regard qui le terrifie. C'est ainsi que Voltaire dans sa première tragédie a donné sa version de la scène archétypale: le meurtre du père par le fils.

Tout au long des cinq actes les dieux, le ciel, autrement dit l'univers religieux, apparaît solidaire du père assassiné. Un nuage sombre s'est étendu sur la cité:

> Esprits contagieux, tyrans de cet empire,
> Qui soufflez dans ces murs la mort qu'on y respire [...]
> Frappez, dieux tout-puissants, vos victimes sont prêtes!

Ainsi gémit le chœur (I.ii). Peste, famine, ne sont encore que les moindres châtiments de ces divinités cruelles. Leur méchanceté s'exerce à des raffinements patiemment préparés. Ce sont eux qui ont conduit Jocaste et Œdipe, malgré leurs précautions, aux crimes prédestinés. Acharnement diabolique des dieux!

Ainsi se mettent en place les hantises voltairiennes. Sur l'humanité pèse la vindicte du «ciel». Entre les dieux et leurs victimes, un intermédiaire: l'ordre sacerdotal. C'est le grand-prêtre qui à l'acte premier annonce:

> L'ombre du grand Laïus a paru parmi nous,
> Terrible et respirant la haine et le courroux.

C'est lui qui, lorsque tout est consommé, à l'acte V, proclame:

> Laïus du sein des morts cesse de vous poursuivre.

---

45. Œdipe (IV.i), ouvre une parenthèse:
> Et je ne conçois pas par quel enchantement
> J'oubliais jusqu'ici ce grand événement;
> La main des dieux sur moi si longtemps suspendue
> Semble ôter le bandeau qu'ils mettaient sur ma vue.

Interprète seulement dans *Œdipe* de la méchanceté divine, on conçoit que le clergé pourra facilement prendre à celle-ci une part plus active. Déjà le chant rédigé de la Saint-Barthélemy, dans la future *Henriade*, met en scène des prêtres sanguinaires, serviteurs d'un Dieu terrible.

Univers angoissant et tragique. Mais *Œdipe* dessine également des voies de salut. La perversité surnaturelle y atteint un tel degré de perfection que la responsabilité de la créature s'en trouve dégagée. Criminels malgré eux, Œdipe et Jocaste lancent contre «le ciel» la protestation de leur innocence.

> Impitoyables dieux, mes crimes sont les vôtres!

accuse Œdipe. Et Jocaste meurt en s'écriant:

> J'ai fait rougir les dieux qui m'ont forcée au crime.

Ce qui est le dernier vers de la tragédie. A l'implacable *fatum*, l'auteur d'*Œdipe* oppose la volonté libre de l'homme. La créature ne peut être tenue pour coupable que des forfaits qu'elle a délibérément voulus. Il lui reste la possibilité de choisir le bien et de le faire. En cette leçon des contemporains voulurent reconnaître une théologie jésuite: celle des anciens maîtres du poète débutant.

Un autre enseignement, plus personnel, se dégage du personnage de Philoctète. Ce soupirant de Jocaste fut ajouté par Voltaire, mais non à seule fin de procurer un répondant à «l'amoureuse». J.-M. Moureaux a mis en lumière sa signification. Au cours des trois premiers actes, il s'affirme le rival malheureux d'Œdipe auprès de Jocaste. Longtemps auparavant il avait été celui de Laïus auprès de la même femme. Il a désiré s'emparer de Jocaste par la mise à mort du vieux roi: ce qu'a exécuté Œdipe. Philoctète «haïssait Laïus»:

> Jusques à la menace il osa s'emporter. (II.i)

Mais il n'a pas, lui, tué le roi, ni épousé la reine. Il a suivi une autre voie: celle qui aurait sauvé Œdipe. Il a pu surmonter la pulsion meutrière: «il partit» (II.i):

> Il fallut fuir pour vaincre [...]
> Il fallut m'arracher de ce funeste lieu,
> Et je dis à Jocaste un éternel adieu.(I.i)

Il parvint ensuite à sublimer sa passion coupable: il s'est voué à «l'amitié d'un grand homme». L'univers retentit des exploits d'Hercule. Philoctète enflammé d'une noble émulation devient son «compagnon»:

> A ses divins travaux j'osai m'associer;
> Je marchai près de lui ceint du même laurier.
> C'est alors que mon âme éclairée
> Contre les passions se sentit assurée. (I.i)

Car, il le précise plus loin, lui jusqu'ici «esclave de *ses* sens», il en devint le maître grâce à l'amitié d'Hercule. Il accède à un monde supérieur: celui de l'héroïsme. «Il est certain que c'est un héros», écrira Voltaire, commentant son personnage.[46] Sans doute la mort de son ami et modèle l'expose à une rechute:

> Hercule est sous la tombe et les monstres renaissent. (II.iii)

En proie derechef au désir amoureux, Philoctète au début de la pièce est revenu vers Jocaste. Mais encore une fois il aura évité de succomber, lorsque, après l'acte III, sans autre explication il disparaît de la scène.

Philoctète: «le personnage où le créateur a très probablement mis le plus de lui-même».[47] Par cette figure Voltaire définit un projet existentiel qui dans les décennies suivantes ne cessera de s'affirmer avec une force accrue. L'amitié est élue par lui comme une forme supérieure, épurée,[48] de la relation affective. Sa vie durant, il tentera de lier un exaltant commerce avec un «grand homme». Les «Hercules», hélas! n'existent que dans la légende. La réalité lui offrira un Richelieu, un Frédéric II, ou pire. N'a-t-il pas cependant depuis sa jeunesse opté pour une «appartenance salvatrice à un ordre autre que celui de la filiation: celui des héros»?[49] Le fils de M. Arouet a prétendu s'élever à la seule forme d'héroïsme pour lui accessible dans la société de son temps: la création d'œuvres relevant de la grande poésie. En 1718, l'auteur d'*Œdipe*, le futur auteur de la *Henriade*, s'estime en passe de réaliser ce genre d'exploit, homologue de ceux qu'accomplissait son Philoctète dans un monde différent. Et déjà la haute littérature est conçue par lui comme ayant une portée largement humaine: Jocaste disait à Philoctète, pour l'écarter:

> Ce n'est qu'aux malheureux que vous devez vos soins. (II.iii)

Voltaire assurément n'est pas à la veille de se déclarer «le Don Quichotte des malheureux».[50] Mais son *Œdipe*, tragédie «philosophique», et plus encore bientôt sa *Henriade*, pourfendant de modernes «monstres», militent pour une cause généreusement humaniste.

---

46. M.ii.37.
47. J.-M. Moureaux, p.55.
48. Voltaire n'ignore pas que l'amitié peut se dégrader en d'infâmes turpitudes. Il a côtoyé le monde de l'homosexualité: voir plus haut, p.40. Au moment même d'*Œdipe*, il versifie des couplets à l'adresse du duc de La Feuillade, «giton» notoire (D69). Mais rien n'indique qu'il ait lui-même pratiqué ce genre de relation. On ne lui connaît de liaison amoureuse qu'avec des femmes. Cependant l'attention qu'à travers toute son œuvre il porte à l'amour grec n'est sans doute pas sans rapport avec sa vocation de l'amitié.
49. J.-M. Moureaux, p.58.
50. D15903 (18 septembre 1769), à propos des affaires Lally, Calas, Sirven.

9. La gloire hésite

Le succès porte l'auteur d'*Œdipe* à la place qui sera longtemps la sienne dans l'opinion. «Un poète, c'est de Voltaire»: on connaît le mot de Diderot.[1] Non plus désormais un petit rimeur à scandale, contre qui de temps à autre l'autorité doit sévir. Mais le grand poète que la France espérait depuis la disparition de Corneille et de Racine. Un «horizon d'attente» demeurait inoccupé. Confiant en son talent, il va s'installer dans un rôle répondant aux vœux du public.

Lorsqu'il imprime *Œdipe* en janvier 1719, il joint à son texte six *Lettres écrites par l'auteur, qui contiennent la critique de l'Œdipe de Sophocle, de celui de Corneille et du sien.*[2] Il y traite de haut ses illustres prédécesseurs. Après avoir raillé le pédantisme du bon Dacier, traducteur de Sophocle (qui pourtant à ses débuts l'avait conseillé), il épluche la pièce grecque avec une malveillante désinvolture: «barbarie», «contradictions, absurdités, vaines déclamations»... Il ne consent à quelque indulgence que par la considération que «Sophocle touchait au temps où la tragédie fut inventée». Corneille n'est pas moins malmené. En revanche lorsque l'auteur en vient à la critique de son propre *Œdipe*, il ne trouve guère que du bien à en dire. Tant d'insolence indigna le parti des Anciens. Le vieux Dacier fut tenté de faire un éclat. Voltaire manifestait en la circonstance, outre son irrespect des autorités littéraires, une attitude critique qui restera constante. Selon l'esthétique classique, il est persuadé qu'à chaque genre d'œuvre correspond un type idéal, vers lequel doit tendre le créateur, et dont on s'est approché peu à peu au cours des âges. Les «défauts» de Sophocle s'expliquent: il ne pouvait avoir «une juste idée de la perfection d'un art qui était encore dans son enfance». La notion de «perfection» entraîne deux conséquences. L'une, que chez Voltaire toute création s'accompagne d'une réflexion sur le modèle à réaliser, au point que parfois l'œuvre même procède d'une pensée critique, comme l'a souligné Raymond Naves. Autre conséquence: Voltaire se plaît à reprendre des sujets traités avant lui, afin de montrer ce qu'il convenait d'en faire. Pour ses débuts il donne comme un corrigé des *Œdipe* de Sophocle et de Corneille.

Selon une conception pareillement classique, le grand poète tient dans la

---

1. Diderot, *Le Neveu de Rameau*, édition J. Fabre (Genève 1950), p.100.
2. Dans une édition ultérieure de la même année 1719, il ajoute une septième lettre:«A l'occasion de plusieurs critiques que l'on a faites d'*Œdipe*».

société une place qui doit être éminente. Il est nécessaire que son excellence soit reconnue par le souverain et sanctionnée par des récompenses. Le 6 décembre 1718 Voltaire reçoit une médaille d'or de 675 livres 10 sous, «représentant d'un côté le roi et de l'autre Monseigneur le duc d'Orléans».[3] Il demande vers la même date au régent d'accepter la dédicace de sa pièce.[4] Il s'efforce de consolider sa position auprès du prince. Il le flatte: simultanément il sollicite la grâce de lui lire «des morceaux d'un poème épique sur Henri IV», «celui de vos aïeux auquel vous ressemblez le plus». Dans sa lettre, spirituellement tournée, il pousse la plaisanterie jusqu'à l'autodérision. Il signe: «votre très humble et très pauvre secrétaire des niaiseries». Il est difficile de parler aux princes. Pour se tirer d'embarras, ici et plus d'une fois par la suite, il feint de retirer toute importance à la requête, en se présentant dans un rôle qui n'est pas sans rappeler celui des anciens bouffons. Le duc d'Orléans décline la dédicace. Mais Madame, princesse palatine, sa mère, l'accepte. La pièce paraît donc ornée d'une épître où le poète célèbre «la protection éclairée» dont Son Altesse Royale honore «les succès ou les efforts des auteurs». Nous verrons qu'il a utilisé cette même édition de son œuvre pour s'introduire auprès d'autres têtes couronnées, hors de France.

Il arrive qu'un écrivain se mette à vivre ce qu'il a imaginé dans son œuvre. Voltaire va avoir à imiter la sagesse en amour de son Philoctète, après *Œdipe*, et par la faute de cette tragédie. A l'une des premières représentations un incident étrange s'était produit. Nous n'avons aucun motif de le révoquer en doute. Lui-même l'a rapporté dans son *Commentaire historique*. Le jeune poète, «fort dissipé et plongé dans les plaisirs de son âge [...] ne s'embarrassait point que sa pièce réussît ou non: il badinait sur le théâtre, et s'avisa de porter la queue du grand-prêtre, dans une scène où ce même grand-prêtre faisait un effet très tragique».[5] Mais n'allons pas imaginer Voltaire gambadant sur un plateau occupé par les seuls acteurs. L'épisode est à reconstituer d'après les conditions du spectacle en 1718. Le poète se trouvait ce jour-là mêlé dans la foule de ceux qui se pressaient debout au fond de la scène. Fort nombreux, comme il arrivait aux pièces à succès, ils gênaient l'entrée des personnages. La traîne du grand-prêtre, à l'apparition de celui-ci, soit à la scène 2 de l'acte

---

3. D'après un document aujourd'hui disparu, cité par Desnoiresterres, i.158. Mais il n'a pas reçu alors une pension de 1.200 livres, comme on l'a conjecturé d'après Longchamp et Wagnière, ii.334. Comme l'a démontré Richard Waller (*Studies* 127 (1974), p.7-39 et 219 (1983), p.59-62), la pension servie à Voltaire ultérieurement résultera d'un prêt qu'il consentira en 1744 au fils du régent.

4. D70, sans date, mais le manuscrit a été approuvé par le censeur le 2 décembre 1718, et l'édition sera autorisée le 19 janvier.

5. M.i.73.

I, soit à la scène 4 de l'acte III, resta prise entre les pieds des spectateurs. Alors Voltaire la dégage, et la soulevant il s'avance derrière le pontife, en bouffonnant. S'il déteste les parodies de ses tragédies jouées à la Comédie italienne ou à la Foire, il ne lui déplaît pas d'en transposer lui-même le sublime sur le mode comique. Sa correspondance fréquemment joue sur ce double registre.

A la représentation de ce jour-là quelqu'un s'étonne de l'incident. «Mme la maréchale de Villars, qui était dans la première loge, demanda quel était ce jeune homme qui faisait cette plaisanterie, apparemment pour faire tomber la pièce: on lui dit que c'était l'auteur. Elle le fit venir dans sa loge.» Elle fait en sorte qu'il devienne assidu chez elle. De telle façon que Voltaire, s'abusant peut-être sur les cajoleries d'une mondaine heureuse d'attirer le poète à la mode, s'éprend d'elle très sérieusement. Une fois de plus on remarque ici son goût pour les femmes nettement plus âgées: indice du «complexe» qu'une psychocritique détecte chez l'auteur d'*Œdipe*? Jeanne Angélique Roque de Varengueville était mariée depuis dix-sept ans au maréchal, le vainqueur de Denain. Elle n'avait pas pour autant renoncé à la galanterie, ne justifiant que trop la jalousie de son vieil époux.[6] Mais auprès d'elle Voltaire en fut pour ses frais. On l'invite au château de Vaux-Villars.[7] On le relance quand, boudant, il tarde à venir. Mais lorsqu'il tente d'obtenir des faveurs plus marquées, on se dérobe. Que le jeune Voltaire ait été très épris et qu'il ait souffert, nous pouvons en juger par une épître qu'il adresse de Sully à la «divinité que le ciel fit pour plaire». Il a beau dire «tout ce que [ses] beautés inspirent de tendresse à [sa] muse éperdue»: «les arbres de Villars en seront enchantés», mais pour elle, elle n'en sera point émue. Lui qui «peignit tant d'attraits»

> N'eut jamais d'eux pour son partage
> Que de petits soupers où l'on buvait très frais.

Il conclut tristement qu'il «méritait davantage».[8]

La correspondance qui subsiste ne fait mention de sa passion qu'au moment où, par un effort digne de Philoctète, il a réussi à la vaincre. Ecrivant à Mme de Mimeure dans le courant de l'été 1719, il assure que Vaux-Villars ne présente plus de danger pour lui. «Je ne crains plus même les yeux de personne, et le poème de Henri IV et mon amitié pour vous sont les deux seuls sentiments vifs que je connaisse.»[9] Un peu plus tard il mande à la même correspondante: «Vous me faites sentir que l'amitié est d'un prix plus estimable mille fois que

---

6. Desnoiresterres, i.169, donne des précisions sur ses liaisons.
7. Celui qu'avait fait construire près de Melun le surintendant Fouquet. Le maréchal en était le propriétaire depuis 1705.
8. M.x.248.
9. D82.

l'amour. Il me semble même que je ne suis point du tout fait pour les passions. Je trouve qu'il y a en moi du ridicule à aimer, et j'en trouve encore davantage dans celles qui m'aimeraient. Voilà qui est fait, j'y renonce pour la vie.»[10]

De ce texte, souvent cité, on aurait tort de conclure que Voltaire, à vingt-cinq ans, fait un vœu définitif de chasteté. Pendant qu'il soupire vainement pour la maréchale de Villars, il trouve des consolations auprès d'une femme plus facile. Il a renoué avec la volage Suzanne de Livry, qui se fait nommer maintenant Mlle de Corsambleu. A une reprise d'*Œdipe*, le 24 avril 1719, il a obtenu qu'elle jouât le rôle de Jocaste, en même temps que celui de Lisette dans la petite pièce, *Les Folies amoureuses* de Regnard. Hélas! comme le dit un échotier, «le succès de l'auteur n'a point passé à celle qu'il honorait de sa couche».[11] L'actrice débutante, malgré les leçons de son amant, prêtait à la reine de Thèbes l'accent campagnard qu'elle avait apporté des bords de la Loire. Ses camarades de la troupe en riaient, notamment Poisson. Fureur de Voltaire. L'acteur l'attend à la sortie du spectacle, et lui propose un duel. Le poète répond «qu'un homme de [sa] considération ne se bat pas contre un comédien».

Mais lui qui aspire à la «considération», il ne sait pas éviter les basses querelles. Menacé de coups de bâton, il porte plainte chez le commissaire de police. Le lendemain, flanqué de deux bretteurs, il se rend à la porte de Poisson et le fait appeler. Il va lui «casser la tête» avec les pistolets qu'il a dans sa poche. Son adversaire, méfiant, s'abstient heureusement de descendre. Que fût-il advenu si Voltaire avait alors perpétré un assassinat? A défaut, il exige que le comédien soit exclu de la Comédie-Française. Le lieutenant de police Machaut parvient à accommoder l'affaire: il fait emprisonner Poisson, mais à condition que Voltaire demanderait immédiatement sa libération. Ce qui fut fait. Caumartin de Boissy qui rapporte l'épisode juge sévèrement le comportement du poète. La querelle met en évidence l'une des faiblesses de l'homme; il ne saura jamais qu'il vaut mieux éviter, eût-on cent fois raison, de se colleter avec de certaines gens, et qu'il est des victoires, remportées après de pénibles démêlés, qui avilissent le vainqueur.

L'affaire Poisson se situe dans la première moitié de mai 1719. Ensuite, jusqu'au milieu de l'année suivante, la chronologie demeure incertaine. Les quelques lettres de Voltaire, notre unique source, sont pour la plupart non datées, et plusieurs des conjectures avancées par Théodore Besterman paraissent erronées. Un point fixe cependant: dans les premiers jours de juin, il a

---

10. D85.
11. D76 (3 mai 1719), lettre de Caumartin de Boissy. Le dénouement de l'affaire est connu par une autre lettre du même, dans Desnoiresterres, i.178, non reproduite par Th. Besterman.

quitté Paris pour Sully.[12] Craint-il qu'on lui attribue les *Philippiques*, satire virulente de Lagrange-Chancel contre le régent, qui commence à circuler? Plus vraisemblablement il va là-bas travailler à une nouvelle tragédie. Il n'a pas écouté ceux qui lui conseillent de terminer plutôt son poème épique. Il veut exploiter sans attendre sa gloire théâtrale. Il met en chantier, pour la prochaine saison, une *Artémire*.

Cependant il ne reste que peu de temps à Sully. Assez vite il se rend à quelques lieues de là au Bruel, château et résidence de chasse en pleine Sologne, entourée d'étangs. Il y est l'hôte du duc de La Feuillade, «chevalier de la manchette», qui apparemment ne lui tient pas rigueur des petits vers où il ironisait sur ses penchants.[13] De là il écrit à Mme de Mimeure deux lettres qui nous ont été conservées.[14] Il va revenir à Villars, où on le rappelle. Il se flatte qu'il est parfaitement guéri de son amour pour la maréchale. Après quinze jours passés au Bruel,[15] il adresse à la même Mme de Mimeure une troisième lettre, celle-ci de Villars: il a, précise-t-il, quitté Paris depuis six semaines. Nous sommes donc vers le milieu de juillet.[16] C'est alors qu'il écrit la phrase bien connue: «Je passe ma vie de château en château». Sur ses occupations dans l'entourage du maréchal, une seule indication: il joue au biribi, jeu de hasard, où il «perd son bonnet».[17] Il annonce son retour à Paris «dans quelques jours». Mais nous perdons sa trace. Nous savons seulement qu'il se trouvait à Sully le 19 octobre 1719, puisque ce jour-là il fait enregistrer chez le notaire du pays sa protestation contre l'usurière qui lui réclame le remboursement d'un billet souscrit à l'âge de treize ans.[18]

Nous n'avons plus d'autres nouvelles de lui jusqu'à la première d'*Artémire*, le 15 février 1720. On suppose qu'il passa l'hiver à Paris, s'employant à faire recevoir et répéter sa pièce. Les acteurs n'avaient fait cette fois aucune difficulté. Une lecture chez Mlle Lecouvreur souleva l'enthousiasme.[19] La

---

12. D81 (25 juin 1719), Brossette à J.-B. Rousseau.

13. D69.

14. D82, D85. Il y est question d'un orgelet dont il souffre, pour lequel Mme de Mimeure lui envoie un «petit emplâtre».

15. D86: «le Bruel où j'ai passé quinze jours avec M. le duc de La Feuillade».

16. D86 ne doit donc pas être daté «*c.* August 1719», mais un peu plus tôt.

17. Voici ce qu'était le biribi. Sur la table, 70 cases numérotées reçoivent les enjeux. Le banquier tire un numéro: le joueur qui a misé sur ce numéro gagne soixante-quatre fois sa mise. Le banquier encaisse le surplus des enjeux. Il gagnait donc à tout coup, sans risque de perdre, tandis que le joueur n'avait qu'une chance sur soixante-dix de gagner. Les hôtes du château en acceptant de jouer à de telles conditions payaient, par cette voie détournée, le maître des lieux de son hospitalité.

18. Desnoiresterres, i.180-81.

19. Lettre du président Hénault à Mme Denis, 24 juin 1755, aujourd'hui perdue, connue par Desnoiresterres, i.184.

peu talentueuse Suzanne de Livry est écartée: c'est à Adrienne Lecouvreur qu'échoit le premier rôle, celui d'Artémire reine de Macédoine.

La comédienne avait débuté à la Comédie-Française récemment, en 1717, après avoir joué dès l'âge de quatorze ans dans une troupe parisienne d'amateurs, puis dans des troupes de province. Elle avait une voix assez faible, mais «une belle articulation». Elle innova en renonçant à la diction chantante, traditionnelle dans la tragédie. Elle faisait sensation par une déclamation «simple, noble et naturelle».[20] Elle semblait, dira Voltaire, «ajouter de nouveaux charmes à Racine».[21] L'auteur d'*Artémire* adresse à son interprète des compliments en vers. Dans l'un il assure que pour elle son cœur n'éprouve que de «la pure amitié».[22] Mais une épître en forme de fable mythologique exhorte l'actrice à aimer, afin de porter son talent à la perfection:

> O de l'Amour adorable sujette,
> N'oubliez pas le secret de votre art.[23]

Telle est la conclusion intéressée du poète. Plus tard il déclarera avoir été «son admirateur, son ami, son amant».[24] Il n'est pas douteux que dans ce contexte «amant» est à prendre au sens moderne. A partir d'une date impossible à préciser une liaison exista entre l'auteur et la comédienne, non exclusive d'un côté comme de l'autre d'autres amours.

Voltaire avait donné à Mlle Lecouvreur, dans le personnage d'Artémire, un rôle d'amoureuse malheureuse propre à la faire valoir. Mais la pièce s'avéra fort mauvaise dès la première représentation (15 février 1720). Le public attendait un succès comparable à celui d'*Œdipe*. Après un premier acte «fort applaudi», il déchante vite: il siffle les trois derniers. Au total *Artémire* «tombe», «à ne s'en jamais relever».[25] L'épreuve de la scène éclaire l'auteur. Voltaire, non sans dépit, déclare qu'il trouve sa pièce «plus mauvaise que personne et que jamais il ne la laisserait rejouer».[26] Cependant Madame, dédicataire

---

20. Témoignages cités par Bengesco, *Les Comédiennes de Voltaire*, p.26, 27.
21. *Le Temple du Goût* (M.viii.591).
22. M.x.476.
23. M.x.262.
24. D414 (1ᵉʳ juin 1731), à Thiriot, sur la mort de Mlle Lecouvreur.
25. D87, Brossette à J.-B. Rousseau.
26. D87, n.1. Duvernet, p.44, raconte une anecdote qui, si elle a quelque authenticité, ne doit pas se rapporter à la première d'*Artémire* (datée à tort par Duvernet du 20 mai 1720). Suzanne de Livry aurait fait ses débuts à la création de cette tragédie: les sifflets auraient visé autant l'actrice que la pièce. «Voltaire, indigné d'un pareil accueil, de la loge où il était, saute sur le théâtre, et harangue le public [...] Il parle de l'indulgence qu'on doit aux nouvelles productions et aux nouveaux talents». Il réussit à faire applaudir *Artémire* et la comédienne. Mais Mlle de Livry n'a pas joué dans cette pièce. L'épisode appartient peut-être à ses débuts dans le rôle de Jocaste à la reprise d'*Œdipe*, l'année précédente. Duvernet ajoute d'ailleurs qu'ensuite Voltaire se retira à Sully avec l'actrice sa maîtresse: ce qui nous reporte à 1719. On reste sceptique

d'*Œdipe*, insiste auprès de lui pour revoir *Artémire*. Il raccommode donc tant bien que mal ses cinq actes. Il laisse jouer sa tragédie encore huit fois entre le 23 février et le 8 mars, avec un succès médiocre. Mais il empêche le maréchal de Villeroi de la faire représenter devant la cour. Le coup de grâce est porté par une parodie donnée au Théâtre italien par Dominique. Condamnant définitivement cette production mal venue, Voltaire renonce à la publier. Nous ne la connaissons que par les fragments qui nous sont parvenus.

Ceux-ci sont suffisamment étendus pour que nous puissions nous en faire une idée. Il est incontestable que le public a bien jugé, et que Voltaire eut raison de ratifier la sentence. L'action se passe dans la capitale de la Macédoine, après la mort d'Alexandre. La reine Artémire attend avec terreur le retour de son mari Cassandre. Car ce roi, un frénétique dans le goût de Crébillon, a assassiné sous ses yeux son père ainsi que Philotas, un jeune homme paré de toutes les vertus dont elle était éprise. Pour comble d'horreur, Pallante, l'âme damnée de Cassandre, vient annoncer qu'il a reçu l'ordre de mettre à mort la reine. En réalité ce ministre, un épouvantable traître, a excité lui-même son maître contre Artémire. Il propose à celle-ci un marché: ils se débarrasseront du roi et règneront ensemble, unis par le mariage. Mais la vertueuse Artémire refuse: elle restera fidèle à son mari, si abominable soit-il. Elle n'aspire qu'à mourir. L'intrigue ainsi nouée ensuite piétine. Pallante réitère ses menaces et Artémire ses refus. Philotas, qui comme bien l'on pense n'était pas mort, revient, de même que Cassandre, sans que pour autant les choses avancent. Au cinquième acte le roi va enfin se décider à faire exécuter Artémire et accessoirement Philotas, lorsque des «cris affreux sous ces voûtes retentissent»: Cassandre vient d'être lui-même assassiné. On l'apporte agonisant. *In extremis* il se convertit à la vertu, et a le temps avant d'expirer de confier son épouse à Philotas.

La pièce manifestement fut construite pour le rôle d'Artémire et pour son interprète, en scène presque sans interruption. Mais le personnage manque de cohérence: sa haine de Cassandre s'allie mal à la fidélité qu'elle lui voue, envers et contre tout. Et il est statique, à la limite du comique: paralysée par ses contradictions, Artémire gémit pendant cinq actes qu'elle préfère mourir, et ne meurt jamais. Brossette, bon connaisseur, estime que l'auteur encore inexpérimenté n'a pas su inventer ici «la fable, les caractères, les sentiments et la disposition». Dans *Œdipe* il avait travaillé sur le canevas légué par la tradition. Quand il tente de créer lui-même son sujet, il s'aperçoit qu'il doit

également sur l'incident, probablement déformé, que raconte le président Bouhier (dans Desnoiresterres, i.187): Voltaire envahissant à la tête d'un commando la salle de la Comédie pour empêcher la représentation d'*Artémire*, est expulsé par les gardes, de sorte que la pièce, «représentée contre son gré, fut applaudie presque d'un bout à l'autre».

apprendre à constituer des personnages, vrais sans banalité, et à agencer une intrigue. Il lui reste en 1720 à acquérir cette technique de la tragédie, que plus tard il maniera avec tant de facilité.

Quelques lettres, pour la plupart comme précédemment non datées, ne permettent pas de suivre ses allées et venues en 1720 et 1721, jusqu'à son voyage à Richelieu. Nous savons seulement que le 18 août 1720 il était resté à Paris, contre l'habitude qui pendant l'été chassait de la capitale les gens de la bonne société, vers les résidences de campagne.[27] Au printemps de 1721 Thiriot étant malade à Melun, il l'y va voir.[28] Il lui annonce qu'il va, par la même occasion, quitter une Clarice, maîtresse «trop inégale», qui lui a «trop tourné la tête»: à cette date il ne peut plus s'agir de la duchesse de Villars. C'est de Villars même, le 1er juin 1721, qu'il écrit à Fontenelle pour l'interroger sur un phénomène atmosphérique.[29]

En ces mois si vides de sa biographie, nous entrevoyons pourtant quelques-unes de ses relations d'amitié. Son camarade La Faluère de Génonville lui avait naguère, on s'en souvient, pendant ses mois de Bastille, enlevé la légère Suzanne de Livry. Il la lui avait reprise. Ils n'en restaient pas moins bons amis. Génonville envoie à Voltaire, alors à Sully, une lettre en octosyllabes: il l'exhorte à avancer son poème épique. Voltaire répond de Sully en vers et en prose. L'échange prend place dans l'été de 1719.[30] Ce fils d'un ancien président à mortier au parlement de Bretagne devait être un homme aimable. «Imagination féconde», «esprit», «enjouement», «sans vice et sans travers»: tout n'est sans doute pas hyperbole de politesse dans ces compliments que lui décoche Voltaire. Un refroidissement interviendra entre eux en décembre 1722.[31] Mais lorsque Génonville mourra, emporté en septembre 1723 par l'épidémie de variole qui ravage Paris, Voltaire en sera douloureusement

---

27. D91.
28. Th. Besterman a commis une erreur certaine dans le classement des deux lettres D88, D95. Thiriot adressant à Voltaire D95, de Melun, lui décrit «le printemps habillé de diverses couleurs», ce qui exclut la datation «c. August 1721». D88 répond terme à terme à D95. L'échange selon nous se situe au printemps de 1721, plutôt qu'à celui de 1720. D95 fut en effet publié dans le *Mercure* de décembre 1721: si la lettre était de 1720, on s'expliquerait mal que Thiriot ait attendu si longtemps pour la donner au périodique. Il se peut que Voltaire après avoir rendu visite à Thiriot à Melun, en mai 1721 ait de là gagné le château de Vaux-Villars tout proche, d'où il écrit le 1er juin 1721 la lettre D92.
29. D92.
30. D85 et D84.
31. D136: désaccords au sujet de la publication de *La Henriade*; Génonville n'intervient pas en faveur de Voltaire auprès des frères Pâris. D139: Génonville a cessé de lui écrire. D140: Voltaire ne lui écrit plus «qu'en cérémonie».

affecté: en témoigne l'épître que six ans après il consacre encore au souvenir de son ami, l'un des textes les plus émus qu'il ait écrits.[32]

Avec Louis Racine, ce sont des relations entre gens de lettres qu'il entretient. Nous en pouvons juger par les cinq lettres, ou plutôt billets, qu'il lui envoie entre 1718 et 1721.[33] Le plus jeune des deux fils du grand Racine, né en 1692, est à peu près de son âge. Il débute en même temps que l'auteur d'*Œdipe*. Il versifie les quatre chants de son poème *La Grâce*, imprimé en 1720. Il leur arrive de dîner en tête à tête, puis d'aller ensemble au théâtre.[34] Ils se lisent leurs vers. Valincour, leur ami commun, s'est montré assez réservé sur *La Henriade*. Louis Racine a sur Voltaire l'avantage du nom qu'il porte. Dès 1719, n'ayant encore rien publié, il entre à l'Académie des inscriptions. Quelques mois plus tard, il songe à l'Académie française. Mais Fleury, précepteur du roi, lui fait barrage, en raison de son jansénisme affiché. Voltaire songe aussi à cette date (en 1721) à une candidature: il se présentera après l'élection de Louis Racine. Ambitions outrecuidantes, de la part d'écrivains débutants n'ayant pas encore atteint la trentaine? Mais l'Académie française à cette époque ne répugnait nullement à accueillir de jeunes impétrants. Richelieu, sans autre titre que le souvenir du cardinal, est élu en 1720, à vingt-quatre ans, n'ayant même pas l'âge légal de la majorité. En définitive Louis Racine n'entrera jamais à l'Académie française, et Voltaire attendra un quart de siècle pour y être admis, non sans peine. Pour le présent, *La Grâce* est entre eux un sujet de désaccord. L'ardeur janséniste et la jeunesse du poète allument en ces alexandrins une flamme, qui fera défaut à l'ennuyeuse *Religion* du même auteur. Voltaire n'a pas tort de lui dire: «Quelquefois je t'admire», et «ton style me plaît». Mais il censure sa sombre théologie:

> ... Ton Dieu n'est pas le mien:
> Tu m'en fais un tyran; je veux qu'il soit un père,

déclarera-t-il dans une *Epître à Louis Racine*, apparemment contemporaine de ce premier manifeste du déisme voltairien que sera l'*Epître à Julie*.[35]

---

32. M.x.265. Cette épître «Aux Mânes de M. de Génonville» est datée de 1729. Pourquoi ce ressouvenir d'un ami disparu depuis si longtemps? L'épître doit être contemporaine de celles des «Vous et des Tu» (M.x.269), et procède sans doute du même incident. La facile Suzanne de Livry, devenue la marquise de Gouvernet, affiche maintenant la respectabilité: elle refuse sa porte à Voltaire. Ce qui rappelle à celui-ci leur vie libre d'autrefois et la part qu'y prenait le malheureux Génonville.

33. Aucun n'est daté. Dans un cas au moins la datation de Th. Besterman est à corriger. D78 ne peut être du printemps 1719, mais plutôt du début d'octobre 1721. Voltaire est en partance pour Richelieu. Ce qui s'accorde avec l'allusion à *La Grâce*, récemment imprimée, et avec la perspective de voir Louis Racine à Paris «l'hiver prochain». Voltaire achève la mise au point de son poème épique.

34. D79.

35. M.x.479.

En 1719 et 1720 souffle sur Paris la folie du «Système». Par d'heureux coups sur les actions de Law, artificiellement poussées à la hausse, s'édifient en un instant de fabuleuses fortunes, suivies parfois, dans le reflux, de ruines non moins retentissantes. Au moment où la fièvre atteint son paroxysme, Voltaire est à Sully, puis à Villars. De loin, il s'étonne et s'abstient.[36] Il aurait pu pourtant être tenté par une occasion de profit rapide. Ses finances alors ne sont guère au large. Qu'il ait à son service un domestique, un nommé La Brie, ne saurait passer, dans les mœurs du temps, pour un signe d'opulence.[37] La pension que lui sert son père ne lui suffit pas. Le vieil Arouet a dû rembourser 4.000 livres de dettes qu'il a faites.[38] S'il s'est tant pressé après Œdipe de donner Artémire, c'est aussi dans l'espoir de toucher des revenus équivalents à ceux de la précédente tragédie. L'échec le laisse dans l'embarras. Pourtant il n'a pas spéculé sur les actions du Mississipi. Parce qu'il fut mis en garde par les frères Pâris, ennemis de Law qui bientôt seront chargés de liquider l'entreprise?[39] Mais c'est seulement à la fin de 1722 qu'il s'efforcera d'entrer en relations avec ces financiers:[40] au moment du Système, il ne les connaît pas encore. Il est plus vraisemblable qu'il fut retenu par une prudence bourgeoise, devant la tentation de «richesses imaginaires».[41] Dès août 1719, il prévoit une «ruine totale». Il a grand peur pour Mme de Mimeure qui a acheté des actions.[42] En quoi se manifeste ici pour la première fois son sens avisé des affaires. Sans doute aussi connaît-il encore mal, à cette date, les mécanismes de la spéculation. Il ne voit dans les opérations de Law qu'un chaos qu'il ne peut «débrouiller».[43] Mieux initié, comme il le sera bientôt, il aurait peut-être tenté sa chance.

Nous le perdons de vue pendant tout l'été de 1721. Quand nous le retrouvons vers le milieu d'octobre, il se prépare à partir pour Richelieu en Touraine.[44]

36. D84, D86 (vers juillet-août 1719).
37. D88, D99.
38. D.app.11, p.388.
39. C'est l'hypothèse de Desnoiresterres, i.194.
40. D136 (5 décembre 1722).
41. D84.
42. D86.
43. D84.
44. D96. Une incertitude subsiste sur la date du voyage. Desnoiresterres le place en 1720. Dans une séquence de lettres non datées, D96-D100, le seul repère est fourni par D99: «A Richelieu ce samedi 25». Nous nous rangeons à l'avis de Th. Besterman qui pense que le «samedi 25» le plus probable est le samedi 25 octobre 1721. Voir D99, «textual notes». En outre D'Estrée, Le Maréchal de Richelieu, p.76, souligne la difficulté de la date de 1720. Voltaire a retrouvé en son château de Touraine son ami le duc. Or entre septembre et novembre 1720, celui-ci est nécessairement à Paris pour briguer le fauteuil académique de Dangeau, décédé le 9 septembre; Richelieu y fut élu le 14 novembre.

Il voit alors pour la première fois la ville et le château. Il est frappé par la splendeur classique de l'ensemble, digne en tout de «la grandeur du cardinal de Richelieu». Le château, «immense», «le plus beau de France», peuplé de belles statues antiques, a aujourd'hui disparu. Mais la ville étonne encore le visiteur par son ordonnance géométrique: des rues rectilignes garnies de maisons identiques, se coupant à angle droit et débouchant sur des places spacieuses, ornées de bâtiments à l'antique. Ville «bâtie comme la place Royale»: Voltaire rencontrait ici un modèle de l'urbanisme aéré, imposant par sa régularité, que le siècle classique lègue au siècle des Lumières. En novembre il fait halte au Bruel et à Sully, avant de revenir à Paris.

La grande affaire qui l'occupe alors est sa *Henriade*. Le poème est achevé. Il en a fait recopier les six premiers chants. Pour les trois derniers, écrits de sa main, Thiriot se charge de les faire transcrire. Car ce bon garçon, ce «cher enfant», est parmi tous ses amis le plus intime, celui à qui on fait confiance pour les démarches qui demandent de l'exactitude. Voltaire lui adresse, de Richelieu, des instructions détaillées sur la manière de faire parvenir le manuscrit au régent, par l'intermédiaire d'un M. Du Fargis.[45] Le poète fait preuve de suite dans les idées. En 1718, il proposait au duc d'Orléans de lui lire des fragments de *La Henriade* en cours d'élaboration. Trois ans plus tard, l'œuvre étant achevée, sa démarche tend à obtenir la dédicace, naguère refusée à *Œdipe*, ou en tout cas un patronage officiel. Il convient que le Virgile français se produise devant le public sous l'égide du prince.

Les travaux d'approche étaient en cours, lorsque survint l'événement inéluctable, qui marque toute vie d'homme, la mort du père. Au moment d'*Œdipe*, Voltaire avait tenté d'amadouer le vieil Arouet. Le bonhomme, si l'on en croit l'anecdote, ne fut pas insensible au succès de son fils cadet. Celui-ci avait fait un geste de courtoisie. Etant encore mineur, il avait demandé que la montre d'or offerte par le roi d'Angleterre, en remerciement d'un exemplaire dédicacé de la tragédie, lui fût remise par l'intermédiaire de son père.[46] Pourtant ils ne s'étaient pas réconciliés. En 1721, Voltaire habite toujours la maison paternelle, dans la cour vieille du Palais.[47] Ce n'est pas l'indice d'un rapprochement. Mais plutôt de ses difficultés d'argent. Il fait ainsi l'économie d'un logement à ses frais. Les préventions à son encontre de François Arouet n'ont nullement disparu. Elles vont s'inscrire dans les dispositions que prend le vieillard, sentant sa fin approcher.

Le jour anniversaire de ses soixante-douze ans, le 19 août 1721, il dicte à deux notaires son testament. Il partage également son bien entre ses trois

45. D96.
46. D80 (20 juin 1719).
47. D.app.11, p.392.

enfants. Mais la part de François-Marie est assortie d'une clause restrictive. Elle est «substituée», c'est-à-dire qu'elle passera aux enfants qu'il aura «en légitime mariage». A défaut, elle reviendra au frère aîné et à la sœur. Dans tous les cas Voltaire n'en aura que l'usufruit. Il n'a même pas l'administration de sa part, qui sera confiée à un «tuteur» chargé de la placer «en fond d'héritage ou rente». Le vieil homme justifie sa méfiance. Il craint que son fils cadet «ne dissipe le peu de bien que [son père] lui laisse et ne tombe dans le besoin»: ce qui est, comme il va sans dire, le sort quasi inévitable d'un poète. Il n'exclut pas cependant que Voltaire puisse un jour se corriger. Si à l'âge de trente-cinq ans il a pris «une conduite réglée», le premier président de la Chambre des comptes pourra annuler la substitution et lui remettre sa part d'héritage en toute propriété.[48]

Le vieil Arouet termine par des recommandations qui en disent long sur l'ambiance qui devait régner aux réunions de famille. Il institue exécuteur testamentaire son gendre Mignot, époux de sa fille Catherine. Il exhorte, «autant qu'il le peut» ses deux fils à «bien vivre et en union» avec ce gendre. Il leur répète un conseil qu'il leur a donné «plus d'une fois», dont «ils n'ont guère profité»: il faut «s'accommoder à la portée de ceux sur qui nous croyons avoir une supériorité d'esprit et de lumière que nous ne devons jamais leur faire sentir». Ce qui veut dire, en clair, qu'Armand et François-Marie tenaient leur beau-frère pour un sot (ce qu'il était peut-être) et le lui montraient.

Après quoi, le testament une fois paraphé et déposé dans l'étude des deux hommes de loi, le vieil Arouet eut du remords du traitement infligé à son fils le poète. Le 26 décembre, gravement malade, il convoque à nouveau ses notaires. Il leur dicte un codicille. Il confirme son testament, à l'exception toutefois de la clause de substitution concernant François-Marie: il l'annule purement et simplement.[49] Mais suprême hésitation: ce codicille, il ne le signe pas. Il meurt six jours après, le 1er janvier 1722, laissant la pièce sans signature. Seul reste donc valable le document du 19 août, stipulant la substitution. A l'ouverture du testament, Voltaire proteste contre cette clause devant les notaires. Il se réserve de l'attaquer: démarche sans la moindre chance de succès, qu'en définitive il ne fera pas.[50]

L'usage au dix-huitième siècle était de procéder à un inventaire après décès, en présence des héritiers. Les Archives nationales conservent celui de feu Arouet, établi minutieusement dans chaque pièce de la maison de Paris et de celle de Chatenay. Le relevé, en sa sécheresse, nous transmet un document suggestif sur le train de vie d'un bourgeois parisien, au temps de la Régence.

48. D.app.11, p.388-89.
49. D.app.11, p.390.
50. D.app.11, p.393.

Ces opérations, qui furent longues, Voltaire les a suivies de bout en bout. Il donna seulement délégation pour l'inventaire de Chatenay, le 26 janvier. Mais il était présent à Paris, avec son frère Armand, sa sœur Catherine, son beau-frère Mignot, les 20, 21, 22 janvier, et pour l'ouverture d'un coffre et l'inventaire des papiers presque quotidiennement du 3 février au 4 mars. A l'issue, lui reviennent pour sa part, d'après les calculs des notaires, 152.934 livres et quelques sous et deniers. Somme plus que rondelette, mais à laquelle il lui est interdit de toucher.

La mort du vieil Arouet le libère. Certes il ne s'était jamais beaucoup embarrassé des conseils de celui qu'il ne considérait pas comme son père véritable. Le voici néanmoins délivré des reproches, admonestations, et de cette gêne que cause toujours la réprobation, même silencieuse, de quelqu'un qui vous touche de près. Une censure cesse de peser sur l'auteur d'*Œdipe*, qui peut-être faisait un «complexe» paternel. Il prendra plus tard une revanche dont le vieil Arouet avait lui-même posé les jalons. Comme le prévoyait le testament, le 1er mars 1730, Voltaire ayant dépassé trente-cinq ans, le premier président de Nicolaï annule la substitution. Par acte dûment notarié, il est déclaré qu'Arouet de Voltaire «loin de dissiper son bien et de faire des dettes l'a au contraire augmenté», et qu'on «espère qu'il ne fera que de bons usages» de l'héritage restitué.[51] Parmi divers motifs qu'avait Voltaire de faire fortune, on fera entrer en ligne de compte la volonté de démentir les prévisions d'un père hostile.

Le père mort, il n'aura plus de relations, encore moins de sympathie pour son frère aîné Armand, adonné bientôt aux convulsions jansénistes. Mais il ne répudie pas tout esprit de famille. On doute qu'il ait jamais pris la peine de «s'accommoder» au petit génie du beau-frère Mignot. En revanche il reste attaché à sa sœur Catherine. Il souffrira de sa mort survenue prématurément en 1726. Il aura pour famille les enfants de celle-ci, dans un rôle d'oncle, en attendant celui de patriarche.

51. D.app.18.

10. Orientations étrangères

Le succès d'*Œdipe* avait répandu le nom de Voltaire hors de France. Lui-même avait fait en sorte qu'il en fût ainsi. Au duc de Lorraine (le duché étant alors une principauté indépendante) et à la duchesse son épouse, sœur du régent, il adresse un exemplaire, accompagné d'un quatrain hyberbolique: «O vous, de vos sujets l'exemple et les délices»,[1] etc. Même envoi à George Ier, roi d'Angleterre, avec toute une épître, où la flatterie est plus appuyée encore.[2] Ce souverain de la dynastie hanovrienne, personnage des plus ternes, est impudemment loué comme un «grand roi», «qui de l'Europe en feu balance les destins», un «sage», un «héros», régnant sur l'Angleterre «par le droit de naissance» et «par [ses] vertus sur l'univers»... On a vu comment George Ier récompensa ce dithyrambe par le présent d'une montre en or à répétition. Le poète avait ses entrées chez l'ambassadeur anglais, lord Stair.[3] Dans la foulée, il compose pour celui-ci des vers sur le biribi; il lui lit des fragments de *La Henriade*, que milord juge d'une «merveilleuse beauté». Orientation conforme, Voltaire ne peut l'ignorer, à la politique d'alliance avec le cabinet de Saint-James pratiquée par le régent et par Dubois. L'auteur d'*Œdipe* fait oublier ses accointances de naguère avec la duchesse du Maine, responsable des complots pro-hispaniques contre le duc d'Orléans.

Il est lié simultanément avec l'une des figures dominantes de la politique anglaise, présentement en exil en France. Henry Saint-John, lord Bolingbroke, âgé alors de quarante ans, avait derrière lui tout un passé politique. Leader du parti tory à la chambre des Communes, il avait pesé pour que le ministère anglais adoptât à l'égard de Louis xiv l'attitude plus modérée qui permit la conclusion en 1713 des traités d'Utrecht. Mais compromis avec le prétendant Stuart, il avait dû à la mort de la reine Anne et à l'avènement de la dynastie hanovrienne partir pour l'exil (1715). Pendant son séjour en France, l'aristo-crate libertin qu'il est fait une fin en épousant la marquise de Villette. Voltaire leur rendra visite en leur château de la Source, près d'Orléans. Précédemment il s'était fait apprécier de lui par *Œdipe*, que la comtesse d'Argental lui avait

1. M.x.475.
2. M.x.247.
3. C'est l'ambassadeur qui suggéra l'envoi d'une montre, plutôt qu'un présent de 100 guinées auquel avait songé le roi (D80, note).

donné à lire.[4] Bolingbroke est lié d'autre part avec Mme de Bernières et avec de Maisons, mais on ne sait si Voltaire fit sa connaissance avant la rencontre de la Source, laquelle marquera le véritable début de leurs relations.[5]

En même temps il pose des jalons dans une autre direction: vers l'Allemagne. Mais non vers celle du nord, où plus tard il voyagera souvent: vers la capitale de l'Empire, et l'un des centres de la diplomatie européenne, Vienne. Il met à profit sa correspondance avec Jean-Baptiste Rousseau. Le poète lyrique, flatté de l'admiration d'un si brillant disciple et d'ailleurs sensible au mérite d'Œdipe, a fait circuler son exemplaire. Il l'a fait lire à l'impératrice douairière Amélie.[6] Par ce même intermédiaire Voltaire est connu du prince Eugène, héros de la guerre de Succession d'Espagne devenu une personnalité influente de la cour impériale. Il a eu soin de comprendre le prince dans le service de presse de son Œdipe.[7] Au printemps de 1722, il cultive ses relations viennoises. Il a adressé à Jean-Baptiste Rousseau une longue lettre: celle d'un «disciple tendrement attaché à son maître». Il lui soumet respectueusement un plan en prose de La Henriade. Il n'oublie pas de préciser qu'il a placé dans son poème l'éloge du prince Eugène, associé à celui de Villars. De quoi Jean-Baptiste Rousseau informe l'intéressé, en lui communiquant le plan de La Henriade. Une correspondance s'amorce. Le prince écrit au poète qu'il serait heureux de le rencontrer.[8] Un éventuel voyage est envisagé. Voltaire quitterait Paris pour aller lire son poème épique à Rousseau en présence de son illustre ami, «aux heures de loisir» de celui-ci. Vienne, hélas! est loin. A défaut il ira voir Rousseau à Bruxelles, puisqu'il apprend que l'exilé doit se rendre en cette capitale des Pays-Bas autrichiens.

Voltaire poète veut incontestablement assurer à son œuvre une diffusion européenne. La connaissance de la langue française, le prestige des grandes œuvres classiques ont établi dans les cours étrangères des réseaux qu'il entend utiliser. Mais il a sans doute d'autres projets encore. Il rapportera dans l'Histoire de la Russie sous Pierre le Grand une étrange proposition qui lui fut faite. Dans cet ouvrage et antérieurement dans l'Histoire de Charles XII, il expose dans le détail l'audacieux dessein de Görtz, ce politique aventureux qui sut gagner à ses vues le roi de Suède. L'Europe étant à peine remise de la longue guerre de Succession d'Espagne, Görtz entreprenait de la bouleverser encore de fond

---

4. D71 (4 février 1719).

5. D108 (juin 1722?), Voltaire demande à Mme de Bernières de lui organiser un souper «avec milord Bolimbrok et Mr de Maisons». On ne sait si ce fut fait.

6. D75.

7. D72. Nous avons dit, p.79, que Voltaire avait déjà en 1716 adressé au prince Eugène une épître en vers de ton assez libre.

8. Lettre perdue, mentionnée dans D106 (28 mai 1722).

en comble: par une alliance entre Charles XII et le tsar Pierre le Grand, il veut rétablir la puissance suédoise sur la Baltique et en Allemagne, changer le roi de la Pologne, renverser à Londres le souverain hanovrien au profit du prétendant Stuart, et à Paris le régent au profit du roi d'Espagne. Pour ses complots, Görtz recrute des auxiliaires. Il offre donc au jeune auteur d'*Œdipe* d'entrer à son service.[9] Voltaire eut la prudence de refuser. Mais il demeure tenté par l'idée qu'on pourrait lui confier des tâches diplomatiques. Il fait des avances au cardinal Dubois. Après la chute d'Alberoni (ministre espagnol plus ou moins associé à l'entreprise de Görtz), après un projet de mariage entre la Maison de France et celle d'Espagne, il félicite en vers le ministre du régent.[10] Il ne craint pas de le comparer au grand cardinal de Richelieu: compliment non désintéressé.

Parmi les raisons qui l'empêchaient de se rendre à Vienne auprès de Rousseau, il allègue «l'état de sa fortune»: elle ne lui permet pas de faire un si long voyage. La mort de son père vient d'apporter un changement dans la gestion de ses finances. En dépit de ses désaccords avec François Arouet il apparaît, d'après les documents, qu'il laissait à l'ancien notaire l'administration de ses fonds. Dans les papiers de son père, se trouvaient trois actions de la Compagnie des Indes lui appartenant, qu'il se fait remettre sur le champ. Dans les mêmes papiers, cinq «billets de banque», de mille livres chacun, à son nom. Il en a touché un seul. Il lui reste dû 4.000 livres.[11] Argent frais qui le met en mesure de faire une acquisition. Le 7 février 1722, l'huissier-priseur vend les «meubles meublants et ustensiles d'hôtel» de son père: il en achète une partie pour 3.223 livres.[12] Il lui faut désormais songer à se loger par lui-même.[13] Il a perdu en même temps qu'un logement gratuit chez son père la pension que celui-ci lui servait. La liquidation de la succession, après l'inventaire des notaires, va traîner cinq ans. Elle n'interviendra que le 25 février 1727. Voltaire alors à Londres s'y fera représenter par un procureur.[14] Il n'entrera pas cependant en possession du capital de sa part, lequel reste «substitué». Comme nous l'avons vu, il n'a même pas la faculté d'en administrer l'usufruit, confié à un tuteur.

9. *Œuvres historiques*, p.351.
10. M.x.253-54.
11. D.app.11, p.438-39.
12. D.app.11, p.441-42.
13. On connaît mal ses logements parisiens en 1722. De Cambrai, le 30 octobre, il déclare demeurer à l'hôtel de Richelieu. En outre, d'après D9568 (22 janvier 1761), il fut en 1722, à un certain moment, le voisin d'une aventurière polonaise qui se faisait passer pour la veuve du tsarévitch, exécuté sur l'ordre de son père Pierre le Grand.

14. D.app.11, p.440: à cette fin il passe un acte devant Jacques Brissac, notaire à Londres, le 18 janvier 1727.

Dans les mois qui suivent la mort de son père, il se trouve donc dans la nécessité de se procurer rapidement des fonds. Sans doute il avait la ressource de prendre un emploi. Mais le parti était incompatible avec un mode de vie comme le sien, dans la bonne société, ce qui suppose la libre disposition de son temps. Il aurait pu tenter de vivre de sa plume. Ce qui était possible vers 1720. Un Marivaux, un Lesage y parvenaient. Mais c'était se condamner à un travail de besogneux, accumulant une production intensive où se mêlent romans, journaux, pièces de théâtre dans les genres les plus rentables: comédies pour le Théâtre italien, farces pour la Foire. C'eût été encore, de son point de vue, déchoir. Il lui fallait en ce cas, tout en sacrifiant ses relations de haut parage, renoncer à ne pratiquer que les formes les plus nobles de la littérature: tragédie, poème épique, épîtres à de grands personnages. Il ne lui restait donc qu'un seul recours: tirer son revenu de spéculations heureuses, en s'introduisant dans les combinaisons les plus fructueuses. La conduite, qu'on a souvent taxée chez lui d'avarice, lui est à l'origine imposée par le choix qu'il a fait de se consacrer à la haute littérature. Son amour de l'argent est une conséquence de son goût pour les «belles lettres» – peu rémunératrices. Les affaires d'argent dans lesquelles il s'engage en 1722 confirment sa décision prise dix ans plus tôt: devenir un grand poète, et vivre dans les sphères aristocratiques où la grande poésie peut s'épanouir et se faire reconnaître.

Au printemps de 1722, nous le trouvons en relations d'affaires avec Gilles-Henri Maignart, marquis de Bernières, président à mortier au parlement de Rouen. Un portrait qui nous est parvenu nous donne à voir le personnage, figure typique des «grandes robes» de l'Ancien Régime: large perruque encadrant un visage rond, qui respire autorité et finesse; ample toge sombre, rehaussée d'hermine blanche; manchettes de dentelles.[15] Le président de Bernières, à la tête assurément d'une confortable fortune, travaille à l'accroître encore. En avril il monte une compagnie qui exploitera l'impôt sur le sel, la gabelle. Voltaire est associé à l'opération: il doit fournir sa quote-part du capital, de ce qu'il appelle «une caisse de juifrerie».[16] Où va-t-il se procurer les fonds? En vendant tout ou partie de ses actions sur la Compagnie des Indes, qui constituent le plus clair de son bien? Ce qui est dit dans les quelques lettres où il fait allusion à la combinaison n'est guère explicite. Peut-être sa participation est-elle seulement celle d'un intermédiaire. On sait que sous l'Ancien Régime le roi ne levait pas directement l'impôt par une administration fiscale dépendant d'un ministre des Finances. L'Etat passait un contrat, ou «traité», avec des financiers privés, ou «traitants», qui avançaient le montant

---

15. Reproduit dans Joseph Daoust, «Voltaire et la marquise de Bernières», *Etudes normandes* 176 (1965).
16. D104.

de l'impôt et se chargeaient de le recouvrer ensuite sur les sujets de Sa Majesté. La différence entre la somme versée au roi et celle qui était prélevée sur les assujettis permettait d'énormes profits. Dans le cas présent, M. de Bernières avait donc à passer un «traité» avec le régent. D'autres candidats sans doute étaient sur les rangs. Mais le régent a promis le privilège à quelqu'un qui l'a promis à Voltaire. Il faut donc que Bernières passe par lui.[17] Il est probable qu'en définitive l'affaire fut conclue, et que Voltaire toucha une commission. Car en septembre et octobre 1722 il est suffisamment en fonds pour entreprendre un long voyage en Belgique et en Hollande. En décembre, il fait des démarches auprès des frères Pâris, qui dominent alors la finance française. Il veut acquérir dans leurs affaires de «nouvelles actions», promettant de bons dividendes.[18]

En même temps qu'avec le président de Bernières il s'est lié avec la présidente. Intimement lié. La première de ses lettres que nous connaissions à Marguerite-Magdeleine Du Moustier, marquise de Bernières, ne permet pas le doute. Malgré la discrétion qu'imposent la politesse et la prudence, les termes indiquent que la dame est alors, pour dire les choses nettement, sa maîtresse.[19] Le voici encore une fois en commerce amoureux avec une femme plus âgée que lui. Mme de Bernières a environ trente-cinq ans, quand il n'en a lui-même que vingt-huit. Le portrait de celle-ci, qui nous est conservé faisant pendant à celui du président, nous montre une beauté blonde, bien en chair, épanouie.[20] Les Bernières possèdent une double résidence, grâce à quoi le ménage vit plus commodément séparé: à Paris, la maison à l'angle du quai des Théatins et de la rue de Beaune, où Voltaire mourra; en Normandie, près de Rouen, le château de la Rivière-Bourdet. L'édifice actuellement délabré[21] laisse cependant encore imaginer ce qu'il fut au temps de sa splendeur. Dans un style classique, une façade de six fenêtres ou ouvertures au rez-de-chaussée et au premier étage; au-dessus un étage mansardé aux lucarnes rondes, fort décoratives, de chaque côté d'un large motif ornemental. Des dépendances, à droite et à gauche, et des écuries qui durent être fort belles. A l'entour, pelouses et grands arbres. Au printemps de 1722, Mme de Bernières y effectue des travaux de remise en état, dans l'intention d'y passer une partie de son temps. Voltaire y fera de fréquents séjours, pour travailler et pour se soigner.

17. D108, D110 (juin 1722?), D113 (1er juillet 1722?).
18. D136 (5 décembre 1722).
19. D104 (avril 1722?).
20. Elle vieillira mal, si l'on en croit Mme de Graffigny qui en avril 1739 trace ce portrait dans une lettre à Devaux: «C'est une vieille lourpidon de soixante ans qui est décriée au point qui ne s'imagine pas.» (*Correspondance* (Oxford 1985), i.379, lettre 103).
21. Il sert aujourd'hui de maison de retraite.

L'amant de Mme de Bernières s'avoue en effet en piètre état de santé. Il accorde sa confiance à un empirique nommé Vinache, pratiquant une médecine astrologique, qu'il déclare lui-même «le plus grand charlatan de France».[22] Pour combattre ses maux d'entrailles, le patient de Vinache suit un régime: du cidre, du riz. Plus d'une fois, il s'est senti usé, mourant.[23] Il badine, non sans quelque inquiétude, à s'imaginer mort. Deux prêtres, escortant son cercueil, ou plutôt sa «vile bière», s'en iront gaiement, comme le curé de La Fontaine,

> Porter [sa] figure légère
> Et la loger mesquinement
> Dans un recoin de cimetière.

Ses nièces, son «janséniste de frère», «riraient à son enterrement».[24] Lugubre vision. Heureusement il n'est pas si mourant. Un jour le voyageur François Tronchin l'a aperçu au foyer de la Comédie-Française. C'est la première rencontre de Voltaire avec la tribu Tronchin. «Toujours allant, toujours souffrant», lance-t-il au Genevois.[25] Une irrépressible vitalité anime son organisme maladif. Aussi le voit-on se dépenser en de multiples activités.

Il en est qui ne lui font pas honneur – c'est le moins qu'on puisse dire. Le 22 mai 1722 il offre à Dubois ses services comme agent secret.[26] A l'appui il fait passer une note sur un certain Salomon Levi, que successivement les ministres Chamillart, Torcy, Le Blanc avaient employé comme espion à la cour de Vienne et dans les états-majors autrichiens d'Italie. Ce Levi est issu de la communauté juive de Metz. Si la ville dépend du roi de France depuis le milieu du seizième siècle, le duché de Lorraine en revanche continue à faire partie du Saint-Empire. Ce qui favorise les liaisons avec la capitale des Habsbourg. Salomon Levi a pour «contact» un nommé Willar, «secrétaire au cabinet de l'empereur». Présentement il doit se cacher dans Paris: il est poursuivi devant le Châtelet pour une vilaine affaire, sans rapport avec ses agissements d'espion. Sa communication avec Willar se trouve donc interrompue. Et pourtant il est nécessaire qu'il fasse parvenir promptement une réponse à celui-ci. Voltaire s'offre comme intermédiaire. Il pourrait se rendre à Vienne pour rétablir la liaison avec Willar. Il s'abriterait derrière une couverture littéraire: le prétexte serait de rencontrer Jean-Baptiste Rousseau, et de faire lire sa *Henriade* au prince Eugène.

22. M.x.251, épître au maréchal de Villars qui date, non de 1721, mais de 1722: voir D107.
23. M.x.246, à Génonville, 1719.
24. M.x.252.
25. Cité par H. Tronchin, *Le Conseiller Tronchin* (Paris 1882), p.10-11. Voltaire est décrit comme «un jeune homme fort maigre, habit noir, longue perruque naturelle».
26. D106.

Lettre étonnante, par les arrière-plans douteux qu'elle laisse entrevoir. Voltaire a parlé de vive voix de l'affaire à Dubois.[27] Le ministre ne l'ayant pas découragé, il revient à la charge. Quelles sont ses intentions? Peut-être de faire payer par le Trésor royal son voyage à Vienne, que ses finances ne lui permettent pas de faire. Mais il a aussi un autre dessein. Il voudrait persuader Dubois de «l'employer à quelque chose». Arouet de Voltaire ne peut pas postuler un poste diplomatique important, comme le fera Montesquieu, lorsque vers 1730 il sollicitera une ambassade. Charles-Louis de Secondat, baron de La Brède et de Montesquieu, se situe au niveau de l'aristocratie la plus distinguée. Mais le fils du bourgeois Arouet ne peut prétendre représenter Sa Majesté dans une cour étrangère. Sa réputation littéraire ne le recommande nullement, au contraire, le métier de poète continuant d'encourir le soupçon d'infamie. Il propose donc ses services pour des emplois subalternes, voire pour les basses besognes. Lui qui vise à la respectabilité n'est pas sans ressentir ce que la démarche a d'indigne. Aussi tient-il à se démarquer d'un Salomon Levi. Il affiche à l'intention de Dubois son mépris pour «ce Juif»: les Juifs comme lui ne sont «d'aucun pays que de celui où ils gagnent de l'argent»; ils ont «la facilité [...] d'être admis et d'être chassés partout». Antisémitisme où la religion n'entre pour rien. A cette date, nulle trace encore de l'antijudaïsme qui inspirera si souvent les attaques ultérieures. Ici la nécessité de se distinguer du Juif, dont il deviendrait en fait l'associé, l'amène à reprendre les thèmes de l'antisémitisme ambiant.

Car déjà il a pris contact avec Salomon Levi. Apparemment il l'a rencontré dans sa cachette parisienne. Les renseignements de sa fiche d'information, c'est de lui qu'il les tient. Il a lu une lettre de Willar à Salomon, dont il cite une phrase. Mais pourquoi et comment a-t-il pu se lier avec un tel individu? On pense à la «caisse de juifrerie» qu'il est en train de constituer avec le président de Bernières. Salomon Levi associe à ses activités d'espion celle de munitionnaire. Le mépris des Juifs n'a jamais empêché les puissances chrétiennes, en temps de guerre surtout, pressées par d'impérieuses urgences, de s'adresser à des financiers israélites pour nourrir et armer leurs troupes. C'est ainsi que Levi a ravitaillé l'armée impériale en Italie, tout en faisant passer des renseignements au commandant de l'armée française, le maréchal de Villeroi. Présentement il monte une opération avec Oppenhemer et Vertembourg, «munitionnaires de l'empereur [...] tous deux juifs comme lui». On présume que Voltaire, à la recherche de capitaux pour entrer dans l'affaire des gabelles, a sollicité Salomon Levi. On ne sait ce qu'il advint ensuite de ses relations avec l'espion munitionnaire. Il est sûr qu'il ne fit pas le voyage à

27. D106: «le Juif dont j'ai eu l'honneur de vous parler».

Vienne pour lequel il s'était proposé. Mais on verra qu'il va continuer à faire sa cour au ministre Dubois.

Autre épisode fâcheux. En juillet 1722, un incident fortuit l'engage dans une de ces querelles interminables sur lesquelles il s'acharne. Il s'agit encore d'un espion, employé celui-là à des tâches de basse police intérieure. Un jour à Versailles Voltaire reconnaît Beauregard, cet officier indicateur qui en 1717 avait été responsable de son arrestation.[28] Il apprend que Le Blanc, ministre de la Guerre, continue à utiliser ses services, s'acoquinant avec cet agent au point de le tutoyer et de l'inviter à sa table. Furieux, Voltaire s'exclame en public: «Je savais bien qu'on payait les espions, mais je ne savais pas que leur récompense fût de manger à la table du ministre.» Beauregard jure de se venger. Le Blanc lui donne son accord: «Fais donc en sorte qu'on n'en voie rien.» Au pont de Sèvres, sur la route de Versailles à Paris, l'officier arrête le carrosse de Voltaire, fait descendre celui-ci, le bastonne copieusement, le marque au visage. L'insulté en proie à une rage bien naturelle porte plainte au bailli de Sèvres, lequel donne un décret de prise de corps parfaitement inutile. Beauregard a disparu. Voltaire réclame justice au duc d'Orléans. «Monsieur, répond le régent, vous êtes poète et vous avez reçu des coups de bâton; cela est dans l'ordre, et je n'ai rien à vous dire.»[29] Desnoiresterres ne voulait pas croire à de telles paroles, pour nous si choquantes. Mais elles étaient conformes à l'esprit du temps. De plus le prince couvre son ministre, et l'agent du ministre. Voltaire intente un procès auprès du Châtelet. Il essaie de faire arrêter l'officier fugitif par le prévôt de Gien, croyant qu'il se cache dans la région.[30] La chasse au Beauregard va le tenir en haleine pendant des mois. Un voyage à Cambrai, puis en Belgique, puis en Hollande, ne le détournera pas de pourchasser son homme. Quand il s'attache à un ennemi, le temps ne fait pas son œuvre. Sa haine continuellement renaît, toujours aussi fraîche, aussi active.

A la fin du mois d'août 1722,[31] Voltaire quitte Paris en direction de la Hollande. En chemin il fera deux haltes d'une dizaine de jours, à Cambrai et à Bruxelles. Il se propose de rencontrer Jean-Baptiste Rousseau, qui est venu d'Autriche dans la capitale de la Belgique, alors possession de la Maison de Habsbourg.

---

28. L'affaire est connue par les *Mémoires* de Villars, Barbier, Marais, la correspondance de la marquise de La Cour. Références dans Desnoiresterres, i.218.
29. Manuscrit du fonds Bouhier, cité par Desnoiresterres, i.218.
30. D114 (?juillet 1722).
31. Datation établie par Jean-Michel Raynaud, *La Jeunesse de Voltaire*, sous la date de 27.08.1722, confirmé depuis par la découverte par J.-M. Raynaud d'un acte passé par Voltaire à Paris le 21 août 1722.

Il veut ensuite négocier en Hollande avec un libraire pour la publication de sa *Henriade*.

Il ne voyage pas seul. Il accompagne Mme de Rupelmonde. Marie-Marguerite, fille du maréchal d'Aligre, était veuve depuis une dizaine d'années. Elle avait des affaires à régler dans les Pays-Bas, d'où était originaire son défunt mari. Elle a alors dépassé la trentaine, et doit avoir quelques années de plus que Voltaire.[32] Son veuvage lui permet de vivre en femme émancipée. «Rousse comme une vache, écrit Saint-Simon, avec de l'esprit et de l'intrigue, mais avec une effronterie sans pareille.»[33] Le portrait de Mme de Rupelmonde par Largillière ne dément dans cette appréciation que sa malveillance. Le peintre donne à voir une jeune femme fine, à la carnation claire, mise en valeur par la proximité d'un jeune nègre son laquais; blonde plutôt que rousse; un visage régulier aux traits délicats, éclairé par des yeux vifs. Un personnage de Watteau, ou de Marivaux: ayant l'air gracieusement évaporé de la marquise dans *La Seconde surprise de l'amour*. La chronique mondaine lui prêtait, sans la calomnier peut-on penser, de nombreux amants. La voici donc cheminant avec Voltaire, prenant comme lui le temps de jouir en cours de route des plaisirs de la société. Attend-elle uniquement de son compagnon l'agrément de converser avec un homme d'esprit, à l'exclusion de tout commerce plus intime? On a peine à le croire. Voltaire ne laisse pas ignorer à l'un de ses correspondants que «les amours» sont du voyage. Il compose pour sa compagne une déclaration en vers: répudiant l'amour volage, il promet de servir pour elle cet autre amour «constant dans ses désirs», qui «croît par les plaisirs».[34] Propos d'amant: Voltaire, au travers de ces belles protestations, fait preuve de beaucoup de laxisme. Il ne se sent pas tenu par son engagement récent avec Mme de Bernières, qui n'est pas rompu. A l'étape de Bruxelles, il visite «le plus beau bordel de la ville». Il relate en vers, à Thiriot, ce divertissement.[35] Desnoiresterres en concluait qu'il voyageait avec Mme de Rupelmonde en tout bien tout honneur: c'est raisonner trop géométriquement.

Les deux voyageurs s'arrêtèrent d'abord à Cambrai. Un congrès venait de s'y réunir, rassemblant les ambassadeurs et plénipotentiaires des puissances européennes. Conférence diplomatique de pure cérémonie. La crise opposant Philippe V roi d'Espagne à l'empereur Charles VI avait été réglée par la disgrâce d'Alberoni (décembre 1719) et le traité de Madrid (janvier 1720), complété par le projet de mariage entre le jeune Louis XV et une infante espagnole de trois ans (1721). N'ayant à s'occuper d'aucune question importante, le congrès

32. Elle s'était mariée en 1705, et dut naître vers 1690.
33. Saint-Simon, xii.415.
34. M.x.481.
35. D121.

se livrait aux amusements: dîners, bals, spectacles, fêtes. Dans cette ambiance, Mme de Rupelmonde et son compagnon furent fort bien accueillis. Un soir, à un souper chez Mme de Saint-Contest, femme du plénipotentiaire français, leur présence donne aux convives l'idée de faire modifier le programme théâtral établi par le comte de Windischgrätz. L'ambassadeur d'Autriche avait prévu pour le lendemain un classique, *Les Plaideurs* de Racine. On lui fait demander, en des vers improvisés par Voltaire «au nom de Rupelmonde», la représentation d'*Œdipe*. Windischgrätz répond, en vers aussi, qu'il accepte, à condition qu'on donnerait en même temps l'*Œdipe travesti* de Dominique.[36]

Voltaire se trouvait à Cambrai dans la métropole archiépiscopale du cardinal Dubois, successeur indigne de Fénelon en ce siège. Il ne laisse pas échapper l'occasion de faire sa cour au ministre. A son départ, il avait pris congé en lui disant: «Je vous prie, Monseigneur, de ne pas oublier que les Voiture étaient autrefois protégés par les Richelieu.» Dubois, irrité par une sollicitation trop pressante, avait répondu: «Il est plus facile de trouver des Voiture que des Richelieu.»[37] Voltaire ne se laisse pas rebuter. Il adresse à Son Eminence une de ces lettres, en vers et prose, spirituellement tournée comme il sait les écrire.[38] Il parle en badinant des fonctions ecclésiastiques du prélat non résident, sûr que ce ton ne déplaira pas. Mais il loue le «grand ministre», terminant sur une pointe:

> Faites-vous bénir de la France
> Sans donner dans Cambrai des bénédictions.

Il déclare celui-ci «l'homme du monde de la meilleure conversation». Et pour que l'épître ait tout son effet, il la fait paraître dès septembre 1722 dans le *Mercure de France*. La flatterie cependant laisse entrevoir que Dubois accueille froidement tant d'avances. Le poète se plaint de ne pouvoir entretenir Son Eminence «aussi souvent qu'il le voudrait». La lettre se clôt sur un trait dépité, atténué dans la version du *Mercure*: «La seule grâce que je vous demanderai à Paris sera de me parler.» Cela même ne lui sera pas accordé. Dubois charge Houdar de La Motte de répondre. Voltaire est informé, sous la même forme d'une lettre en vers et prose, que Son Eminence l'«aime»; mais pour les «conversations agréables» avec le ministre, le poète n'y doit pas compter:

> On obtient audience aussitôt qu'elle importe
> A l'Etat, au gouvernement.

---

36. D122.
37. Rapporté par Marais, *Journal et mémoires* (Paris 1863-1868), ii.358.
38. D116.

> Mais l'esprit qui ne vient que pour l'amusement
> Se morfond souvent à sa porte.[39]

Les relations de Voltaire avec Dubois en resteront là, sans que ses avances aient abouti à rien.

Le 7 septembre vers minuit il est arrivé avec Mme de Rupelmonde à Bruxelles. Il loge chez cette dame.[40] Dès le lendemain matin, il se signale par une facétie de mauvais goût. Sa compagne étant allée entendre la messe à l'église du Sablon, il s'y trouve à ses côtés. L'office l'ennuie, l'impatiente. Il s'agite, lance des boutades à haute voix,[41] scandalisant par ses «indécences» le peuple des fidèles, parmi lesquels est présent le comte de Lannoy, gouverneur de la ville. C'est Jean-Baptiste Rousseau qui rappellera l'incident, en 1736, au plus fort de sa querelle avec son ancien disciple. Voltaire ne le contredit pas. Il avoue qu'il a pu être «un peu indévot à la messe», qu'il a eu «des distractions».[42] C'est reconnaître, pour l'essentiel, la réalité des «indécences» qu'on lui reproche. Il s'est laissé entraîner par l'impulsivité de son tempérament, contrôlant mal ses réactions.

On observera cependant que la manifestation, pour incongrue qu'elle soit, se situe dans le contexte des discussions qu'il a sur la religion avec sa compagne de voyage. Mme de Rupelmonde se sent mauvaise conscience. Elle pratique, dans la routine. Mais la vie libre qu'elle mène, en infraction au commandement de Dieu interdisant «l'œuvre de chair» hors du mariage, ne la conduira-t-elle pas à la damnation éternelle? Que penser de ce que débitent les prêtres? Si elle refuse de les croire, n'est-ce pas parce qu'elle aime trop les plaisirs qu'ils condamnent?[43] Voltaire combat ses craintes, qui gêneraient leurs amours. Il n'en mesure pas moins l'importance de la question. Il entreprend d'y répondre dans un poème en forme, une *Epître à Julie*, destinée à son amie. Pour y travailler, il demande à Thiriot de lui envoyer le poème de Louis Racine sur *La Grâce*.[44]

Ces préoccupations et sa mauvaise tenue à l'église du Sablon ne l'empêchent pas de fréquenter la bonne société bruxelloise. Il rend visite avec Mme de Rupelmonde au marquis de Prié, gouverneur des Pays-Bas belges, à la prin-

---

39. Lettre publiée dans une édition des *Lettres* de La Motte, 1754, et retrouvée par J.-M. Raynaud, «Houdar de La Motte: une lettre oubliée à Voltaire», *Dix-huitième siècle* 6 (1974), p.245-48 (D116a).

40. D119, datée du 8 septembre.

41. D1078, p.453: c'est ainsi qu'on peut interpréter les «indécences» dont parlera J.-B. Rousseau, sans autre précision.

42. D1150, p.57.

43. On déduit ce «discours» de Mme de Rupelmonde du préambule de l'épître, devenue *Le Pour et le contre* (M.ix.358-62), où Voltaire l'expose avant d'y répondre.

44. D121 (11 septembre 1722).

cesse de La Tour, et dans d'autres maisons encore.[45] Jean-Baptiste Rousseau l'y accompagne. Pendant les onze jours qu'il passe à Bruxelles, le vieux poète ne le quitte pas. Le proscrit, qui depuis si longtemps vivait hors de France, souffrait d'être privé du commerce des gens de lettres parisiens. Rencontre-t-il en son exil un écrivain venu de la capitale française, il s'attache à lui, l'obsédant de sa présence. Il en agira ainsi avec Piron, à Bruxelles, en 1738 et 1740.[46] Le voici donc enchanté de Voltaire, «charmé de voir un jeune homme d'une aussi grande espérance». Il a lu le manuscrit de *La Henriade*: un chef-d'œuvre. «Notre nation avait besoin d'un ouvrage comme celui-là»: une économie «admirable», des vers «parfaitement beaux».[47] Voltaire était-il au diapason de cet enthousiasme? Ce n'est pas sûr. Après l'image brillante qu'on s'est faite d'un auteur à la lecture de ses œuvres, la rencontre de l'homme souvent déçoit. Jean-Baptiste Rousseau a vieilli. L'ambiance sérieuse des pays allemands où il vit depuis tant d'années lui a mal réussi. Il s'est amorti, alourdi. Bientôt Voltaire l'accusera de «germanisme». Tel mot dans une lettre à Thiriot fait soupçonner qu'il a quitté Rousseau agacé des manières du bonhomme, et dégrisé de son admiration.[48] De son côté tout au moins, se prépare la brouille qui éclatera bientôt, à l'étape du retour.

Les deux voyageurs arrivent en Hollande dans les derniers jours de septembre.[49] Ils y restent environ trois semaines.[50] Ils séjournent principalement à La Haye, mais se rendent aussi à Amsterdam. Voltaire s'occupe alors de ce qui est le but principal de son voyage: l'édition de *La Henriade*. Il renonçait, du moins pour le présent, à la publier en France, avec autorisation et privilège. Ses démarches auprès du régent avaient échoué. Il se serait heurté à un veto de Fleury, déjà très influent comme précepteur du jeune Louis XV: on lui reproche de louer l'amiral de Coligny et la reine Elisabeth d'Angleterre, ce qui était «indécent et même criminel».[51] On peut s'étonner de tant de pusillanimité. Un conformisme craintif empêchait de reconnaître en *La Henriade* un poème à la gloire des Bourbons, célébrés à travers le fondateur de la dynastie.

Au dix-huitième siècle toute œuvre un peu hardie va donc s'imprimer à

---

45. D1078, p.453: J.-B. Rousseau prétend que c'est lui qui l'y présente. Ce que nie Voltaire, D1150, p.57.

46. Desnoiresterres, i.233, fait ce rapprochement.

47. D123 (20 septembre 1722), J.-B. Rousseau à Boutet.

48. D129 (8 octobre 1722), de La Haye: «Nous parlerons à mon retour de Rousseau et des ministres réformés.»

49. D123, du 20 septembre 1723: Voltaire vient de quitter Bruxelles.

50. Voltaire date D130 de Marimont, 27 octobre 1722, après s'être arrêté à Bruxelles assez longtemps pour s'y quereller avec Rousseau.

51. M.i.74.

l'étranger. A La Haye Voltaire conclut un marché avec le libraire Charles Le Viers. Il stipule que le livre se vendra en France sous le nom d'un libraire parisien, inscrit sur la page de titre avec celui de Le Viers. Il se réserve en outre le droit de publier son ouvrage «partout où il voudrait».[52] Il prévoit une grande édition ornée de nombreuses illustrations. Il en a établi la liste, et a réparti les estampes entre plusieurs artistes, Charles-Antoine Coypel, De Troy, Galoches, que Thiriot a pressentis. Lui-même à La Haye s'adresse à Bernard Picart.[53] Le volume promettant d'être fort coûteux, il lance une souscription. Le Viers en fait paraître l'annonce dans la *Gazette de Hollande* (6, 16, 23 octobre 1722) et dans le *Mercure de France* (novembre 1722). «*Henri IV ou la Ligue*, poème héroïque de Voltaire, en neuf chants, avec des notes historiques et critiques, pour servir à l'intelligence de l'ouvrage et à l'histoire de l'époque»: un volume in-quarto, sur grand papier royal. Les souscriptions seront reçues du 20 octobre 1722 au 31 mars 1723, «non seulement à La Haye chez le sieur Le Viers, mais encore à Paris et dans les provinces de France, chez les principaux libraires, et dans les autres pays, chez les libraires des principales villes». L'impression commencera en avril 1723, et les souscripteurs entreront en possession de leurs exemplaires six mois plus tard.

En fait, l'édition Le Viers ne verra jamais le jour. A Paris des auteurs jaloux intriguent pour faire échouer le projet. Fuzelier en décembre dans *Arlequin-Persée*, une parodie du Théâtre italien, se moque de la souscription *urbi et orbi*. L'autorité de son côté voit d'un mauvais œil cette édition hollando-française.[54] Et peut-être Le Viers ne trouvait-il guère de profit dans la combinaison complexe prévue par Voltaire. La publication de *La Henriade* sera à reprendre sur d'autres bases.

C'est alors que Voltaire découvre la Hollande. En 1713, trop jeune, trop absorbé par ses amours, il n'avait rien vu du pays. Le voyage de 1722 est le premier qui le mette au contact d'un peuple étranger. La réalité concrète des choses lui révèle une société fort différente de la française, et supérieure à celle-ci, en vertu de critères dont il prend alors conscience. Il condense impression et jugement dans une lettre à Mme de Bernières: «lettre hollandaise», prélude, on l'a souvent remarqué, aux «lettres anglaises» ou *Lettres philosophiques* de 1734.[55] De La Haye jusqu'à Amsterdam, des prairies, des canaux, des arbres verts: «un paradis terrestre», du moins «quand le soleil daigne s'y montrer». Amsterdam est «le magasin de l'univers», ce qui lui inspire

---

52. D136 (5 décembre 1722), à Thiriot.
53. D121.
54. D125, à Thiriot; D138 (*c.* 10 décembre 1722), à Moncrif, chargé aussi de recueillir les souscriptions.
55. D128, à La Haye (7 octobre 1722).

du «respect». Plus de mille vaisseaux dans le port. Dans la ville, cinq cent mille habitants, parmi lesquels «pas un oisif, pas un pauvre, pas un petit-maître, pas un homme insolent». Il a croisé dans la rue le Grand Pensionnaire, chef de l'Etat, marchant à pied, sans laquais, au milieu de la foule. «On ne voit là personne qui ait de cour à faire, on ne se met point en haie pour voir passer un prince, on ne connaît que le travail et la modestie.» Dans la capitale, La Haye, «plus de magnificence et plus de société par le concours des ambassadeurs». Mais il est frappé par la tolérance qui y règne. «Des ministres calvinistes, des arminiens, des sociniens, des rabbins, des anabaptistes, qui parlent tous à merveille et qui en vérité ont tous raison.»

Il prend connaissance de ce qui est en son temps la forme avancée de la civilisation européenne. Une société commerçante, pratiquant les vertus bourgeoises (travail, modestie), s'est assuré la prospérité matérielle, avec la liberté de penser, de parler, d'imprimer, à la fois conséquence et condition de cette prospérité. En comparaison, combien paraît archaïque la France, hier de Louis XIV, aujourd'hui du régent et du jeune Louis XV.

Personnellement il mène à La Haye une existence mixte, «entre le travail et le plaisir», à la hollandaise pour le premier, à la française pour le second. Jamais il ne s'est aussi bien porté. Il monte à cheval, tous les jours, joue à la paume, boit du vin de Tokai. Ce moment est l'un des rares, le seul peut-être, où il se déclare en parfaite santé. Un état aussi exceptionnel s'explique-t-il par l'exercice qu'il prend, par la vie agréable que lui procure Mme de Rupelmonde, par l'ambiance hollandaise, par l'enthousiasme de l'auteur qui se croit à la veille de donner sa grande œuvre, un poème épique? Les divers facteurs ont sans doute concouru à créer son euphorie. Disposition dont se ressent l'*Epître à Julie* qu'il vient de terminer:[56] la satire d'une religion sombre se conclut par l'appel à la joie de vivre.

Dans ces jours rapides, il aurait trouvé le temps de rencontrer deux des maîtres à penser de l'époque: Jean Leclerc, «le théologien d'Amsterdam», journaliste aussi, publiant une *Bibliothèque ancienne et moderne*, qui sera cité dans les *Lettres philosophiques* parmi «les plus grands philosophes et les meilleures plumes de son temps»; Jacques Basnage, l'ami de Bayle, érudit auteur d'une *Histoire des Juifs*, alors au terme de sa vie. Si l'on en croit Jean-Baptiste Rousseau, Voltaire aurait suscité entre les deux hommes on ne sait quelle tracasserie.[57]

En a-t-il provoqué une autre, d'un genre différent? Après avoir troublé la messe à Bruxelles, a-t-il encore perturbé l'office dans une synagogue

56. D125 (2 octobre 1722).
57. D1078, p.454.

d'Amsterdam? C'est ce que raconte une calotine, reprise en 1769 dans *Monsieur de Voltaire peint par lui-même*. On l'aurait rossé et chassé. Comme l'observe Desnoiresterres,[58] les coups de bâton sont de règle dans une calotine. Quoique ces sortes de libelles soient sujets à caution, il n'est pas impossible qu'il ait eu l'idée d'aller examiner dans un lieu de leur culte les fils d'Abraham, ce qu'il ne pouvait faire à Paris. Ses relations avec Salomon Levi, sa satire des anciens Juifs dans l'*Epître à Julie*, la rencontre à La Haye de rabbins,[59] ont excité sa curiosité. A la synagogue, amusé par la bizarrerie du cérémonial, il n'a pu se tenir coi. On l'aurait alors fermement invité a quitter les lieux. Expérience non négligeable, à ajouter à celles qu'il rapporte de Hollande, lorsqu'il en repart en direction de la France, vers le 20 ou le 25 octobre.

Mme de Rupelmonde l'accompagnant toujours, ils font halte à Bruxelles. Ils y retrouvent Jean-Baptiste Rousseau. C'est alors que tout va se gâter. Voltaire revenait dans des dispositions moins patientes à l'égard du vieil auteur. Ancien disciple déçu dans son admiration, il n'allait plus dissimuler sous des apparences respectueuses ses réactions d'humeur. Certain jour, il fait avec Rousseau une promenade en carrosse dans les environs de Bruxelles. Mme de Rupelmonde est en tiers.[60] Celle-ci ne nous ayant pas laissé son témoignage, nous ne connaissons la scène que par les récits de Rousseau[61] et de Voltaire.[62] Compte tenu de l'intention de chacun de présenter l'affaire à son avantage, les deux versions sont plus complémentaires que contradictoires, et se trouvent confirmées l'une et l'autre par le récit qu'en donne Duvernet.[63]

Pendant que la voiture roule dans la campagne, Rousseau s'est mis à lire ses dernières œuvres: *Le Jugement de Plutus*, allégorie contre le parlement de Paris, *La Palinodie*, l'*Ode à la postérité*. Voltaire: «Ce n'est pas là, notre maître, du bon et du grand Rousseau.»[64] Le but du poète, ajoute-t-il, n'est pas apparemment de se faire des amis. Il déclare franchement que ces pièces ne lui plaisent pas: le satirique passera pour «avoir perdu son talent et conservé son venin».[65] Voyant s'allonger la mine du vieil homme, il tire à son tour de sa poche un manuscrit: «Prenez votre revanche; voici un petit poème que je

---

58. Desnoiresterres, i.238.
59. Expressément mentionnés dans D128.
60. Sa présence est indiquée par Voltaire, D1150, p.59: «Il récita à cette dame que j'avais l'honneur d'accompagner et à moi», etc.
61. D147 (11 février 1723), au prince Eugène; D1078 (22 mai 1736), à la *Bibliothèque française*.
62. D1150 (20 septembre 1736), à la *Bibliothèque française*; *Commentaire historique* (M.i.79).
63. Duvernet précise par une note, p.294: «C'est sous la dictée de Thiriot que l'auteur a écrit le détail de cette entrevue. C'est ainsi que Voltaire, à son retour de Bruxelles, le lui avait raconté.»
64. Duvernet, p.47.
65. D1150, p.60.

soumets au jugement et à la correction du père de *Numa*.»[66] Voltaire croit ou feint de croire que *Numa*, autrement dit *La Moïsade*, ce violent pamphlet en vers contre le christianisme, est de Rousseau.[67] Il se flatte donc que celui-ci applaudira sa *Moïsade* à lui: l'*Epître à Julie*. Dans cette scène, chacun des deux auteurs attend de l'autre une approbation, et ne reçoit à la place qu'une censure mortifiante.

Voltaire était en train de lire les blasphèmes de son épître, lorsque Rousseau l'interrompt. «Prenant tout à fait [son] sérieux», il lui dit qu'il ne comprenait pas comment il pouvait «s'adresser à [lui] pour une confidence si détestable». Voltaire tente de s'expliquer. Mais Rousseau menace de descendre de carrosse s'il ne change de propos.[68] Voltaire: «Je suis fâché que l'auteur de la *Moïsade* n'ait pas encore prévenu le public qu'il s'était fait dévot».[69] Il demande à son interlocuteur de lui garder le secret, ce qui est promis.[70] Pour réchauffer l'atmosphère, il propose qu'ils aillent ensemble à la comédie. Mais à la sortie du théâtre, il ne peut se retenir de lancer un trait contre l'*Ode*, malencontreusement destinée *à la postérité*: «Savez-vous, notre maître, que je ne crois pas que cette ode arrive jamais à son adresse?»[71] L'esprit de l'escalier envenime les ressentiments. Sur la route de France, Voltaire fait halte à Marimont. Il y rencontre le duc d'Aremberg. Il lui dit beaucoup de mal de Rousseau;[72] notamment que celui-ci vient d'écrire des vers satiriques contre le duc de Noailles. Rousseau aura quelque peine à s'en défendre.[73]

Les deux poètes sont donc désormais tout à fait brouillés. Longtemps ils s'en tiendront au parti sage de s'ignorer mutuellement. Jusqu'au jour où une malheureuse affaire les lancera l'un contre l'autre dans un affrontement injurieux, également dommageable pour tous deux.

Il faut s'arrêter sur cette *Epître à Julie*, cause ou prétexte de la rupture d'octobre 1722. Ce texte subira des transformations, au cours d'une longue histoire, retracée par Ira O. Wade.[74] En 1722, comprenant le danger de tels «blasphè-

---

66. Duvernet, p.47.
67. Voir plus haut, p.35.
68. D1078, p.454.
69. Duvernet, p.48.
70. D1078, p.454.
71. Duvernet, p.48. Propos à peu près identique dans le *Commentaire historique* (M.i.79), qui le situe lors d'une visite à Bruxelles en compagnie de Mme Du Châtelet, ce qui est impossible. Le propos et toute la scène appartiennent nécessairement à la rencontre de Voltaire avec J.-B. Rousseau, fin octobre 1722, qui devait être la dernière.
72. D1078, p.455.
73. D147 (11 février 1723), au prince Eugène.
74. Voir l'édition critique de l'*Epître à Uranie*, établie par Ira O. Wade, *PMLA* 47 (1932), p.1066-112.

mes», Voltaire cache soigneusement son épître. Il avait mandé à Thiriot que «les cafés» ne la verraient pas.[75] Son confident lui-même ne semble pas avoir été mis dans le secret.[76] Sur le moment, seuls en eurent communication, outre la destinataire Mme de Rupelmonde et Jean-Baptiste Rousseau, un prince (le duc d'Aremberg?) et le futur éditeur de la lettre de Rousseau en 1736, qui en dit à Voltaire «son sentiment encore un peu plus vivement que M. Rousseau».[77] Ensuite Voltaire en change le titre. Une version manuscrite, qui doit dater de 1726 au plus tard, s'intitule *Epître à Uranie*. Cette pièce se trouve à Leningrad dans un recueil de poésies «saisies sur les auteurs ou écrites par eux pendant leur détention à la Bastille»: la plus récente de celles qui sont datées ou datables est de 1727. On en conclura que ce manuscrit de l'*Epître à Uranie* fut saisi dans les papiers de Voltaire en 1726, au moment de son second séjour à la Bastille. C'est donc le texte le plus ancien de l'*Uranie* que nous connaissions. Le poème ne commencera à circuler que cinq ans plus tard. En juin 1731, Voltaire l'a corrigé «avec soin», en même temps que d'autres «petites pièces fugitives». Il le remet à Thiriot.[78] Des copies s'en répandent et font naître des réfutations. Des éditions paraissent en 1733, 1738. Voltaire ne publiera lui-même son épître qu'en 1772, sous le titre *Le Pour et le contre*.[79] Quant au texte qui fut lu à Jean-Baptiste Rousseau, en octobre 1722, nous ne le connaissons pas. Il devait différer des versions qui nous sont parvenues. Dans aucune de celles-ci nous ne lisons l'épithète horrible, accolée au nom de Jésus-Christ, dont Rousseau ne peut «[se] souvenir sans frémir». Le goût et la prudence amenèrent vraisemblablement Voltaire à la retrancher. On peut penser cependant que l'*Epître à Uranie* ultérieure ne s'écartera pas fondamentalement de l'*Epître à Julie*. Le texte de Leningrad saisi en 1726 ne présente en tout cas que des variantes minimes par rapport aux versions qui suivront.

On est donc en droit de fonder sur lui une analyse. Voltaire annonce qu'il va répondre aux questions de sa compagne. Il ne s'agit pas d'une curiosité purement spéculative. Mme de Rupelmonde est en proie aux «terreurs de l'autre vie», qui font pour elle plus redoutables encore «les horreurs du tombeau». Trait qui ne manque pas d'intérêt pour l'histoire des mentalités. Cette jeune femme émancipée, portée à l'incrédulité, n'est pas pour autant affranchie de la peur de l'Enfer. La hantise de la damnation continue au dix-

---

75. D125 (2 octobre 1722).
76. D417 (30 juin 1731): Thiriot n'a pas l'*Uranie*.
77. *Bibliothèque française* 23, 1ère partie (1736), cité par Ira O. Wade.
78. D417.
79. Mais ce titre apparaît dès 1735 dans une version manuscrite que Voltaire envoie à Cideville: *Le Pour et le contre à Madame de ...* Voir E. Meyer, «Variantes aux poésies mêlées de Voltaire», *RHLF* 39 (1932), p.414.

huitième siècle à angoisser beaucoup d'esprits. Ainsi s'explique l'efficacité du chantage exercé sur les jansénistes par le refus des derniers sacrements. Parmi les indévots les plus notoires, mainte conversion à l'approche de la mort a son origine dans une terreur des supplices éternels. On ira jusqu'à attribuer à Voltaire lui-même, en ses derniers jours, une panique de cette sorte. Lorsque s'atténuera la crainte de l'Enfer, le sentiment religieux certes ne s'évanouira pas, mais il changera de nature et – à notre jugement – s'épurera.

Voltaire veut donc rassurer l'«incertaine Uranie». Il développe devant elle «le pour et le contre». Le «contre» d'abord, longuement (85 vers), avec une éloquence passionnée. Il proteste dans son préambule qu'il ne va pas s'exprimer en libertin, «enivré de l'erreur de [ses] sens»; il s'annonce comme un «examinateur scrupuleux», «respectueux», conduit et éclairé par «la raison». Mais quand il s'agit de la religion, tout un potentiel affectif se trouve mobilisé en lui. C'est donc avec une sorte de fureur qu'il met en accusation la divinité chrétienne. «Les prêtres» lui offrent un Dieu qu'il devrait «haïr». «Un Dieu qui nous forma pour être misérables». Un Dieu inconséquent: après avoir créé l'homme à son image, il le détruit par le déluge. Ensuite l'humanité renaissante est plus coupable encore. Dieu alors tente la solution d'une Rédemption:

> Il venait de noyer les pères,
> Il va mourir pour les enfants.

Mais combien indigne, cette Incarnation! Pour se faire homme, l'Etre des êtres choisit «un peuple obscur, imbécile, volage, amateur insensé des superstitions». L'antisémitisme ou l'antijudaïsme de Voltaire (les deux ici se confondent) se donne carrière:

> Dans les flancs d'une Juive il vient prendre naissance.

Quelle bassesse! «Il rampe sous sa mère». «Longtemps vil ouvrier», il «périt du dernier supplice». Encore sa mort est-elle «inutile». L'humanité reste pécheresse. Et Dieu a l'injustice de condamner aux flammes éternelles les peuples innombrables qui n'ont pu savoir «qu'autrefois, sous un autre hémisphère [...] le fils d'un charpentier expira sur la croix».

Réquisitoire enflammé, où se discerne un «complexe» paternel. Voltaire identifie le Dieu chrétien avec le Dieu vengeur de l'Ancien Testament et le Dieu cruel des jansénistes. Il écarte «cette indigne image», dans un mouvement de ferveur, antichrétien, mais d'une tonalité néanmoins authentiquement religieuse:

> Entends, Dieu que j'implore, entends du haut des cieux,
> Une voix plaintive et sincère:
> Mon incrédulité ne doit pas te déplaire,
> Mon cœur est ouvert à tes yeux;

On te fait un tyran, en toi je cherche un Père;
Je ne suis pas chrétien, mais c'est pour t'aimer mieux.

Ainsi s'amorce le «pour», trop souvent négligé par les commentateurs. Le «pour», ce peut être une autre image du Christ: un Christ «puissant et glorieux», triomphant dans «la nue». Voltaire reconnaît ici la grandeur, inséparable de l'idée d'une divinité suprême. Une grandeur qui pénètre dans l'intimité des âmes et aide les hommes à vivre:

Il console en secret les cœurs qu'il illumine.
Dans les plus grands malheurs il leur offre un appui.

Voltaire, influencé par toute une tradition chrétienne, serait enclin, on le sent, à adhérer à une image si noble. Mais le soupçon subsiste. Car l'évocation se conclut par ce distique:

Et si sur l'imposture il fonde sa doctrine,
C'est un bonheur encor d'être trompé par lui.

On notera qu'admettant l'utilité morale de la religion pour l'individu, il ne fait pas intervenir l'idée d'une utilité sociale, à savoir que les hommes vivant en société ont besoin d'une foi commune, fût-elle fondée sur l'imposture.

Mais le poète poursuit, écartant ce «portrait», glorieux mais entaché de suspicion. Il désigne enfin ce qu'il retient comme la «vérité», encore qu'elle soit «obscure»: la religion naturelle, «gravée dans le fond du cœur» par Dieu lui-même. Celui-ci est le «Très-Haut», à la «sagesse éternelle»: vocabulaire chrétien transposé dans une «religion» qui ne l'est pas. Plus de péché originel: la nature est bonne. Le Très-Haut ne porte pas une «haine immortelle» à la beauté qu'il a donnée à Uranie; il n'est pas l'ennemi des plaisirs. Il ne juge les êtres que sur la pratique de la loi morale. Indifférent à la diversité des cultes répandus parmi les peuples, il aimera un «bonze» s'il est «modeste», un «dervis» s'il est «charitable», mais non un «janséniste impitoyable», ni un «pontife ambitieux». Car ainsi que l'affirme le quatrain final:

Un Dieu n'a pas besoin de nos soins assidus.
Si l'on peut l'offenser, c'est par des injustices.
Il nous juge sur nos vertus,
Et non pas sur nos sacrifices.

De l'attitude religieuse qu'il vient de définir, à l'usage de Mme de Rupel-monde, Voltaire ne s'écartera plus. Il ne cessera d'ajouter au «contre»: les campagnes futures contre l'Infâme sont en germe dans la profession de foi de 1722. En regard, dans un parallélisme très déséquilibré, un «pour» réduit à peu, mais non inexistant: affirmation du «Très-Haut» (l'hypothèse athéiste n'est même pas évoquée en ce texte, fût-ce pour la réfuter); une religion si intérieure qu'elle se limite à la conscience morale, annulant toute pratique cultuelle; une religion «naturelle», proclamant la bonté de tout ce qui est de la nature, sans que Voltaire semble apercevoir l'ambiguïté du concept, ni soupçonner un éventuel conflit entre morale et nature. L'évolution ultérieure enrichira cette «religion» d'une dimension sociale, Voltaire prenant en considération les problèmes de la vie collective, en conséquence de son information d'historien comme de ses expériences personnelles. Dans le texte de 1722, l'aspect social de la religion n'est abordé que par le thème aussi classique que simpliste de «l'imposture».

On n'a pas eu de peine à découvrir à l'*Epître à Uranie* de multiples sources dans la littérature mal pensante de l'époque.[80] Voltaire a défini sa position à l'aide des idées qui circulent autour de lui. Ce qui est original, c'est l'accent, c'est une formulation forte et vive, issue de son affectivité. Pour s'exprimer il a choisi non la dissertation, ou le dialogue, mais le poème. La forme poétique convient à la gravité de la question traitée. Elle revêt de noblesse un sujet reconnu comme l'un des plus grands. Ici encore Voltaire n'innove pas. Il fait lui-même le rapprochement avec les vers de la *Moïsade*, imputée à Jean-Baptiste Rousseau. Il avait aussi le précédent de Chaulieu et, pour une thèse toute différente, celui de Louis Racine. Parmi les poèmes pour ou contre la religion, le sien s'affirme comme l'un des plus engagés. Mais d'un militantisme pour le moment confidentiel: son prosélytisme s'exerce sur la seule Mme de Rupelmonde. S'il a lu l'épître à Jean-Baptiste Rousseau, au duc d'Aremberg, et peut-être encore à un ou deux privilégiés, c'est pour leur donner à admirer la performance littéraire, plutôt que dans l'intention de les gagner à ses idées. En définitive, il a composé le poème surtout pour lui-même. Approchant du terme de sa jeunesse, il a besoin de savoir ce qu'il pense, comme il dira plus tard, sur ce monde et sur l'autre. Profession de foi personnelle, qu'il va conserver par devers lui, pendant une dizaine d'années, soigneusement cachée dans ses papiers.

Une dernière remarque. La question religieuse amorce une réflexion qui deviendra par la suite philosophique. Poète, Voltaire en 1722 connaît peu les philosophes. Le seul qu'il nomme dans l'épître est Lucrèce, un poète aussi. Il n'a pas encore lu, la plume à la main, Malebranche. Il ignore Locke, et apparemment Descartes, Leibniz, pour ne rien dire de Spinoza. C'est l'interrogation sur la religion qui l'entraînera à acquérir une culture philosophique. Interrogation procédant de motivations personnelles, voire psychanalytiques. Aussi l'étude d'une œuvre aussi engagée que l'*Epître à Uranie* s'imposait-elle dans une biographie de Voltaire.

La préoccupation des problèmes religieux ne le quitte plus. De retour à

80. Voir l'étude de Ira O. Wade dans son édition critique.

Paris, le 8 novembre, il ne fait que passer. Quelques jours après, à Orléans, il lit une réfutation d'un ouvrage récent que sans doute il avait lu aussi: *La Religion chrétienne prouvée par les faits*, de l'abbé Houtteville.[81] Cette apologie alerte, d'esprit moderne, «dépoussiérée», fait du bruit. Parmi les réponses celle qui retient son attention est la *Lettre de R. Ismaël ben Abraham*, par l'orientaliste Etienne Fourmont; le débat en effet porte principalement sur la critique biblique. Voltaire s'y intéresse. Il tirait argument, on l'a vu, dans son épître, des origines judaïques du christianisme. Il juge la réponse de Fourmont «bien plus écrite contre la religion que contre [l'abbé Houtteville]».

Mais il a alors des soucis plus urgents. Pendant qu'est lancée à Paris la souscription pour *La Henriade*, que le garde des sceaux l'a convoqué pour lui en parler, le voici courant la Sologne. Il a repris la chasse au Beauregard. Il «rôde» – c'est son mot – à travers bois et marais «à la piste de l'homme en question».[82] Voltaire peureux? Animé par la colère, il peut se montrer violent. Il aurait voulu casser la tête au comédien Poisson, il voudra affronter en duel le chevalier de Rohan. Nul doute que s'il avait pu débusquer le Beauregard, il aurait tenté de se faire lui-même justice. Mais l'individu demeure introuvable. Il lui faut se contenter de le poursuivre criminellement par son homme d'affaires Demoulin. Il «se ruine en frais», en pure perte, le ministre Le Blanc continuant à protéger son agent.[83]

Il a séjourné de nouveau au château du Bruel, au cœur de cette Sologne où se cache, croit-il, Beauregard. A quelques lieues de là, il s'est rendu à la Source,[84] où Bolingbroke coule des jours heureux en compagnie de Mme de Villette. Il y est resté quelques jours. Il gagne ensuite par Blois le château d'Ussé, dominant l'Indre, entre Tours et Chinon. Il y est l'hôte de son ami le marquis. Il prépare chemin faisant la publication, hollandaise et parisienne, de *La Henriade* qu'il espère imminente. Il a lu son poème à Bolingbroke, à Canillac à l'étape de Blois. A Ussé, il retrouve l'ancien acteur Durand, devenu dessinateur. Il lui fait faire des culs-de-lampe et des vignettes pour l'édition en cours. Il s'inquiète de ses finances: où en est le cours de ses actions?[85] Il tâche d'obtenir des frères Pâris qu'ils fassent quelque chose pour Thiriot, lequel fréquente assidument chez sa sœur, Mme Mignot.[86]

Mais ce qu'on retient surtout de ces semaines, c'est sa rencontre avec Bolingbroke. Il dit son «enchantement», dans une de ces lettres, comparable

---

81. D132.
82. D132.
83. D141.
84. Situé à la source du Loiret, le château est aujourd'hui le siège de l'Université d'Orléans.
85. D136, D141.
86. D141.

à la «lettre hollandaise», où il résume son impression en quelques traits bien marqués.[87] Il est frappé par la vaste culture de «l'illustre Anglais». Son hôte apprécie finement la poésie des diverses époques («Virgile comme Milton») et des diverses nations (anglaise, française, italienne), sachant «discerner parfaitement les différents genres». Bolingbroke lui apparaît comme le modèle d'un esprit cosmopolite et comme un homme qui a su concilier les plaisirs, l'action politique, les dons littéraires: Voltaire n'a jamais entendu parler la langue française «avec plus d'énergie et de justesse». De la personne de ce grand aristocrate britannique émanait, nous le savons d'autre part, une sorte de magnétisme: «une figure séduisante», «toutes les grâces imaginables», un fonds «prodigieux» de connaissances, avec «la conception la plus vive, la plus claire, et la plus heureuse mémoire», et une éloquence «égale, abondante et rapide, comme un fleuve majestueux».[88] Voltaire de son côté fut à la Source fort bien reçu. On loue avec enthousiasme, dans le poème épique et dans son auteur, «l'imagination» et la sagesse.[89]

Ainsi se clôt un chapitre qui s'est enfermé spontanément dans les limites chronologiques d'une année. Il s'est ouvert le 1er janvier, sur la mort du vieil Arouet. Avec ce père disparaît un passé qui ne sera pas regretté. A l'autre extrémité de 1722, la rencontre de Bolingbroke débouche sur l'avenir.

87. D135 (4 décembre 1722).
88. Cité par D. J. Fletcher, «The fortunes of Bolingbroke in France», *Studies* 47 (1966), p.209.
89. D135, note.

11. Un Français à tête épique?

Voltaire revient à Paris dans les premières semaines de 1723.[1] Au cours des mois suivants la publication de *La Henriade* demeure son principal souci. Il continue à espérer que la grande édition Le Viers aboutira. Il prépare son succès par une campagne de lectures. Pendant l'une de celles-ci un incident se produit que le président Hénault retiendra comme éternellement mémorable. Le poète lit son ouvrage devant un groupe d'amis. Or voici qu'au lieu du concert habituel d'éloges, on lui décoche des observations critiques. Un quidam se permet même une «mauvaise plaisanterie». Déconcerté, exaspéré, Voltaire froisse son manuscrit et le jette dans les flammes de la cheminée. Le chef-d'œuvre du Virgile français allait être réduit en cendres! Alors Hénault, présent à la séance, se précipite dans le foyer. Il en retire juste à temps les précieux feuillets, en sacrifiant une belle paire de manchettes. L'héroïque sauveteur a raconté au moins quatre fois son exploit.[2] Il ne craint pas de se comparer à Auguste empêchant Virgile de brûler l'*Enéide*. Il se garde de faire réflexion que Voltaire sans doute possédait d'autres copies de son texte.

Les lectures, en même temps qu'elles suscitaient l'attente d'une grande œuvre, éveillaient des oppositions. Louis XV venait d'atteindre la majorité légale des rois de France: douze ans. Voltaire se proposait de lui dédier son poème. Il avait rédigé un *Discours au roi*, destiné à être imprimé en tête du volume. Au très jeune souverain il propose comme modèle son illustre ancêtre. Malgré toutes les précautions de style, il semble lui faire la leçon. Fleury, précepteur du monarque enfant, eut sans doute connaissance du *Discours*.[3] Il en fut irrité. On suppose qu'alors il parla à son élève en des termes qui lui inspirèrent pour le poète une antipathie définitive. Le nonce de son côté s'émeut des traits visant la papauté. Il en porte plainte à Dubois. En conséquence le cardinal

---

1. D145 est encore daté d'Ussé, du 5 janvier 1723.
2. Dans ses *Mémoires* (Paris 1855), p.34, et dans D6598, D7733, D1249. Voltaire confirme pour l'essentiel dans le *Commentaire historique* (M.i.74). Mais il situe la scène chez son ami de Maisons et Hénault chez La Faye, qui aurait commis la «mauvaise plaisanterie». La date est incertaine. On peut la placer entre janvier et mars 1723 (en raison du froid, le feu est allumé; le poème est terminé mais non encore imprimé).
3. Le *Discours au roi* restera dans les papiers de Thiriot. Il ne sera publié qu'au dix-neuvième siècle. *OC*, ii.257-60 en donne le texte.

charge l'abbé Du Bos[4] d'examiner *La Henriade* sous l'angle diplomatique: n'y a-t-il rien dans ces alexandrins épiques qui pût choquer la cour de Rome? On ne connaît pas la réponse de l'expert. Mais elle dut être défavorable. Nous sommes en mars 1723. Voltaire perd tout espoir d'obtenir un privilège. Il ne peut même pas espérer qu'on tolérera tacitement la vente à Paris de l'édition imprimée en Hollande. Il lui apparaît d'ailleurs que le prix de revient serait beaucoup plus élevé que prévu.[5] C'est à ce moment-là qu'il renonce au projet Le Viers. Il fait rembourser les souscripteurs qui le demandent.[6]

Mais il ne veut pas perdre le fruit de sa campagne préparatoire. Il décide donc de publier, le plus vite possible, une édition clandestine. A l'occasion de ses séjours à la Rivière-Bourdet, il fait la connaissance d'un imprimeur rouennais, Abraham Viret, qui est homme à prendre des risques. A cette époque, les rues avoisinant le palais de justice de cette ville parlementaire – la rue des Juifs au sud, la rue Saint-Lô au nord – étaient un centre d'édition fort actif. Imprimeurs et libraires sollicitaient la clientèle fréquentant ces lieux: magistrats, plaideurs, ayant souvent des «mémoires» à faire imprimer, et d'ailleurs capables de s'intéresser aux livres. On ne comptait pas moins de neuf imprimeurs et d'une quinzaine de libraires en ces parages.[7]

Viret était l'un d'eux. Voltaire conclut marché avec lui pour l'impression de son poème épique, dans les derniers jours de mars. Il est alors introduit à Rouen dans une société agréable, formée des relations de Mme de Bernières. Il y a retrouvé son ancien condisciple de Louis-le-Grand, Cideville, maintenant conseiller au parlement, bon compagnon, auteur intarissable de petits vers. Il fait la connaissance du collègue de celui-ci au même parlement, Formont, homme aimable et esprit libre. L'un et l'autre deviennent désormais ses fidèles. Il a certes besoin d'auxiliaires sûrs comme eux, pour veiller sur une entreprise aussi risquée qu'une impression clandestine. Viret, qui doit travailler secrètement, n'avance guère. La fabrication des quatre mille exemplaires convenus, commencée le 5 avril, va durer cinq mois.

Le poète dans cet intervalle est revenu au théâtre. Il a mis en chantier dès mars une nouvelle tragédie, *Mariamne*. Il espère qu'elle rachètera l'échec d'*Artémire*. A son habitude, il ne tient pas en place. Il ne cesse de circuler entre Paris, Villars, Maisons (aujourd'hui Maisons-Lafitte), Rouen, la Rivière-Bourdet. Il est le 6 avril à la Comédie-Française, pour la première d'*Inès de*

---

4. Il s'agit bien de l'abbé Du Bos, auteur des *Réflexions critiques sur la poésie et la peinture*, qui aurait eu dès 1714 l'idée d'un poème sur Henri IV, et non d'un abbé Dubois, neveu du cardinal (Desnoiresterres, i.301). Voir *OC*, ii.35, 46.

5. D186.

6. Préface de *Mariamne* (M.ii.168-69).

7. Voir Jean Quéniart, *L'Imprimerie et la librairie à Rouen au XVIIIᵉ siècle* (Paris 1969), p.31-33.

Castro, tragédie d'Houdar de La Motte, l'un des grands succès du siècle. «Tout le monde trouve [la pièce] mauvaise et très touchante, on la condamne et on y pleure.»[8] Le sujet, effectivement fort émouvant, est celui que reprendra Montherlant dans *La Reine morte.* A la création de l'*Inès* de La Motte, Voltaire se trouvait placé à côté d'un vieillard, le comte de Verdun, qui la dénigrait. Avec son insolence coutumière, il lance au bonhomme: «Il me semble pourtant avoir ouï dire qu'à la première représentation du *Cid, où vous étiez,* vous ne trouvâtes point les deux premières scènes bonnes.» La première du *Cid* remontait à quatre-vingt-sept ans... Pour cette fois, contrairement aux prévisions de Marais (qui rapporte l'anecdote),[9] le propos n'attira pas de coups de bâton au railleur. Voltaire vit jouer plusieurs fois la pièce en vogue,[10] préoccupé apparemment, tandis qu'il écrit sa *Mariamne,* de saisir les recettes du succès.

Il fait à Paris les démarches dont le charge son amie Mme de Bernières. Il négocie pour elle la location d'une loge auprès de Francine, directeur de l'Opéra, dût-il promettre en prime d'écrire un opéra. Il loue aux Bernières pour lui et pour Thiriot, dans leur maison à l'angle de la rue de Beaune, un appartement qu'il n'occupera que plus tard. Et comme à son habitude il gémit sur sa santé. Il se partage entre *Mariamne* et une ânesse dont il boit le lait, dans l'espérance de mieux digérer. Il se sent déprimé. Il continue à fréquenter chez Mme de Mimeure. Certain jour il y a rencontré Piron, bourguignon comme les Mimeure, qui fait ses débuts à Paris. Seul, enfoui dans un fauteuil devant un grand feu, il salue à peine le nouveau venu. Morose, il se met à grignoter un croûton de pain, sans plus s'occuper de l'autre. Piron, éberlué, a l'esprit de sortir de sa poche un flacon, qu'il boit au goulot. Voltaire alors s'avise de se fâcher.[11] Ses relations avec Binbin-Piron commençaient mal.

Le Parisien qu'il est a des accès d'humeur contre Paris. Malade dans cette «maudite ville», il y croit être «en enfer».[12] Ecrivant de la capitale à la Rivière-Bourdet, il se prétend «né pour être faune ou silvain».[13] Il promet que dès qu'il sera à la Rivière, il n'en sortira plus.[14] Cependant pour l'édition clandestine

---

8. D152.
9. Marais, ii.441.
10. D'après D152 (7 juin? 1723).
11. Desnoiresterres, i.265-66, rapporte la scène sans indiquer de source. Elle paraît trop vraisemblable pour être révoquée en doute.
12. D156.
13. D155. Il écrit de Paris le même jour à Thiriot, qui séjourne à la Rivière-Bourdet, et à Mme de Bernières à qui il adresse les nouvelles, ou «la gazette». Il en résulte que D151 à Thiriot («Je ne vous mande point de nouvelles parce que je les adresse à la dame du château») est de la même date que D152, contrairement à la conjecture de Th. Besterman. Autres lettres couplées: D153 à Thiriot, D154 à Mme de Bernières, toutes deux du 12 juin 1723; D155, D156.
14. D157.

de Viret les circonstances deviennent moins défavorables. Dubois, qui en aurait empêché le débit, meurt le 10 août 1723. En suite de quoi la maréchale de Villars obtient qu'on fermera les yeux. La plus grande prudence reste pourtant nécessaire. En octobre l'impression des quatre mille exemplaires est terminée. Pour plus de sûreté les feuilles sont déposées chez un homme de confiance nommé Martel, lequel se charge d'en brocher deux mille.[15]

La chance semble sourire à Voltaire. Il tient enfin en prison au Châtelet le Beauregard,[16] désormais sans protecteur, Le Blanc ayant été renvoyé du ministère. Le 7 octobre il a lu *Mariamne* aux comédiens français. Ils ont été «assez édifiés».[17] Mlle Lecouvreur devrait se distinguer dans le rôle de l'héroïne. Or à ce moment même un coup imprévu frappe l'heureux poète.

La variole aujourd'hui a totalement disparu de la surface du globe. A tel point qu'en France l'obligation de la vaccination antivariolique, si longtemps imposée à tous, a été abolie. Mais imaginons ces temps où l'on rencontrait dans les rues une majorité de visages grêlés, plus ou moins gravement marqués. Peu échappaient au mal connu sous le nom de petite vérole. Si beaucoup, heureusement, survivaient, parfois le fléau se déchaînait en épidémies meurtrières.

L'une de celles-ci se déclenche à Paris dans l'automne de 1723. Le 9 septembre, Génonville est emporté, à l'âge de vingt-six ans. Son ami ne force pas les termes, nous le savons, quand il écrit qu'il regrettera ce compagnon de sa jeunesse «toute sa vie».[18] Sans soupçonner que la maladie avait pour agent un virus, on la savait dangereusement contagieuse. A la fin d'octobre, Voltaire partant de Villars se rend à Maisons, à l'ouest de Paris. Il ne s'attarde pas dans la grande ville «ravagée» par la petite vérole.[19] A Maisons, il se trouvait, sur les bords de la Seine, à la limite de la forêt de Saint-Germain, dans le plus beau des châteaux construits par Mansart. Il y est l'hôte d'un de ses amis, de la plus haute aristocratie de la robe: le président de Maisons. Celui-ci avait exercé fort jeune les fonctions de président à mortier au parlement de Paris. A la date où nous sommes, il n'a encore que vingt-cinq ans. Il pratiquait en sa splendide résidence une vie de faste. Selon Duvernet, la visite de Voltaire devait coïncider avec une fête brillante. Devant une soixantaine d'invités du plus grand monde, Mlle Lecouvreur jouerait la comédie, Voltaire lirait sa

---

15. D168.
16. D168.
17. D165.
18. D164.
19. D170 (30 octobre 1723).

Mariamne. Les plaisirs allaient durer trois jours. On espérait la présence de Fleury, l'influent précepteur du roi.[20]

Mais, le 4 novembre au soir, le mal se déclare chez M. de Maisons et chez son hôte. Toutes les réjouissances étant immédiatement annulées, les invités quittent précipitamment les lieux. Le président de Maisons en est quitte pour un bref malaise, lequel apparemment n'a pas suffi pour l'immuniser: il sera de nouveau atteint par la variole en 1731 et en mourra, ainsi que son jeune fils, ce qui entraînera l'extinction de la famille. Voltaire, quant à lui, est gravement touché. «Fièvre maligne», éruption. On le croit à l'extrémité. Le curé de Maisons s'étant présenté, il se confesse à lui. L'auteur de l'*Epître à Julie* est à cette date l'un de ces déistes *in-petto* qui extérieurement respectent les formes de la religion.

Le président de Maisons a fait appeler Gervasi, la meilleure autorité en la matière. Ce médecin peu auparavant avait eu mission de combattre une épidémie de peste au Gévaudan. Devant un malade au «corps délicat et faible», il formule un pronostic défavorable, mais ne renonce pas. Voltaire à peine remis rédigera et publiera aussitôt dans le *Mercure* une longue lettre retraçant la cure, à la gloire de Gervasi dont les méthodes sont alors contestées.[21] Il y raisonnera avec un air de compétence qui nous paraît bien plaisant. Quoi qu'en pense notre philosophe, il est évident qu'on en était toujours à la médecine de Molière. On explique la variole par «une dépuration du sang, favorable à la nature». D'où la médication: *primum saignare*. Voltaire l'a été deux fois. Ensuite, sinon le *purgare*, du moins de l'émétique: il en a pris huit fois... Plus original est le traitement par la limonade. Gervasi lui en fit absorber deux cents pintes, c'est-à-dire près de deux cents litres. On mesure la robustesse de l'organisme «délicat et faible», capable de résister à la fois au virus et au médecin. La cure de celui-ci cependant fut efficace sur le plan psychologique. Il ne quittait pas d'un moment son malade. Il étudiait en lui «avec attention tous les mouvements de la nature». Il lui expliquait le danger et justifiait ses remèdes. Il lui inspirait «conviction» et «confiance». Méthode bien nécessaire, commente Voltaire, «puisque l'espérance de guérir est déjà la moitié de la guérison». Pour avoir senti que telle était la meilleure voie à suivre afin de favoriser la guérison d'un malade qui voulait comprendre, Gervasi a mérité incontestablement la reconnaissance de Voltaire. Gratitude qu'il partage avec Thiriot: celui-ci mandé dès le début demeura fidèlement au chevet de son ami.

Le 1er décembre, l'hôte de M. de Maisons se sent assez fort pour regagner Paris. Le carrosse n'était encore qu'à deux cents pas du château, lorsque

---

20. Duvernet, p.50.
21. D173.

Voltaire voit des flammes jaillir de la chambre qu'il vient de quitter. L'incendie se propage rapidement. Il fallut l'intervention de pompiers venus de la capitale pour sauver le château. On découvrit l'origine du sinistre. Pendant trois semaines un feu intense avait été entretenu dans la cheminée de la chambre. Une poutre passant sous le foyer s'était consumée lentement, et s'embrasa soudain après le départ du malade.

Voltaire reprend progressivement ses activités. Il est encore trop faible le 2 décembre lorsque meurt le régent. Il laisse passer l'événement sans le commenter. Avec le successeur, le duc de Bourbon, il se sent en assez bons termes pour lui présenter une requête. A une date inconnue, il avait obtenu une pension du roi de 2.000 livres. Il demande au duc de la partager avec son cher Thiriot,[22] qui venait de l'assister avec tant de dévouement, affrontant courageusement la contagion. Revenu à Paris, il s'est installé dans un appartement meublé de la rue de Seine, à proximité du logement qu'il fait aménager chez les Bernières, à l'angle de la rue de Beaune et du quai.[23] Il se trouve à ce moment-là à court d'argent. Il lui faut vendre tous ses meubles pour payer des dettes pressantes.[24] La maladie sans doute lui a coûté gros. Et auparavant il avait dû, à plusieurs reprises, verser des avances pour l'impression clandestine de *La Henriade*.[25]

Il peut enfin dans les derniers jours de décembre s'occuper de cette édition Viret du poème épique. Les choses en étaient restées où il les avait laissées deux mois plus tôt. Quatre mille exemplaires ont été tirés, sous le titre *La Ligue ou Henri le Grand*. De ceux-ci l'obligeant Martel continue à dissimuler, à Rouen ou dans les environs, deux mille exemplaires en feuilles et deux mille exemplaires brochés. Il s'agit d'extraire les deux mille volumes brochés de leur cachette et de les introduire dans la capitale.

Voltaire imagine un subterfuge rocambolesque. Mme de Bernières vers le 20 décembre fait partir de Rouen vers Paris un lourd fourgon attelé de six chevaux, rempli de mobilier. Derrière cheminent deux chevaux, chargés de bâts et de paniers: à l'intérieur on a dissimulé les exemplaires de *La Ligue*.[26] Les animaux bâtés s'arrêtent au village de Boulogne, avant les contrôles surveillant les portes. Ensuite, par petits paquets, les volumes vont se glisser dans la ville sans attirer l'attention. C'est ainsi que le bon roi Henri fait son entrée dans la capitale, dans les premiers jours de 1724, l'autorité s'abstenant

22. D181 (fin de 1723).
23. D.app.12 (début de décembre 1723). En son absence, son domestique et sa femme s'enivrent et font du scandale. Ce qui entraîne une plainte du propriétaire, un «tapissier».
24. D179.
25. D155, D159.
26. D179.

d'intervenir. Dès le 14 janvier, Mathieu Marais a lu l'ouvrage et le commente dans son *Journal*.

Cet *Henri le Grand* ne payait guère de mine. Mauvais papier, impression hâtive, comportant des lacunes remplacées par des lignes de points: Voltaire n'a pu réaliser son rêve d'une magnifique édition. Aussi se presse-t-il de désavouer celle-ci, faite, prétend-il, «d'après une mauvaise copie qu'on [lui] a volée».[27] A quoi il ajoute une note de bouffonnerie. *La Ligue* s'annonce au titre comme imprimée à Genève, chez un éditeur qui se nommerait «Jean Mokpap». Dans sa correspondance le poète ne joue certes pas les «Messieurs de l'Empyrée». Il parle de son héros épique comme de son «petit Henri», un «marmouset», un «petit garçon», son «bâtard».[28] Plaisanteries dépréciatives, dont il accompagne volontiers ce qui lui tient le plus à cœur. En réalité, très sérieusement, il se propose d'essayer l'effet de son poème auprès du public qui depuis des mois l'attend.

L'auteur eut tout lieu de s'estimer comblé. «Un ouvrage merveilleux», s'exclame Marais. Le *Mercure de France*, le *Journal des savants*, de mars et avril, suivis par les *Nouvelles littéraires* et la *Bibliothèque française*, font chorus.[29] On loue la versification, vive et naturelle, rompant avec le style maniéré des La Motte et des Fontenelle. A un certain Limojon de Saint-Didier quémandant une subvention pour un *Clovis* prétendument épique, un ministre répond que lorsqu'on fait des vers, il les faut faire comme M. de Voltaire.[30] Pour comprendre l'enthousiasme des contemporains, nous devons oublier les réactions qui sont les nôtres au contact de cette *Henriade*. Son allure de pastiche classique, quelque peu scolaire, était précisément ce qui ravissait les lecteurs de 1724. C'est, se plaît-on à dire, «une poésie dont nous n'avons point d'exemple depuis Homère», c'est «beau comme Virgile». L'amour-propre national est enfin satisfait, le mot de Malézieu – «le Français n'a pas la tête épique» – se trouvant démenti. «Voilà notre langue, constate patriotiquement Marais, en possession du poème épique comme des autres poésies». Aveuglement, procédant d'un certain chauvinisme? Mais on a vu l'Anglais Bolingbroke juger dans le même sens. Après la publication de *La Ligue*, il échange avec Alexander Pope ses impressions. Le poète d'outre-Manche correspond même alors directement avec Voltaire.[31] Lettres perdues. Mais nous avons celle par laquelle Pope fait connaître à Bolingbroke son opinion.[32] Comme les lecteurs français, il se réfère

27. D186.
28. D179.
29. Voir la revue de presse de *La Ligue*, par O.R. Taylor (*OC*, ii.52-53).
30. D255.
31. D187, note.
32. D187, datée 9 avril 1724 (c'est-à-dire 20 avril, l'Angleterre n'ayant pas encore adopté la réforme grégorienne du calendrier).

aux modèles classiques: Homère, Virgile. Il approuve les allégories, loue la mise en œuvre des personnages, ce qui constitue «le fort du poème» selon lui. Il aurait souhaité cependant que l'imagination du poète se donnât plus librement carrière: amorce d'une critique qui, s'inspirant des exemples anglais, atteindra par delà La Henriade l'ensemble du classicisme français.

L'apparition rapide de quatre ou cinq éditions, avec ou sans le consentement de l'auteur, indique que les quatre mille exemplaires de Viret ne suffisaient pas à la demande. L'imprimeur rouennais eut l'honneur d'une contrefaçon hollandaise.[33] L'abbé Desfontaines, qui fait ici son entrée dans la vie de Voltaire, donne une édition datée d'Amsterdam (en réalité faite à Evreux), où l'abbé prend la peine de combler les lacunes par des vers de sa façon. Un autre plumitif, Guyot de Merville, réédite La Ligue, cette fois réellement à Amsterdam, chez Desbordes, d'après un manuscrit remis par Voltaire en 1722. Il accroche au texte des notes acerbes: les contestations malveillantes de cette sorte accompagneront souvent le succès des œuvres voltairiennes.

La rumeur dans le public, pendant le printemps de 1724, invente le titre du poème que Voltaire n'avait pas su trouver. Dans sa correspondance il s'y réfère sous le nom d'Henri. Le titre de La Ligue convient mal, puisqu'il renvoie non au héros, mais à ses adversaires. Or vers le mois de juin 1724 on parle couramment de l'ouvrage comme étant L'Henriade ou La Henriade.[34] La dénomination situe l'œuvre nouvelle dans une filiation classique: Iliade, Enéide, Franciade (pour les savants qui connaissaient encore Ronsard). Voltaire l'adopte pour la nouvelle édition qu'il prépare.

Il n'a pas en effet renoncé à la grande publication qu'il avait initialement prévue. Il achève de réunir les planches en vue de l'illustration. Il s'informe sur les souscriptions encaissées en Hollande.[35] Et il révise son texte. En août 1724, il a enfin emmenagé dans l'appartement loué aux Bernières. La vue sur le fleuve y est magnifique. Malheureusement, à l'expérience, la maison se révèle inhabitable. Exposée au nord elle est, l'hiver, «froide comme le pôle», et plus que fraîche en été. Surtout le défilé ininterrompu des carrosses et des charrettes, de jour comme de nuit, y entretient un tintamarre infernal. Et l'on

33. L'exemplaire Rés.Z.Bengesco.126 de la Bibliothèque nationale. L'une de ces éditions fut saisie chez un libraire de la rue Saint-Jacques. Mais la réaction de la police est tardive: 23 août 1724 (voir D.app.13).

34. D189. O.R. Taylor (OC, ii.163) signale qu'au collège des jésuites de La Flèche, dédié à Henri IV, on célébrait chaque année à la mémoire du roi une fête connue sous le nom de la Henriade. Voltaire savait-il qu'il avait déjà paru en 1593 une Henriade par Sébastien Garnier? Voir le Catalogue général des livres imprimés de la Bibliothèque nationale: auteurs (Paris 1978), ccxiv, no. 1685.

35. D186 (22 mars 1724), à Prosper Marchand.

y sent le fumier, «comme dans une crèche».[36] Il avait cru qu'il pourrait y travailler tranquillement à parfaire sa *Henriade*. Au bout d'une semaine, il déguerpit, pour aller s'installer dans un garni des environs. Mais la malchance l'y poursuit: il y attrape la gale.

Cependant la révision du poème s'achève. En septembre, il a composé un nouveau chant, le sixième de la version définitive.[37] Grossi de plus de mille vers, le texte en dix chants est prêt en juillet 1725. Il reste à assurer au chef-d'œuvre une publication digne de lui, *La Ligue* de 1723 n'étant plus considérée que comme une «faible esquisse».[38] Mais déjà l'ouvrage est tel qu'il paraîtra, à peu de variantes près, trois ans plus tard.

Il serait paradoxal d'exposer une vie de Voltaire en négligeant le fait qu'il fut, qu'il sera longtemps, qu'il demeure encore (surtout pour ses détracteurs) l'auteur de *La Henriade*. Nous ne pouvons nous dispenser de confronter notre lecture de l'œuvre avec celle des contemporains.

Si d'aventure aujourd'hui nous ouvrons cette épopée, une heureuse surprise nous attend. A lire les premières pages nous sommes étonnés de ne pas rencontrer l'ennui. Le récit en alexandrins, forme pour nous si archaïque, parvient à retenir notre attention. En s'astreignant à toutes les contraintes prosodiques, le poète donne l'impression de n'en être pas gêné. Il use du vers de douze pieds avec tant de souplesse, tant d'apparente aisance, que l'effet produit est seulement cette noblesse de ton, résultant d'un rythme régulier, à laquelle tendait la poésie classique des grands genres. On s'explique l'admiration des lecteurs de *La Ligue* en 1724. Voltaire n'avait pas alors son pareil, et il comptait peu de prédécesseurs, pour un maniement aussi fluide de l'alexandrin, rehaussé, ici et là, de sentences vigoureusement frappées. Voltaire versificateur reste largement méconnu. L'expression prosodique, pratiquée dès l'enfance, est devenue pour lui un mode d'écrire naturel. On ne lui connaît guère d'égal en ce domaine dans notre littérature que Victor Hugo. Ce qui ne signifie pas, on le comprend, que Voltaire soit comme Hugo ce qu'on appelle un «grand poète». Car le génie poétique ne peut se confondre avec la parfaite gymnastique du vers.

Les formes strictement codifiées ayant à peu près disparu de notre poésie, on a peine à se représenter cette ancienne culture littéraire. Elle se nourrissait par la fréquentation assidue, quasi quotidienne, des spectacles du théâtre où dominait la tragédie. On a décelé dans *La Henriade* de nombreux hémistiches,

36. D204.
37. D208, D213.
38. D259.

rimes, tours, de Corneille, de Racine.[39] Une expression facile dans une forme aussi contraignante que l'alexandrin suppose une mémoire capable de fournir nombre d'éléments préétablis. Mais Voltaire fond ce qui est chez lui réminiscences plutôt qu'emprunts dans un courant narratif, fortement marqué de son accent personnel. En effet, ce qui sauve d'un naufrage irrémédiable les premiers chants de cette épopée, c'est le don du narrateur qui s'y manifeste. Voltaire sans doute à cette date était loin de soupçonner que sa survie littéraire serait pour une large part assurée par ses qualités de conteur.[40]

Il commence dans le vif du sujet. *In medias res*, disaient les anciennes poétiques. Henri III le dernier des Valois, homosexuel sans postérité, et le huguenot Henri de Bourbon, roi de Navarre, son héritier légitime, se sont réconciliés. Ils assiègent ensemble Paris, tenu par la Ligue catholique, dirigée par Mayenne. Le roi charge Henri, héros du poème, d'aller demander des renforts outre-Manche à la reine Elisabeth. Ce qui introduit au chant II un retour en arrière. *Flash back*, comme ne disaient pas les anciennes poétiques. Mais le procédé, vieux comme l'art de conter, s'avère toujours efficace. Henri retrace donc la tortueuse politique de Catherine de Médicis. Il peint, non sans force on le sait, l'horrible nuit de la Saint-Barthélemy. Charles IX meurt des conséquences de son crime. Son frère Henri III lui succède. Discrédité, il est sur le point d'être supplanté à la tête du royaume par le duc de Guise, chef tout-puissant de la Ligue. Henri III conjure la menace en le faisant assassiner, et en s'alliant avec Henri de Navarre qui dispose de solides troupes. A la fin du chant III, Elisabeth accorde aux Français le contingent demandé. Henri revient devant Paris, juste à temps pour repousser une sortie dangereuse des ligueurs. Cependant à l'intérieur de la capitale un comité révolutionnaire, les Seize, s'est emparé du pouvoir, sous l'autorité de Mayenne. Le poète rapporte leurs exactions. Le chant IV s'achève sur le spectacle de désolation qu'offre alors le royaume de France: «tumulte au dedans», «péril au dehors»,

Et partout le débris, le carnage, et les morts.

Dans ce Paris, surchauffé par les passions politico-religieuses, un jeune moine à la tête faible, Jacques Clément, se croit appelé à devenir l'instrument de la justice divine. Exalté par des apparitions, par une cérémonie incantatoire célébrée en compagnie de ligueurs enragés, sous la direction d'un officiant juif, il se lance dans la grande entreprise: hors des murs, il réussit à s'approcher de Henri III; il le frappe à mort d'un poignard caché sous sa robe. Voilà donc le huguenot Henri de Navarre devenu, selon l'ordre régulier de succession, le

39. Voir les notes de l'édition O.R. Taylor dans *OC*, ii.
40. Les contes en prose, *Le Crocheteur borgne*, *Cosi-Sancta*, de la période de Sceaux, étaient restés sans suite.

roi de France Henri IV. L'armée assiégeante qu'il commande le reconnaît. Mais dans la capitale la Ligue rassemble ses Etats-Généraux pour élire un autre roi. Bientôt la confusion, aggravée par les intrigues espagnoles, s'installe dans cette assemblée délibérante. Le parti de Mayenne ne parvient pas à imposer son candidat. Et pendant ce temps la guerre civile continue.

A partir de ce point le récit faiblit. Comme l'*Enéide* en sa deuxième partie, *La Henriade* va s'enliser dans des descriptions de combats. Cela, malgré les efforts du poète pour diversifier la matière, malgré les digressions: visite (en songe) aux Enfers et aux Champs-Elysées, épisode amoureux. L'histoire doit nécessairement aboutir au dénouement attendu: la conversion de Henri IV. Mais ce qui précède n'a guère préparé le ralliement du héros à la religion que le poète présente, en termes conventionnels, comme étant la véritable religion. Voltaire fait donc appel à un *deus ex machina*. Saint Louis «dans les cieux» intercède auprès de l'Eternel. Et voici que soudain la Vérité éclaire Henri. Suit un credo en douze vers, aux termes soigneusement choisis afin que la stricte orthodoxie y revête une expression point trop banale. Mais on sent bien que le poète ne croit pas à cette conversion. Henri IV, historiquement, n'était certes pas une âme profondément religieuse. Nul ne supposera qu'il ait changé de foi par l'illumination de quelque chemin de Damas. Ce n'est d'ailleurs pas diminuer sa décision que d'y discerner comme prépondérants les motifs politiques: il y allait du salut du pays, seul un roi rallié à la confession du plus grand nombre étant en mesure de rétablir la paix, par la restauration d'un pouvoir royal unanimement accepté. C'est dans cette perspective que Voltaire situera l'événement dans l'*Essai sur les mœurs*. Dans *La Henriade* il n'ose pas s'affranchir de la version officielle, celle par exemple du P. Daniel que raillera l'exposé de l'*Essai*.

Ce poème épique pâtit d'une évidente timidité. Au collège, les élèves du P. Porée s'exerçaient à transposer les grandes scènes des modèles classiques, en changeant les temps, les lieux, les circonstances. L'auteur de *La Henriade* donne l'impression d'avoir amplifié ce genre d'exercice à l'échelle du poème entier. Il s'applique visiblement à refaire, à partir de données différentes, les épisodes les plus marquants de l'*Enéide*. Le récit d'Enée à Didon devient la narration, par Henri à Elisabeth d'Angleterre, des événements antérieurs. Parmi ceux-ci un morceau à grand effet, la Saint-Barthélemy, équivalent de la destruction de Troie raconté au chant II de l'*Enéide*. La descente du héros virgilien aux enfers, sa visite aux Champs-Elysées, permettant d'évoquer les figures du passé et de faire apparaître celles de l'avenir, sont calquées dans un songe de Henri IV au chant VII. Les scènes de bataille, à l'imitation du poème latin, font alterner engagements collectifs et affrontements singuliers. Dans cette partie le modèle rend de précieux services. Ainsi l'épisode dramatique du chant IV, avec renversement de la situation au retour de Henri, reproduit le mouvement de l'épisode de Turnus chez Virgile. Parfois cependant Voltaire utilise, notamment pour les duels de chevalerie, la *Jérusalem délivrée* du Tasse, plus proche quant à la technique du combat. On relève même que révisant son poème il a eu soin de réparer une omission. *La Ligue* oubliait la péripétie initiale de l'*Enéide*: la tempête jetant le héros sur une terre inconnue. Dans *La Henriade*, à peine le protagoniste s'est-il embarqué à Dieppe que «les vents sont déchaînés sur les vagues émues». La fureur des flots le porte non sur la côte anglaise, mais sur celle de Jersey. Ce qui ouvre la possibilité d'une visite à un vieillard prophétique, imitée de l'Arioste.[41] Mais c'est le souvenir de Renaud détourné par Armide, au chant XVI du Tasse, qui interfère avec Virgile dans l'inévitable épisode amoureux: Henri oubliant son devoir entre les bras de Gabrielle d'Estrées, au chant IX.

Voltaire ne semble pas concevoir que l'inspiration épique puisse se faire jour autrement que par des scènes déjà traitées chez ses modèles. Il ne croit pas non plus qu'il doive s'écarter des formes de style consacrées. *La Henriade* prodigue l'épithète noble et la métaphore de convention. Le sommeil, qualifié de «trompeur», ne manque pas de «verser ses pavots» sur les uns et sur les autres (par exemple II.180).[42] Si dans un poème mettant en scène des huguenots l'auteur a risqué le mot de «prêches», il se justifie en soulignant qu'il lui a accolé l'adjectif «criminels».[43] Il respecte la tradition de la comparaison homérique, bien qu'elle paraisse archaïque dans un poème à sujet moderne. La mort du jeune Joyeuse, fauché dans la bataille, est commentée par un «Tel une tendre fleur»... (III.215). Il s'astreint de même à une pratique qui perd son sens hors de l'*épos* antique: le long discours conclu par un «Il dit», ou une formule analogue. Même le spectre de Guise apparaissant en songe à Jacques Clément débite à celui-ci une tirade qui ne dure pas moins de trente alexandrins (V.134-64).

Une épopée dont le sujet est, en principe, une conversion rencontre inévitablement le problème du «merveilleux chrétien». Voltaire a la discrétion de n'évoquer, parmi la foule des saints et bienheureux, que le seul saint Louis, lequel encore intervient tout autant comme roi que comme élu céleste. Il préfère recourir aux allégories. De celles-ci une seule nous paraît tolérable: le Fanatisme. Les guerres de religion ne démontrent que trop la réalité du «monstre», attestée en outre par une présentation historique, allant des sacrifices d'enfants à Moloch jusqu'aux modernes bûchers de l'Inquisition. En revanche, combien encombrante cette Discorde, qui «fait siffler ses serpents»! Elle se mêle à tout propos de provoquer des événements qui se seraient de

41. Voir O.R. Taylor (*OC*, ii.155).
42. Nous renvoyons au chant et au vers dans l'édition O.R. Taylor de *La Henriade*.
43. *OC*, ii.436.

toutes façons produits selon le cours normal des choses. Puis lorsque le poète s'avise de multiplier les figures allégoriques et d'établir entre elles des généalogies («la Politique, fille de l'Intérêt et de l'Ambition, dont naquirent la Fraude et la Séduction», IV.223-26), on cst excédé de tant d'artifice.

La convention noble de l'épopée s'avère particulièrement dommageable au héros, protagoniste du poème. On sait que le personnage le moins vivant de l'*Enéide* se trouve être Enée lui-même. Mais que dire du Henri de *La Henriade*! Le souvenir du personnage historique, si haut en couleur, ne s'était pas effacé. La légende s'en était emparée, aidée par le livre d'Hardouin de Péréfixe. Le bon roi de l'ancien temps avait même connu un regain d'actualité dans les malheurs du règne de Louis XIV. Au souverain de Versailles, isolé par l'étiquette, lointain, on opposait ce roi qui savait parler d'homme à homme à ses soldats,[44] aux gens du peuple. La chanson d'Alceste, dans *Le Misanthrope*, met en scène un simple particulier disant «au roi Henri: Reprenez votre Paris, j'aime mieux ma mie, au gué!» On n'imagine pas un sujet tenant de tels propos au cérémonieux Louis XIV. Le premier des Bourbons fut aussi le seul souverain populaire de sa lignée. On aimait sa jovialité gasconne. Et ses galanteries étaient bien loin de nuire à sa réputation.

Du relief de l'homme, de sa présence chaleureuse, *La Henriade* ne laisse rien subsister. Les conventions monarchiques s'ajoutant à celles de l'épopée le réduisent à une perfection impersonnelle. Dans son récit à Elisabeth il parle d'affilée pendant près de deux chants: or à aucun moment nous n'avons le sentiment d'entendre sa voix. C'est le poète narrateur dont nous percevons à travers lui la parole. A l'occasion de l'épisode amoureux, le mannequin va-t-il au moins s'animer? La rencontre de Henri avec Gabrielle n'engage pas un enjeu aussi grave que les amours de Didon et d'Enée. Pas un instant le roi ne songe auprès de sa belle maîtresse à renoncer à sa mission, à la différence d'Enée tenté de se fixer à tout jamais dans le royaume de Didon. Gabrielle quant à elle n'a aucune raison de tourner en tragédie le départ de son amant: elle sait qu'il reviendra. Ce divertissement – un repos du guerrier – risquait dès lors de nuire au prestige du héros. Le poète le traite donc sur le mode le plus allusif. Afin de conjurer toute référence tant soit peu érotique, il accumule les allégories: la molle Volupté, le Mystère en silence, le Sourire enchanteur, les Soins, la Complaisance, etc. Il va jusqu'à personnifier les «Refus attirants». De sorte que ce rendez-vous du Vert-Galant avec Gabrielle d'Estrées est dans toute *La Henriade* la partie la plus froide.

Séduisante pour les contemporains, pour nous si décevante, l'épopée nous

---

44. *La Henriade* reprend soigneusement, VIII.147-51, la phrase sur le panache blanc, mais non le propos sur «la poule au pot», difficile à placer dans des alexandrins épiques.

fait cependant concevoir une œuvre différente dont les indices se laissent ici et là discerner. Voltaire a travaillé sa documentation comme s'il préparait un ouvrage historique. Ses notes en prose ajoutées au texte donnent l'idée d'un essai sur les guerres de religion. Autant que le permettent les contraintes du poème épique, ses dix chants suggèrent une réflexion sur cette perversion religieuse qu'est le «fanatisme», tant du point de vue de l'individu que comme phénomène social. Conjointement *La Henriade* contient une théorie de la monarchie fermement affirmée.

Si l'on ouvrait aujourd'hui le ventre du cheval de bronze portant sur le Pont-Neuf la statue de Henri IV, on y découvrirait un exemplaire de *La Henriade*, ou ce qui en reste. Le monument avait été détruit sous la Révolution. Il fut rétabli sous la Restauration, en 1818. On tint à associer au geste réparateur le poème de ce Voltaire, alors si prôné par l'opposition libérale. Tentative de «récupération»? Sans doute,[45] mais qui ne trahissait pas l'esprit de l'œuvre, bien que celle-ci eût été en son temps écrite dans une tout autre intention. Monarchique et bourbonien, le poème s'inspire d'un pessimisme marqué en ce qui concerne le peuple. Voltaire a bien compris le caractère populaire, voire démocratique, de la Ligue. Ce qui ne la lui rend aucunement sympathique. Qu'on lise dans le chant IV après la prise du pouvoir par les Seize, l'intrusion d'une «affreuse cohorte» dans le parlement, ce Sénat, ce «Temple de Thémis», les frénétiques envahisseurs proclamant: «Obéissez au peuple, écoutez ses décrets». C'est presque dans les mêmes termes qu'un ci-devant sous la Révolution rapporterait une opération de sans-culottes. D'ailleurs en 1793 certains sans-culottes s'y reconnurent. Deux vertueux citoyens publièrent une censure du poème, le dénonçant comme dangereux pour la République.[46] Effectivement l'auteur de *La Henriade* n'attend du peuple rien d'autre que désordre, vaines agitations, cruauté même, car c'est le peuple qui «confond le fanatisme et la religion» (IV.361). En 1724, il a ajouté tout un chant, le sixième, pour exposer l'impuissance des factions populaires.

Une telle situation justifie l'autorité monarchique. Les ligueurs eux-mêmes le savent, qui tentent de se donner un roi, puisqu'«enfin quel qu'il soit le Français veut un maître» (VI.20). Mais le poème démontre que ce «maître» ne peut être autre que le souverain légitime. En soutenant Henri III, Henri de Navarre se pose en champion de la monarchie («Et roi, j'ai défendu l'autorité d'un roi», III.362). Ayant enfin pacifié son royaume, il exercera son pouvoir en arbitre, contenant les uns et les autres, en vue du bien commun dont il est seul

---

45. Par une ironie de l'histoire, *La Henriade* est devenue une sorte d'épopée officielle de la monarchie restaurée. En 1819 paraît une édition dédiée au chef du parti ultra, le comte d'Artois, le futur Charles X. Pour d'autres précisions, voir O.R. Taylor, *OC*, ii.212.

46. Voir O.R. Taylor, *OC*, ii.211.

juge. Son autorité réprimera le fanatisme des partis religieux. A cela, une condition: que le roi n'appartienne pas lui-même à l'une de ces factions. Une Catherine de Médicis conspirant contre une partie de ses sujets, et plus odieusement encore un Charles IX arquebusant de sa fenêtre ses sujets huguenots, commettent l'attentat le plus scandaleux contre leur mission. Henri au contraire va déclarer d'emblée:

Je ne décide point entre Genève et Rome. (II.5)

Propos bien surprenant de la part de quelqu'un qui est alors à la tête du parti protestant. Mais par anticipation il se place dans la position qui sera la sienne, au-dessus des partis. Un roi de France devrait tenir balance égale entre catholiques et protestants, comme ensuite entre jésuites et jansénistes. Ainsi que le dit fort bien le parlementaire Potier, faisant l'apologie d'un Henri IV tolérant: «Il sait dans toute secte honorer les vertus» (VI.117). Une telle définition de la monarchie censurait toute la politique religieuse de Louis XIV, perpétuée, quoique avec moins de conviction, sous son successeur. Il n'est pas étonnant que *La Henriade*, si monarchiste qu'elle se veuille, se soit attiré en son temps la réprobation officielle. Ces idées cependant ne manquent pas de portée. Elles esquissent une théorie du pouvoir dans une société pluraliste. Et l'on n'a pas de peine à y reconnaître des constantes fondamentales de la politique française.

Un essai sur les guerres de religion les aurait développées plus commodément, cela est sûr. La vocation poétique de Voltaire gêne ici l'essor de sa pensée «philosophique». Mais dans le public de l'époque un essai historique en prose n'aurait guère rencontré d'écho. Auprès de lecteurs formés par les humanités, ce qui fait effet c'est l'expression poétique dans les genres consacrés, et surtout dans le plus noble de tous. Voltaire a été entendu parce qu'il se posait en Virgile français. Et malgré tout, dans sa *Henriade*, en dépit de tant de conventions, un message est passé. Parfois une vision épique se dessine: celle d'une humanité livrée à la folie et au crime, en proie au démon qui fait son malheur:

C'est lui qui dans Raba, sur les bords de l'Arnon,
Guidait les descendants du malheureux Ammon,
Quand à Moloch, leur dieu, des mères gémissantes
Offraient de leurs enfants les entrailles fumantes. (V.87-90)

Dans des vers comme ceux-ci, et comme ceux qui suivent, l'auteur de *La Henriade* entrevoit-il que l'épopée moderne est celle de l'humanité embrassée en son devenir historique, l'épopée que tenteront un Hugo, un Michelet? Mais l'indication reste ici fugitive. Le poète s'en tient au niveau d'une philosophie politique. Son pessimisme antipopulaire procède d'un jugement non moins pessimiste sur la nature humaine et sur la société en général. Il en conclut que pour arracher l'homme à sa misère, il faudrait le guérir de ses fureurs, et qu'une politique éclairée et tolérante peut y contribuer. Leçon qui fut comprise, et non seulement par les protestants persécutés. Alexander Pope, catholique dans un pays où ce sont les catholiques qu'on persécute, loue chez l'auteur de *La Henriade* une inspiration tolérante fondée sur la Raison et l'Humanité.[47]

La Henriade ne va cesser d'accompagner Voltaire. Une soixantaine d'éditions paraissent de son vivant.[48] A certaines il apporte lui-même des corrections, des additions, surtout dans les remarques. La plus sensationnelle d'entre celles-ci sera en 1746 la «note des damnés».[49] Plusieurs publications du poème furent assurées par des personnalités de premier plan, qui l'enrichirent d'une préface: Marmontel, en 1746, Palissot, en 1784. L'illustre Fréron en 1775 a publié l'édition préparée par son complice La Beaumelle, où Voltaire et son texte sont vilipendés dans les notes. Mais la plus prestigieuse eût été celle que voulait réaliser en 1739 le prince royal de Prusse, le futur Frédéric II. Devenu roi peu après, il abandonne le projet. Il avait néanmoins rédigé un *Avant-propos* dithyrambique qui fut imprimé.[50] Jusqu'à la fin du siècle les éloges ne tarissent pas. Il est admis que Voltaire seul a réussi dans un genre avant lui inaccessible aux Français. Lorsque Beaumarchais place au même niveau l'*Iliade* et *La Henriade*,[51] il ne fait qu'exprimer l'opinion commune. Le poème a brillamment survécu à l'Ancien Régime: on compte encore 67 éditions entre 1789 et 1830.[52] Quelques-unes donnent des textes corrigés à l'usage des classes. Promotion scolaire en France et hors de France: le petit Dostoïewski apprend le français en récitant des tirades de *La Henriade*.[53]

Mais la consécration «classique» ne dissimulait plus que depuis longtemps

---

47. D187. Nous ne mentionnons que pour mémoire un des petits côtés de la «politique» de *La Henriade*: le soin que prend Voltaire d'y évoquer les personnalités de son temps. Outre le jeune Louis XV et le régent (passage plusieurs fois retouché), sont nommés Villars, le prince Eugène, Parabère, et maints autres. Même le nom de Tournemine, son professeur chez les jésuites, est mentionné. Certains subissent des vicissitudes: l'allusion à Mme de Prie, favorite du duc de Bourbon, disparaît après la mort de celle-ci. La disgrâce la plus marquée fut celle de Sully: nommé partout comme le compagnon de Henri IV dans *La Ligue*, il est remplacé systématiquement par Mornay, à partir de 1728, après la trahison du duc de Sully dans l'affaire du chevalier de Rohan.

48. O.R. Taylor, *OC*, ii.233.

49. *OC*, ii.539. Voltaire applique dans toute sa rigueur la plus étroite le principe «hors de l'Eglise point de salut», qu'il interprète dans le sens janséniste du «petit nombre des élus». Il en résulte selon lui que sur une population mondiale évaluée à cette date à 950 millions d'hommes, 947 millions cinq cent mille sont «destinés aux peines éternelles de l'enfer».

50. On le lit dans *OC*, ii.352-63.

51. Dans l'*Essai sur le genre dramatique sérieux*.

52. Voir O.R. Taylor, *OC*, ii.209.

53. C'est ce que nous fait connaître la biographie de l'écrivain par sa femme Anna Grigorievna.

l'œuvre était morte. Dès les débuts, des critiques avaient mêlé au concert de louanges des notes discordantes. On reprochait à l'auteur ses partis pris. Comment se fait-il, demande le *Journal de Trévoux* (1731), que «les rebelles et les hérétiques ont toujours raison dans *La Henriade*, et que ce sont les rois, les papes et les catholiques qui ont tort?»[54] On lui avait cherché une multitude de querelles sur les allégories, les images, la langue, les rimes... Mais ce fut l'évolution des sensibilités à partir de la seconde moitié du siècle qui conduisit à une évaluation véritable du poème. Déjà Diderot se montre réservé, sans trop oser le censurer. Après lui, à tous ceux qui dans la poésie veulent «quelque chose d'énorme, de barbare et de sauvage»,[55] l'épopée voltairienne paraît tristement étriquée, sèche. La recherche romantique d'un épique moderne se fera contre *La Henriade* et la repoussera dans l'oubli.

L'échec du poète en ses plus hautes ambitions a marqué l'image de Voltaire tel qu'en lui-même... *La Henriade* donne raison à ceux qui ne lui concèdent qu'un talent tout d'imitation. Ici s'accusent les limites du génie voltairien. Mais du jugement sans appel de la postérité il convient de dire que ni lui-même ni ses contemporains n'eurent le pressentiment. Le biographe devra donc tenir compte de l'illusion unanimement acceptée du chef-d'œuvre. Ce qu'établissent encore les chiffres enregistrés par l'enquête de Daniel Mornet sur les bibliothèques de particuliers. Entre 1750 et 1780, *La Henriade* figure dans 181 des 500 catalogues dépouillés, parfois en plusieurs exemplaires.[56]

Le plus grand poète français? Monsieur de Voltaire. Et il ne s'est pas trouvé alors un André Gide pour soupirer, irrévérencieusement: Hélas![57]

---

54. Cité par O.R. Taylor, *OC*, ii.196.
55. Diderot, *De la poésie dramatique*, dans *Œuvres esthétiques* (Paris 1965), p.261.
56. Voir O.R. Taylor, *OC*, ii.189.
57. On connaît la réponse de Gide à une enquête sur «le plus grand poète français»: «Victor Hugo, hélas!»

12. L'ascension

Le 6 mars 1724, une grande première était attendue à la Comédie-Française. Toutes les loges étaient depuis longtemps retenues. Pour la circonstance, les comédiens avaient doublé le prix des places, même au parterre. On allait jouer *Mariamne*, la nouvelle tragédie de celui qui vient de conquérir la gloire d'être le grand poète épique de la France: M. de Voltaire. Le rideau va se lever sur un nouveau chef-d'œuvre.

Le public se montre attentif pendant les trois premiers actes et une partie du quatrième. Ensuite, on donne des signes d'ennui, puis d'impatience. C'est donc devant un auditoire houleux qu'intervient l'innovation risquée par l'auteur. L'héroïne Mariamne, au lieu d'aller mourir dans les coulisses selon l'habitude, buvait sur la scène même la coupe empoisonnée et rendait l'âme sous les yeux des spectateurs. A peine Mlle Lecouvreur, interprète du rôle, eut-elle approché le récipient de ses lèvres, des voix s'élèvent dans le parterre: «La reine boit!» Eclats de rire, sifflets, tumulte. Selon l'usage des moribonds au théâtre, Mariamne agonisante devait tenir avec son mari Hérode un dialogue très pathétique. Il ne fut pas possible de le jouer.[1]

Voltaire présent dans la salle avait, nous confie-t-il, prévu l'échec dès l'entrée d'Hérode.[2] Il retire la pièce. Mais à la différence d'*Artémire* il ne l'abandonne pas. Il va, après révision, la remettre au théâtre l'année suivante. Le texte de la première *Mariamne* de 1724 ne nous est pas parvenu. Nous nous réservons donc d'étudier l'œuvre plus loin, sur le texte de 1725. Nous proposons seulement quelques réflexions qui peuvent trouver leur place ici. Composant une tragédie en même temps qu'il achevait son poème épique, Voltaire manifeste sa «créativité». Préférons le mot à celui de «fécondité». S'il est un homme de lettres à qui le néologisme aujourd'hui en usage puisse s'appliquer, c'est bien notre auteur. Chez lui existent à la fois la volonté et l'aptitude, qui ne cesseront de se renforcer, d'écrire simultanément dans des genres divers, à différents niveaux. Présentement il s'en tient de parti pris aux diverses sortes de littérature «noble»: préjugé de jeunesse, qui ne bridera plus très longtemps sa plume.

Autre constatation que doit faire le biographe. Le triomphe d'*Œdipe* reste,

---

1. Le *Mercure de France*, à la date du 6 mars 1724.
2. Préface de *Mariamne* (M.ii.161-69).

à la date de 1724, sans lendemain: après l'échec d'*Artémire*, voici celui de *Mariamne*. L'auteur pourtant s'obstine. Est-ce parce que le théâtre est alors le plus propre à procurer notoriété et argent (la recette de *Mariamne* pour une unique représentation atteignit le chiffre important de 5.539 livres,[3] sur quoi il revint au poète une somme non négligeable)? En s'adonnant ainsi à la production dramatique, Voltaire se trompait-il sur son véritable talent? Nous serions tentés de le penser, aujourd'hui que ce théâtre a totalement sombré. Mais un auteur peut avoir une vocation authentique pour la scène, sans pour autant laisser une œuvre capable de traverser les siècles. Sans conteste nous rencontrons chez Voltaire les données psychologiques et la personnalité qui font qu'un homme se voue au théâtre, comme auteur, comme acteur, ou comme l'un et l'autre. Vivre pour le public, tendre ses forces afin de faire effet sur ceux qui vous voient, vous écoutent, se présenter devant des foules assemblées sous l'apparence de personnages qui ne sont pas vous, mais qui tirent leur être de vous-même, se cacher sous ces masques et pourtant sous ces masques se montrer: tel sera Voltaire toute sa vie: un homme de spectacle. C'est en raison d'une telle motivation – complétée par d'autres plus superficielles – qu'il a fait ses débuts littéraires comme homme de théâtre, et persévère. Orientation si fortement marquée que dans l'été qui suit, se trouvant en cure à Forges-les-Eaux, il occupe ses loisirs à composer une nouvelle pièce, *L'Indiscret*, dans un genre, la comédie, où il ne s'était pas encore essayé.

Il passe le mois de juillet et une partie du mois d'août 1724 en cette station thermale, connue depuis le seizième siècle. Entre Rouen et Dieppe, il y est à proximité à la fois de la Rivière-Bourdet et de Paris. Il se propose de soigner ses troubles digestifs. Il boit, en bouteilles, les eaux de la source, ferrugineuses et bicarbonatées. D'abord, il s'en trouve fort bien.

Son séjour avait d'autres motifs, non thérapeutiques. Il y accompagne le duc de Richelieu, qui vient d'être désigné pour l'ambassade de France à Vienne. Bientôt le duc de Bourbon, la marquise de Prie, et une partie de la cour vont venir villégiaturer à Forges.

Lorsqu'était mort subitement, le 2 décembre précédent, le duc d'Orléans, alors premier ministre, aucun mécanisme sûr de la succession n'était en place. En principe il revenait au roi de nommer le nouveau premier ministre. Mais Louis XV, théoriquement majeur, n'était qu'un enfant de treize ans. Le successeur se désigna donc lui-même. Le duc de Bourbon, ou «Monsieur le Duc», prince du sang, arrière-petit-fils du grand Condé, vint se proposer au jeune roi. Celui-ci interrogea du regard Fleury qui, en cette circonstance, avait

---

3. Lancaster, p.679 (1257 spectateurs; le partage de l'auteur était de 424 livres).

eu soin de rester à ses côtés. Le précepteur d'un mouvement de tête fit signe d'accepter.[4]

Monsieur le Duc gouvernait donc la France. Avec lui sa maîtresse, Mme de Prie, exerçait le pouvoir. Elle venait des milieux d'affaires. Elle était fille du traitant, ou fermier général, Berthelot de Pléneuf. Monsieur le Duc et elle s'étaient associés à Pâris-Duverney, le puissant financier qui achevait la liquidation du «Système». Sous leur administration règnent les plaisirs et l'argent. Pour le moment, le «prudent Fleury» laisse faire, attendant son heure. Ainsi s'ouvrait une seconde période «Régence», dont Mme de Prie donnait le ton. «Brillante», «légère», esprit «vif et agréable», mais parfois «inconsidérée»: ce portrait dessiné par le *Précis du siècle de Louis XV* s'accorde avec l'image que Van Loo a fixée sur la toile: une jeune femme mince, aux traits fins, la tête un peu penchée, le regard attentif, tenant sur un doigt une tourterelle. Voltaire se fera bien accueillir de cette personne qui aime qu'on l'amuse.

L'influence qu'il commence à acquérir dans les allées du pouvoir, il en use d'abord pour des amis, l'un de vieille date, Thiriot, l'autre tout récent et dangereux, l'abbé Desfontaines. Depuis des mois, Thiriot vivait en parasite à la Rivière-Bourdet, aux crochets des Bernières. Il ne paraissait nullement pressé de mettre un terme à sa béate existence. Son ami, de tempérament si contraire, imagina de l'en tirer pour lui ouvrir la voie d'une carrière active. Il fait accepter à Richelieu de prendre Thiriot comme secrétaire à son ambassade de Vienne. Son ami n'aura comme supérieur direct que l'ambassadeur lui-même. Il touchera de bons émoluments. En poste dans la capitale diplomatique de l'Europe, il se fera d'utiles relations; de là il ne manquera pas d'accéder à des emplois plus importants. Bref toute une fortune se dessine devant l'ami Thiriot. Mais celui-ci refuse, sous des prétextes futiles. Voltaire alors se fâche. Il lui lance une algarade en forme de lettre: morceau d'anthologie, pouvant servir de leçon aux indolents qui négligent d'attraper la chance lorsqu'elle passe à leur portée.[5]

L'affaire n'allait pas en rester là. A défaut de Thiriot, Voltaire fait donner le poste à un certain Davou, signalé par cet abbé Desfontaines dont nous reparlerons. Or voici que Thiriot se ravise: il accepte ce qu'il a, quelques jours plus tôt, dédaigneusement repoussé. Voltaire manœuvre auprès de Richelieu: il est convenu que l'ambassadeur prendra avec lui et Davou et Thiriot. Ce qui ne plaît pas à celui-ci: refus de nouveau. Voltaire proteste: son ami l'a placé dans un grand embarras envers Richelieu, qui le soupçonne de se moquer de lui.[6] Néanmoins il pardonne. L'un de nos sujets d'étonnement, c'est son infinie

---

4. *Œuvres historiques*, p.1314.
5. D213 (5 octobre 1724).
6. D217, D219.

mansuétude pour un homme si peu estimable. Enfoncé dans la paresse et le parasitisme, Thiriot passera sa vie très exactement à ne rien faire. Il ne réalisera jamais l'édition des *Œuvres* de Chaulieu dont il prétend alors s'occuper, ni n'écrira le livre sur Mahomet dont il parlera quelques mois plus tard. Il a réussi à atteindre un degré remarquable de non-créativité. Sa seule capacité: aller de théâtre en théâtre, de salon en salon, y écouter ce qui se dit, répandre des rumeurs. Par là, il ne laissera pas de rendre de précieux services à son ami, avec lequel il entretient une régulière correspondance: seule forme d'activité qu'on lui connaisse.

Au printemps de 1725, c'est en faveur de l'abbé Desfontaines que Voltaire intervient, dans une affaire autrement grave. Pierre-François Guyot Desfontaines, rouennais, vaguement apparenté aux Bernières, de neuf ans plus âgé que Voltaire, avait été élevé chez les jésuites, puis avait enseigné dans leurs collèges de Rennes et de Bourges. Au bout de quinze ans, il les quitte, pour des motifs non spécifiés, mais qu'on peut imaginer d'après les mœurs du personnage. Après être passé au service du cardinal Bentivoglio, puis du cardinal d'Auvergne, il débute dans le journalisme en 1724. L'abbé Bignon, figure influente dans la République des lettres, lui confie le *Journal des savants*, feuille tombée en totale décadence. Il ranime ce «cadavre». Il a en effet les qualités d'un bon journaliste: la solide culture des anciens élèves des jésuites, un jugement sûr, une plume facile et néanmoins acérée. Il donne, on le sait, une édition de *La Ligue*, où il versifie les parties laissées en pointillé. Il en profite pour y glisser des traits satiriques, notamment contre Houdar de La Motte. Voltaire apprécie peu, mais il est sensible aux dons littéraires de Desfontaines. Et un rédacteur du *Journal des savants* est un homme à ménager.

Soudain, le 18 décembre 1724, l'abbé est arrêté, et emprisonné au Châtelet. Après instruction, il est transféré le 25 avril 1725 à Bicêtre, la prison des sodomites. Car tel est le crime de Desfontaines. Le dossier ne laisse aucun doute sur le sérieux de l'affaire. On y lit la déposition d'un jeune homme de seize ans, attiré dans le lit de notre homme.[7] Pièce accablante, instructive pour l'historien. On y entrevoit le monde souterrain, combien nauséabond, de la sodomie parisienne, avec ses rabatteurs, ses réseaux. Desfontaines risquait tout simplement le bûcher. Ce sera le sort deux ans plus tard de son confrère en sodomie Deschauffours (24 mai 1726).

Mais il met en mouvement ses relations. Le président de Bernières intercède en sa faveur auprès de Monsieur le Duc: se prévalant de sa qualité de parent, il demande que Desfontaines soit assigné à résidence à la Rivière-Bourdet, et

---

7. Reproduit par Henri Boivin, «Les dossiers de l'abbé Desfontaines aux archives de la Bastille», *RHLF* 14 (1907), p.60-62.

se porte garant de sa conduite.[8] Les démarches les plus insistantes furent cependant celles de Voltaire. Il sollicite verbalement Mme de Prie. Il agit auprès du lieutenant de police, le priant de parler au premier ministre.[9] Il reconnaît que l'abbé a pu se rendre coupable de «quelque indiscrétion»: comment nier des faits avérés? Mais il proteste que son protégé est «incapable du crime infâme qu'on lui attribue». Il invoque le «mérite supérieur» de celui-ci et même sa «probité». On voulut bien le croire, malgré la gravité des charges. Le 24 mai 1725, Desfontaines est libéré, remis entre les mains de M. de Bernières, et exilé à trente lieues de Paris.[10]

Le 31, l'abbé adresse à Voltaire une longue lettre de remerciement. Le sodomite plastronne. Il donne à son bienfaiteur du «mon cher ami». Il impute sa mésaventure à la seule malice de ses ennemis. Il annonce une apologie vengeresse, laquelle ne vit jamais le jour, et pour cause. Il pousse l'aplomb jusqu'à solliciter une nouvelle intervention, pour faire lever l'ordre d'exil. Il ose dicter le texte même de la lettre de cachet, à faire signer par le premier ministre: «Le roi, informé de la fausseté de l'accusation intentée contre le sieur abbé Desfontaines, consent qu'il demeure à Paris.»[11] Voltaire eut la complaisance de se plier à ce qu'on lui demandait. Le 4 juin, il obtient la liberté complète pour celui qu'il appelle «notre pauvre abbé Desfontaines».

En cette affaire, il s'est conduit avec une générosité dont il donnera beaucoup d'autres preuves au cours de son existence. Il n'ignorait certainement pas les mœurs de Desfontaines. Mais pour fait de sodomie, être brûlé vif en place de Grève! Perspective atroce, que son imagination, très sensible à des cruautés de cette sorte, ne peut supporter. Pour conjurer l'horrible dénouement, il ne ménage pas sa peine. Il en est sans tarder mal récompensé. Ses instances lui attirent à lui-même l'accusation de sodomie. Un abbé Théru, professeur au collège Mazarin, le dénonce au lieutenant de police comme ayant commerce avec des «infâmes», Desfontaines et d'autres. Ce Théru avait, paraît-il, l'obsession de l'homosexualité. Il est certain que Voltaire a eu des relations de ce côté. Mais rien ne prouve qu'il y ait été partie prenante. Au surplus, le dénonciateur le confond avec quelque autre.[12] Des faits manifestement erronés sont avancés: qu'il fut au sortir du collège des jésuites pensionnaire – et sodomite – au collège des Grassins, et partenaire du chevalier Ferrand, «ancien

---

8. Boivin, p.63.

9. C'est ce qui ressort de la lettre de remerciement, D234.

10. Desnoiresterres, i.327; D234, note.

11. D235.

12. De même Guyot Desfontaines avait été confondu avec un Duval Desfontaines. C'est pourquoi l'ordre d'arrestation lancé le 18 octobre 1724 dut être annulé et rétabli ultérieurement au nom véritable de l'inculpé: voir Boivin, p.62.

et fameux corrupteur».[13] D'Ombreval, le lieutenant de police, ne tint nul compte de ce billet, qui n'était pas signé.[14]

Les désagréments les plus sérieux allaient lui venir de Desfontaines lui-même. A peine retiré à la Rivière-Bourdet, l'abbé se met à écrire un pamphlet contre celui qui venait de le sauver d'une mort affreuse. Cette *Apologie du sieur de Voltaire* aurait même été imprimée à Rouen. Desfontaines la montre à Thiriot lequel, indigné, le persuade de la détruire. De sorte que Voltaire ne semble pas en avoir jamais connu le texte. Telle est du moins la version présentée par lui en 1739, au moment de l'affaire de la *Voltairomanie*.[15] Il sollicite alors le témoignage de Thiriot. Mais son ami, ou prétendu tel, lié à ce moment-là avec Desfontaines, tergiverse. Alléguant sa mauvaise mémoire, alignant les formules équivoques, il est contraint cependant de reconnaître que pour l'essentiel Voltaire dit vrai. Desfontaines a bien écrit en 1725 à la Rivière-Bourdet un libelle contre Voltaire que Thiriot lui fit supprimer.[16] Il est banal qu'un bienfait fasse naître chez l'obligé de la rancœur. Chez un individu pervers comme Desfontaines, le ressentiment va tourner en une haine sourde, qui éclatera le moment venu.

En faveur de l'abbé, Voltaire avait agi de concert avec les Bernières. Pourtant, au printemps de 1725, des difficultés surgissent entre eux. Pour des raisons d'argent. Nous éviterons de projeter ici l'image du Voltaire riche, disposant d'importantes ressources:[17] position qu'il n'atteindra que quelques années plus tard. Il a perdu, l'été précédent, à Forges, cent louis au pharaon: ce qui est une grosse somme (2.400 livres ou francs). Non que ses poches soient bien garnies d'or. C'est la preuve plutôt qu'il tente de se refaire par les hasards du jeu. Quelques semaines plus tard il mande à Mme de Bernières qu'il sera peut-être «obligé de travailler pour vivre», c'est-à-dire de prendre un emploi.[18] Eventualité qu'il écarte, pour les raisons que nous avons dites.[19] Il cherche à s'assurer un revenu régulier, mais par d'autres moyens. Il tente de se constituer des rentes viagères, pratique courante à l'époque. L'emprunteur reçoit à titre définitif le capital; en contrepartie il verse au prêteur une annuité qui ne prend fin qu'au décès de celui-ci. Opération pleine d'aléas. Voltaire expliquera,

---

13. D232.
14. Aussi Boivin, p.55, l'attribue-t-il, après Paul d'Estrée, à un abbé Dupuis.
15. M.xxiii.35.
16. D1728 (31 décembre 1738), Thiriot à Mme Du Châtelet.
17. Comme le fait J. Donvez, *De quoi vivait Voltaire?* (Paris 1949), p.26-27, qui suppose qu'en 1725 Voltaire joue la comédie de la pauvreté. Tout prouve au contraire qu'à cette date, sans être dans le dénuement, il a des ennuis d'argent.
18. D212 (28 septembre 1724).
19. Voir ci-dessus, p.146.

goguenard, que les rentiers viagers vivent plus longtemps que les autres hommes: ils se ménagent...[20] De son côté le rentier n'avait guère de chance de trouver un emprunteur assez durablement solvable pour s'acquitter pendant des années, voire des dizaines d'années. Quoi qu'il en soit, en mars 1725, Voltaire ne peut conclure l'affaire: il n'est pas en mesure de verser les fonds à la date convenue.[21] Il perd ainsi 2.000 livres de rente. Du chiffre de l'annuité, on déduit que le capital à investir devait s'élever à quelques 20.000 livres. Car au dix-huitième siècle, en l'absence de tables de probabilités, les emprunteurs souscrivaient habituellement des marchés ruineux, au taux de 10%, ce qui excédait de très loin l'amortissement du capital majoré de l'intérêt.[22]

Voltaire comptait-il réunir une pareille somme en percevant tout au moins une partie de son héritage, en dépit du testament paternel? Il présente la demande d'une «provision» à M. de Nicolaï, institué par le père Arouet gardien de sa part d'héritage. Mais il se heurte à un refus. En conséquence, il se décide à attaquer en justice le testament, ce qu'il n'avait pas fait jusqu'ici.[23] Il a, au même moment, des inquiétudes pour sa pension sur le trésor royal. On parle d'interrompre les paiements, ou même de les supprimer, afin de subvenir aux dépenses du mariage de Louis XV.[24] Il lui faudrait régler les graveurs, dont le travail pour *La Henriade* est terminé. Il obtient d'eux qu'ils se contentent de recevoir dans l'immédiat la moitié de la facture. Le solde leur sera versé à la publication de l'ouvrage.[25]

Parmi les dettes qu'il laisse courir: le loyer dû à M. de Bernières pour l'appartement de la rue de Beaune. Aussi quand il annonce en juin 1725 son intention d'aller villégiaturer à la Rivière-Bourdet, on l'invite à régler préalablement sa dette. On insinue qu'il veut venir à la Rivière «pour épargner». Voilà ce que Thiriot, lequel vit depuis si longtemps en pique-assiette chez les Bernières, lui fait savoir, gracieusement, de la part de la dame du lieu.[26] Mais celle-ci avait des raisons bien personnelles de prendre tellement à cœur les intérêts de son mari. Voltaire à la Rivière l'aurait gênée. En la place s'était installé le chevalier des Alleurs: les aptitudes de ce visiteur, sur un certain plan, sont attestées par deux mots, pudiquement retranchés par Kehl et les éditions subséquentes, mais scrupuleusement rétablis par Th. Besterman,

---

20. M.xvii.80.
21. D225.
22. Voir J. Donvez, p.138-39.
23. D243. A l'ouverture du testament, il s'était contenté d'une protestation, se réservant de donner une suite judiciaire.
24. D233 (fin de mai 1725).
25. D240 (27 juin 1725).
26. La lettre de Thiriot est perdue, mais on en déduit le contenu d'après la réponse, D240.

d'après le manuscrit.[27] Dans une lettre suivante à sa volage amie, Voltaire laisse entendre qu'il sait à quoi s'en tenir.[28]

Dans la colonne des dépenses, il y eut aussi l'impression de *Mariamne* à compte d'auteur, pour couper court aux éditions faites sur un texte incorrect, attrapé pendant les représentations.[29]

L'aventure de Mariamne, épouse du roi de Judée Hérode le Grand, rapportée par Josèphe au livre XV des *Antiquités*, n'est plus guère connue aujourd'hui que des historiens spécialisés. Il en allait différemment autrefois. Comme dans le cas d'*Œdipe*, Voltaire se donnait l'avantage de traiter un sujet de notoriété publique. La *Mariamne* du vieil Alexandre Hardy était sans doute oubliée, mais non celle de Tristan (1636): pour faire pièce à Voltaire, Jean-Baptiste Rousseau va entreprendre de la rééditer dans une version rajeunie. On avait eu connaissance en France, en 1723, d'une *Mariamne* anglaise.[30] A Paris, après l'échec du 6 mars 1724, l'abbé Nadal s'avise de relever le sujet. Cet abbé s'était fait de longue date une spécialité des tragédies bibliques. Il avait gratifié le théâtre français d'un *Saül* (1705), d'un *Hérode* (1709); après un *Antiochus* (1722), voici qu'il fait jouer, le 15 février 1725, une *Mariamne* de sa façon. Il remporte peu de succès. Le public à la fin du spectacle réclame celle de Voltaire. Celui-ci se trouvait dans la salle, accompagné de Thiriot. D'où l'abbé conclut qu'ils avaient tous deux monté une cabale, seule responsable bien évidemment de son échec. Se hâtant d'imprimer sa pièce, il place en tête une virulente préface. Il accuse l'auteur de l'autre *Mariamne* d'une «brigue horrible et scandaleuse» contre lui. Louant sans mesure sa propre tragédie, il accable de critiques celle de son adversaire. Parmi d'innombrables péchés, Voltaire aurait commis celui de faire rimer «enfin» et «asmonéen».[31] Sous la signature de Thiriot paraît aussitôt une réplique spirituelle, encore que mordante, rédigée par son ami.[32] Ces «combats d'auteurs» réjouissent Mathieu Marais, et le public avec lui. Ils créent une ambiance favorable à la *Mariamne* rénovée, que Voltaire fait jouer quelques jours après, le 10 avril, sous le titre *Hérode et Mariamne*. Cette fois-ci, il remporte le succès qui lui avait échappé un an plus tôt. Marais ne cache pas son enthousiasme: «un chef-d'œuvre»; M. de Voltaire est décidément «le plus grand poète que nous ayons».[33] La pièce va, dans les mois qui viennent, poursuivre une belle carrière, à la ville et à la cour.

27. D239.
28. D246 (20 août 1725).
29. D247.
30. D149 (avril 1723).
31. Ces rimes ont disparu de la version de 1725, *Hérode et Mariamne*.
32. D226.
33. Marais, *Journal et mémoires*, iii.174.

Voltaire reprenait l'intrigue d'*Artémire*, en corrigeant ses défauts. Mariamne, comme la précédente héroïne, hait son époux, lequel a fait périr son père et son frère. Elle veut cependant lui rester fidèle. Mais à la différence d'Artémire, Mariamne s'abstient de ressasser inlassablement ses contradictions. Le conflit intérieur éclate seulement au terme de l'action: il trouve aussitôt son dénouement par la mort volontaire de l'héroïne. En outre l'action est cette fois placée dans un contexte historique familier aux spectateurs. Nous sommes à «Solime», c'est-à-dire Jérusalem, après la mort d'Antoine. Hérode le Grand, partisan du vaincu, s'est rendu à Rome pour rétablir sa situation. On attend son retour. En son absence, le pouvoir est exercé par le Romain Varus, gouverneur de Syrie.

L'auteur a ménagé une progression dramatique efficace. A Solime, la sœur d'Hérode nommée Salome (pour les besoins de l'alexandrin) a juré de perdre sa belle-sœur Mariamne. Le roi éprouve pour sa femme des sentiments alternativement d'amour passionné et de haine féroce. A la faveur de l'éloignement, Salome a obtenu de lui un ordre secret de faire assassiner Mariamne. Mais Varus, amoureux de la reine, fait arrêter l'exécuteur du crime. Tel est l'acte I. A l'acte II, Mariamne, craignant le pire au retour d'Hérode, veut se réfugier à Rome. Elle demande à Varus de l'y aider. Ce qui donne à celui-ci l'occasion de déclarer sa flamme. Elle le repousse, vertueusement. Acte III: Hérode est arrivé à Solime, plus partagé que jamais. Revoyant Mariamne, il s'embrase pour elle, de nouveau, d'un violent amour. Il va exiler Salome. Mais celle-ci retourne la situation. Elle révèle que la reine aime un autre homme. Qui donc? A ce moment se répand la nouvelle (une fausse nouvelle) que Varus vient d'enlever Mariamne. Acte IV: Hérode va faire périr l'infidèle. Il hésite encore cependant. Il veut lui parler une dernière fois. Comme bien l'on pense, au cours de l'entrevue il se radoucit. Mais voici un coup de théâtre: Varus envahit le palais. Furieux, Hérode fait arrêter Mariamne. L'acte V s'ouvre sur un monologue de l'héroïne: la jeune femme désespérée renonce à résister au sort qui la persécute. Varus à la tête de ses hommes vient la délivrer. Mais elle refuse de le suivre, comme elle refuse de se joindre au peuple qui se soulève pour elle. Elle sort, ayant choisi, dit-elle, «un plus digne dessein». Tout alors se précipite. Varus est tué. Hérode va donner définitivement l'ordre d'exécuter Mariamne. A ce moment précis, entre l'habituel messager du cinquième acte. Narbal raconte comment la reine s'est rendue, volontairement, à l'échafaud préparé par Salome. Là, «l'épouse innocente» a tendu «au fer des bourreaux cette tête charmante». Foudroyé par la douleur, Hérode perd la raison. Il maudit Solime: sur la cité sainte, il appelle la colère céleste. Quant au peuple juif, son peuple, il le voue par ses imprécations au malheur et à la dispersion.

Voltaire avait mis au point une pièce bien agencée. Les ressorts de l'action tenaient les spectateurs en haleine, dans un «trouble croissant». Il fait fonctionner avec une sorte de perfection ce qu'on pourrait appeler la mécanique de la tragédie. Du bel ouvrage, mais qui donne une impression de banalité. *Hérode et Mariamne* est peut-être la seule de ses pièces où il n'essaie aucune nouveauté. Renonçant à faire mourir l'héroïne sur la scène, il revient au procédé usé du dénouement en forme de récit; et pour ôter tout prétexte aux mauvais plaisants, Mariamne périt non par le poison, mais sur l'échafaud. Si les derniers vers, à l'imitation d'*Athalie*, annoncent un sombre avenir (destruction de Jérusalem, *diaspora* des Juifs), rien dans le reste de la pièce ne laisse pressentir que nous sommes à l'époque des origines chrétiennes. Refondant une nouvelle fois sa *Mariamne* en 1762, Voltaire en fera disparaître Varus: il était étrange en effet que ce Romain, un militaire, un administrateur, fût si sentimental. En sa place il mettra «une sorte de janséniste», un Essénien préchrétien nommé Sohême.[34] Ce qui donnera à l'œuvre une portée que n'avait pas la version de 1725.

Dans la conjoncture du moment, *Mariamne* présentait pourtant un mérite qui allait s'avérer fort opportun. C'était une excellente pièce de cour. A la cour d'Hérode, l'action entremêle les trames de la politique et celles de l'amour. On y lutte pour le pouvoir par tous les moyens, y compris les pires. La cour française de 1725 pouvait reconnaître ses propres conflits, mais tragiquement amplifiés, et montés au ton d'une héroïque noblesse. Les petites vilenies, les mesquines infamies de l'existence courtisane n'ont plus droit de cité dans l'univers de la tragédie. La scélératesse même de Salome a grande allure. Voltaire renvoie à la cour, qu'il fréquente alors, une image gratifiante des hautes sphères où se décide le sort des Etats.

Il dut calculer délibérément un tel effet. Car il achève et fait jouer, le 18 août 1725, son *Indiscret* qui est aussi, dans le genre comique, une pièce de cour. Selon une formule à la mode, qu'illustrera *Le Glorieux* de Destouches (1732), il met en scène un défaut de caractère. Mais c'est à la cour que son personnage, nommé Damis, exerce son indiscrétion. Sa mère lui donne de judicieux avis sur la prudence qui s'impose en un tel lieu: conseils que le courtisan Voltaire énonce à sa propre intention. L'écervelé Damis n'en a cure. Bavardant à tort et à travers, il se met à dos tout un chacun. Il fait si bien qu'il manque un mariage qui devait assurer son avenir. La comédie, en un acte et en alexandrins, est au total peu comique: agréable seulement, avec quelques moments plaisants. A la Comédie-Française le beau monde des loges l'apprécie mieux que le parterre. «Le peuple, commente Voltaire, n'est pas content quand on ne fait rire que l'esprit.» Notre auteur s'afflige que les Dancourt et autres aient, selon lui, accoutumé le bas public à n'aimer que des farces «pleines d'ordures».[35] En réalité, ce n'est pas au «peuple» que son *Indiscret* est destiné.

---

34. D10636 (7 août 1762), à d'Argental.
35. D246.

Cette œuvre courte, comédie «noble où les mœurs sont respectées», est exactement ce qui convient, à Versailles ou à Fontainebleau, comme «petite pièce», donnée en complément de programme, après la «grande pièce» qui pourrait être, pourquoi non? sa *Mariamne*. Dans cette vue, c'est à Mme de Prie qu'il dédie l'édition de *L'Indiscret*.

En 1725, Voltaire suit de près l'évolution politique. Il voit se préparer un événement qui va lui permettre de s'insinuer, lui poète, dans l'entourage royal.

Le régent et Dubois avaient conclu un projet de mariage pour Louis xv. Afin de sceller la réconciliation franco-espagnole, il avait été convenu, en 1721, que le jeune roi épouserait l'infante Maria Anna Vittoria, fille de Philippe v. Une ambassade solennelle, conduite par cet expert en cérémonial qu'était le duc de Saint-Simon, avait fait le voyage de Madrid pour y quérir la princesse: la future reine devait être élevée en France. La combinaison pourtant présentait un grave inconvénient. Si en 1721 Louis xv avait onze ans, l'infante n'en avait que trois. Il faudrait attendre longtemps avant qu'elle pût donner un dauphin au royaume. Ainsi se prolongerait quelques quatorze ou quinze années la situation dangereuse existant depuis 1715. Louis xv étant le seul survivant de la branche aînée, s'il venait à disparaître, une grave crise de succession s'ouvrirait. Le trône devait selon l'ordre passer à la branche d'Orléans. Mais le fils du régent, personnage au caractère bizarre, n'avait de goût que pour la vie dans une cellule de couvent. Ferait-on appel à un Condé, ou à un bâtard légitimé de Louis xiv? Le Bourbon d'Espagne ne serait-il pas tenté de revenir sur sa renonciation à la couronne de France? Au reste, Louis xv, en attendant son mariage, ne risquait-il pas de tomber sous l'influence d'une favorite, ou d'un individu douteux? Les privautés que s'était permises en 1724 l'aventurier La Trimouille sur la personne du roi démontraient la nécessité de marier sans retard le jeune souverain.[36]

C'est donc avec raison qu'après la mort du régent le duc de Bourbon et Mme de Prie rompirent le mariage espagnol. Leur tort fut de procéder brutalement. On renvoya l'infante sans aucun ménagement. Philippe v s'estimant insulté, une crise éclata dans les relations avec l'Espagne. Mais Monsieur le Duc et son amie n'étaient pas guidés par les seules considérations dynastiques. Le premier ministre avait dû consentir à un partage inégal avec Fleury. Le précepteur traitait seul en tête à tête avec Louis xv les affaires de l'Eglise. Au contraire, lorsque Monsieur le Duc traitait avec le roi les autres affaires, Fleury était présent. L'évêque de Fréjus, homme doux, à l'esprit enjoué,

36. D191 (*c.* 10 juillet 1724). L'homosexuel La Trimouille en accord avec le comte de Clermont, un Condé, voulait s'assurer, par des habitudes perverses, une emprise sur le roi.

portant à son élève une véritable affection, non exempte pourtant de desseins ambitieux, avait su gagner sa totale confiance. Le roi adolescent aimait ce vieillard, comme le père ou le grand-père qu'il n'avait pas connus. Monsieur le Duc et Mme de Prie conçurent qu'un si fort ascendant ne pouvait être contrecarré, voire annulé, que par une épouse. Pour écarter Fleury, ils comptaient sur la future reine. Encore fallait-il que celle-ci fût toute à leur dévotion. Ce qui excluait une princesse issue d'une cour étrangère, ayant par là une consistance personnelle. On chercha donc en France. Mme de Prie se rendit à Fontevrault près de Saumur, où était élevée Mlle de Vermandois, sœur de Monsieur le Duc. Mais la princesse, entichée de sa naissance, reçut avec mépris la fille du traitant Berthelot de Pléneuf: «on la laissa faire la fière dans son couvent».[37] On s'avisa alors que vivait en France la fille d'un roi, à vrai dire détrôné. Stanislas Leszczynski, promu roi de Pologne par Charles XII, chassé par Pierre le Grand, s'était retiré à Wissembourg, sur la frontière d'Alsace. Il y subsistait, grâce à une pension du roi de France, avec sa fille Marie. Mme de Prie derechef se met en route. Ayant vu la jeune Polonaise, elle fixe son choix sur elle. Cette jeune fille au caractère doux promettait d'être assez malléable. Elle vouerait certainement une infinie reconnaissance à ceux qui allaient faire de la pauvre délaissée une reine de France.[38] Elle avait huit ans de plus que le roi: on espérait qu'ainsi elle s'assurerait sur lui une certaine autorité. Fleury ne fit pas d'objection, sans approuver expressément. Louis XV se laissa marier, avec son indifférence habituelle.

Voltaire était présent à Versailles, le 27 mai 1725, lorsque le roi annonça à la cour qu'il épousait la princesse de Pologne. Sur ces mots, «il donna son pied à baiser à monsieur d'Epernon, et son cul à monsieur de Maurepas»: c'est en ces termes que Voltaire rapporte la scène.[39] Monarchiste de conviction (qui ne l'est, d'ailleurs, en France à cette date?), il n'a pas le moins du monde le culte de la personne royale. Il va affecter pour les événements du mariage un ironique détachement. N'en soyons pas dupes. Il ne veut pas manquer cette occasion de s'avancer. Il obtient de Mme de Prie qu'elle lui loue un appartement dans son hôtel à Fontainebleau, où se célébreront les noces.[40] Il assiste à la cérémonie, le 5 septembre. Il a préparé un divertissement pour le spectacle qui suivra. Mais le premier gentilhomme de la chambre, le duc de Mortemart, préféra donner, avec Le Médecin malgré lui, l'Amphitryon de Molière: choix qui, en la circonstance, parut étrange. Il persiste cependant à faire sa cour. Il vise à gagner les bonnes

---

37. Œuvres historiques, p.1316.
38. Œuvres historiques, p.1316, note: peu auparavant un projet de mariage avec le comte d'Estrées avait échoué.
39. D233.
40. D243 (23 juillet 1725).

grâces de la reine, nouvelle venue. Il laisse passer les premiers moments, où elle est «assassinée d'odes pindariques, de sonnets, d'épîtres et d'épithalames».[41] Pendant que ce flot s'écoule il se lie avec l'entourage: avec Marie-Ursule de Klinglin, comtesse de Lutzelbourg, qui avait logé chez elle en Alsace Marie Leszczynska;[42] avec le roi Stanislas, père de la reine, qu'il va visiter au château de Bellegarde, près de Montargis, où on l'a installé.[43] Puis il aborde la reine elle-même. Il lui offre *Mariamne* acompagnée d'une épître en vers, courte mais adroitement flatteuse. Il en est «très bien reçu». On joue devant la cour cette *Mariamne* avec *L'Indiscret*: Marie Leszczynska pleure à la tragédie, rit à la comédie. Elle l'appelle «mon pauvre Voltaire»...[44]

Il se garde entre temps de négliger Mme de Prie et son groupe. Pour se délasser des cérémonies, ce petit monde va s'amuser près de Fontainebleau au château de Bélébat.[45] Il l'y suit à deux reprises en octobre.[46] On avait déniché près de là un réjouissant personnage: le curé de Courdimanche, amateur de bon vin, de filles et de poésie. Le bonhomme fait les frais d'une farce en vers qu'on joue à Bélébat. Deux scènes: le triomphe du curé, couronné roi de la fête, puis son agonie et sa confession. Le chœur se charge de réciter ses péchés. A l'article de la mort, le gros et gras curé choisit pour son successeur le maigre Voltaire, afin, dit-il, de mieux se faire regretter. De ces plaisanteries et malices, à l'adresse de personnes de l'assistance, ou connues d'elle, le sel s'est pour nous tout à fait affadi. Voltaire fut sans doute responsable de quelques couplets, ce qui vaut à *La Fête de Bélébat* de figurer dans ses œuvres.[47]

Il compte sur l'appui de la patronne de Bélébat, Mme de Prie, et du financier Pâris-Duverney, premier ministre en second.[48] Avec de telles protections, il se fait fort d'atteindre son objectif: consolider sa position à la cour. Le rôle de poète courtisan entraîne quelque ridicule, il le sait. Il est précaire, comme la suite ne le montrera que trop. Il cherche donc à s'assurer un «établissement»:[49] une charge de cour, peut-être déjà cette dignité de «gentilhomme ordinaire de la chambre du roi» qu'il obtiendra quelques vingt ans plus tard. Le 14 novembre, la reine sur sa cassette lui accorde une pension de 1.500 livres. Le

41. D249.
42. D252 (17 octobre 1725). Voltaire restera en relation avec Mme de Lutzelbourg. Mais la correspondance qu'il lui adresse ne nous est conservée qu'à partir de 1753.
43. D255 (19 octobre 1725).
44. D253.
45. Dans le bâtiment tel qu'il est aujourd'hui, on identifie une salle de la façade sud comme celle où fut jouée *La Fête de Bélébat*.
46. D252.
47. D256 décrit à Mlle de Clermont, sœur du duc de Bourbon, le couronnement du curé.
48. D'après D255 (13 novembre 1725).
49. D253 (17 octobre 1725).

brevet est établi avec une certaine solennité, sur vélin et signé de la main même de Marie Leszczynska.[50] Dans les considérants, la reine se dit «bien informée du zèle et de l'affection du sieur Arouet de Voltaire»; elle déclare qu'elle veut «le gratifier et lui donner moyen de soutenir les dépenses qu'il fait à la suite de la cour». Mais Voltaire attend davantage: ce n'est là pour lui qu'un «acheminement pour obtenir les choses» qu'il demande. Il a des «espérances raisonnables». Pourtant, ensuite, rien ne vient. S'est-il heurté, déjà, au mauvais vouloir de Louis XV? La reine – qui peut-être dans l'intervalle a lu La Ligue – s'est-elle refroidie à son égard? D'après un gazetin secret de la police, en date du 18 janvier 1726, Marie Leszczynska aurait transféré sa pension à «un officier qui a perdu les deux yeux au service de Sa Majesté».[51] Toujours est-il qu'il n'a pas perçu l'annuité due selon le brevet à compter du 1er novembre 1725. Il s'est hâté d'escompter le titre auprès de Pâris-Duverney: ses besoins d'argent apparemment sont pressants. Or le financier qui a fait l'avance de la somme ne pourra pas l'encaisser. C'est ce qui ressort d'un arrêté de compte dressé bien plus tard: Voltaire reste redevable à Pâris-Duverney des 1.500 livres correspondant à sa pension non payée.[52]

Sa position à la cour demeure donc peu solide, à la fin de janvier 1726, lorsque va éclater l'affaire qui anéantira ses espérances.

A suivre seulement ses activités publiques de poète et de courtisan, on laisserait échapper ce qui, en ces années 1724 et 1725, a le plus d'avenir. Il n'avait acquis au collège à peu près aucune formation philosophique. Descartes et les cartésiens étant réprouvés par la Société de Jésus,[53] les pères continuaient à enseigner une scolastique dépassée, qui ne l'avait pas intéressé. Comme tant d'autres au dix-huitième siècle, il va se donner à lui-même une initiation philosophique, par la lecture. Déjà les problèmes agités dans Œdipe, dans l'Epître à Julie, devaient l'engager à un examen plus approfondi. Mais c'est de Bolingbroke qu'il reçoit l'impulsion déterminante. En 1724, il est occupé à lire l'Essai sur l'entendement de Locke, assurément dans la traduction française de Coste. Nous avons la lettre que son ami anglais lui écrit, en réponse à une lettre dont on regrette fort qu'elle soit perdue.[54] Bolingbroke s'institue son directeur intellectuel, lui faisant confidence de ses propres expériences, le conseillant sur ses lectures. Il apparaît que Voltaire s'était d'abord montré

50. Pièce conservée à l'Institut et musée Voltaire, Genève; voir D255, note.
51. Cité par J.-M. Raynaud, La Jeunesse de Voltaire, à la date du 18.01.1726.
52. D1371 (14 septembre 1737).
53. Le père André, qui avait tenté de réhabiliter Descartes, fut mis à l'écart. Voir Charma et Mancel, Le Père André, jésuite (Paris 1856).
54. D190.

réticent à l'égard de Locke. Bolingbroke insiste pour qu'il le comprenne mieux. «C'est une grande science que de savoir où l'ignorance commence.» Par sa rigueur prudente, le philosophe de l'*Essai sur l'entendement* mérite d'être préféré à ces grands imaginatifs que sont Descartes, Malebranche. Pareillement Bolingbroke signale qu'en physique Newton a raison contre le système des tourbillons cartésiens. Dès cette date l'Anglais trace l'orientation philosophique que suivra Voltaire.

Présentement pourtant il ne se voue pas tout entier à l'empirisme lockien. Bolingbroke l'assure que les œuvres de Malebranche sont «le plus beau galimatias du monde». Ce qui ne l'empêche pas de lire *La Recherche de la vérité*, concurremment avec l'*Essai sur l'entendement*. Il annote dans les marges son exemplaire.[55] Il fait écho à sa lecture dans une lettre à Thiriot du 27 juin 1725. En même temps il lit les *Pensées* de Pascal. Il en cite une phrase dans la préface de *Mariamne*, où l'on ne s'attendait guère à une telle rencontre.[56] On note d'emblée que Voltaire s'initiant à la philosophie sait s'adresser aux plus grands. A défaut d'originalité en ce domaine, on doit lui reconnaître le don de discerner quels sont les maîtres de la pensée.

Un autre trait de sa philosophie s'affirme dès ces débuts. Sa réflexion ne demeure pas dans une sphère théorique. Elle s'attache à des réalités concrètes, qui risquent d'être signifiantes. C'est ce qu'atteste l'intérêt qu'il prend à deux épisodes de 1725.

Au début du mois de juin de cette année, un bruit se répand dans Paris: un miracle vient de se produire dans le faubourg populaire de Saint-Antoine. Mme Lafosse, femme d'un ébéniste, âgée de quarante-cinq ans, était depuis sept ans alitée, souffrant d'hémorragie. Elle avait demandé d'être portée dans la rue, le jour de la Fête-Dieu, sur le passage du Saint-Sacrement, pour obtenir la guérison. Son confesseur le lui déconseillait. Néanmoins le jeudi 31 mai elle était installée sur le pas de sa porte. Lorsque passe le prêtre, tenant l'ostensoir sous le dais, elle se prosterne et crie: «Seigneur, tu peux me guérir si tu veux!»[57] Elle se relève, suit la procession, assiste à l'office, et revient chez elle guérie et de sa paralysie et de son flux de sang. Outre une *Vie de Madame*

55. D1571 (*c.* 3 août 1738): «J'ai sous les yeux un exemplaire marginé de ma main, il y a près de quinze ans.» Le volume se trouvait donc encore dans la bibliothèque de Cirey. Il ne fait pas partie du petit nombre de ceux qui passeront dans la bibliothèque de Ferney, et ne nous est pas parvenu. A Ferney, Voltaire possédait deux éditions de la *Recherche*: 1700 et 1721. La première porte seulement deux notes: il ne peut s'agir de l'exemplaire «marginé» en 1725; la seconde a des marques de lecture sans note. Voir *Bibliothèque de Voltaire: catalogue des livres* (Moscou, Leningrad 1961), nos 2276, 2277.
56. M.ii.161-69.
57. Phrase rapportée dans le récit de Barbier.

Lafosse,[58] d'inspiration apologétique et fort tardive, trois relations nous font connaître l'affaire: celle de Barbier,[59] celle de Mathieu Marais,[60] et celle à ce jour inédite du comte Du Luc, dans une lettre à Jean-Baptiste Rousseau.[61] Ce dernier récit et celui de Barbier, les plus détaillés, sont apparemment les plus proches de la réalité. Il en ressort que le «miracle» ne se produisit pas en un instant. Mme Lafosse, quand passe la procession, tente de se lever, s'élance vers le prêtre, mais tombe à ses pieds («des quatre pattes», écrit Du Luc); elle se traîne sur les mains jusque sous le dais (Barbier). On la retient par ses habits «croyant que c'était une folle» (Barbier). D'autres personnes la relèvent, l'aident à marcher. Ainsi elle peut suivre la procession jusqu'à l'église.

Nous pouvons rapprocher cette guérison de nombreuses autres, interprétées comme miraculeuses, où intervient un facteur psychosomatique décisif. Mme Lafosse était probablement en voie de rétablissement, sans le savoir. On remarquera qu'elle avait atteint l'âge de la ménopause. Mais elle demeurait dans son état habituel de prostration. Il fallait le choc d'une intense émotion religieuse, chez cette femme très croyante, pour l'arracher à son accablement. La certitude en elle du miracle accomplit effectivement le «miracle» de remettre sur pied la grabataire, d'abord chancelante. Guérison d'ailleurs incomplète. Mme Lafosse souffrait aussi des yeux. Du Luc la dit «presque aveugle». Dans *Le Siècle de Louis XIV* Voltaire écrira que le Saint-Sacrement la guérit «en la rendant aveugle».[62] Ce qui n'est pas exact. La vue de la malade était affectée auparavant, sans qu'elle soit atteinte d'une cécité complète.

On ne douta guère alors du miracle. Le sceptique Barbier lui-même s'avoue «obligé de le croire, ce qui n'est pas peu». Un miracle que sur le moment on jugea propre à convertir les protestants. Car Du Luc nous apprend que des huguenots (sans doute des artisans suisses, ou des soldats recrutés dans les cantons helvétiques) habitaient dans la rue de Mme Lafosse. Ces hérétiques s'étaient moqués d'elle qui se disait confiante en la vertu du Saint-Sacrement. Pour relever le défi, elle tenta le miracle, et elle réussit. «Voilà les protestants confondus», conclut Marais.

Mais dans les semaines qui suivent, l'affaire ne se développe pas dans cette direction. Le curé de Sainte-Marguerite, paroisse de Mme Lafosse, comme

---

58. Signalée par Desnoiresterres, i.337, comme imprimée «en France, 1769».
59. *Journal historique et anecdotique* (Paris 1847-1856), i.390-93, juin 1725.
60. *Journal et mémoires*, iii.192.
61. Bibliothèque nationale, N.a.fr.15008, f.118-19, cité par J.-M. Raynaud, *La Jeunesse de Voltaire*, à la date du 05.07.1725. Charles François de Vintimille, comte Du Luc, protecteur de J.-B. Rousseau, était un diplomate: il fut ambassadeur de France à Soleure, auprès de la République de Berne, puis à Vienne.
62. *Œuvres historiques*, p.1086.

beaucoup de prêtres desservant les quartiers pauvres de Paris, était soupçonné de jansénisme. Le «miracle» risquait d'être revendiqué par la secte, comme le seront un peu plus tard ceux des convulsions au cimetière Saint-Médard, dans un autre quartier misérable de la capitale. Mme Lafosse cependant était si peu janséniste qu'elle ignorait même ce mot. A un envoyé de l'archevêché qui lui demandait si son mari n'était pas l'un de ces jansénistes, elle répondit: «Non, monseigneur, il est ébéniste».[63] Naïveté dont s'emparèrent les chansonniers.

Afin de prévenir une exploitation par les adversaires de la bulle *Unigenitus*, l'archevêque de Paris, Monseigneur de Noailles, prend en main l'événement. Il ordonne une information: plus de cent témoins attestent le miracle. La guérison de l'hémorroïsse est constatée scientifiquement par quatre sommités de la Faculté de médecine. En conséquence de quoi, le 10 juin, Monseigneur de Noailles donne un premier mandement relatant le miracle. Le 23, un *Te Deum* est chanté à Sainte-Marguerite. Le 27 une procession, où Mme Lafosse marche le cierge à la main, se rend de la paroisse à Notre-Dame.[64]

C'est alors que Voltaire se trouve impliqué dans l'affaire. Il a fait visite plusieurs fois, en ce mois de juin, à celle qu'il appelle «la femme au miracle».[65] Connaissait-il le ménage, pour avoir fait effectuer des travaux par l'ébéniste Lafosse dans l'appartement de la rue de Beaune? Il offrit en tout cas une petite somme[66] à ces braves gens qui vivaient difficilement, comme la plupart des artisans parisiens. Ce que Lafosse refusa avec dignité. Sa femme vint le remercier chez lui, le 20 août. Car le «miracle» du 31 mai continuait à faire du bruit. On disait que l'impie Arouet de Voltaire avait été converti par le prodige. Il a voulu, écrit Marais, avec un sous-entendu salace, «voir la femme et mettre le doigt, comme saint Thomas, dans le côté. Dieu l'a touché et converti, et lui a dit: *Noli esse incredulus...*» Du Luc, pour sa part, mande, ironique, qu'il «s'achemine à la plus haute dévotion». «Tout le monde dit dans Paris que je suis dévot», reconnaît-il lui-même.[67] Deux mois plus tard, le «petit vernis de dévotion» subsiste. Pour consacrer définitivement l'événement miraculeux, Monseigneur de Noailles donne le 10 août un grand mandement. Voltaire y est, non pas nommé, comme il l'écrit, mais désigné: «un homme connu dans le monde, sur qui le miracle avait fait une grande impression»... Le cardinal conclut: «C'est ainsi que dans un siècle où l'on veut douter de tout, Dieu a voulu mettre dans une pleine évidence un miracle si avéré.»[68]

63. Marais, *Journal et mémoires*, iii.202.
64. Desnoiresterres, i.333, d'après la *Vie de Madame Lafosse*.
65. D241 (27 juin 1725): «Je suis souvent chez la femme au miracle du faubourg Saint-Antoine.»
66. Le mandement du cardinal de Noailles du 10 août 1725 nous l'apprend.
67. D241 (27 juin 1725).
68. Cité par Desnoiresterres, i.335.

Tenant sa conversion pour acquise, on vient l'inviter en cérémonie au *Te Deum* d'action de grâces qui sera chanté à Notre-Dame. L'abbé Couet, grand-vicaire du cardinal, lui fait parvenir un exemplaire du mandement.

Assurément, il n'est pas converti. Il remercie l'abbé Couet par l'envoi de *Mariamne*, accompagnée d'un quatrain sarcastique:

> Vous m'envoyez un mandement,
> Recevez une tragédie,
> Et qu'ainsi mutuellement
> Nous nous donnions la comédie.[69]

Par cette réponse offensante, il coupe court, au bout de quatre mois, à la rumeur édifiante. Quant à nous, nous estimons qu'une curiosité disons «philosophique» l'avait conduit chez Mme Lafosse. Il connaissait le miracle rapporté par l'évangile de saint Luc (viii.43): une hémorroïsse malade depuis douze ans, ayant touché la frange du vêtement de Jésus, fut soudain guérie. Jésus lui dit: «Ma fille, votre foi vous a guérie, allez en paix.» Or voici qu'un fait analogue se produisait à Paris. On conçoit que Voltaire ait voulu le voir de ses propres yeux. Il revient à plusieurs reprises, soucieux de vérifier que la guérison est durable. Elle le fut effectivement.[70] Il ne nous a pas confié son explication, s'il en avait une. On constate seulement qu'à la différence de saint Thomas, il continua d'être incrédule.

L'autre épisode prend place à Fontainebleau, au cours des séjours qu'il fit pendant l'automne de 1725. On montre à la cour quatre indigènes de la Louisiane, provenant de cette colonie du Mississipi qui avait connu un essor certain grâce au système de Law. Parmi eux, une femme, «de couleur cendrée comme ses compagnons». C'est elle que Voltaire interroge, par un interprète: «A-t-elle mangé quelquefois de la chair humaine?» Il a rapporté trois fois l'entretien. D'une version à l'autre la réponse diffère. Dans le texte le plus tardif (1764), l'Indienne reconnaît «très naïvement qu'elle en avait mangé [...] elle s'excusa en disant qu'il valait mieux manger son ennemi mort que de le laisser dévorer aux bêtes, et que les vainqueurs méritaient d'avoir la préférence.»[71] Un propos d'allure si voltairienne a peu de chance d'être authentique. On peut hésiter en revanche entre les deux autres versions. Dans la première (1737),[72] il a demandé à la femme, non seulement si elle a mangé de la chair humaine, mais si elle y a pris goût: «Elle me répondit que oui. Je

---

69. D246 (20 août 1725).
70. Mme Lafosse mourut en 1760, octogénaire, si en 1725 elle avait quarante-cinq ans.
71. *Dictionnaire philosophique*, «Anthropophages» (M.xvii.263).
72. D1376 (*c.* 15 octobre 1737), à Frédéric de Prusse. L'épisode y est daté de 1723. Le texte de D1376 n'étant connu que par une copie, on peut penser que 1723 est une faute de lecture pour 1725, date donnée par les deux autres versions.

lui demandai si elle aurait volontiers tué ou fait tuer un de ses compatriotes pour le manger; elle me répondit en frémissant et avec une horreur visible pour ce crime.» Dans une version de 1756,[73] à la simple question: «a-t-elle mangé de la chair humaine?», elle répond: «oui, très froidement, comme à une question ordinaire». Ce qui importe ici est moins la réponse de la femme que la question posée par Voltaire. L'interrogation met en cause l'universalité de la loi morale. La conscience ne serait donc pas identique chez tous les peuples? Certains ignoreraient l'interdiction de tuer, à plus forte raison de manger son prochain? Et que penser de la bonté essentielle de l'homme, si l'on admet que ces «sauvages» sont demeurés plus proches de la nature?

Le problème de philosophie morale conduit Voltaire à des interrogations ethnologiques. C'est d'un intérêt de cet ordre que relève une autre rencontre, rapportée dans les *Singularités de la nature* (1768).[74] «Vers l'an 1720», il a parlé à un «Indien insulaire», «rouge et d'ailleurs un très bel homme». Indien de l'Inde proprement dite, puisqu'il vient porter plainte au conseil du roi contre le «ci-devant gouverneur de Pondichéry». Originaire d'une colonie française, il parle le français, et obtient gain de cause. Mais en ce cas, comment peut-il être «insulaire»? Quand Voltaire parle de son passé, il est rare qu'il soit suffisamment explicite.

A cette curiosité pour l'homme, en ses bizarreries, se rattache encore, en ces années, d'autres anecdotes. Il eut l'idée d'interroger les astrologues Boulainviller et Colonna sur son avenir.[75] Réponse peu encourageante des augures: il mourra à trente-deux ans. En 1723, il a eu connaissance de deux prophètes enfermés à Bicêtre. Peut-être les a-t-il visités: l'un comme l'autre disait être Elie. On les fouetta pour les guérir.[76] Toutes rencontres tendant à le confirmer dans un jugement pessimiste sur la nature humaine.

Sa réflexion philosophique, par Bolingbroke et Locke, l'orientait vers l'Angleterre. Ce qui détermina son choix du lieu où serait imprimée *La Henriade*. Il continue à préparer l'édition de son poème épique en grand format, sur beau papier, avec des figures. Il a définitivement reconnu comme impossible une publication en France, avec autorisation et privilège. A l'étranger, il hésite entre Londres, Amsterdam, Genève. Il penche pour cette dernière ville dans

---

73. *Essai sur les mœurs* (Paris 1963), ii.344: chapitre CXLVI, «Vaines disputes sur l'Amérique».
74. M.xxvii.184.
75. Sur les relations de Voltaire avec Boulainviller avant 1726, voir R. Pomeau, *La Religion de Voltaire*, p.100.
76. M.xx.286.

une lettre au genevois Isaac Cambiague, qui doit être d'août 1725.[77] Mais en octobre son parti est pris: il publiera à Londres. Le 6, il écrit au roi George Ier, par la valise diplomatique. Il demande l'autorisation de venir en Angleterre, afin d'y faire paraître ce poème inspiré, dit-il, par la liberté ct la vérité dont Sa Majesté britannique est le protecteur. Il allait sans dire qu'il comptait aussi, à cette occasion, prendre contact avec le pays de Bolingbroke[78] et de Locke.

En décembre, il prévoit le voyage comme imminent. Ici intervient la découverte récente de Norma Perry, qui bouleverse les données antérieurement admises.[79] Pour le transfert de ses fonds, il s'adresse à une famille de Juifs portugais installés à Londres. Les Mendes da Costa, fuyant la persécution en leur pays d'origine,[80] sont devenus des banquiers internationaux. On peut penser, d'autre part, que l'auteur de *Mariamne* fut curieux de se lier avec les milieux juifs contemporains. Au début du dix-huitième siècle, le chef de famille, John Mendes da Costa, est dans la City un gentleman d'allure très britannique, actionnaire de la Banque d'Angleterre, à la tête d'une grosse fortune. Malheureusement ses fils dilapident les biens patiemment amassés. Notamment Anthony (Jacob) Mendes da Costa.[81] Or c'est à cet Anthony, par l'intermédiaire d'un correspondant parisien, que Voltaire a fait passer son argent pour en disposer à Londres: environ huit ou neuf mille livres françaises.[82] On le sait, arrivant dans la capitale anglaise en mai 1726, il apprend que son banquier a fait faillite: «At my coming to London, I found my damned Jew was broken.» On avait jusqu'ici compris que la faillite venait d'être déclarée. Or Norma Perry a découvert la date du dépôt de bilan d'Anthony Mendes da Costa: 10 décembre 1725. Manifestement le banqueroutier avait omis d'en informer Voltaire à Paris: il n'avait pas intérêt à allonger la liste de ses créanciers. Nous reviendrons sur les relations de l'exilé avec les Mendes da Costa, en 1726. Retenons seulement la conclusion de Norma Perry. Voltaire

---

77. D259. Th. Besterman la place *c.* décembre 1725. Mais à cette date Voltaire a choisi Londres. Nous préférons la conjecture de J.-M. Raynaud: vers août 1725. Cambiague était une personnalité genevoise, ancien représentant de la République en France: comme l'indique J.-M. Raynaud, Voltaire n'aurait pas mis quatre mois pour lui envoyer l'édition de *Mariamne* accompagnant D259. La mention de *La Henriade* en dix chants que Voltaire annonce à son correspondant s'entend d'un manuscrit du poème, que Cambiague pourrait se charger de faire imprimer à Genève.

78. Il songe à dédier l'édition à Bolingbroke, lequel en a eu vent, D257 (5 décembre 1725).

79. Norma Perry, «La chute d'une famille séfardie: les Mendes da Costa de Londres», *Dix-huitième siècle* 13 (1981), p.11-25.

80. Une femme de la famille, restée à Lisbonne, y fut brûlée dans l'autodafé de 1666 (Norma Perry, p.13).

81. Comme l'indique Norma Perry, les Juifs avaient l'habitude de porter deux prénoms, l'un juif, l'autre chrétien.

82. D303 (26 octobre 1726), à Thiriot: le nom de Medina dans cette lettre est sans doute un lapsus pour Mendes.

a transféré ses fonds dès la fin de novembre ou le début de décembre 1725, en vue d'un départ prochain. Ensuite, il retarde le voyage de semaine en semaine, voulant obtenir avant de s'éloigner «l'établissement» qu'il sollicite à la cour de France. Puis éclate l'affaire Rohan. L'épisode, bien loin de hâter son départ, comme on l'avait cru, l'a retardé de plusieurs mois.[83]

83. Norma Perry, p.20. La date «10 décembre 1726» (p.22) est une faute d'impression pour 10 décembre 1725.

13. La chute

Nous arrivons à cette péripétie qui va marquer dans la vie de Voltaire une césure majeure. Elle se compare en importance aux événements que seront en 1734, après la rencontre avec Mme Du Châtelet, l'affaire des *Lettres philosophiques*, en 1750 le départ pour la Prusse, en 1753 l'avanie de Francfort, en 1758 l'achat de Ferney.

Quels sont les faits? Alors que Voltaire répétera surabondamment les circonstances de sa mésaventure francfortoise, il n'a jamais raconté lui-même l'affaire Rohan. Interrogé en 1772 par son futur biographe Duvernet, il le renvoie à Thiriot.[1] Le *Commentaire historique* procède par ellipse: «Ces mortifications continuelles le déterminèrent à faire imprimer en Angleterre *La Henriade*»…[2]

Il importe de savoir, en premier lieu, qu'il connaissait le chevalier de Rohan depuis plusieurs années. En 1722, revenant de Hollande, il lui avait raconté son voyage, lui parlant d'un certain Manoel da Silva-Tarouca, une relation du chevalier, rencontré en cours de route.[3] Ce Rohan, nommé d'ordinaire Rohan-Chabot, appartenait à l'une des plus illustres familles de France. Le représentant le plus éminent de celle-ci, en 1726, est Armand-Gaston, cardinal et évêque de Strasbourg, anciennement membre du Conseil de régence, l'un des chefs de l'Eglise gallicane. Le chevalier ne faisait guère honneur à sa parenté. «Une plante dégénérée», selon Duvernet.[4] A en croire Voltaire, il «passait pour faire le métier des Juifs», c'est-à-dire qu'il vivait de l'usure.[5] Irrité, dans sa déchéance, par l'ascension à la cour du roturier Arouet, il va s'appliquer à l'insulter.

On écartera les relations tardives: celle de Duvernet qui place la querelle à la table du duc de Sully; celle de Desnoiresterres qui la fait remonter à décembre 1725.[6] On retiendra comme étant le plus sûr le récit de Mathieu

---

1. D17553.
2. M.i.75.
3. D132, note.
4. Duvernet, p.55.
5. D17553.
6. Desnoiresterres, i.345.

Marais, dans une lettre au président Bouhier,[7] confirmé pour l'essentiel par une note de Montesquieu en son *Spicilège*.[8]

L'altercation se produisit en deux temps. D'abord à l'Opéra. Le chevalier attaque: «Mons de Voltaire, Mons Arouet, comment vous appelez-vous? L'autre dit je ne sais quoi sur le nom de Chabot» (Marais). Il est effectivement maladroit de railler un double nom quand on se nomme soi-même Rohan-Chabot. Voltaire dut répliquer quelque chose comme: «Et vous, vous appelez-vous Rohan ou Chabot?» Il aurait dit aussi: «Croyez-vous que j'aie oublié mon nom?» (Montesquieu). Les choses provisoirement en restèrent là. Deux jours après, nouvel affrontement. Au foyer de la Comédie-Française en présence de Mlle Lecouvreur (Marais), ou dans la loge de l'actrice (Montesquieu), le chevalier répète sa question: «Mons de Voltaire, Mons Arouet?...» Cette fois l'interpellé réplique plus vertement, qu'il a déjà fait sa réponse à l'Opéra (Marais), ajoutant que le chevalier déshonorait son nom et que lui immortalisait le sien (Montesquieu). Variantes de ce dernier propos: «Il ne traînait pas lui, Voltaire, un grand nom, mais il savait honorer celui qu'il portait»;[9] «il commençait son nom et le chevalier de Chabot finissait le sien.»[10] A ces mots, quels qu'ils fussent, le chevalier leva sa canne. Mais se ravisant, il ne frappe pas; il dit qu'on ne devait répondre qu'à coups de bâton. Mlle Lecouvreur, excellente comédienne, fait diversion en s'évanouissant.

«A trois ou quatre jours de là», le Rohan-Chabot fait envoyer à Voltaire une invitation à dîner comme venant du duc de Sully.[11] Voltaire s'y rend; il est bien reçu quoique non invité. Au cours du repas, un laquais vient lui dire qu'on l'attend à la porte. Sans méfiance, oubliant qu'il avait autrefois essayé (sans succès) cette ruse contre Beauregard, il descend. A la porte de l'hôtel Sully, trois (Marais) ou quatre hommes (Montesquieu) le battent copieusement à coups de gourdin. Le Rohan regarde l'exécution d'une boutique en face (Marais), ou d'un fiacre (Montesquieu). Il recommande: «Ne lui donnez point sur la tête!» Le peuple d'alentour s'exclame: «Ah! le bon seigneur!» (Marais). Quand il s'estime satisfait, il crie de cesser.

Marais et Montesquieu consignent tous deux l'événement à la date du 6 février 1726. Mais dès le 1er février, à Dijon, le président Bouhier était informé

---

7. D261 (6 février 1726). Marais revient sur l'événement dans une lettre au même, le 15 février, D263.

8. Montesquieu, *Spicilège* (Paris 1944), p.264-65.

9. D'après Duvernet, p.55.

10. Maximilien M. Harel, *Voltaire, recueil de particularités curieuses de sa vie et de sa mort* (Paris 1817), p.20.

11. On sait qu'au dix-huitième siècle le dîner est le repas du milieu de la journée. La bastonnade eut lieu dans l'après-midi.

de la bastonnade.[12] On peut donc estimer que l'affaire, échelonnée en trois phases sur sept ou huit jours, se situe entre le 20 et le 27 ou 28 janvier.

Les torts du chevalier de Rohan ne font aucun doute. Il a voulu infliger un affront à «Mons Arouet». Après l'altercation de l'Opéra, il est délibérément revenu à la charge à la Comédie-Française. S'il s'est attiré des répliques mordantes, il les avait cherchées: son adversaire était en légitime défense. Pour s'excuser d'avoir fait appel à des bastonneurs stipendiés, il alléguera qu'il est lui-même «impotent» (Montesquieu): l'agression, en forme de guet-apens, n'en est pas moins odieuse. Voltaire sera en droit de crier au lâche assassinat. Le chevalier n'aurait pas agi ainsi, s'il n'avait compté sur l'impunité que lui assurait son nom. Il pensait qu'en la circonstance un Rohan n'avait rien à craindre.

Il ne se trompait pas. Voltaire, lorsque les sbires l'eurent lâché, tempête, tire l'épée, remonte auprès de Sully. Le duc avoue que le fait est «violent et incivil» (Marais). Mais lorsque Voltaire lui représente que l'outrage fait à l'un de ses convives l'atteint lui-même, et veut l'entraîner chez le commissaire de police pour porter plainte, Sully refuse.[13] Il ne tentera rien pour aider son ami en cette affaire. Celui-ci se précipite à l'Opéra, où il trouve Mme de Prie: réponse dilatoire. Plus tard elle dira que «dans le fond il a raison, mais» que dans la forme il a tort.[14] Il court à Versailles «se jeter aux pieds de la reine» (Montesquieu): elle l'écoute avec bienveillance, sans intervenir. Les jours suivants, «il va partout conter son histoire» (Montesquieu). Il s'efforce de dresser l'opinion, à la cour, à la ville, contre son assassin. En vain. Ceux qu'il croyait ses amis lui tournent le dos (Marais). Le 5 février, Maurepas donne l'ordre d'arrêter les hommes de main du chevalier.[15] Mais contre Rohan-Chabot lui-même on s'abstient d'agir. Dans le public les plus équitables partagent les torts entre l'agresseur et sa victime. Ainsi Fleury.[16] Ou le prince de Conti: «ces coups ont été bien reçus et mal donnés.»[17] Ou Montesquieu. L'auteur des *Lettres persanes* avait, l'automne précédent, fréquenté le cercle de Berthelot de Pléneuf et de Mme de Prie. Il avait dû y rencontrer Voltaire: il ne l'aime pas. Sa note du *Spicilège* sur l'affaire lui est défavorable. Il blâme cependant «le procédé du chevalier de Rohan»: «les coups de bâton se donnent et ne s'envoient pas».

---

12. Dans J.-M. Raynaud, 01.02.1726.
13. Duvernet, p.56, sur ce point mérite crédit. Voltaire rompra avec Sully et dans *La Henriade* remplacera le nom de son ancêtre par celui de Mornay.
14. D270 (20 avril 1726).
15. D260.
16. D262 (8 février 1726).
17. D'après D263, n.2.

Ces coups, s'agissant d'un poète, certains les trouvent naturels. «Nous serions bien malheureux, si les poètes n'avaient point d'épaules», a dit l'évêque de Blois, un Caumartin.[18] Vers le même moment, un confrère d'Arouet, Roy, se fait bastonner aussi: «Voilà nos poètes», constate Marais. Il faudra longtemps pour qu'au dix-huitième siècle les gens de lettres conquièrent leur dignité. Evolution alors à peine amorcée. Le maréchal de Villars, comme on lui disait que «le chevalier de Rohan ne devait pas faire donner des coups de bâton, que cela est contre les lois», répond: «Mais c'est un poète.» A quoi Montesquieu lui réplique: «J'avais cru jusqu'ici qu'un poète était un homme».[19]

Outre ce tort, Voltaire a celui d'être «insolent». S'il fut insulté en paroles par un membre d'une grande famille, il ne devait pas répondre comme il le fit. «Insolence», selon Fleury. «Impertinence», selon Montesquieu. Aussi «personne ne le plaint»,[20] «on lui ferme la porte».[21]

Il n'avait rien à espérer d'une poursuite en justice. Quand l'action intentée contre Beauregard avait été si lente et inefficace, que serait-ce contre un Rohan? Il prend donc vite sa décision: il vengera son honneur sur le terrain les armes à la main. Le 8 février, Fleury a eu vent que tel est son dessein. Mais le chevalier se cache à Versailles, dans la résidence de son cousin le cardinal. Il se tient à l'abri de toute provocation. Toutefois le 23 mars il se risque à Paris. Voltaire de son côté s'y dissimule sous le nom de baron de Saint-Flor, au petit hôtel de Conti.[22] La police s'alarme: on fait surveiller l'un et l'autre. Pour dérouter les espions, Voltaire déménage; le 27, il est logé dans un meublé du faubourg Saint-Germain. Le 28, Maurepas envoie à Hérault, le lieutenant de police, l'ordre de le conduire à la Bastille.[23] Mandat d'arrêt non immédiatement exécuté: soit que l'autorité éprouve quelque gêne à sévir en cette affaire contre la seule victime; soit que Voltaire se soit dérobé. Il se terre en effet quelque part à la campagne. De là, au début d'avril, il annonce à Mme de Bernières son intention «d'abandonner à jamais ce pays»,[24] sans doute pour l'Angleterre. Compte-t-il que sur ce bruit la surveillance se relâchera? Il n'a nullement renoncé à laver l'injure dans le sang. Quelques jours après, il vient s'installer à Paris, chez un maître d'armes nommé Leynault. Il s'entraîne à manier l'épée, à tirer au pistolet. Il fait venir de Frenay, près

---

18. Propos rapporté par Marais à Bouhier, D263.

19. *Spicilège*, p.265. Il est vrai que la note de Montesquieu est rédigée en termes ambigus. Il se peut que la réponse «J'avais cru jusqu'ici qu'un poète était un homme», ait été prononcée par Villars.

20. Marais, D263.

21. Montesquieu, *Correspondance générale*, éd. A. Masson (Paris 1955), 6 mars 1726.

22. Voir Lucien Foulet, *Correspondance de Voltaire (1726-1729)* (Paris 1913), appendice 1.

23. D265, D266.

24. D267.

d'Alençon, un cousin Daumard, pour l'assister dans le duel. Il se lie avec des chenapans: des soldats aux gardes, des bretteurs à gage.[25] Médite-t-il, au cas où il ne pourrait provoquer le chevalier, de l'agresser, comme il le fut lui-même? Se sentant espionné, il change encore de logis. Vers le 15 avril, il est à l'auberge de la Grosse Teste, rue Maubué.

A-t-il enfin réussi à joindre le Rohan? Il l'aurait retrouvé dans la loge de Mlle Lecouvreur, et lui aurait lancé: «Monsieur, si quelque affaire d'intérêt ne vous a point fait oublier l'outrage dont j'ai à me plaindre, j'espère que vous m'en ferez raison.» Le chevalier de Rohan aurait accepté le défi pour le lendemain à neuf heures, à la Porte Saint-Antoine. C'est ce que rapporte Duvernet: il le tiendrait de Thiriot qui était à l'entrée de la loge. Aussitôt le chevalier aurait alerté sa famille.[26]

Mais peut-être les choses se sont-elles passées autrement. Le chevalier se dérobant au duel, Voltaire aurait préparé contre lui un mauvais coup. C'est ce que l'abbé Bonardy mandera de Paris au président Bouhier, le 28 avril: Voltaire est allé «chercher à Versailles le chevalier de Rohan avec des coupe-jarrets».[27] Version analogue d'un dénonciateur anonyme, vers la même date: Voltaire «conduisit en fiacre quatre coupe-jarrets jusqu'à la porte du chevalier de Rohan».[28] Lui-même, écrivant à Maurepas jugera nécessaire de se défendre contre une telle accusation: «Si je suis venu dans Versailles, il est très faux que j'aie été demander ni fait demander le chevalier de Rohan-Chabot, chez M. le cardinal de Rohan».[29]

Toujours est-il que dans la nuit du 17 au 18 avril, il est arrêté à l'hôtel de la Grosse Teste, et incarcéré à la Bastille. On trouve sur lui des pistolets de poche, et soixante-cinq louis d'or:[30] somme considérable, dont il a dû se munir en prévision d'une fuite précipitée, après le duel ou l'agression.

Ce second embastillement allait être bien différent du premier. Fort de son bon droit, Voltaire le prend de haut. Peu après son arrestation, il adresse à Maurepas une lettre au ton «insolent», sous les protestations de respect: il a cherché à réparer non son honneur, mais celui du chevalier de Rohan-Chabot, «ce qui était trop difficile». Il réclame la permission de prendre ses repas avec le gouverneur de la Bastille. Il demande qu'on veuille bien le laisser «aller incessamment en Angleterre».[31] L'autorité est embarrassée, comme si elle avait

25. D268 (16 avril), Hérault à Maurepas.
26. Duvernet, p.57.
27. *Correspondance littéraire du président Bouhier*, publiée par Henri Duranton (Lyon 1977), v.15.
28. D277.
29. D271.
30. D269 (18 avril 1726).
31. D271 (*c.* 20 avril 1726).

mauvaise conscience d'une injustice commise par égard pour les Rohan. «Le sieur de Voltaire est d'un génie à avoir besoin de ménagement», écrit Maurepas à Launay, gouverneur de la citadelle: qu'on lui accorde «les douceurs de la liberté intérieure».[32] Il reçoit des visites, beaucoup de visites. A tel point que Hérault s'en alarme: il veut, le 1er mai, les restreindre à cinq ou six. Mais depuis deux jours déjà, l'ordre de libération était signé. Il va donc sortir rapidement, ce qui ne sera pas le cas de Mme de Tencin, enfermée en même temps que lui, pour une affaire autrement grave; le suicide chez elle de son amant La Fresnaye. «Nous étions comme Pyrame et Thisbé», écrira Voltaire, séparés seulement par un mur, «mais nous ne nous baisions point par la fente de la cloison».[33]

Peu après l'arrestation, le lieutenant de police avait reçu contre le prisonnier une lettre de dénonciation,[34] émanant sans doute d'un ecclésiastique. L'auteur anonyme (il n'ose se nommer, de crainte que Voltaire à sa sortie de la Bastille ne le fasse assassiner...), manifestement n'est pas au fait des bruits circulant à la cour et dans les salons: il croit que le poète a été incarcéré pour quelque épigramme. Mais il dit ce qu'il a sur le cœur. Depuis plus de quinze ans (c'est-à-dire dès le temps où Voltaire était au collège à Louis-le-Grand!), il voulait le voir à la Bastille, et souhaite qu'il y reste toute sa vie. Il a confié son indignation, il y a dix ou douze ans, à M. l'abbé d'Albert, à Saint-Sulpice. Voltaire prêche le déisme «tout à découvert aux toilettes de nos jeunes seigneurs». Les propos du délateur dessinent un personnage de bigot pleutre, fort peu sympathique. Mais ils font entrevoir un Voltaire certainement véridique: déblatérant contre la religion, «à la toilette» de Richelieu, du président de Maisons, et d'autres «jeunes seigneurs»; disant pis que pendre de l'Ancien Testament: «un tissu de contes et de fables»; des apôtres: «de bonnes gens idiots, simples et crédules»; des pères de l'Eglise, et surtout de saint Bernard: «des charlatans et des suborneurs». Foucades voltairiennes, qui n'étonnent pas de l'auteur de l'*Epître à Uranie*, bien qu'en ce texte, nous l'avons vu, il se soit efforcé d'équilibrer le «pour» et le «contre».

Hérault ne tient pas compte de la dénonciation. On préfère donner suite à la proposition de passer en Angleterre. L'affaire ainsi se conclura à moindres frais. Le prisonnier a fait venir par Thiriot des livres anglais:[35] vraisemblablement le *Dictionnaire* de Miège, français-anglais et anglais-français, avec une

---

32. D272 (21 avril 1726).
33. D292 (6 mai 1726).
34. D277.
35. D17553.

grammaire, et du même auteur *The Present state of Great-Britain and Ireland*: il note dans les marges la traduction des mots anglais.[36]

Mais il prend son temps, puisqu'il n'est pas à la Bastille «en criminel».[37] Libéré, il y reste encore un jour: il a à régler ses affaires avec Dubreuil, chargé de ses intérêts. Enfin, le 2 mai, il part pour Calais, escorté d'un exempt, le sieur Condé. Il ne faut pas qu'il profite de sa liberté pour aller provoquer son ennemi. Le 5 il est à Calais, chez Dunoquet, «trésorier des troupes», et aussi agent de renseignement (l'équivalent des «honorables correspondants» de nos aéroports). Il ne veut pas laisser dire qu'il est exilé hors du royaume. Il encourt seulement une interdiction d'approcher de Paris de plus de cinquante lieues. Son départ pour l'Angleterre résulte d'une convention verbale. «J'ai la permission et non pas l'ordre» de quitter la France, précise-t-il.[38] Il s'embarquera donc quand il sera prêt, et refuse que l'exempt soit présent, comme pour constater le fait. Il prit soit le «packet-boat» *Duke of Charost*, capitaine Paper, le 9 mai, soit plus vraisemblablement le *Betty*, le 10.[39]

Le voyageur se retourna-t-il vers le passé qu'il laissait en France? Un homme comme Voltaire est porté plutôt à regarder vers l'avenir, en direction de l'Angleterre dont la côte va émerger à l'horizon. Une phase de sa vie s'achève. Nous pouvons, mieux que lui alors s'il en avait eu le goût, dresser le bilan, disposant nous-mêmes de la perspective longue de toute son existence et de celle, plus longue encore, de son siècle et des âges qui ont suivi.

Il s'est voulu poète, et donc il croit l'être. «L'épique est mon fait», affirme-t-il.[40] Le public l'a sacré grand poète. A l'origine, une vocation, sans aucun doute authentique, remontant à l'adolescence. Au collège il a reçu le choc de ce que nous appelons la littérature. Rien n'est plus beau, rien n'est plus riche que Corneille et Racine, et par delà, Virgile, Horace. Voilà ce qu'il a éprouvé avec la vivacité d'impression des êtres jeunes. Que ses maîtres aient su éveiller en lui l'émotion des grandes œuvres, c'est le plus bel éloge qu'on puisse adresser à un enseignement. A seize ans un amour de cette sorte excite à créer. Qu'il faille poursuivre, pour ajouter d'autres poèmes à ceux qu'il admire, il en est intimement persuadé. Et il sent qu'il en possède les moyens, rompu qu'il est déjà au maniement de l'instrument poétique.

Son goût ne l'égare pas. Il n'est pas contestable que ces écrivains, dont il a vu mourir quelques-uns dans sa jeunesse, un Racine, un Boileau, ont été les

---

36. Voir A.-M. Rousseau, *L'Angleterre et Voltaire*, i.43, n.8.
37. D284 (1ᵉʳ mai 1726).
38. D291 (5 mai 1726), à Hérault.
39. D'après les recherches de A.-M. Rousseau, i.77.
40. D253 (17 octobre 1725), à Thiriot: «L'épique est mon fait, ou je suis bien trompé.»

artisans d'une des grandes époques littéraires de l'histoire humaine. Cette évidence, si fortement inscrite en lui, ne procède pas de l'illusion que souvent suscitent les productions des contemporains. Son erreur se situe ailleurs. C'est d'ignorer, comme la plupart autour de lui, que les temps sont révolus, que la grande littérature qu'il admire appartient déjà au passé. Dans la dizaine d'années qui s'est écoulée depuis la mort de Louis XIV, les ouvrages et les auteurs qui nous paraissent à nous porteurs d'avenir, il les méprise, si même il en connaît l'existence. Il tient en piètre estime les «pantalons étrangers» de la Comédie italienne,[41] rappelés en 1716 par le régent. Sait-il que vit à Paris un Marivaux qui vient de donner aux «pantalons» *La Surprise de l'amour* (1722), *La Double inconstance* (1723), *Le Prince travesti* (1724), *La Fausse suivante* (1724)? Sait-il qu'un Lesage a commencé la publication de son *Gil Blas*? Il a dû, nous l'avons dit, croiser le président de Montesquieu. Mais *Les Lettres persanes* (1721) sont apparemment pour lui, comme pour beaucoup alors, un de ces petits romans qui ont du succès mais ne comptent pas.[42] C'est à la tragédie, à l'ode, à l'épopée qu'il croit.

Il croit aussi à la dignité du poète dans la monarchie. Or il vient sur ce point de recevoir le plus brutal des démentis. Sous le règne de Monsieur le Duc et de Mme de Prie, on l'a froidement sacrifié à l'indigne rejeton des Rohan. Et son épopée à la gloire des Bourbons, il lui faut aller l'imprimer en Angleterre. Plus tard, Louis XV régnant personnellement, il reviendra à l'illusion «louis-quatorzième» du poète tenant sa place à côté du souverain, honoré des bontés particulières de celui-ci. Mais en mai 1726 sa carrière de poète courtisan est brisée. Tout avenir en cette direction s'est refermé devant lui.

Un malheur qui va, nous le savons, finalement le servir. Les coups de bâton du Rohan-Chabot vont l'obliger à avancer vers son orientation véritable. Il fait à l'égard de la religion un complexe, nourri de fantasmes, dont la source première, si elle nous était accessible, serait à rechercher en ses années d'enfance. Ce qu'il en a laissé paraître jusqu'ici a été filtré à travers la forme de la tragédie ou de l'épopée. L'*Epître à Uranie*, plus explicite, demeure clandestine. Quant à ses diatribes «à la toilette des jeunes seigneurs», elles sont restées entre intimes. Il faudra du temps à Voltaire pour devenir voltairien. Mais le refus du Dieu chrétien, imaginé comme une sorte d'épouvantail janséniste, l'entraîne à se poser des questions essentielles. Il a commencé son éducation philosophique, avec Locke et Malebranche, contre Pascal. Le séjour

---

41. D249 (17 septembre 1725).

42. La bibliothèque de Ferney contiendra une édition des *Œuvres complètes* de Montesquieu, mais aucune édition séparée des *Lettres persanes*. «Ouvrage de plaisanterie, plein de traits qui annoncent un esprit plus solide que son livre», dira le *Catalogue* du *Siècle de Louis XIV* (*Œuvres historiques*, p.1187).

dépaysant dans une nation où les idées s'expriment hardiment va lui procurer comme l'occasion d'un stage. Aller en Angleterre «pour apprendre à penser», deviendra bientôt un poncif des voyageurs français. C'est pourtant réellement l'expérience qu'il va faire, l'un des premiers (il devance à Londres Prévost, Montesquieu). Il n'y songeait pas, sans doute, le 11 mai au matin, en posant le pied sur la rive de la Tamise. Mais telle est bien la conséquence qu'aperçoit, grâce à l'effet de recul, le biographe.

14. Devenir anglais à Londres

Les voyages d'autrefois ne sont plus, depuis longtemps. Quand nous débarquons dans un pays pour la première fois, nous l'avons déjà vu. L'image imprimée, le film, et mieux encore la télévision l'ont mis sous nos yeux. Tout ce qu'on nous en a dit – reportages, récits, chroniques diverses – fait que nous croyons le connaître.

Il en allait bien autrement, il y a deux siècles et demi. Pour s'orienter dans le pays et la société des Anglais, Voltaire disposait du *Present state of Great-Britain* de Miège: mais ce guide très détaillé, en trois volumes, n'offrait pour toute illustration que le portrait de Sa Majesté George Ier, «king of Great-Britain, France [*sic*] and Ireland». Le voyageur alors, si peu préparé aux aspects concrets qui allaient se présenter à sa vue, éprouvait une fraîcheur d'impression difficilement imaginable dans le monde rétréci qui est le nôtre.

Le *Betty* déposa Voltaire le 11 mai au matin au fond de l'estuaire de la Tamise, dans le port de Gravesend. Il gagna Londres par la route, longeant le fleuve. Par chance, il faisait ce jour-là un de ces temps radieux dont s'étonne le visiteur des Iles Britanniques. Voltaire a fixé en quelques phrases ce moment d'enchantement, à son premier contact avec la terre anglaise:

Lorsque je débarquai auprès de Londres, c'était dans le milieu du printemps; le ciel était sans nuages, comme dans les plus beaux jours du midi de la France; l'air était refraîchi par un vent doux d'Occident, qui augmentait la sérénité de la nature, et disposait les esprits à la joie: tant nous sommes *machine*, et tant nos âmes dépendent de l'action des corps.[1]

Ainsi devait s'ouvrir, selon un premier projet, la narration de ses *Lettres anglaises*. La suite forme un ensemble composite, où sont utilisés des épisodes ultérieurs: promenade de George II et de la reine sur la Tamise en août 1727, foire de Greenwich le lundi de Pentecôte (le 10 juin en 1726).[2] Mais les premières lignes, sans nul doute, restituent l'euphorie du voyageur, arrivant en cette île qui dut lui apparaître, comme au héros de *La Henriade*, une terre promise.

---

1. *Lettres philosophiques* (Paris 1964), ii.258, édition G. Lanson, nouveau tirage revu et complété par A.-M. Rousseau. Nous citerons les *Lettres philosophiques* dans cette édition.
2. Rousseau, i.75: par cette indication nous renvoyons à l'ouvrage d'André-Michel Rousseau, *L'Angleterre et Voltaire*, *Studies* 145-147 (Oxford 1976), très richement documenté, fondamental pour la connaissance du séjour de Voltaire en Angleterre.

Un correspondant anonyme, en 1878, des *Notes and queries* remarquera que «a continuous narrative of the 'wicked M. Arouet's' adventures» en Angleterre serait un passionnant chapitre de l'histoire des lettres.[3] On ne saurait mieux dire. Le récit suivi de son séjour est devenu moins impossible après les travaux d'André-Michel Rousseau et de Norma Perry.[4] Un certain enchaînement chronologique se dessine désormais. Mais des lacunes subsistent, et on se heurte à des difficultés. L'une, et non des moindres, tient à la différence de calendrier entre les deux rives de la Manche. L'Angleterre, traditionaliste et insulaire, n'avait pas encore adopté la réforme grégorienne de 1582. Elle ne s'y résoudra qu'en 1752. Aussi en 1726 le décalage entre le Royaume-Uni et le continent était-il de onze jours. Si Voltaire est arrivé à Londres le 11 mai *n.s.* (*new style*) la date en cette ville était le premier mai *o.s.* (*old style*). Comme on le verra, ses lettres ne précisent pas toujours s'il date *o.s.* ou *n.s.*: facteur d'incertitude, s'ajoutant à d'autres. Quant à nous, nous continuerons à employer, sauf indication contraire, la datation grégorienne du *n.s.*

Le premier soin du voyageur fut d'aller toucher l'argent qui l'attendait, croyait-il, chez son banquier. Il se rend donc à l'officine d'Anthony Mendes da Costa, rue Saint-Mary-Axe. Or il apprend que celui-ci avait déposé son bilan six mois plus tôt, et qu'il était en fuite, réfugié à Paris. Voltaire aurait pu l'y rencontrer, au mois de janvier précédent. Mais il ne le connaissait pas. Et l'on imagine que le banqueroutier évita d'entrer en relation avec le client qu'il avait dépouillé. Voltaire s'adresse alors au patriarche de la famille da Costa, John, déclaré par sentence du juge créancier principal du failli.[5] C'était un très respectable gentleman, alors âgé de soixante-et-onze ans, et gravement malade: il va mourir le 24 juin. L'entrevue en la maison du vieil homme, à Highgate, fut orageuse. Voltaire en a laissé deux récits, l'un et l'autre postérieurs de près d'un demi-siècle. Dans les *Questions sur l'Encyclopédie*, article «Juifs» (1771), il est censé écrire à «MM. Joseph Ben Jonathan, Aaron Mathataï et David Wincker», banquiers dans la *City*:

Messieurs, lorsque M. Médina, votre compatriote, me fit à Londres une banqueroute de vingt mille francs, il y a quarante-quatre ans, il me dit que «ce n'était pas sa faute, qu'il était malheureux, qu'il n'avait jamais été enfant de Bélial, qu'il avait toujours

---

3. Cité par Rousseau, i.75.

4. Nous devons à Norma Perry trois études capitales: *Sir Everard Fawkener, friend and correspondent of Voltaire*, Studies 133 (1975) (Perry 1); «The Rainbow, the White Peruke, and the Bedford Head: Voltaire's London haunts», dans *Voltaire and the English*, Studies 179 (1979), p.203-20 (Perry 2); «La chute d'une famille séfardie: les Mendes da Costa de Londres», *Dix-huitième siècle* 13 (1981), p.11-25 (Perry 3), ainsi qu'une synthèse, «Voltaire in London», *The Times* (22 April 1978), p.9.

5. Perry 3, p.22.

tâché de vivre en fils de Dieu, c'est-à-dire en honnête homme, en bon israélite». Il m'attendrit, je l'embrassai, nous louâmes Dieu ensemble, et je perdis quatre-vingts pour cent.[6]

Transposition assurément caricaturale, mais non de pure fiction.[7] Voltaire l'abreuvant de reproches, voire d'insultes, le vénérable John Mendes (que le texte nomme Médina), ému par les manières si peu britanniques de son visiteur, conscient d'ailleurs de ses torts, et affaibli par l'âge et la maladie, a dû perdre son sang-froid. Qu'il se soit défendu en larmoyant n'est pas absolument invraisemblable. Il a dû certes protester que «ce n'était pas sa faute», mais celle de son fils Anthony, qu'il «était malheureux» – il l'était bien réellement – qu'il avait vécu comme un «honnête homme» («a gentleman»): seul un Français malotru pouvait l'ignorer. On verra que si l'entrevue ne se termina pas par de pieuses embrassades, elle n'aboutit pas non plus à une brouille irrémédiable avec la famille da Costa. Ajoutons que Voltaire tempêtait en sa langue, peu ou point du tout intelligible pour son interlocuteur, et qu'il avait peine à comprendre les explications anglaises de celui-ci. Sur un point seulement les *Questions sur l'Encyclopédie* sont certainement erronées: Voltaire avait envoyé à son banquier non vingt mille francs, mais huit ou neuf mille.[8]

Le second récit ne tourne pas la scène en bouffonnerie pathétique. Il se lit dans *Un chrétien contre six juifs* (1776):

Leur secrétaire [de ces «six juifs»] me dit que je suis fâché contre eux à cause de la banqueroute que me fit le juif Acosta, il y a cinquante ans, à Londres: il suppose que je lui confiai mon argent pour gagner un peu de temporel avec Israël. Je vous proteste, messieurs, que je ne suis point fâché: j'arrivai trop tard chez M. Acosta; j'avais une lettre de change de vingt-mille francs sur lui; il me dit qu'il avait déclaré sa faillite la veille, et il eut la générosité de me donner quelques guinées qu'il pouvait se dispenser de m'accorder.[9]

Voltaire reprend le chiffre de vingt mille livres, avancé déjà dans les *Questions sur l'Encyclopédie*. S'il nomme ici son banquier «M. Acosta», il s'agit bien du même John Mendes da Costa (Anthony le banqueroutier étant en fuite). Il a dû s'entendre dire qu'il arrivait trop tard: «You are too late». A-t-il mal compris et s'est-il imaginé que la faillite remontait à la veille? L'erreur en tout cas est incontestable: les documents mis au jour par Norma Perry prouvent que le dépôt de bilan date de décembre 1725. Un détail cependant peut être retenu comme véridique. John, vieil homme honnête et sensible, touché par le triste

---

6. M.xix,526.
7. Nous ne partageons pas sur ce point l'opinion de Norma Perry (Perry 3, p.23).
8. Chiffre donné dans la lettre du 26 octobre 1726, D303.
9. M.xxix.558.

sort du client de son fils, lui fait don de «quelques guinées»: une guinée pouvant valoir, approximativement, trois cents francs de nos jours.

Avec cette petite somme en poche, s'il n'est pas exactement comme il le dira en octobre, «without a penny», Voltaire ne s'en trouvait pas moins dans une situation pénible. Il se voyait isolé, dans une ville immense.[10] Au début du dix-huitième siècle, Londres comptait selon Miège 960.000 habitants:[11] évaluation sans doute exagérée. Mais il est vrai que la capitale britannique était alors plus grande que Paris: elle comptait selon le même auteur 5.000 rues et voies diverses, le double de la capitale française. Voltaire qui ne parle pas la langue n'y rencontre personne de sa connaissance. Il se rend au domicile de Bolingbroke, dans Pall-Mall: il apprend que le lord séjourne à ce moment-là dans sa résidence de campagne, à Dawley, près d'Uxbridge. Localité proche, mais Voltaire ne veut pas, dans la situation où il est, y aller solliciter son aristocratique ami. Il est vrai qu'il arrivait précédé de recommandations officielles, grâce au Secrétaire d'Etat français, de Morville. Il avait une lettre d'introduction pour l'ambassadeur de France, le comte de Broglie. A la demande de Morville, Horace Walpole, ambassadeur anglais à Paris, l'avait recommandé au duc de Newcastle, ministre des Affaires étrangères dans le cabinet de Robert Walpole, et à Bubb Dodington, protecteur des gens de lettres.[12] On annonçait que l'illustre poète français venait à Londres pour y éditer sa *Henriade*; on précisait que son séjour à la Bastille avait eu pour cause non une affaire politique, mais une querelle privée. Il ne voulut pas cependant faire usage de ces protections. Il se sentait trop déprimé. Comme à l'habitude, dans cet état de détresse (c'est son mot), il est tombé malade, «à en mourir». Ses fonds s'épuisent, car la vie à Londres est fort coûteuse. Heureusement, un gentleman anglais qu'il ne connaissait pas vient à lui, et l'oblige à accepter quelque argent. Qui était-ce? Non pas le roi George, comme on l'a supposé, absurdement. Mais peut-être John Brinsden, l'homme d'affaires de Bolingbroke. Ou ce Furnese dont il gardera un souvenir reconnaissant.[13]

Au bout de quelque temps, il retrouve à Londres un Anglais qu'il avait connu à Paris, l'année précédente: Everard Fawkener, ce «marchand» auquel il dédiera *Zaïre*. Qu'on n'imagine pas sous ce nom un vulgaire boutiquier. Les Fawkener descendaient d'une ancienne famille de la *gentry*. Au dix-septième siècle, le père, William, s'était introduit dans le commerce du Levant et avait

---

10. Pour les raisons que nous dirons plus loin, nous appliquons aux mois de mai-juin 1726, et non à son retour en Angleterre en août de la même année, ce que dit Voltaire dans D303 (26 octobre 1726).

11. Miège, *The Present state* (London 1723), i.102.

12. D295, D296.

13. Hypothèses de Rousseau, i.78, note.

accumulé une grosse fortune. En 1726, Everard Fawkener est à Londres l'un des dirigeants d'une importante maison d'*import-export*, Snelling and Fawkeners.[14]

Ce personnage, le seul Anglais peut-être avec lequel Voltaire ait noué les liens d'une véritable amitié, mérite d'être connu. Les recherches de Norma Perry l'ont fait sortir pour nous de la pénombre. Il était du même âge que Voltaire, étant né en 1694. Ses études terminées, son père l'envoie à Alep (aujourd'hui Halab en Syrie), comme agent de la firme familiale. Il y reste de 1716 à 1725. Il fut donc l'un de ces «facteurs à Alep» dont parleront les *Lettres philosophiques*. Son cas personnel permet de saisir ce que fut ce négoce en pays lointain qui fonda la puissance de l'Angleterre au dix-huitième siècle. Un gros investissement de capitaux était exigé, et aussi un courageux engagement humain. Les fils Fawkener en leur jeunesse s'étaient succédé à Alep, centre commercial où la ténacité britannique trouvait son plein emploi.

Les bateaux partis de Londres, chargés de laine, après plus de deux mois de navigation jetaient l'ancre à Alexandrette, port malsain, ravagé par les fièvres (aujourd'hui Iskenderun en Turquie). De là les marchandises débarquées étaient hissées à dos de chameaux. La caravane, à travers les montagnes infestées de brigands, gagnait vers l'intérieur, à quelques cent cinquante kilomètres, la ville d'Alep. Le «facteur», averti de l'arrivage par pigeon voyageur, réceptionnait les chargements. A l'issue d'interminables marchandages il les vendait à des trafiquants arméniens ou juifs, qui les acheminaient par d'autres caravanes jusqu'en Perse et aux Indes. En sens inverse il achetait, avec l'argent obtenu par la vente de la laine, de la soie, après la récolte d'août et septembre. Pour avoir le meilleur prix, d'après l'état du marché, il fallait encore une fois marchander âprement avec les revendeurs locaux, en contrecarrant les concurrents français et italiens. Les chameaux repartaient enfin, chargés de soie, vers les bateaux qui attendaient à Alexandrette.

Les facteurs européens vivaient là à l'orientale, portant turban et robe indigènes. Ils logeaient obligatoirement dans le Grand Khan ou Bazar d'Alep: un rectangle de bâtisses à deux étages, aux murs aveugles vers l'extérieur, s'ouvrant sur une cour centrale où donnaient au rez-de-chaussée les boutiques, aux étages les chambres. Les conditions d'existence étaient rudes. Outre les étés torrides, le pays était périodiquement ravagé par la peste. Les facteurs devaient s'astreindre au célibat. Comme distractions, le jeu, la chasse, et en fait de femmes les ressources locales. De temps à autres les directions de Londres mettaient en garde leurs agents contre les dangers du libertinage. Les facteurs anglais passaient à Alep de cinq à dix ans. Ils percevaient une

14. Ici et dans la suite nous utilisons Perry 1.

commission de 2% sur les marchés. Ils complétaient leurs revenus par divers trafics, notamment des prêts usuraires comme il s'en pratiquait en Orient. Ils rentraient normalement dans la mère patrie munis d'une belle fortune: dix ou douze mille livres sterlings.

Everard Fawkener mena donc cette vie pendant neuf ans. Il ajouta aux occupations de ses confrères des recherches archéologiques. Il avait reçu une bonne formation classique. Il aimait Horace et Virgile. Il s'intéressa aux vestiges antiques, nombreux autour d'Alep. Il déchiffra des inscriptions, recueillit des monnaies, qu'il rapporta à Londres. Voltaire sera injuste, lorsque plus tard il prétendra dédaigneusement que son ami Fawkener, «excepté les draps et les soies où il s'entend parfaitement», n'a pas «d'autre intelligence que celle d'Horace et de Virgile, et des vieilles monnaies du temps d'Alexandre».[15] Cultivé et intelligent, il dut parler à son hôte de son expérience de l'Orient. C'est par lui sans aucun doute que Voltaire connaît le cas, mentionné dans la dixième *Lettre philosophique*, de Nathaniel Harley, frère de lord Oxford, qui vécut vingt-cinq ans comme facteur à Alep, et y mourut en 1720. Fawkener l'y avait connu. Voltaire le citera comme preuve de l'intérêt des cadets des grandes familles pour le commerce. Il lui échappera qu'un séjour aussi long, devenant définitif, était tout à fait exceptionnel parmi les facteurs anglais. Fawkener dut aussi entretenir son ami de la vie en terre d'Islam. Il se peut que Voltaire ait alors conçu l'idée de comparer les mœurs musulmanes aux mœurs chrétiennes: ce qu'il entreprendra dans *Zaïre*; mais il dira qu'il en avait le projet «depuis longtemps».

Fawkener était rentré à Londres au printemps de 1725. Il traversa la France et s'arrêta à Paris. C'est à cette occasion que Voltaire fait sa connaissance: rencontre qui laissa à l'un et à l'autre un bon souvenir. Avec les fonds qu'il rapporte, l'ancien facteur achète à Wandsworth une belle propriété: c'est en cette demeure qu'il va offrir une généreuse hospitalité au voyageur français en difficulté.[16] Wandsworth, aujourd'hui intégré dans Londres, était alors un village de campagne, au sud de la Tamise, mais proche de la City. Une toile de Liotard nous donne à voir Everard Fawkener chez lui, vers ces années. Le peintre l'a représenté assis dans un fauteuil, en robe de chambre, coiffé d'un haut bonnet rond. L'homme, de grande taille, paraît vigoureux. Le visage long, au teint clair, typiquement britannique, est ouvert, cordial, avec l'expression de finesse attentive de quelqu'un qui a l'habitude des affaires.[17] L'allure,

---

15. D2725 (février 1743), à Moncrif.
16. Norma Perry n'a pu retrouver aucune trace de cette demeure, ni même identifier son emplacement. Rousseau, i.79, propose de reconnaître en Fawkener un modèle du «bon anabaptiste Jacques» qui recueille Candide en pleine détresse et l'installe chez lui, *OC*, xlviii.128. Jacques comme Fawkener travaille dans le textile oriental: il fabrique en Hollande des «étoffes de Perse».
17. Portrait reproduit en frontispice de Perry 1.

détendue, voire nonchalante, du personnage en déshabillé correspondait bien, selon Norma Perry, à l'impression qu'il voulait donner.

Voltaire, selon nous, passa chez Fawkener, à Wandsworth, la majeure partie des mois de juin et juillet 1726. Il y vécut, dit-il, «dans les plaisirs de l'indolence et de l'amitié». «L'affection véritable et généreuse» de son hôte «adoucit l'amertume de [sa] vie».[18] Entre eux la communication s'établit sans obstacle linguistique. La vie à Alep avait amené Fawkener à parler, en même temps que l'italien, langue la plus employée pour le commerce du Levant, le français. Voltaire de son côté se met à apprendre l'anglais. Il commence à tenir des carnets de notes. Il y consigne des réflexions, des anecdotes. Il recopie des vers. Le plus ancien qui nous soit parvenu, conservé actuellement à Leningrad, date de 1726. Il s'y exerce à écrire en anglais. En témoignent les incertitudes de son orthographe: *money* corrigé, fautivement, en *monney*, *taughts* pour *thoughts* (pensées), *Popp* pour le nom du poète *Pope*, etc. Mais il parvient déjà à rédiger directement des observations en anglais, telle celle-ci qui ouvre le carnet de Leningrad: «England is meeting of all religions, as the Royal Exchange is the rendez-vous of all foreigners.»[19] Ces premières remarques indiquent l'orientation de ses intérêts. Si ce «rendez-vous de tous les étrangers» à la Bourse de Londres enregistre l'expérience du voyageur, hôte d'un négociant d'*import-export*, c'est surtout la religion qui sur la terre anglaise retient son attention.

Que ce carnet fut bien commencé en 1726, une notation vers le début le prouve. Voltaire a consigné le jour exact d'une observation qu'il a faite:

Thirty and one of july a thousand seven hundred twenty and six, I saw floating islands nyer St. Omer.[20]

Immédiatement après, il écrit:

In june of present yer Mylord Duc was turnd, Force dead in july.

Le Français qu'il est est intéressé par le renvoi du duc de Bourbon et son remplacement par Fleury, et par la mort du duc de La Force.

La note précédente confirme qu'il a bien fait, à la fin de juillet 1726, un voyage clandestin à Paris. Saint-Omer est sur la route de Calais à la capitale. A la traversée d'une des rivières, l'Aa ou la Lys, il a remarqué les «îles flottantes» – amas de branchages ou plaques d'humus – emportées par le courant. Il parle de ce voyage dans deux lettres à Thiriot, D299, «ce 12 aoust 1726», et D303 [26 octobre 1726]. Une incertitude subsiste néanmoins sur les dates. Le carnet ne précise pas si le 31 juillet est *o.s.* ou *n.s.*, ni s'il s'agit

18. D303.
19. *OC*, lxxxi.51.
20. «Le 31 juillet 1726, j'ai vu des îles flottantes près de Saint-Omer» (*OC*, lxxxi.56).

de son passage à Saint-Omer à l'aller ou au retour. De même la date de D299, 12 août 1726, est-elle *o.s.* ou *n.s.*? Dans D303, il écrit qu'il revint en Angleterre à la fin de juillet. Mais il a pu ici, à trois mois de distance, se tromper, et en outre brouiller les dates *o.s.* et *n.s.* chevauchant sur la fin de juillet et le début d'août.

Pour formuler une hypothèse, on tentera de déterminer quand et où fut écrite la lettre D299, à Thiriot. S'adressant à son ami français, il est probable qu'il date *n.s.* «ce 12 aoust 1726». D299 serait donc en *o.s.* du 1er août. Voltaire écrit-il la lettre de Calais, au moment de se rembarquer, comme l'a supposé Lucien Foulet?[21] Mais il confesse qu'il a fait un voyage à Paris «depuis peu»: ces derniers mots conviennent mal, si la lettre est envoyée au cours du trajet qui le ramène en Angleterre. «Depuis peu» implique que le voyage est terminé, et qu'il est de retour sur le sol anglais. Dans le corps du texte, il fait part de l'hésitation suivante: se retirera-t-il à Londres, ou restera-t-il à la campagne? Londres est une ville attirante: point d'autre différence entre les hommes que «celle du mérite»; les arts y sont tous «honorés et récompensés»; on y pense «librement et noblement». Mais la vie y est chère, et sa «petite fortune» se trouve «très dérangée». De plus il est malade. Il lui répugne donc d'aller «se jeter au travers du tintamarre de Whitehall et de Londres», malgré les protections dont il bénéficie «en ce pays-là». Il incline à «finir» sa vie «dans l'obscurité d'une retraite qui convient à [sa] façon de penser, à [ses] malheurs et à la connaissance [qu'il a] des hommes»: sous-entendu, une retraite comme celle d'où il écrit, à Wandsworth, chez Fawkener.

A partir de là, nous proposons la chronologie suivante. Vers le 20 juillet *n.s.* (9 juillet *o.s.*), il est repassé sur le continent (évitant sans doute Calais, afin de n'être pas signalé par Dunoquet). Il arrive à Paris secrètement, y apprend la mort du duc de La Force, survenue le 20 juillet. Il en repart précipitamment, craignant d'être reconnu. Il passe par Saint-Omer le 31 juillet *n.s.*, c'est-à-dire le 20 juillet *o.s.* Il se rend cette fois à Calais: avant que le ministère n'ait été alerté, il sera outre Manche. Il trouve chez Dunoquet une ancienne lettre de Thiriot, du 1er mai:[22] Dunoquet l'avait conservée, ne sachant où la faire suivre. Il mande néanmoins à son ami de continuer à écrire par la même voie, mais il donne à leur intermédiaire une adresse en Angleterre. Il se rembarque à Calais le 1er ou le 2 août. Il est donc de retour sur le sol anglais le 22 juillet *o.s.* (2 août *n.s.*), ou le 23 juillet *o.s.* (3 août *n.s.*), ou l'un des jours suivants, s'il a prolongé quelque peu son séjour à Calais. Ce qui coïncide avec la fin de juillet qu'il indique dans D303. Une fois revenu à Wandsworth, il écrit à

---

21. Lucien Foulet, *Correspondance de Voltaire*, p.43.
22. D299.

Thiriot, qu'il s'était bien gardé d'informer de sa présence à Paris. C'est D299: 12 août *n.s.*, ou 1er août *o.s.*

L'objet de ce voyage? Tenace en sa rancune, il a cherché encore à provoquer en duel le chevalier de Rohan. Mais celui-ci, par poltronnerie, prétend-il, lui a échappé. Heureusement. Outre l'éventualité que Voltaire pouvait être tué lui-même, quelle eût été ensuite sa vie, s'il avait été responsable de la mort d'un Rohan? On peut conjecturer cependant, avec Lucien Foulet, que son retour à Paris avait aussi une autre fin. A court d'argent, il venait chercher une nouvelle lettre de change pour Londres. Il se fit donc nécessairement reconnaître de ses bailleurs de fonds parisiens: sa présence risquait de s'ébruiter. Par prudence, il repartit très vite.

Faut-il penser que cette seconde créance était tirée sur un autre banquier juif de Londres nommé Médina; et qu'à son retour en août il trouva celui-ci en faillite, comme il avait trouvé en faillite le banquier Mendes au mois de mai précédent? Nous ne croyons pas à cette duplication. Voltaire ne s'est jamais plaint d'avoir été victime de *deux* faillites de ses banquiers juifs.[23] Ce fils d'Abraham banqueroutier, il le nomme tantôt Médina,[24] tantôt Acosta.[25] Nous estimons, comme Norma Perry, qu'il s'agit du seul Anthony Mendes da Costa, ou de son père John, auquel, on l'a vu, il s'adressa, Anthony étant en fuite. Médina est sans doute le nom de Mendes mal entendu, mal retenu, ou mal recopié.[26] Il est certain en tout cas que le Médina, vieillard larmoyant des *Questions sur l'Encyclopédie*, est bien, comme on l'a vu, le patriarche John Mendes da Costa.

Qu'on relise, au surplus, la lettre D303 où il fait mention d'un «jew called Medina». Il récapitule le passé, à l'intention de Thiriot, à la date du 26 octobre 1726, quand il commence à sortir de la dépression. C'est sa première lettre en anglais que nous ayons. Il s'exerce à rédiger en cette langue, non sans succès, l'historique des mois précédents: «let me acquaint you with an account of my for ever cursed fortune.» Il raconte donc comment il revint en Angleterre à la fin de juillet, après un voyage secret en France qui fut à la fois inutile et

---

23. Il est vrai que dans une de ses lettres il parle de ses banqueroutes au pluriel, à Thiriot (13 février 1727), D309: «Vous savez peut-être que les banqueroutes sans ressource que j'ai essuyées en Angleterre, le retranchement de mes rentes, la perte de mes pensions, et les dépenses que m'ont coûtées les maladies dont j'ai été accablé ici m'ont réduit à un été bien dur.» D'après le contexte on voit que Voltaire vise à majorer ses difficultés d'argent, ce qui suffirait peut-être à entraîner le pluriel. Ces «banqueroutes» peuvent désigner les deux démarches vaines que fit Voltaire en mai 1726: rue Saint-Mary-Axe où il apprend la défaillance d'Anthony, et à Highgate où John refuse d'acquitter la dette de son fils.

24. D303; *Questions sur l'Encyclopédie* (M.xix.526).

25. *Un chrétien contre six juifs* (M.xxix.558).

26. D303 ne nous est connu que par une copie non autographe.

coûteux: «unsuccessful and expensive». Il enchaîne sur l'idée de ses ennuis d'argent. Il n'avait que quelques lettres de change, huit ou dix mille livres françaises, sur un Juif nommé Médina. Or il trouve son Juif en faillite: «I found my damned Jew was broken.» Quand? A son retour en Angleterre fin juillet (période qu'il vient de désigner dans la phrase précédente, «I came again into England»)? Non. «At my coming to London»: à sa première arrivée à Londres, en mai 1726. Les phrases suivantes évoquent sa détresse en ce mois de mai: malade, sans un sou, ne comprenant pas un mot d'anglais (en août il commence à connaître quelque peu la langue, si l'on en juge par le début du carnet). C'est alors qu'il rencontre un gentilhomme qui lui avance un peu d'argent, et qu'il retrouve Fawkener.

Il passe donc encore les mois d'août, septembre, octobre, à Wandsworth, chez cet ami. C'est là que l'atteint, vers le 25 ou le 26 octobre, la nouvelle de la mort de sa sœur aînée, Mme Mignot, mère de deux filles qui seront Mme de Fontaine et Mme Denis, et d'un fils, le futur abbé Mignot: ce sont encore à cette date des enfants. Elle décéda, pour des causes inconnues de nous, vers le 10 août. Armand, frère de Voltaire, lui avait écrit à ce sujet le 12 août, une demoiselle Bessière, amie de la famille Arouet, le 10 septembre. Mais Dunoquet ne lui fait parvenir les lettres qu'à la fin d'octobre.[27] Ce deuil l'affecte sensiblement. Sa sœur aînée, dans son enfance, avait tenu place de leur mère décédée, jusqu'à son mariage. L'exilé voit non sans tristesse sa famille se rétrécir. Il souhaite, effaçant les querelles d'autrefois, resserrer ses relations avec son frère: avance qui, autant que nous sachions, resta sans réponse. Il dit avoir écrit de nombreuses lettres sur la mort de sa sœur. Seule celle qu'il envoie à Mlle Bessière nous est connue. Mais il aborde le sujet, occasionnellement, dans une lettre à Mme de Bernières. Il en fait mention à Thiriot, en des termes remarquables, dont nous reparlerons.

La disparition prématurée d'une sœur aînée lui inspire la réflexion que c'est lui, malade, malheureux, qui aurait dû partir, et non elle. Thème repris à l'intention de ses trois correspondants. Il ne s'en tient pas là. Sa correspondance générale a recueilli une prétendue «lettre de consolation», qui n'est nullement une lettre.[28] Il a jeté sur le papier une brève méditation sur «le secret de calmer tout d'un coup une âme agitée d'une passion violente»: en comparaison, «trouver la quadrature du cercle et le mouvement perpétuel» seraient des «choses aisées». Nous situons cet essai à l'automne de 1726. Voltaire se réfère allusivement aux épreuves douloureuses de l'année qui s'achève, et en dernier lieu au deuil qui le frappe. Il prend conscience d'une sorte d'hygiène morale

27. D302.
28. M.xxxiii.183-85.

qui aide à surmonter le malheur et à passer outre. Il faut faire confiance au temps: «le temps guérit à la fin». Pourquoi? Il trouve l'explication dans une psycho-physiologie, alors taxée de matérialiste. Les jours, les semaines, les mois s'écoulant, l'être physique et donc l'être moral se renouvellent. Bientôt celui qui a souffert est substantiellement remplacé par un autre, qui se souvient sans doute, mais qui n'est plus si profondément affecté, et qui dispose de ressources neuves. Pour hâter le processus, Voltaire se donne cette recette: «Je ne connais point de plus puissant remède pour les maladies de l'âme que l'application sérieuse et forte de l'esprit à d'autres objets.» La prodigieuse vitalité voltairienne était inscrite, admettons-le, dans les chromosomes de sa naissance. Mais il l'a délibérément prise en compte. Il s'est par la réflexion fixé les règles d'une vie efficace et active. Il entre beaucoup de jeu de sa part dans l'attitude qu'il affiche, en ses lettres, de n'aimer que la retraite, seule convenable à ses malheurs, à sa mauvaise santé, en attendant sa mort prochaine... à trente-deux ans. Sa morale personnelle est en réalité tout le contraire d'une morale de l'abandon.

On voit en particulier qu'auprès d'un Fawkener apparemment nonchalant il s'est, pendant l'été de 1726, bien utilement employé. En trois mois il parvient à s'exprimer dans la langue anglaise avec une maîtrise incontestable. Sa lettre du 26 octobre à Thiriot en témoigne: il a acquis un tour de style anglais qui lui est propre. Il n'a peut-être pas procédé aussi méthodiquement que le fera Prévost, quelques mois plus tard, à Londres: apprendre par cœur des listes de mots par catégories grammaticales, chaque soir; les réciter chaque matin; les répéter devant des Anglais; faire des exercices d'application...[29] Il se fie surtout à la pratique pure et simple. Et dans un esprit dont nous apprécions la modernité, il recourt vite à l'audio-visuel de l'époque: le théâtre.

Dans sa lettre anglaise à Thiriot, une phrase retient l'attention. A propos de la disparition de sa sœur, il médite sur la vie et la mort. Et il écrit ceci, qui dut paraître étrange à son ami:

Life is but a dream full of starts of folly, and of fancied and true miseries. Death awakes us from this painful dream, and gives us either a better existence or no existence at all.

Nous l'avons reconnu: c'est ainsi que méditait Hamlet sur l'être et le non-être. Voltaire l'a entendu lancer: «To die, to sleep. To sleep, per chance, to dream» (III.i). Et il s'en souvient.

Il ne restait pas confiné à Wandsworth. Il faisait de brèves incursions à Londres. Il s'y était même assuré un modeste pied-à-terre, une «tanière».[30]

---

29. Méthode exposée dans son *Pour et contre*, citée par Mysie E.I. Robertson dans son édition des *Mémoires et aventures d'un homme de qualité* (Paris 1934), v.7.
30. D305 (27 octobre 1726), à Mme de Bernières.

Ce qui lui permettait de passer des soirées au théâtre. Il s'initiait ainsi à l'anglais vivant; ne s'avisant pas cependant que cette langue de théâtre, littéraire et quelque peu archaïque, différait de l'anglais couramment parlé. Pour suivre mieux les dialogues, il s'était mis en rapport avec le souffleur de Drury Lane, Chetwood ou Chetwynd: celui-ci lui prêtait le texte de la pièce jouée ce soir-là.[31] Tenant en main le manuscrit, il s'installait dans «l'orchestre»: non pas dans l'équivalent du parterre français où, restant debout, il n'eût été guère à l'aise, mais dans la *music-room*, «petit secteur de la salle réservé aux visiteurs de marque». Ainsi placé, il suivait à la fois le texte écrit et les paroles des acteurs. Parmi ceux-ci, il distingua Mrs Oldfield, qui avait, avec une diction excellente, toutes sortes de charmes. «An incomparable sweet girl», dira-t-il. La voix, la beauté, le jeu de cette Lecouvreur anglaise l'enchantent au point qu'il se hâte de faire assez de progrès pour la comprendre parfaitement.[32]

Par la suite, jamais aucun Français n'abordera Shakespeare comme Voltaire en cet automne de 1726. Il ignorait jusque là même le nom du dramaturge. Familier avec le théâtre de la tradition classique, d'Eschyle à Racine, ayant quelques notions des théâtres espagnol et italien, il n'avait certainement avant son arrivée à Londres aucune idée de ce qu'avait été le théâtre élizabéthain. En l'absence de toute préparation, le choc fut brutal. S'il se rendait à Drury Lane pour un entraînement linguistique, ce qu'il voyait et entendait l'intéressait aussi comme auteur de tragédies. Après *Œdipe*, *Artémire*, *Mariamne*, il n'a en projet aucune nouvelle pièce: ce qui, au cours de sa vie, lui arrivera rarement. La fréquentation des spectacles anglais ne va-t-elle pas lui suggérer un sujet? Il se trouve dans une situation d'ouverture et d'accueil, par quoi il diffère des deux autres écrivains français qui vont bientôt lui succéder. Montesquieu à Londres ne semble pas avoir rencontré Shakespeare (sous cette réserve que la plus grande partie de son journal de voyage anglais est perdue). Il n'en fut pas tout à fait de même de l'abbé Prévost. Celui-ci, après son séjour comme précepteur chez sir John Eyles, ajoute à son roman, *Les Mémoires d'un homme de qualité*, un cinquième tome, publié en 1731, qui constitue un reportage sur l'Angleterre plus complet à bien des égards que les *Lettres philosophiques*. L'*alter ego* de l'auteur, l'Homme de qualité, a vu jouer à Londres plusieurs pièces de théâtre: il cite *Hamlet*, conjointement avec le *Dom Sébastien* de Dryden, l'*Orphan* et la *Conspiration de Venise* d'Otway: des «tragédies admirables», «où l'on trouve mille beautés réunies», commente-t-il. Il atténue l'éloge par les mêmes critiques qu'énoncera Voltaire: la «régularité» fait défaut; le «mélange de

---

31. Rousseau, i.46-47; Norma Perry, *The Times*, donne l'orthographe Chetwynd.
32. Rousseau, i.118.

bouffonneries» est «indigne du cothurne».[33] Impression au total fugitive; romancier, Prévost n'est pas un homme de théâtre.

Voltaire fut bien autrement saisi et retenu. Ce monologue de Hamlet, il le paraphrase dans sa correspondance quelques jours après l'avoir entendu. Il en donnera une traduction, ou plutôt une adaptation française, fort libre, dans la *Lettre philosophique* «Sur la tragédie», le proposant comme l'un de «ces endroits frappants qui demandent grâce pour tout le reste». Gustave Lanson a relevé les titres de Shakespeare joués à Londres de septembre à décembre 1726. A Drury Lane: *Othello*, *Hamlet*, puis *Macbeth*, *King Lear*. A Lincoln's Inn Fields: *Hamlet*, *King Lear*, puis avec *Macbeth*, les pièces historiques: *Henry the Fourth*, *Richard the Third*, *Henry the Eighth*, et en fin d'année *Julius Caesar*.[34] Assurément Voltaire n'a pas suivi le programme complet des deux théâtres. Mais il a dû voir au cours de ces mois les trois pièces dont il parlera dans ses *Lettres anglaises*: *Hamlet*, *Othello* et *Julius Caesar*.

Très remué par ces spectacles, tantôt il est conquis par des «morceaux grands et terribles», tantôt il est révolté par «des farces monstrueuses». Inacceptable pour lui, dans *Le More de Venise*, pièce d'ailleurs «très touchante», le dénouement: «un mari étrangle sa femme sur le théâtre, et quand la pauvre femme est étranglée elle s'écrie qu'elle meurt très injustement». «Sottises» dans *Hamlet* la scène des fossoyeurs qui «creusent une fosse en buvant, en chantant des vaudevilles et en faisant sur les têtes de mort qu'ils rencontrent des plaisanteries convenables à gens de leur métier». Dans *Julius Caesar*, il voudrait retrancher «les plaisanteries des cordonniers et des savetiers introduits sur la scène avec Brutus et Cassius». Mais il est transporté par la grande scène de Brutus et d'Antoine haranguant le peuple romain devant le corps du dictateur assassiné. Il la traduira en français, il l'imitera en la transformant dans sa propre tragédie de *La Mort de César*. Il connaît peut-être *Macbeth*: on trouvera comme un pâle reflet de lady Macbeth dans son personnage d'Eriphyle en 1732. A-t-il vu le *Roi Lear*, donné dans les deux théâtres au cours de cette saison? S'il l'a vu, le drame lui parut trop étranger et inassimilable; il n'en fait nulle mention. Il ignore tout un aspect de l'œuvre shakespearienne, sans que la faute lui en incombe. Les théâtres de Londres ne jouaient plus les œuvres de comédie et de fantaisie, tels *A Midsummer Night's Dream*, *Twelfth Night*, *As You Like It*: on jugeait que dans le genre comique les pièces contemporaines de Congreve et de Farquhar convenaient mieux au goût du public. Mais il fut intéressé par les drames historiques, comme *Henry the Fourth* ou *Richard the Third*: il s'en inspirera pour rénover la tragédie française.

---

33. Edition citée de Mysie Robertson, p.68.
34. *Lettres philosophiques*, ii.92.

Son contact avec Shakespeare, il le doit uniquement à la scène, non au livre. Quand il entreprendra quelques trente-cinq ans plus tard sa campagne anti-shakespearienne, il acquerra une collection des *Œuvres* en huit volumes, dans une édition de 1747. Présentement, c'est d'après le souvenir des représentations qu'il reprend à son compte, en anglais, la méditation de Hamlet. Il la développe en une vision de la vie humaine, demeurée implicite dans le monologue: «Life is but a dream full of folly and of fancied and true miseries.» C'est l'indice qu'il commence à penser en anglais. Lui qui n'a pas encore entamé sa carrière d'acteur amateur, il joue le personnage de l'Anglais, en parlant cette langue. Ce fut là son premier rôle. Il sent dans le langage des libres Britanniques une énergie, dont il se pénètre en adoptant celui-ci.[35] Bien longtemps après, à Ferney, Boswell notera: «When he talked our language, he was animated with the soul of a Briton.» «Bold flights», «humour», émaillés de jurons, «as was the fashion when he was in England»: telles sont les particularités que relève le voyageur écossais.[36] Et il observe que son interlocuteur en changeant de langue entrait pour ainsi dire dans une autre personnalité, à la manière de l'acteur. Le Voltaire de Ferney aimera revivre ainsi devant ses visiteurs d'outre-Manche sa métamorphose d'autrefois. Car c'est en parlant anglais qu'en 1726 il avait commencé à devenir «Anglais à Londres».[37]

En novembre, il vient s'installer dans la capitale. La crise surmontée, il rentre dans la vie de société. Au cours de l'été, il avait revu plusieurs fois Bolingbroke et sa femme:[38] peut-être leur fit-il visite à Dawley, ou les rencontra-t-il à leurs passages à Londres. Mais l'automne venu, ceux-ci réintègrent leur hôtel dans Pall Mall. Voltaire entretient désormais avec eux des relations suivies. Il fait envoyer son courrier à leur adresse.[39] Ce qui ne signifie pas qu'il y a son domicile. Il loge plutôt dans quelque chambre louée à bas prix, telle la «tanière» dont il parle à Mme de Bernières.

Il se lie alors avec les écrivains amis de Bolingbroke, parmi lesquels Pope. Il est informé, avec retard, de l'accident survenu au poète le 20 septembre. Comme celui-ci revenait d'une visite chez Bolingbroke à Dawley, au passage de sa voiture un pont s'effondra; il fallut briser la vitre du véhicule pour le dégager; il eut deux doigts endommagés. Voltaire se hâte de lui écrire une lettre de compliment,[40] qu'il s'efforce de tourner en badinage: les eaux de la

---

35. Il écrit le 20 novembre 1733 à Brossette, D681: «Si vous aviez été deux ans comme moi en Angleterre, je suis sûr que vous auriez été si touché de l'énergie de cette langue que vous auriez composé quelque chose en anglais.»
36. Cité par Rousseau, i.49.
37. D5786, à Mme Du Deffand.
38. D303 (26 octobre 1726): «I have seen often mylord and mylady Bolingbroke».
39. D305.
40. D301.

rivière n'étaient pas l'Hippocrène, et se peut-il que ces doigts qui ont tracé de si beaux vers aient été blessés! Dès avant son départ pour Londres il avait commencé une correspondance avec le «Boileau anglais». Il fait enfin sa connaissance chez Bolingbroke. Pendant l'hiver les deux poètes se rencontrèrent plusieurs fois. On nous rapporte que Voltaire éprouvait pour Alexander Pope, bossu, contrefait, de santé fragile, une vive compassion. Il admirait son œuvre, non sans quelque envie. Si Pope ignorait le français, lui-même s'exprimait assez bien en anglais pour se faire comprendre. De leurs conversations quelques mots seulement nous sont connus. Voltaire lui demandant pourquoi Milton n'avait pas rimé son *Paradise Lost*, au lieu de l'écrire en vers blancs, Pope aurait répondu par une boutade: «Because he could not.»[41] Un témoin dit avoir entendu l'Anglais louer Voltaire comme «the first of the French poets».[42]

Pope pourtant demeure assez froid. Voltaire a traduit vingt-six vers de *The Rape of the Lock*, qui prendront place dans la vingt-deuxième *Lettre philosophique*. Il attendit vainement que son confrère anglais lui rendît la politesse. Leurs relations durent être quelque peu compromises par le sensationnel impair commis par le Français, qui demeure l'épisode le plus notable de ce qui se passa entre eux. La malveillance eut tôt fait de s'en emparer. Mais André-Michel Rousseau a pu restituer l'anecdote d'après un témoignage inédit digne de foi.[43] Un soir, invité à souper chez Pope, à Twickenham, Voltaire se plaint de sa pitoyable santé, avec force jurons et blasphèmes. La vieille Mrs Pope, mère du poète, lui demande comment il pouvait être si malade à son âge. «Ah! répond-il, ces damnés jésuites, quand j'étais enfant, m'ont sodomisé à tel point que je ne m'en remettrai jamais tant que je vivrai.» Cela fut dit à haute voix, en anglais, et – circonstance aggravante – devant les domestiques. A ces mots, la respectable Mrs Pope, horrifiée, se lève et quitte la table.[44] Voltaire s'était laissé entraîner à l'une de ces foucades auxquelles il n'est que trop enclin. Il n'avait pas pris garde que les jurons, les propos brutaux contre le clergé, où se complaisaient les Anglais libertins qu'il fréquentait, n'étaient plus de mise dans un milieu catholique comme celui de Pope.

Les relations des deux hommes s'interrompent après l'été de 1727. Non qu'ils soient vraiment brouillés. Voltaire ne cessera de faire l'éloge de Pope dans ses œuvres. Mais celui-ci, gravement malade, neurasthénique, refuse de recevoir même ses plus intimes amis. En définitive, malgré les efforts du Français, il ne s'était pas établi entre eux une véritable entente. Jamais Pope

---

41. *Questions sur l'Encyclopédie*, 1771 (M.xviii.580).
42. Rousseau, i.114: Spence, à la date du 28 février 1727.
43. Rousseau, i.113.
44. Ce dernier détail, fort vraisemblable, est rapporté par une autre source, Ruffhead.

n'a cité Voltaire dans ses œuvres poétiques. Il n'a pas souscrit à *La Henriade*. Sans doute était-il choqué par la tendance anti-papiste du poème, et préférat-il s'abstenir.

Voltaire s'accorde plus complètement avec John Gay, l'auteur du célèbre *Beggar's Opera*, cet *Opéra de quat'sous*, dont le cinéma prolongera le succès, sous ce titre, jusqu'au vingtième siècle. La pièce ne sera jouée qu'en 1728. Mais Voltaire en eut connaissance en manuscrit. Il se souviendra de l'auteur comme du «plus agréable des compagnons».[45] C'est Gay qui l'aurait introduit parmi les comédiens et présenté à Chetwood, le souffleur de Drury Lane.

De tous les écrivains contemporains, c'est pourtant avec l'Irlandais Jonathan Swift qu'il a le plus d'affinités. Il a lu dès sa publication, en novembre 1726, le *Gulliver*: il en parle à Thiriot une semaine à peine après la sortie du livre. Il excite son ami à le traduire en français, et le lui envoie. Il est bien éloigné alors de penser au conte philosophique. Mais il est sensible aux «imaginations singulières» de cette «satire du genre humain». Swift lui apparaît comme le «Rabelais d'Angleterre», mais un Rabelais «sans fatras». Bien entendu, Thiriot ne traduira jamais *Gulliver*: à peine au bout de deux mois a-t-il lu trois chapitres du texte anglais.[46] Voltaire ne put rencontrer Swift, doyen de Saint-Patrick à Dublin, que lors de son voyage à Londres en mai 1727. Il eut sans doute avec lui plusieurs entretiens, chez Bolingbroke, à Twickenham chez Pope, ou en compagnie de Gay.[47] Apprenant que l'auteur de *Gulliver* se proposait de se rendre en France, il le recommande à Dunoquet à Calais; il lui remet des lettres d'introduction pour Morville, toujours Secrétaire d'Etat aux Affaires étrangères, et pour de Maisons.

Voltaire avait donc de multiples relations du côté du leader tory Bolingbroke. Mais il fréquente aussi les personnalités du parti adverse whig, alors au pouvoir. Son ami Fawkener était à Londres un habitué du Bedford Head, cercle où se réunissaient les membres de l'intelligentsia et de la haute aristocratie. On peut supposer que Voltaire y fut introduit: il put y rencontrer le duc de Newcastle, ministre des Affaires étrangères, auquel Morville l'avait recommandé.[48] Il dut alors faire usage des lettres d'introduction qu'il avait gardées par devers lui au printemps précédent. Il se met bien en cour. La duchesse, veuve de l'illustre Marlborough, fait sa connaissance; elle remarque, à la date du 21 janvier 1727, son maniement aisé de l'anglais.[49] A la fin de ce même mois, ou au début du

---

45. Rousseau, i.117.
46. D308.
47. Rousseau, i.80, donne le calendrier (en *o.s.*) du séjour de Swift. Voltaire qui est à ce moment-là retourné à Wandsworth, ne peut pas profiter de toutes les occasions de rencontre.
48. Perry 1, p.43.
49. Rousseau, i.43. Mais la date est-elle *o.s.* ou *n.s.*?

suivant, il est présenté au roi d'Angleterre, à ce George Ier qu'il avait encensé de ses compliments depuis *Œdipe*. Trois journaux de Londres informent le public de l'événement, soulignant l'accueil gracieux de Sa Majesté au «famous French poet».[50]

Initié désormais à la politique, il ajoute à sa *Henriade* un éloge de la monarchie parlementaire anglaise:[51] trois pouvoirs, «étonnés du nœud qui les rassemble», les Communes, les Lords, le roi, sont «divisés d'intérêt, réunis par la loi». Une évocation aussi flatteuse passait nécessairement sous silence l'envers des institutions britanniques: à savoir dans un système bipartite le combat sans merci que se livrent whigs et tories pour la conquête du pouvoir. Alors qu'il n'existait en France rien de comparable, Voltaire va s'apercevoir combien il était inconfortable, et même dangereux, de tenter d'avoir un pied dans chaque camp.

Pendant que le premier ministre whig Robert Walpole, afin de l'attirer de son côté, «s'emploie tout de son mieux»[52] pour gagner des souscriptions à la future édition de *La Henriade*, dans le même temps son ami et protecteur Bolingbroke lance contre ce même Walpole une virulente campagne de presse. En février 1727, on répand dans le public les *Occasional letters*, critique impitoyable de la politique whig. Trois numéros de ce libelle périodique paraissent coup sur coup, bientôt suivis d'un quatrième. L'auteur, on le sait aujourd'hui, était Bolingbroke. Mais il avait pris ses dispositions pour préserver son anonymat. Walpole, bien entendu, s'efforça de découvrir le coupable. Or Voltaire est accusé d'avoir joué, dans cette affaire, le rôle d'espion pour le compte du ministère. Ruffhead en 1769, dans une biographie de Pope, écrit en s'appuyant sur un ennemi de Voltaire, Warburton, qu'un jour se promenant dans les jardins de Twickenham avec Pope, il fit à celui-ci l'éloge de la première *Occasional letter*. Il tenta de savoir quel en était l'auteur. Pope, pour lui tendre un piège, répondit que c'était lui-même. Sur quoi, Voltaire se hâta de s'éclipser, et le lendemain le bruit circulait à la cour que l'*Occasional letter* était de Pope. Au dossier de l'accusation, deux autres pièces, l'une et l'autre de Swift. Celui-ci et Bolingbroke ont repéré un espion qui se faufile («who wriggles himself») dans le groupe hostile au ministère; c'est «a certain pragmatical spy of quality». Aucun détail de ces témoignages, comme le remarque André-Michel Rousseau,[53] «ne désigne clairement Voltaire». Deux au contraire ne peuvent s'appliquer à lui: il n'est pas un «pragmatical spy of quality», et il n'avait pas à s'insinuer dans la société de Bolingbroke: il en fait partie depuis

---

50. Rousseau, i.79.
51. D308, vers envoyés à Thiriot le 13 février 1727.
52. D309 (3 mars 1727).
53. Rousseau, i.148-51, cite et discute les documents.

longtemps. Et si Voltaire venait d'être démasqué, Swift aurait-il accepté, le 16 juin, ses lettres de recommandation pour la France, aurait-il ensuite diffusé *La Henriade* en Irlande? Bolingbroke aurait-il souscrit à vingt exemplaires du poème? On en conclura que le «pragmatical spy» n'est pas Voltaire.

Cependant il est vraisemblable qu'il parla à Pope de l'*Occasional letter*, et que son interlocuteur, méfiant, ne lui cita pas le véritable auteur. La conversation, tendancieusement rapportée par Ruffhead, n'est peut-être pas de pure invention. Il sut bientôt que le libelle était de Bolingbroke. Il le nomme, en rabrouant Thiriot qui a bavardé à tort et à travers sur ce sujet délicat: «Don't talk of the *Occasional writer*. Do not say it is not of myl. B. Do not say it is a wretched performance. You cannot be judge neither of the man, nor of this writing.»[54] On sent de la gêne dans ces phrases. Lui-même a dû parler de Bolingbroke comme auteur des *Occasional letters*. On conçoit son embarras: tout en voulant rester l'ami du leader tory, il est plutôt du côté du gouvernement, «par intérêt et par vanité peut-être, plus que par conviction».[55] Walpole se montre fort bien disposé en sa faveur. Il lui fait accorder au nom du roi, le 18 mai, une gratification de deux cents livres. Salaire de l'espion? Non. Ce genre de service se rémunère sur les fonds secrets, en dessous de table. Deux cents livres est au contraire le chiffre des gratifications allouées à des gens de lettres. Pope en 1725, Young en 1726, et tout récemment le Français La Mottraye en ont bénéficié. On récompensait en Voltaire «l'ancien défenseur de l'alliance anglaise et le champion du protestantisme»,[56] et l'on marquait que ce poète étranger était bien vu du gouvernement de Sa Majesté.

L'esprit partisan n'est pas seul en cause. L'aristocratie anglaise comme les milieux officiels se montrent alors très ouverts aux intellectuels et gens de lettres. Orientation «éclairée» qui se manifeste avec éclat à la mort de Newton, survenue le 20 mars 1727. Le savant est honoré par des obsèques solennelles à Westminster Abbey. Voltaire est présent ce jour-là à Londres. Il a la révélation du prestige social de la science en Angleterre. Il fait la comparaison: à supposer que Descartes soit mort à Paris, on ne lui aurait certainement pas accordé d'être enseveli à Saint-Denis, auprès des sépultures royales. La leçon sera dûment enregistrée dans l'une des *Lettres philosophiques* intitulée «Sur la considération qu'on doit aux gens de lettres». L'Angleterre, cette «nation de philosophes», rend justice aux vraies grandeurs, qui sont celles de l'esprit.

Voltaire écrira qu'il a obtenu à Londres une «protection générale» et des «encouragements qu'il n'eût jamais pu espérer ailleurs».[57] Accueil remarquable

54. D315 (27 mai 1727).
55. Rousseau, i.151.
56. Rousseau, i.150, n.147.
57. Préface de l'édition de 1730 de *La Henriade* (*OC*, ii.299).

en effet, si l'on songe qu'à cette date il est loin d'avoir acquis la stature qui sera la sienne vingt ou trente ans plus tard. Comme écrivain, il n'est encore connu que par deux tragédies et un poème épique en voie d'achèvement. Il voit cependant que la «protection» et les «encouragements» vont lui permettre de publier à Londres, dans de bonnes conditions, sa *Henriade*. Sans le dire, il marche sur les traces de Jean-Baptiste Rousseau. Cet autre poète, cet autre «illustre malheureux», avait passé six mois en Angleterre en 1723. Il y avait été lui aussi fort bien reçu par le roi, par le prince de Galles et par la princesse Caroline (celle-là même qui protégera Voltaire). Il venait publier ses œuvres par souscription. «Toute la plus haute noblesse» tient à lui donner en cette circonstance de «solides marques d'estime»: elle souscrivit «magnifiquement» à son édition.[58] Un autre auteur français, de moindre réputation, La Mottraye, n'est pas moins fêté pour la publication de ses *Voyages*: réception par Robert Walpole, «accueil très gracieux» du roi, du prince de Galles; ample souscription de l'aristocratie à son volume, précisément en cette année 1727 où Voltaire lance la sienne. Nous avons la liste des souscripteurs de La Mottraye: comparée à celle de Voltaire, elle est «plus titrée, plus ample, plus variée».[59] Y figurent le roi, le prince de Galles et Caroline, toute la famille royale: noms dont Voltaire devra se passer. Il faut donc ramener à sa juste proportion le succès en Angleterre du poète de *La Henriade*. Supposer, comme on l'a fait, que les milieux dirigeants de Londres l'avaient choisi pour en faire – par on ne sait quel calcul de la «perfide Albion» – le champion de l'anglophilie en Europe, c'est commettre une erreur certaine de perspective: il n'a bénéficié en fait, comme écrivain français, d'aucun traitement exceptionnel.

Il lui suffisait au reste de mettre à profit les possibilités de l'édition et du public anglais. Il allait pouvoir donner à sa *Henriade* la belle présentation dont il rêvait depuis des années. Dès l'automne de 1725 il savait qu'il trouverait à Londres le support financier d'une publication coûteuse et des imprimeurs capables de la réaliser correctement. Il met l'affaire en route au printemps de 1727. La souscription est ouverte, avec l'appui actif de Robert Walpole. Il sollicite aussi le comte de Broglie, ambassadeur de France. Celui-ci, hésitant, consulte Versailles sur l'attitude à adopter.[60] On verra qu'il lui fut répondu de se tenir à l'écart.

En mai 1727, Voltaire est revenu à Wandsworth. Il lui faut mener une vie moins dispendieuse. Et il a un autre dessein. Afin de faciliter l'accès du public britannique à un poème en français, il va l'accompagner des deux *Essays*: «upon the epick poetry», «upon the civil wars». Intrépidement, il entreprend de les

---

58. Témoignages cités par Rousseau, i.143.
59. Rousseau, i.145.
60. D309 (3 mars 1727, sans doute *n.s.*).

rédiger directement en anglais. Pour cela il va faire à Wandsworth un stage de perfectionnement linguistique. Il s'installe cette fois, non chez Fawkener, mais dans le quartier de Half-Farthing chez un teinturier («a scarlet dyer»): sans doute une relation de Fawkener, la teinture des étoffes étant une activité connexe du commerce en laine et soie.

Auprès de la teinturerie se tenait une école de quakers, dirigée par un certain Kuweidt. Voltaire s'y rendait pour prendre des leçons. Un jour il se mit à discuter avec Kuweidt de religion. Comme les deux hommes ne parvenaient pas à s'entendre, il fallut faire appel à un répétiteur de l'établissement, un jeune homme nommé Edward Higginson. Ce sage Britannique fut si fortement frappé de sa rencontre avec un personnage aux manières étranges qu'il en a laissé un récit, fait sans doute à la fin de sa vie. Un périodique quaker, *The Yorkshireman, a religious and literary journal, by a Friend*, le publiera en 1833.[61]

Document fascinant. Voltaire y revit sous nos yeux. Higginson rapporte deux scènes. D'abord la discussion avec Kuweidt: il s'agissait du baptême. Le précepteur appelé en renfort cite saint Paul, I Corinthiens, i.17: «Le Christ m'a envoyé non pour baptiser, mais pour prêcher l'Evangile». Voltaire s'emporte: «Vous êtes un menteur». Higginson laisse passer, stoïquement, l'injure. Plus calme, Voltaire lui reproche de vouloir tromper un pauvre étranger. «Non, je répète seulement les paroles de l'Apôtre, telles qu'elles se lisent dans notre Bible. – Mais votre Bible d'hérétiques est falsifiée. – Voulez-vous consulter Bèze ou Castellion? – Ce sont aussi des hérétiques. – Vous ne croyez pas, j'imagine, que le manuscrit autographe de Paul existe encore.» Voltaire voulut bien concéder ce point. Il accepta de recourir au texte grec. Higginson alla chercher l'édition Mattaire, et montra le passage. Voltaire n'en revenait pas. «Qu'est-ce donc que votre clergé anglais trouve à répondre à ce texte? – Ils disent d'ordinaire que Paul veut indiquer qu'il n'a pas été envoyé en premier lieu ou principalement pour baptiser. – A ce compte, réplique Voltaire, on pourrait éluder de la même façon tout le reste du livre.»

La seconde scène fait suite à la précédente. A quelques jours de là, Voltaire était chez lord Temple, à Fulham, avec Pope et quelques autres. On vint à parler du baptême par l'eau. Fort de sa science, il prit la position du quaker et cita la parole de Paul, dont il avait oublié la référence. On soutint que le texte n'existait nulle part dans l'œuvre de l'Apôtre. Il propose de parier cinq cents livres: pari tenu. Il enfourche l'un des chevaux de lord Temple, traverse la Tamise par le bac de Putney, arrive à bride abattue, cheval en sueur, dans la cour de l'école à Half-Farthing, demande à Higginson de lui mettre par

---

61. Lanson en donne le texte, *Lettres philosophiques*, i.19-22.

écrit la référence de Paul disant qu'il «n'a pas été envoyé pour baptiser». Ce que fait le précepteur. Voltaire remonte à cheval, retourne à Fulham et gagne son pari.

Par la suite, il fait souvent appel à Higginson, mais pour des répétitions de langue. Il lit devant lui à haute voix le *Spectator*, pour faire corriger sa prononciation. Il traduit du latin en anglais le traité du quaker Barclay, *Theologiae vere christianae apologia*, et s'étonne qu'il faille dire *thou* ou *thee*, au lieu de *you*, dans l'épître dédicatoire à Charles II. Il se prend d'amitié pour le jeune homme. Il aurait voulu se l'attacher, en l'engageant à son service. Il lui propose de vivre avec lui, comme lui, portant les mêmes habits. Mais Higginson refuse. L'épisode montre un Voltaire fort préoccupé, pendant son séjour anglais, des questions religieuses, et des plus agressif sur cet article. A Higginson qui ne lui demande rien, il déclare tout de go qu'il est déiste, comme le sont, prétend-il, la plupart des gentilshommes français et, ajoute-t-il, anglais. Comme pour les jurons, il extrapolait abusivement à partir de quelques aristocrates mal embouchés et libertins qu'il fréquentait à Londres. Devant le pieux quaker, il daube sur la naissance du Christ, racontée différemment dans chacun des quatre Evangiles. Higginson ne peut supporter qu'on parle si injurieusement du Sauveur et lui demande de cesser.

Voltaire vivait en exil depuis près d'un an. Il sollicite la permission de rentrer. Il lui paraît utile de pouvoir se rendre à Paris pour la diffusion de *La Henriade*, une fois parue la nouvelle édition. Maurepas fait une réponse qui ne devait pas être entièrement négative.[62] Enfin le ministre français lui adresse, le 29 juin, l'autorisation de venir à Paris pour trois mois.[63] Mais cette permission qu'il avait demandée, il n'en fait pas usage. C'est qu'un événement venait de se produire qui allait ouvrir pour lui en Angleterre des perspectives attrayantes. Le roi George Ier était mort sur le continent, dans ses possessions de Hanovre. La nouvelle fut connue à Londres le 15 juin. Avec l'avènement de George II le Royaume-Uni a désormais une reine: l'épouse de George Ier avait en effet vécu enfermée sur le continent, en punition d'un adultère. Une nouvelle ambiance va s'établir à la cour. La jeune Caroline, femme de George II, est très bien disposée pour Voltaire comme en général pour les gens de lettres. Il décide donc de rester à Londres.

Une seconde phase de son séjour commence. Il n'a plus sur le sol anglais le statut d'un exilé, mais d'un visiteur. S'y trouvant de son plein gré, il est mieux à même d'observer, afin d'apporter un jour son témoignage.

62. D'après D312 (18 avril 1727).
63. D321.

15. «I am ordered to give an account of my journey»

«Lorsque j'étais dans la ville de Bénarès, sur le rivage du Gange, ancienne patrie des brachmanes, je tâchai de m'instruire. J'entendais passablement l'indien; j'écoutais beaucoup et remarquais tout.» Ainsi commence la *Lettre d'un Turc* (1750), «sur les fakirs et son ami Bababec». Texte qui invite à la traduction. Voltaire à Londres, sur les bords de la Tamise, «tâchait de s'instruire». Lui qui savait l'anglais, il écoutait, il observait.[1]

Il renoncera au projet de décrire la vie quotidienne de l'Angleterre. Mais tel mot qui lui échappe, ici ou là, prouve qu'il a remarqué, et apprécié, les commodités de ce pays qui était alors celui du *comfort*. La plus notable était l'eau courante chez les particuliers. Un système de tuyauterie décrit par Miège approvisionne des réservoirs à l'intérieur des maisons.[2] Modernisme combien utile à une époque où à Paris la fourniture en eau crée chaque jour des difficultés. De magnifiques fontaines ornent la capitale française: beaucoup de pierre, mais de liquide, point, ou seulement de maigres filets. A défaut, des porteurs vendent dans les rues et montent aux étages des seaux puisés dans la Seine, fleuve qui fait en même temps fonction d'égout. Voltaire rapporte dans le *Temple du Goût* le projet de Colbert (non exécuté) de distribuer l'eau «dans toutes les maisons, comme à Londres».[3]

Autre invention, due à l'esprit pratique des Britanniques: un service postal, établi à Londres depuis 1680. Les Parisiens devront attendre jusqu'au milieu du dix-huitième siècle pour avoir l'équivalent, avec la «petite poste».

L'égrotant Voltaire ne manque pas de relever que beaucoup d'Anglais ont adopté un mode de vie fort hygiénique: de la marche (six *miles* par jour); une alimentation frugale, à base de «racines», sans viande; un vêtement léger: régime qu'il est tenté de faire sien.[4]

Mais il fait une constatation moins agréable: le Français, pour le petit peuple de Londres, c'est l'ennemi. Un jour, dans la rue, il est reconnu par des insulaires chauvins comme un *French dog*. On le houspille, on le malmène, on

---

1. La *Lettre* continue: «J'étais logé chez mon correspondant Omri: c'était le plus digne homme que j'ai jamais connu.» Il nous est loisible de reconnaître en ce «correspondant» Everard Fawkener.
2. Miège, i.103.
3. *Le Temple du Goût*, éd. E. Carcassonne, p.95.
4. D330 (11 avril 1728).

va lui jeter de la boue. Alors il monte sur une borne et se met à s'adresser en leur langue aux gens attroupés. Il les harangue: «Braves Anglais, ne suis-je pas déjà assez malheureux de n'être pas né parmi vous?» Il retourne l'auditoire contre ses agresseurs. Anecdote vraisemblable, quoique incertaine dans ses détails.[5] Il avait appris de Shakespeare, dans la grande scène du *Julius Caesar*, l'art d'agir par la parole sur le *mob*. On peut croire que la réminiscence littéraire l'aida, en l'occurrence, à sortir d'un mauvais pas.

Les relations du voyageur avec le populaire d'outre-Manche ont laissé peu de traces. Le domestique qu'il engagea – «my footman» – n'est connu que par une fugitive mention d'un carnet.[6] Une rencontre pourtant, dans le projet de *Lettre anglaise* abandonné, risque de n'être pas pure fiction.[7] Il se promène en barque sur la Tamise. Il bavarde avec son rameur. L'Anglais, l'ayant reconnu pour Français, exalte la supériorité de son pays: en Angleterre, on est libre. Le brave homme jure, «God damned»,[8] qu'il aime mieux être batelier sur la Tamise qu'archevêque en France. «Le lendemain», Voltaire passant devant une prison aperçoit une main tendue à travers les barreaux: c'est son marinier de la veille. Les recruteurs l'ont arraché à sa femme et à ses enfants pour l'enrôler de force sur un vaisseau de Sa Majesté en partance pour la Norvège. Un Français qui accompagne le promeneur sent une joie maligne de voir que ces fiers Britanniques sont en définitive «esclaves aussi bien que nous». Voltaire se flatte d'un sentiment plus humain: il est «affligé de ce qu'il n'y avait plus de liberté sur la terre». Il reste qu'il ne fera pas allusion, ni dans les *Lettres philosophiques* ni ailleurs, à ce sinistre envers de la puissance anglaise sur les mers, non plus qu'aux conditions inhumaines d'existence sur les navires.[9]

Même dans la bonne société, il a pu reconnaître qu'on se fait à Londres une idée étrange de la monarchie française. Ces bons Anglais croient «qu'on met à la Bastille la moitié de la nation», et «tous les auteurs un peu hardis au pilori».[10] De chaque côté du *Channel*, on nourrit des préjugés sur ce qui se passe sur l'autre bord. A l'expérience, un régime libéral s'avère ordinairement moins libre qu'il ne le prétend, comme un Etat autoritaire est souvent, par la force des choses, moins despotique qu'on ne l'imagine. L'anglophilie du

5. Sur les sources de l'épisode, voir Rousseau, i.46, n.17. Une mésaventure semblable adviendra quelques mois plus tard à l'abbé Prévost.
6. *OC*, lxxxi.78.
7. *Lettres philosophiques*, ii.263-64. Les textes de journaux contre la «presse» des matelots rapportés par Lanson, n.27, ne paraissent pas être des sources décisives.
8. «En jurant Dieu».
9. *Lettres philosophiques*, ii.264, Voltaire prétend qu'un acte du parlement, peu après, «mit fin à cet abus d'enrôler des matelots par force». C'est inexact. Voir Lanson, n.29: le parlement tenta seulement d'encourager les enrôlements volontaires. La situation n'en sera guère modifiée.
10. D570, p.292.

voyageur ne l'empêchera pas d'apercevoir les ombres du tableau, surtout, nous le verrons, vers la fin de son séjour.

Toutefois, pour le présent, c'est l'esprit de liberté que Voltaire célèbre chez les Anglais. Sur ce thème s'organise sa propagande, verbale et par correspondance, en faveur de sa *Henriade*. Dans ce poème il va répétant que souffle «a spirit of liberty», «worthy of the British nation».[11] Ce qui n'est pas faux, nous le savons, et ce qui devrait encourager les souscriptions.

Pour la grande édition qu'il prépare, il recourt à la procédure récemment pratiquée par Pope, Prior, Jean-Baptiste Rousseau, La Mottraye. Le souscripteur verse à titre d'arrhes la moitié du prix, soit à un libraire soit à l'auteur lui-même. Il lui est délivré un reçu, contre lequel après règlement du solde le volume lui sera remis à sa publication. Ce genre de collecte avait rapporté de grosses sommes aux prédécesseurs. Mais au début de l'été 1727, Voltaire dut reconnaître que les souscriptions n'affluaient pas d'elles-mêmes. Aussi entreprend-il de les solliciter par des démarches personnelles. Il est encore à Londres à la fin du mois de juillet. Il dut assister le 28 (17 juillet *o.s.*) à la promenade du roi George II et de la reine sur la Tamise.[12] Quelques jours après, il quitte la capitale pour commencer une tournée de l'aristocratie en ses résidences de campagne. Visites de courtoisie, à l'occasion desquelles il place des souscriptions.

A la fin de juillet ou au début d'août, il est chez lord Peterborough, à Parson's Green. Charles Mordaunt, troisième comte de Peterborough, était une figure haute en couleur: l'un de ces personnages «fiers, courageux et bizarres» de la grande noblesse anglaise.[13] Il avait commandé en 1705 l'armée envoyée en Espagne contre Philippe V et les Français. Il s'empara de Barcelone: épisode que rappellera l'*Histoire de Jenni*. D'humeur caustique, il se brouilla avec son allié, l'archiduc autrichien. Il mandait par un trompette à son ennemi le commandant français, le maréchal de Tressé: «Comment pouvons-nous faire la guerre pour deux sots, l'archiduc et Philippe V?»[14] Par la suite il voyagea beaucoup sur le continent. Il se disait «l'homme qui avait vu le plus de rois et de postillons».[15] Ce grand seigneur ne se gênait pas pour lâcher les railleries qui lui venaient à l'esprit. Un jour, visitant les bosquets rigoureusement taillés de Marly, il s'exclame que «les hommes et les arbres plient ici à merveille».[16]

---

11. D340.
12. D'après la description qu'il en donne, *Lettres philosophiques*, ii.269, n.9.
13. *Œuvres historiques*, p.837.
14. Mot cité dans les carnets (*OC*, lxxxi.383).
15. *OC*, lxxxi.383.
16. *OC*, lxxxii.519.

Sur le roi d'Angleterre George Ier, dont les moyens intellectuels étaient limités, il dit à qui veut l'écouter: «J'ai beau appauvrir mes idées, je ne puis me faire entendre de cet homme.» Il n'aimait pas Marlborough. Comme la foule l'applaudissait, le prenant pour le duc, célèbre par sa ladrerie: «Coquins, s'écrie-t-il, pour vous prouver que ce n'est pas lui, tenez, voilà de l'argent.» Et il leur jette, non de la menue monnaie, mais des guinées.[17] Ne s'embarrassant d'aucun conformisme, il avait épousé une cantatrice, Mrs Robinson. Un tel homme était bien fait pour s'entendre avec Voltaire. Leurs relations pourtant ne se lièrent que tardivement, alors que Peterborough approchait de la soixante-dixième année. La raison principale est que le lord revint en Angleterre seulement en juin 1727. Mais ensuite les deux hommes se sentirent en bon accord, malgré les différences d'âge et de condition. Voltaire ne séjourna certainement pas à Parson's Green «trois mois», comme il l'affirmera plus tard, mais il y reste sans doute plusieurs semaines. Peterborough devient (jusqu'à la brouille de l'année suivante) son principal protecteur, avec Bolingbroke. Il figure comme celui-ci en tête de la liste de souscription, s'étant inscrit pour vingt exemplaires: il s'engageait donc pour la somme considérable de soixante guinées, équivalent à peu près à 18.000 francs français de nos jours.

Eclectique en ses relations, Voltaire rendit visite aussi à la veuve de celui que Peterborough avait eu pour rival. Depuis la mort de Marlborough (1722), sa veuve Sarah Churchill habitait le château de Blenheim dans la campagne d'Oxford. Voltaire avait fait sa connaissance à Londres en janvier 1727. Au cours de l'été il se rendit dans la lourde mais majestueuse bâtisse dont le nom commémorait la victoire remportée sur les Français (1704). Il se trouvait là en présence de l'héroïne d'un de ces menus incidents qui, selon sa philosophie de l'histoire, suffiraient à modifier le cours des événements. En 1711, le royaume de Louis XIV paraissait menacé d'effondrement militaire. Le duc était au sommet de la gloire. Sa femme gouvernait la reine Anne. Mais voici que la souveraine se met à préférer lady Masham, sa dame d'atour. La duchesse de Marlborough ne peut dominer son dépit. Avec une maladresse calculée, elle renverse de l'eau sur la robe de la favorite: disgrâce de la duchesse et de son mari, retour au pouvoir des tories, qui font la paix avec la France... Le tout si l'on en croit Scribe (et le *Siècle de Louis XIV*) pour un «verre d'eau». A soixante-sept ans, lorsque Voltaire la rencontre, la duchesse Sarah demeurait une vive et fantasque personne. Elle rédigeait ses mémoires. Elle en parla à son visiteur. Elle lui raconta l'entrevue de son mari avec Charles XII au camp d'Alt-Rantstadt, et comment le duc, scrutant le visage du conquérant, devina

---

17. *OC*, lxxxi.372.

que loin de vouloir secourir la France il projetait d'aller détrôner le tsar.[18] La conversation animée du Français plut à la duchesse. Mais elle le trouva d'humeur instable, elle dont la pondération n'était pourtant pas la vertu majeure. Il a rapporté le mot qu'elle aurait prononcé, en refusant de lui faire lire ses mémoires: «Attendez quelque temps; je suis actuellement à réformer le caractère de la reine Anne; je me suis remise à l'aimer depuis que ces gens-ci gouvernent.»[19] Voltaire citera ce trait pour mettre en garde contre les portraits dessinés pas les contemporains. En définitive la vieille dame ne fut pas mécontente de son hôte: lorsqu'il repartit, elle avait souscrit à *La Henriade*.

A la fin de l'été, Voltaire se trouve à Ickworth, dans le Suffolk, chez lord et lady Hervey. Tous deux appartenaient à l'entourage de la reine Caroline. Il se peut qu'il ait été introduit auprès de lady Hervey par Peterborough.[20] Hervey, à peine plus jeune que Voltaire (il était né en 1696), avait séjourné en France. Il parlait couramment le français. Il aimait les vers. Ce qui favorisa l'établissement de relations fort cordiales entre le poète et ses hôtes. Hervey ayant comparé son brillant visiteur au soleil, l'auteur de *La Henriade* répond, en alexandrins: «Le soleil des Anglais, c'est le feu du génie.» Un autre jour, voyant lord et lady Hervey au lit, il tourne un compliment (aujourd'hui perdu) pour célébrer leur beauté. Faut-il croire que la beauté de l'hôtesse le toucha au point qu'il en tomba amoureux? Il le lui laisse entendre, et cette fois-ci en vers anglais. Il rime ces deux quatrains:

> H..y would you know the passion
> You have kindled in my breast?
> Trifling is the inclination
> That by words can be express'd.

> In my silence see the lover;
> True love is by silence known;
> In my eyes you'll best discover
> All the power of your own.[21]

On admire l'élégance spirituelle de son expression en une langue qu'il ignorait quelques mois plus tôt. Rédigeant vers la même date ses deux *Essays*, «upon the epick poetry», «upon the civil wars», il est en passe, croirait-on, de commencer une carrière d'écrivain anglais. Les deux quatrains, publiés à Londres en 1755, plurent tant à un marchand de la Cité que celui-ci les

18. *Œuvres historiques*, p.141.
19. *Œuvres historiques*, p.1255.
20. Si, comme le propose Rousseau, i.94, on lui applique ce que dit «Sherloc» dans l'*Histoire de Jenni*: «Milord Peterborough m'introduisit chez milady Hervey»...
21. Rousseau, i.95, et M.x.607, qui donne le texte du marchand anglais commençant par «Laura».

adressa à sa maîtresse, Laura Harley. Il s'en suivit un procès entre le mari de Laura et le marchand, d'où naîtra la légende de Voltaire tentant de séduire par des madrigaux une honnête bourgeoise anglaise.

Plus sérieusement, l'hôte d'Ickworth s'intéressa aussi à la bibliothèque du château. Il note dans l'un de ses carnets qu'on y conserve des lettres de Jacques Ier à Buckingham prouvant que le roi en était amoureux.[22] Curiosité de ces «histoires secrètes» plus ou moins scandaleuses, que n'éliminera pas complètement la future philosophie voltairienne de l'histoire.

D'autres rencontres, d'autres visites prirent place au cours de ces mois, sans qu'il soit toujours possible d'en préciser la chronologie. Voltaire a connu Byng, lord de l'Amirauté, et son fils alors âgé de vingt-trois ans, le futur supplicié de *Candide*, à propos duquel nous apprendrons qu'en Angleterre on tue «de temps en temps un amiral pour encourager les autres».[23] Voltaire a pu voir le fils Byng à Londres, entre deux embarquements, en juin ou juillet 1727.[24] Il a connu, entre autres personnages bien en cour, lord Kinsale, lord Bridgewater, Campbell duc d'Argyll et Campbell comte d'Islay: ce dernier apparaît dans une addition à la vingt-deuxième *Lettre philosophique* orthographié «milord Aïla»: transcription phonétique du nom.

Il a connu la célèbre Mary Wortley Montagu, qui avait accompagné à Constantinople son mari, ambassadeur auprès du sultan. Elle en avait rapporté d'étonnantes lettres relatant son voyage et son séjour, dont Voltaire possédera une édition dans la bibliothèque de Ferney. Cette amazone de la haute société donnait à l'Angleterre de son temps l'exemple de la libération des mœurs féminines. Elle prendra bientôt un goût vif pour Montesquieu. Lord Bulkeley ira jusqu'à proposer au président bordelais de prendre rang dans la longue liste de ses amants, en succession d'Algarotti.[25] La dame n'a sans doute jamais envisagé un tel sort pour Voltaire, qui lui déplaît. Elle n'aime pas *La Henriade*, à laquelle cependant elle souscrit pour deux exemplaires. Il lui donne à lire (en manuscrit?) le passage sur Milton de l'*Essay upon the epick poetry*: elle répond aigrement qu'il n'est pas l'auteur de ces pages; l'anglais en est trop bon pour être de lui, trop mauvais «pour être d'une personne distinguée».[26] Il ne lui en tint pourtant pas rigueur. Cette femme libre, dont l'esprit aussi est émancipé, a certaines des qualités qu'il aimera en Mme Du Châtelet. C'est d'elle qu'il tient l'essentiel de son information sur l'inoculation. Elle avait en effet remarqué

22. *OC*, lxxxii.538.
23. *Candide*, ch.23 (*OC*, xlviii.224).
24. Rousseau, i.108, n.73.
25. Lettre du 9/20 mai 1737, dans *RHLF* 82 (1982), p.249.
26. Rousseau, i.99-100.

à Constantinople l'efficacité contre la variole de cette «vaccination» d'homme à homme. Elle s'en était fait la propagandiste en Angleterre, avec l'appui de son amie la princesse Caroline. Mary Wortley Montagu et Caroline apparaîtront dans les *Lettres anglaises* comme les deux seules figures féminines de la «philosophie».

Dans l'Angleterre qu'il connaît, Voltaire est enclin à exagérer l'importance du secteur constitué par une aristocratie libertine. Il fréquente chez Philip Dormer Stanhope, lord Chesterfield. Ce grand seigneur, galant, cynique, aurait, nous dit-on, tout sacrifié pour le plaisir de dire un bon mot. En quoi il ressemble à Voltaire. La société était chez lui assez mêlée. Voltaire se plaignit qu'on y rencontrait trop de fripons et d'aventuriers. Chesterfield répondit qu'il aimait l'esprit, même quand il le trouve chez un coquin. Il fit droit à une autre plainte de son hôte français. L'usage était dans les grands dîners de verser aux domestiques de somptueux pourboires. Voltaire, dont les finances restent mal en point, déclina pour cette raison plusieurs invitations. Sur quoi Chesterfield mit fin chez lui à cette pratique. Il fit mieux encore: il s'inscrivit pour dix souscriptions à *La Henriade*, se plaçant ainsi au troisième rang, après Bolingbroke et Peterborough.[27]

Dans ce milieu d'aristocrates faisant fi des préjugés, Voltaire a obtenu les souscriptions du duc et de la duchesse de Richmond. Charles Lennox, deuxième duc de Richmond, petit-fils de Louise de Kéroualle, est un bon représentant d'un libertinage aristocratique franco-anglais. Jeune à l'époque où Voltaire le fréquente à Londres (il est né en 1701), il aime la gaillardise. L'écrivain français lui offrira l'*Histoire de Charles XII* et les *Letters concerning the English nation*. En retour le duc lui adresse un écrit d'un genre spécial: une *Histoire naturelle de l'arbre de vie*. Dans la lettre de remerciement Voltaire jugea bon de broder sur le même thème.[28] Ce qui nous vaut un spécimen unique dans toute sa correspondance: un équivalent épistolaire de l'*Ode à Priape*, chef-d'œuvre de Piron. Le correspondant de Richmond n'était pas, à vrai dire, tout à fait novice dans cette manière d'écrire. Il a dans ses carnets anglais noté les anecdotes et vers grivois recueillis auprès de ses relations les plus salaces.

Ce même duc de Richmond était l'une des personnalités de la Grande Loge anglaise, dont il deviendra Grand-Maître. Il va jouer un rôle de premier plan comme introducteur de la franc-maçonnerie en France. En 1730, Montesquieu étant à Londres, Richmond se lie avec lui comme il s'était lié avec Voltaire. Il invite le Français à une tenue de la loge où il exerce alors la fonction de Maître, à la Horn Tavern, dans Westminster: il le reçoit comme membre de «l'ancienne

27. Rousseau, i.96.
28. D499 (8 juillet 1732).

et honorable société des Francs-Maçons», en même temps que deux autres Français, François-Louis de Gouffier et le comte de Sade, père du célèbre marquis.[29] Montesquieu reviendra en France animé d'un vif prosélytisme maçonnique. Il participe à Paris en 1734 et 1735 à des tenues en loge présidées par Richmond.[30] Le duc a fondé lui-même une loge d'une vingtaine de frères en son domaine d'Aubigny, près de Gien. Il invite son ami à s'y rendre, pour y rencontrer Désaguliers, protestant émigré, l'un des apôtres de la franc-maçonnerie.[31] Montesquieu n'alla pas à Aubigny, mais à Bordeaux il déploie un zèle maçonnique qui inquiète l'intendant.[32]

Richmond avait-il fait déjà en 1727 auprès de Voltaire la même propagande maçonnique, avec le même succès? C'est poser la question, toujours controversée, de l'affiliation du philosophe à la franc-maçonnerie.[33] Lors de la réception du grand homme à la loge parisienne des Neuf Sœurs, le 7 avril 1778, on adopta le cérémonial correspondant au grade de maître. Ce qui supposait une initiation antérieure aux grades d'apprenti et de compagnon. Voltaire avait-il donc été déjà reçu maçon, et quand? Le vénérable Lalande, conduisant la députation, n'avait recueilli auprès de l'intéressé que des informations confuses: le vieillard «ne se ressouvenait plus des formules», il avait «affecté de n'avoir jamais été frère». Mais des biographes du dix-neuvième siècle, suivis par des historiens de la franc-maçonnerie, n'hésitent pas à affirmer qu'il fut affilié pendant son séjour en Angleterre. La thèse ne manque pas de vraisemblance. Outre le duc de Richmond, Voltaire était lié avec des maçons influents comme Chesterfield. Bientôt nous allons le trouver installé à quelques pas de la taverne de Bedford Head, où se réunissait une loge. Malheureusement des vraisemblances ne tiennent jamais lieu de preuves. Les recherches d'André-Michel Rousseau n'ont pas permis de découvrir son nom dans les listes des loges anglaises. Par la suite Voltaire, chaque fois qu'il parle de la franc-maçonnerie, le fait en des termes plutôt hostiles, notamment dans l'article «Initiation» des *Questions sur l'Encyclopédie* (1771): les «mystères» de «nos pauvres francs-maçons» y sont ravalés au rang des «simagrées religieuses». Et son secrétaire le dévoué Wagnière, lui-même maçon, est catégorique: «M. de Voltaire n'était point franc-maçon».[34]

29. Robert Shackleton, *Montesquieu*, p.108.
30. Shackleton, p.136.
31. Lettre de Richmond à Montesquieu, 31 juillet 1735; *RHLF* 82 (1982), p.217.
32. L'intendant alerta Fleury qui fit parvenir à Montesquieu un avertissement (2 avril 1737), après lequel le président se montra plus circonspect.
33. Voir Charles Porset, «Voltaire franc-maçon», *Chroniques d'histoire maçonnique* 32 (Paris 1984).
34. Longchamp et Wagnière, i.463, affirmation réitérée par deux fois, i.465, i.480.

Sur les accointances du voyageur avec la Grande Loge anglaise, on est donc réduit aux hypothèses. La plus plausible est formulée par André-Michel Rousseau. Il est possible que Voltaire, sur l'invitation de Richmond ou de Chesterfield ou de quelque autre, ait assisté à un banquet de frères, dans une taverne, «à quoi se bornait souvent une tenue».[35] Dans sa mémoire par la suite la séance a pu se confondre avec d'autres réunions de *clubs*, plus ou moins fermés, auxquels il dut participer. Qu'on prenne garde d'ailleurs qu'en 1727 ou 1728 la franc-maçonnerie en Angleterre en est encore à ses débuts; et qu'elle n'existe pas en France. Elle ne pouvait à cette date susciter de la part de Voltaire l'attention qui s'attachera à l'institution dans la seconde moitié du siècle. Une éventuelle réunion de café n'était pas en tout cas une initiation dans les formes comme celle dont bénéficiera Montesquieu en 1730.

Il n'est même pas sûr que Voltaire ait été sollicité. La maçonnerie anglaise demeure très aristocratique. Sont reçus avec le président bordelais un cousin de Richmond, Gouffier, et le chef de la maison de Sade, l'une des plus anciennes des Etats du pape, qui compte parmi ses ancêtres Laure de Nove, l'amante de Pétrarque. Charles-Louis de Secondat, baron de La Brède et de Montesquieu, seigneur de maints autres lieux, se situe bien à ce niveau. Mais non pas le roturier Voltaire. L'évaluation littéraire qui a occulté pour nous les hiérarchies nobiliaires risque de fausser notre perspective.

Dans cette question on écartera également l'arrière-pensée polémique. Devenu franc-maçon à Londres Voltaire, a-t-on dit ou insinué, va impulser à travers la maçonnerie française le complot d'origine anglaise contre la religion et la monarchie. Dès 1727 ou 1728, il préparerait 1789, et ses *Lettres philosophiques* seront – c'est Lanson qui l'écrit – une première «bombe lancée contre l'Ancien Régime».[36] Mais les systèmes trop cohérents se révèlent le plus souvent faux. Voltaire ne fut sans doute pas reçu maçon en Angleterre. Il n'entrera dans cette société pour laquelle il n'éprouve aucune sympathie que quelques semaines avant sa mort, dans l'euphorie de l'apothéose parisienne.

La vivacité voltairienne multiplie les contacts. Le grand nombre des relations nouées en Angleterre est une preuve de plus de sa mobilité comme de son attirance vers la nouveauté.

Il est en quête de bizarreries qui le stimulent. Il lit dans les *newspapers* de l'automne 1726 une histoire beaucoup plus extraordinaire que celle, jadis, de l'hémorroïsse parisienne. Une femme, Mary Toft, accouche tous les huit jours d'un lapereau. Le médecin accoucheur certifie le fait. Problème: va-t-on

---

35. Rousseau, i.109.
36. G. Lanson, *Voltaire* (Paris 1960), p.32.

baptiser tous ces lapins? Il s'agissait bien entendu d'une mystification: les deux imposteurs passent aux aveux en décembre, et la presse publie leurs rétractations.[37]

Voltaire s'intéressa à une entreprise plus contraire encore au cours naturel des choses, tentée, celle-là, par des gens parfaitement sincères. L'affaire remontait à une vingtaine d'années, mais il rencontra l'un de ceux qui y avaient participé. En 1707, le mathématicien protestant Fatio Duillier était persuadé que par un acte de foi suffisamment intense il réussirait à ressusciter un mort. Il insista tant que la reine Anne dut permettre l'expérience. Au jour dit, la foule contenue par un service d'ordre s'était assemblée au cimetière de l'église Saint-Paul. Un huissier, un greffier étaient présents pour constater juridiquement le miracle. On déterre un corps. Duillier prie, se jette à genoux, fait toutes sortes d'implorations, imité par ses compagnons. Le cadavre, hélas! ne donne aucun signe de vie: il faut le réinhumer. Une foi vive a ceci d'admirable qu'elle résiste à tous les démentis de la réalité. Le ressusciteur qui raconta à Voltaire le triste épisode lui expliqua l'échec: l'un d'entre eux, au moment de l'opération, se trouvait en état de péché véniel, «sans quoi la résurrection était infaillible».[38]

Voltaire n'en triomphe pas, mais soupire: «Quelle pauvre espèce que l'esprit humain!». Chez Newton même, qui commenta géométriquement l'*Apocalypse*, la raison vient à s'égarer. Il enquête sur ce que fut cette intelligence supérieure. Il s'adresse à la nièce du grand homme, Mrs Conduit. Il s'informe auprès du chirurgien William Cheselden, qu'il dut consulter en tant que malade. Cheselden, médecin de Newton, lui confie que celui-ci «n'avait jamais approché d'aucune femme».[39] Ce praticien novateur avait étudié les anomalies sexuelles. Il avait examiné un noir hermaphrodite, amené d'Angola à Londres. Il en parle à Voltaire, «plusieurs fois».[40] Il l'entretient aussi du problème de l'aveugle-né, posé par Locke et Berkeley.[41] Les *Eléments de la philosophie de Newton* exposeront dès 1739 une question à laquelle Diderot donnera les développements que l'on sait.

Les rencontres imprévues adviennent d'ordinaire à ceux qui en sont amateurs. Un jour Voltaire reçoit la visite d'un homme au visage basané. «Monsieur, lui déclare-t-il, je suis du pays d'Homère; il ne commençait point ses poèmes par un trait d'esprit, par une énigme.»[42] *La Ligue* débutait en effet par une

37. Rousseau, i.129-30.
38. *Du fanatisme* (M.xix.86-87).
39. *Lettres philosophiques*, ii.5.
40. M.xx.505.
41. M.xviii.404-405, xxii.469.
42. *OC*, ii.386.

pointe, sur Henri IV «qui força les Français à devenir heureux». Frappé par la pertinence de la critique, Voltaire corrigera son exorde. Son visiteur était un aventurier oriental, Carolus Rali Dadichi, libre penseur, libertin, mais d'une prodigieuse érudition, sachant l'arabe, le persan, le turc, l'hébreu, le syriaque, et en outre le latin, le grec, l'espagnol, l'anglais et le français. Voltaire poussa plus avant les relations avec ce personnage qui se complaisait dans les plaisanteries anticléricales. Il se procure auprès de lui des fragments des littératures de l'Orient, qui devaient entrer dans un «chapitre des arts», rédigé en vue de l'*Essai sur les mœurs*.[43] Car il est, à Londres, curieux du monde musulman. A ce qu'il a appris de Fawkener, de lady Montagu, de Dadichi, il ajoute les informations de deux confidents de Charles XII, lors de la captivité du roi de Suède en Turquie: Jeffreys, ambassadeur d'Angleterre auprès de la Porte,[44] et surtout le baron Fabrice. Il recueille de celui-ci d'étonnantes histoires. Il les note en anglais dans ses carnets, où il consigne d'autre part, en français, les questions à poser à son informateur.[45]

Pour diversifiées que soient les relations anglaises de Voltaire, on y retrouve les constantes de sa vie: finance, religion, littérature.

Parmi les souscripteurs de *La Henriade*, on remarque un groupe de brasseurs d'argent et de banquiers. Everard Fawkener, qui a souscrit,[46] a entraîné à sa suite plusieurs négociants: son frère William, qui fait aussi de l'export-import en Turquie, un John Godschall et son gendre sir John Barnard, autres commerçants en Orient; Peter Delmé, beau-frère d'Everard Fawkener, descendant de huguenots réfugiés, ancien lord-maire, «le plus célèbre négociant de Londres et peut-être de toute l'Europe». Parmi les relations d'affaires des Fawkener, ont souscrit Ralph Radcliffe et William Smelling, le banquier John Mead, l'alderman John Barber, Thomas Townshend, ce frère d'un secrétaire d'Etat qui selon la dixième *Lettre philosophique* «se contente d'être marchand dans la Cité»; Bladen, administrateur de la South Sea Company, et Henry Jannssen, fils d'un autre administrateur; les deux frères Eyles, sir Joseph et ce sir John qui engagera l'abbé Prévost comme précepteur de son fils.[47] Toutes souscriptions qui supposent une rencontre et des relations au moins épisodiques.

Les rapports durent être plus suivis avec un autre groupe dont on s'étonne de lire les noms. Dans la liste ne figurent pas moins de cinq membres de la famille Mendes d'Acosta. Apparemment Voltaire avait continué à fréquenter

---

43. Rousseau, i.100-101.
44. Il le nommera dans l'*Histoire de Charles XII* (*Œuvres historiques*, p.223).
45. *OC*, lxxxii.667-68.
46. Son prénom est orthographié par erreur Edward: voir Rousseau, i.110, n.81.
47. Rousseau, i.110-11.

cette maison après la faillite d'Anthony. Il a noté dans un carnet le propos qu'a tenu «en sa présence» une «Madame Acosta». A un «abbé» (un pasteur anglican?) qui voulait la convertir, elle tient ce raisonnement: «Votre Dieu est-il né juif? – Oui. – A-t-il vécu juif? – Oui. – Est-il mort juif? – Oui. – Eh bien! soyez donc juif.» Norma Perry identifie cette «Madame Acosta» avec Catherine da Costa, femme d'Anthony Moses da Costa, cousin d'Anthony Jacob le banqueroutier. La scène se serait passée à une réception ou à un dîner dans Cromwell House, à Highgate, domicile d'Anthony Moses.[48] On devine une certaine sympathie de Voltaire pour ce milieu d'Israëlites enrichis et cultivés. Il leur accorde une place importante dans le paragraphe des *Lettres philosophiques* sur la Bourse de Londres. En ce haut lieu du commerce international, «le Juif, le Mahométan et le Chrétien» font des affaires ensemble. On ne donne «le nom d'infidèles qu'à ceux qui font banqueroute» (allusion à Anthony Jacob). Dans la suite le «Mahométan» – figurant œcuménique – disparaît. Mais le «Juif» continue à tenir sa partie avec le «Chrétien»: après la séance il se rend à la synagogue, pendant que les autres «vont boire». Ou bien, tandis que les chrétiens vont se faire baptiser, ou attendent l'inspiration dans une assemblée quaker, l'Israëlite «fait couper le prépuce de son fils et fait marmotter sur l'enfant des paroles hébraïques qu'il n'entend point».[49] Voltaire aura d'autres occasions de témoigner de l'importance que prend la finance juive dans l'Europe du dix-huitième siècle.

Juifs ou non, ces gens d'affaires lui apparaissent comme ce qu'ils étaient réellement, l'avant-garde d'une société nouvelle: une classe «montante», parallèle à l'aristocratie, et commençant à acquérir titres et honneurs. La dixième *Lettre philosophique* exhortera la noblesse française à les imiter. Que nos gentilshommes «en -ac ou en -ille», au lieu de se guinder dans un sot préjugé, pratiquent donc eux aussi ce commerce qui a procuré aux «citoyens» d'Angleterre richesse et liberté.

Voici qu'émerge à ce propos un thème voltairien: que l'esprit commercial favorise la tolérance. La première phrase du premier carnet anglais le constate.[50] Et l'on n'est pas peu surpris de lire, dans les *Lettres philosophiques*, le paragraphe sur la Bourse, non pas dans la *Lettre* sur le commerce, mais dans la *Lettre* sur les presbytériens, à l'intérieur d'un développement sur la tolérance religieuse en Angleterre. Anomalie? Non point, mais relation de cause à effet.

Les *Lettres philosophiques* publieront le reportage d'un Voltaire journaliste sur ces sectes anglaises, si heureusement coexistantes. L'accent sera mis sur celle qui a le plus attiré la curiosité du voyageur français: les quakers.

48. *OC*, lxxxi.365, et Perry 3, p.23.
49. *Lettres philosophiques*, i.74.
50. Voir ci-dessus, p.218.

Le bon quaker – quelque peu ridicule – des deux premières *Lettres* n'est pas un être de fiction. Voltaire l'a nommé, après le décès de celui-ci, dans une note de 1739: Andrew Pitt. Il lui rendit visite à Hampstead, près de Londres, en sa maison «petite mais bien bâtie, pleine de propreté sans ornement». Par deux fois, il alla dîner chez lui.[51] Il est séduit et amusé par ce vieillard frais, au parler franc, au costume bizarre. Au terme de trente années passées dans le commerce du drap, Pitt s'était retiré à la campagne. Il était toujours, comme le précise le texte, «l'un des plus célèbres quakers» du Royaume-Uni. On l'avait vu naguère intervenir avec vigueur pour la liberté religieuse, en faveur de la secte. Afin d'édifier son jeune visiteur, Pitt le conduisit à l'assemblée quaker de Gracechurch Street, près du Monument. On connaît l'effet habituel des cérémonies religieuses sur Voltaire. Il se tint ici plus tranquille qu'à l'église du Sablon à Bruxelles. Mais il se rattrapera dans le récit de la deuxième *Lettre philosophique*. Après un profond silence de l'assemblée, voici qu'un assistant saisi par l'inspiration se lève et parle. Le Français a l'impression que le ton religieux aggrave les particularités du phonétisme anglais: il lui semble que les mots sont débités «moitié avec la bouche, moitié avec le nez», avec force «grimaces et soupirs»; cet inspiré, c'est «un faiseur de contorsions», qui fait penser aux convulsionnaires français de Saint-Médard. Les quakers de Gracechurch Street n'avaient pourtant rien du petit peuple fanatique des faubourgs parisiens. Là fréquentait la haute aristocratie bourgeoise, celle des Barclays et des Lloyds. Mais Voltaire ne peut concevoir une piété fervente en dehors des basses classes. Il conservera des relations avec Andrew Pitt. De la correspondance qu'ils échangèrent, une lettre de la fin de 1732 nous est parvenue.

Son estime, pareillement teintée d'ironie, va aussi à deux personnalités de l'Eglise anglicane, éminentes sur le plan philosophique. George Berkeley, doyen de Derry en Irlande (il ne sera nommé évêque de Cloyne qu'en 1732), séjournait à Londres depuis plusieurs mois. Voltaire l'y rencontre et s'entretient avec lui. Le philosophe l'aurait interrogé sur un bruit qui courait; comment a-t-il pu écrire *La Henriade* à la Bastille, sans rien pour écrire? Nous avons cité la réponse de Voltaire: «En mâchant mon linge pour en faire du papier».[52] Procédé incroyable: ce qui ne veut pas dire que Voltaire n'a pas proféré cette énormité ou quelque chose d'approchant.

Entre les deux hommes la conversation s'éleva à d'autres sujets, moins anecdotiques. Voltaire avait lu sans doute les *Dialogues d'Hylas et de Philonous*, parus une douzaine d'années plus tôt. Si l'on en croit le *Dictionnaire philosophi-*

---

51. *Lettres philosophiques*, i.1.
52. Voir ci-dessus, p.111.

que, il en discuta la thèse avec son interlocuteur.[53] Que la sensation n'existe que dans l'esprit qui perçoit – *esse est percipi* – il l'admet. Mais il s'efforce de maintenir l'existence, hors du sujet percevant, de l'étendue et de la solidité des corps. Tel sera le sens de ses annotations en marge d'une traduction française des *Dialogues*[54] et de son article «Corps» du *Dictionnaire philosophique*. Berkeley lui aurait répondu qu'on ne peut concevoir ce qu'est le *substratum* de l'étendue. A quoi il réplique que, inconcevable, la substance étendue, solide, divisible, n'en existe pas moins. Il juge Berkeley «a learned philosopher, and delicat wit», «un des plus estimables et plus savants prélats qui soient au monde».[55] Mais il n'est pas convaincu par ses raisonnements. C'est ce qu'il répète à Andrew Pitt qui lui envoie l'*Alciphron* de Berkeley à la sortie du livre. Il discerne fort bien l'intention apologétique de cette philosophie. Apôtre, l'auteur des *Dialogues* se préparait en 1728 à partir pour l'Amérique: il devait aller évangéliser les Bermudes. Son idéalisme subjectif visait à ruiner en leur principe le matérialisme et l'athéisme. Selon lui, la matière, construction de la conscience, n'a pas de réalité propre: le monde sensible n'est que le langage parlé par Dieu à sa créature. Voltaire proteste dans sa lettre à Pitt qu'il croit en Dieu. Mais il répudie un sophisme (c'est son mot) qui, laissant l'homme en tête à tête avec la divinité, l'anéantirait dans le divin.

Il fréquente vers le même temps un autre penseur non moins soucieux d'apologétique: Samuel Clarke, «le fameux curé de Saint-James». Avec lui comme avec Berkeley il eut «plusieurs conférences».[56] Il fut impressionné par la dignité du personnage: un homme «d'une vertu rigide et d'un caractère doux». Il admire – bien loin de s'en moquer – «l'air de recueillement et de respect» du philosophe chaque fois qu'il prononce le nom de Dieu. C'est au livre de Clarke, *A demonstration of the existence and attributes of God* (1704) qu'il empruntera bientôt les bases de son déisme. A Londres, au cours de leurs entretiens, il ne craint pas d'attaquer le théologien sur ces graves questions. «Clarke sautait dans l'abîme et j'osais l'y suivre», dira-t-il. Il lui arrive de «l'embarrasser» par ses objections. Et aussi de l'irriter. Un jour, assis à un dîner à côté de Clarke, il s'attira du sage Britannique cette réplique: «Sir, do you acknowledge that 2 and 2 make 4?» Effectivement Clarke avait l'originalité d'adopter en philosophie une méthode mathématique, inspirée, croyait-il, de Newton. D'où un aspect quelque peu ridicule du personnage. Le solennel bonhomme, «uniquement occupé de calculs et de démonstrations», fonctionne

---

53. M.xviii.271.
54. *Corpus des notes marginales de Voltaire* (Berlin 1979), i.296-97.
55. D558 et Rousseau, i.132.
56. Rousseau, i.133-34.

à la manière d'une «machine à raisonnement». «A metaphysical clock», dira Voltaire à Boswell, quarante ans plus tard.

D'autres rencontres l'introduisaient à une philosophie moins métaphysique. Il a parlé, le 20 juillet 1727, à un «Mr Bluet», c'est-à-dire à Thomas Bluett, réfutateur de la *Fable des abeilles* de Mandeville.[57] Menant une sorte d'enquête sur la littérature anglaise, il remarque la mort de la fille de Milton en mars 1728. Il avait dû voir jouer à Drury Lane la comédie de Congreve intitulée *The Mourning Bride*. Sans doute connaît-il du même auteur *The Double Dealer*, imitation du *Tartuffe*, et *The Way of the world* dont il empruntera le titre pour l'un de ses contes (*Le Monde comme il va*). Il goûte dans ces pièces une verve quelque peu licencieuse, mais d'un ton élégant et de bonne compagnie. Congreve vivait encore. Il l'alla voir. Il le trouve infirme, «presque mourant», et tout à fait détaché de sa production littéraire qui remonte aux années 1690. Congreve méprise ses comédies comme des «bagatelles au-dessous de lui». Il prétend ne recevoir son confrère français que «sur le pied d'un gentilhomme». Choqué par cette vanité, Voltaire lui répond sur «s'il avait eu le malheur de n'être qu'un gentilhomme comme un autre», il n'aurait pas pris la peine de venir chez lui.[58] Voltaire renouvelle, quoique moins désagréablement, l'expérience faite auprès de Jean-Baptiste Rousseau: souvent un auteur, surtout affaibli par l'âge, se révèle bien inférieur à l'image qu'on se forme de lui d'après son œuvre. Tout au moins Congreve corrigea-t-il la fâcheuse impression en souscrivant à *La Henriade*.

Les mois passant, approche le temps où va sortir la grande édition du poème, précédée par les deux *Essays* anglais. Voltaire prépare l'événement. Il fait la connaissance de plusieurs journalistes du *Spectator*. Non pas Addison, mort en 1719, ni Steele, qui a quitté Londres, mais leurs obscurs successeurs, Tickell, Budgell, qui s'avisent aussi d'écrire des vers. Grâce au colonel et diplomate Martin Bladen (déjà nommé comme souscripteur de *La Henriade*), il découvre les *Lusiades* de Camoens.

Mais c'est au cours d'un séjour à Eastbury, dans le Dorset, chez Bubb Dodington qu'il obtient le plus d'aide pour ses prochaines publications. Bubb Dodington a laissé la réputation d'un politicien corrompu, particulièrement méprisable. Peut-être fut-il méconnu. Il pratiquait un mécénat éclairé. Voltaire fit la connaissance chez lui de James Thomson, le poète des *Saisons*. Et il y rencontre Edward Young. Celui-ci à quarante-cinq ans n'avait pas encore trouvé sa voie. Il n'avait pas à cette date imaginé de devenir un pasteur et le chantre inspiré des *Nuits*. Il donnait dans le libertinage et le théâtre. Voltaire

57. Rousseau, i.125.
58. *Lettres philosophiques*, ii.108-109.

se sentait donc avec lui dans une certaine communauté d'idées. Il lui fit lire son *Essay upon the epick poetry*, en lui demandant d'en corriger l'anglais. Une discussion s'engagea sur le chapitre de Milton. Ce qui donna lieu, pendant un souper d'Eastbury, à une scène qui égale en notoriété le souper chez Pope à Twickenham. Voltaire qui ne s'était permis dans *La Henriade* que de plates et froides allégories ne pouvait supporter dans le *Paradise lost* les figures de la Mort et du Péché inventées par Milton. «Le mariage du Péché et de la Mort, et les couleuvres dont le Péché accouche»: de quoi «faire vomir tout homme qui a le goût un peu délicat».[59] Contre ces «extravagances», Voltaire à la table de Dodington s'emporte avec la dernière des vivacités, dans les termes les plus violents. Young alors le regarde fixement et lance ces vers, improvisés sur-le-champ:

> Thou'rt so ingenious, profligate and thin
> That thou thyself art Milton's Death and Sin.[60]

Le distique fixe bien l'image d'un Voltaire encore jeune, mais décharné, excité. Il ne corrigera pas pourtant son jugement sur Milton. «Je dis ce que je pense, et je me soucie fort peu que les autres pensent comme moi», fera-t-il connaître par la voix du Pococurante de *Candide*.

A l'automne de 1727, Voltaire regagne Londres. Il prend pension chez John Brinsden, secrétaire de Bolingbroke, à Durham Yard, rue parallèle au Strand. Etant tombé malade, il est soigné en famille, par son hôte, sa femme, leurs deux fils. L'un des garçons composa des vers en l'honneur de l'illustre poète. Il quitta cette hospitalière maison en décembre.[61] Il vient alors loger, non loin de là, de l'autre côté du Strand, dans Maiden Lane, à l'enseigne de la White Peruke. Il y restera six mois. C'est le seul de ses domiciles anglais qui nous soit bien connu. Une plaque fut apposée en 1979 sur l'emplacement identifié par Norma Perry, aujourd'hui à l'arrière du Vaudeville Theatre.

Il s'y trouvait à proximité de Français, huguenots réfugiés. L'immeuble appartenait à un Pierre, ou Peter, Pellon. Le vieux barbier qui avait suspendu son enseigne – une perruque blanche – sur la rue était aussi un Français. Le quartier à cette époque changeait de caractère. La société élégante avait commencé à émigrer vers l'ouest de Londres. En 1727 les alentours de Maiden Lane étaient donc habités à la fois par une aristocratie qui n'avait pas encore

---

59. D'après *Candide* (*OC*, xlviii.235-36).
60. Il existe plusieurs versions. Nous donnons d'après Rousseau, i.120-22, celle qui paraît la plus authentique.
61. Rousseau i.83, n.26. Comme il est indiqué en cet endroit, D338 est une lettre de vœux à la famille Brinsden pour le nouvel an de 1728 et ne peut donc être datée «*summer* 1728».

déménagé et par une population plus modeste – artisans, commerçants – qui s'y installait progressivement. L'endroit présentait pour l'auteur de *La Henriade* d'évidents avantages. A proximité il trouvait le Rainbow coffee-house, sur l'emplacement délimité aujourd'hui par Trafalgar Square, Duncannon Street et le Strand. Nous savons qu'il fréquentait cet établissement, lieu de rendez-vous de l'intelligentsia française émigrée. Il avait à sa disposition non loin de là d'autres établissements du même ordre: la taverne de Bedford Head dans Maiden Lane même, et des auberges ou cafés aux noms colorés, The King's Head, The Three Tobacco Pipes, The Bear and Ragged Staff, The Swan qui deviendra The Star. En quelques minutes il se rendait au théâtre de Drury Lane. Plus rapidement encore il allait sur le Strand chez son éditeur le libraire Nicolas Prévost, Français huguenot d'origine, qui va publier ses *Essays*, imprimés par un autre huguenot, Samuel Jallasson.

Les deux *Essays* sortent des presses le 6 décembre. Publication mémorable, quoique jusqu'ici négligée par les éditeurs de Voltaire. Il est utile d'en reproduire le titre complet: *An Essay upon the civil wars of France, extracted from curious manuscripts, and also upon the epick poetry of the European nations from Homer down to Milton, by Mr de Voltaire.*[62] Les *Œuvres complètes* de Voltaire, avant l'édition en cours à la Voltaire Foundation d'Oxford, ont eu grand tort de se contenter des versions françaises des deux textes, lesquelles sont en réalité des œuvres différentes. Passons sur l'*Essay upon the civil wars*, et sur les *«curious manuscripts»* aussi alléchants qu'inexistants: Voltaire traçait à l'usage du public anglais le cadre historique où se déroulent les événements de son poème. Mais son *Essay* sur la poésie épique est une œuvre originale et neuve. Il élargit aux horizons de l'Europe entière la question débattue naguère en France au sujet du seul Homère, dans la querelle des Anciens et des Modernes. Son *Essay* donne l'exemple d'une première étude de littérature comparée, sur ce genre de l'*épos* dont les multiples avatars, il l'a compris, font problème. Pour nous cependant l'intérêt que conserve l'*Essay* de 1727 n'a aucun rapport avec la poésie épique. Rendant visite à Mrs Conduit la nièce de Newton, il avait appris d'elle l'histoire de la pomme, jusqu'alors ignorée (bien qu'elle soit authentique). Il en comprit la portée. Newton, observant une pomme qui tombait de l'arbre, avait eu le génie de s'en étonner, à la différence des centaines de millions d'hommes qui avant lui avaient vu le même phénomène sans se poser la moindre question: on disait que la pomme tombe parce qu'elle est *lourde*, ce qui n'a aucun sens. Mais Newton à partir de là rapproche la pesanteur terrestre du mouvement des astres, et les enferme dans une même

---

62. Fac-similé dans *Studies* 179 (1979), p.163. Nous avons utilisé un exemplaire de la seconde édition, Bibliothèque nationale, Rés.Ye 2386.

formule mathématique. L'anecdote prouvait la puissance du calcul appliqué aux faits d'expérience. Le génie de Voltaire, différent de celui de Newton, fut de discerner la signification de l'épisode. En outre son instinct de journaliste lui dit que l'information est denrée périssable. Il se hâte donc de publier l'histoire de la pomme dans le premier texte imprimé à paraître: cet *Essay upon the epick poetry*, où elle n'a que faire.[63] Il la reprendra dans les *Lettres philosophiques* et dans les *Eléments de la philosophie de Newton* où elle sera parfaitement à sa place. Ainsi grâce à lui la pomme de Newton ira rejoindre dans les annales de l'humanité celle du héros helvétique Guillaume Tell et la pomme biblique d'Eve dans le jardin d'Eden.

Les perspectives cosmiques n'égarent jamais Voltaire hors du sens des réalités. En décembre et dans les mois suivants la vente de ses ouvrages à paraître le préoccupe. Ses *Essays* coûtaient un shilling et demi: prix modique en comparaison des trois guinées de la souscription, et même des quatre shillings de *La Henriade* in-octavo. Ce petit volume était destiné à éveiller l'intérêt pour les publications à venir. Fin décembre la grande édition du poème épique est prête à sortir.[64] Il voudrait cependant obtenir quelques souscriptions supplémentaires. Il sollicite Swift pour une relance en Irlande. Il s'adresse personnellement à lord Harley, comte d'Oxford, qui ne veut point l'entendre, à lord Burlington qui au contraire consent et sera ajouté à la suite dans la liste imprimée des souscripteurs.[65] *In extremis*, le 12 février *o.s.*, il fait passer une annonce dans le *Daily journal*: que les acheteurs envoient seulement leurs noms et adresses; ils paieront à la livraison.[66]

L'ouvrage paraît enfin en mars 1728. Après tant d'efforts la liste des souscripteurs compte 343 noms. Ils se succèdent dans un désordre apparent, qui doit être l'ordre dans lequel ils ont été enregistrés. Ils laissent ainsi apparaître des familles, des groupes. De sorte que la liste offre «une photographie de l'univers anglais de Voltaire».[67] Un nom s'ajoute à ceux des souscripteurs: celui de la dédicataire. TO THE QUEEN se détache sur la première page en caractères gigantesques. Le poète avait voulu jadis dédier son œuvre au jeune Louis XV. C'est en définitive à Caroline, épouse de George II, qu'il en offre la dédicace. D'un texte à l'autre on mesure le chemin parcouru. Il avait voulu exhorter le roi adolescent à imiter son grand ancêtre. A la reine d'Angleterre il vante en son poème «les vérités hardies» («bold impartial truths»), «l'esprit de liberté, également éloigné de la rébellion et de la tyrannie,

---

63. Seconde édition, p.104.
64. D323 (25 décembre 1727).
65. D324.
66. Rousseau, i.87-88.
67. Rousseau, i.86.

les droits des rois toujours assurés, sans que jamais ceux de l'humanité soient oubliés».[68] Des changements avaient été apportés à l'œuvre qui allaient dans ce sens. Outre de multiples retouches améliorant le texte et le cours du récit (désormais en dix chants), des additions soulignent l'inspiration libérale et pro-anglaise. Lorsque «Bourbon» découvre le royaume d'Elisabeth, il en admire la prospérité. Il voit que «Londres, jadis barbare, est le centre des arts, le magasin du monde et le temple de Mars»: éloge qui s'applique mieux à la capitale de George II qu'à la cité du seizième siècle. Il applaudit à un système politique associant «trois pouvoirs, les députés du peuple, et les grands, et le roi».[69] Le nouveau texte ne manque pas de lancer de vigoureuses attaques contre les intrigues de la papauté, contre le fanatisme,[70] introduisant au surplus une tirade déiste sur «cet être infini qu'on sert et qu'on ignore».

Une copieuse illustration rendait sensible cet esprit de l'œuvre. Les scènes de massacre, notamment, mettaient sous les yeux du lecteur le fantasme qui hante le poète: celui du prêtre sanguinaire, marchant sur ses victimes le poignard à la main. Voltaire innove en intercalant ainsi tant de gravures dans son récit en alexandrins. Aucune des nombreuses épopées qui avaient précédé la sienne n'avait proposé un tel commentaire par l'illustration. Auteur de théâtre, il sent qu'un texte pour produire rapidement son plein effet doit être incarné concrètement devant le regard du public. Il sait bien que pour tous ces nobles Anglais qui ont souscrit les hors-textes seront plus parlants que l'imprimé, en une langue qu'ils lisent mal. Disons aussi, à la distance historique qui est la nôtre, que Voltaire commençait à entrer dans la civilisation de l'image. Il ne suffit pas de s'adresser à l'esprit. Le volume in-quarto de 1728, magnifique «livre-objet» avec ses grandes marges, sa typographie aérée, son beau papier, ses belles estampes, plaisait, pour ainsi dire physiquement, à ceux qui le tenaient entre leurs mains.

Voltaire souhaitait une large diffusion. Presque en même temps que l'in-quarto il donna (fin mars 1728) deux éditions in-octavo qui ne coûtaient que quatre shillings, soit seize fois moins. Il avait cédé ses droits pour cette publication d'une part à Woodman et de l'autre à Coderc. Il en résulta une de ces tracasseries de librairie qui encombrent sa biographie. Coderc, sans l'en avertir, transféra les droits à Nicolas Prévost. Celui-ci fit donc paraître le volume, concurremment avec l'in-octavo de Woodman. Il y ajoutait, comme Woodman, une critique de *La Henriade* par un réfugié nommé Faget. Mais ce qui indigna le plus Voltaire, ce fut que Prévost, par négligence ou par malignité, reproduisait six vers de *La Ligue*, conservés dans les premiers exemplaires de

68. *OC*, ii.295.
69. *OC*, ii.381-82.
70. *OC*, ii.449-50.

l'in-quarto, avant que Voltaire ne les remplaçât par d'autres. Ils étaient en effet fort dangereux: ils insinuaient que le jeune Louis XV ne tarderait pas à être «séduit» par «le souffle empoisonné» d'une «cour trompeuse». Voltaire leur substitua un éloge du précepteur royal, le «prudent Fleury».[71] Mais Prévost sans vergogne publia dans le *Daily post* que son édition était la seule authentique, non «châtrée» («castrated») comme l'in-quarto et l'in-octavo de Woodman. Voltaire proteste, désavouant le lendemain, dans le même *Daily post*, *La Henriade* de Prévost. Il s'ensuivit un échange acerbe de communiqués dans la presse. Finalement un compromis fut conclu. Le libraire accepta de supprimer les vers incriminés et l'auteur reconnut la valeur de son édition. La querelle avait duré trois mois.[72]

En juin 1728, Voltaire a regagné Wandsworth. Il y reste jusqu'au début d'août. Retraite économique, apparemment. Il n'est pas sûr que les droits d'auteur de *La Henriade* aient renfloué ses finances.[73] Mais il doit aussi travailler à un nouvel ouvrage. Le poème épique de 1728 appartenait à une époque révolue. Tandis qu'il publie cette œuvre longtemps retardée, il a en tête un livre autrement moderne.

Comme préface aux *Essays* de décembre 1727, il a rédigé un *Advertisement* qui retient l'attention. Il s'excuse d'écrire dans une langue dont il maîtrise encore mal la pratique. Il explique qu'il a appris l'anglais non seulement pour sa satisfaction, mais par une sorte de devoir. En effet, ajoute-t-il, «I am ordered to give an account of my journey into England». Or comment connaître un pays sans en parler la langue?

De qui donc a-t-il reçu cet «ordre», ou cette invitation, de donner un livre sur son séjour en Angleterre? Nous l'ignorons. Mais il est certain que les futures *Lettres philosophiques* ne procèderont pas d'une commande. Si telle ou telle de ses relations aristocratiques a pu l'encourager à écrire l'ouvrage, c'est bien parce qu'il lui tient personnellement à cœur qu'il l'a entrepris. Quelques dix-huit mois plus tôt, il annonçait déjà à Thiriot son intention de l'entretenir quelque jour «du caractère de ce peuple étrange».[74] Dans l'*Advertisement* il précise son projet. Il ne décrira pas les curiosités touristiques de l'île: Saint-Paul, le Monument, Westminster, le temple mégalithique de Stonehenge (l'a-

71. *OC*, ii.532.
72. Voir D329, note.
73. Il a cédé gratuitement les droits des deux éditions in-octavo. Quant à l'édition in-quarto, les frais d'impression et la commission du libraire ont dû absorber une bonne part de la souscription. Voir dans Rousseau, i.154, les objections contre la tradition qui veut que *La Henriade* lui ait rapporté de substantiels profits en 1728.
74. D303 (26 octobre 1726).

t-il vu? en parle-t-il par ouï-dire?). Il présentera les grands hommes de l'Angleterre. Il cite Newton, Locke, Tillotson, Milton, Boyle, et en général «tous ceux dont la gloire à la guerre, dans la politique, dans les lettres, ne sera pas enfermée dans les limites de l'île». Autre direction: il décrira les nouvelles inventions, les entreprises utiles des Anglais, afin que les étrangers en fassent leur profit. Il lance un appel au public pour qu'on lui communique des informations sur ces divers sujets. Le dessein ne se définit pas encore comme «philosophique». Il n'est pas question du caractère propre des Anglais – «the character of this strange people» de la lettre à Thiriot – tel qu'il se manifeste par exemple dans la religion, non évoquée ici. Et il ne semble pas que la philosophie et la science anglaise doivent occuper une place prépondérante.

On ne sait s'il reçut beaucoup des informations sollicitées. Mais il est certain qu'au printemps de 1728 il a commencé à écrire l'ouvrage projeté. Les éditeurs de Kehl retrouveront dans ses papiers un inédit, ébauche, sous la forme d'une lettre *A M****, de cet «account of my journey into England».[75] Il commence par railler ceux qui dissertent sur un pays étranger sans le connaître, faute d'en parler la langue: thème repris de l'*Advertisement*. Puis il narre son arrivée à Londres par une belle journée de printemps. Il décrit la procession du roi et de la reine, en bateau, sur la Tamise, les courses de chevaux, les jeux sportifs des garçons et des filles dans une «grande pelouse» proche de la ville. Mais dès le soir la scène change. Le voyageur prend le thé avec des dames de la cour: personnes revêches qui le toisent et le rabrouent. Le lendemain matin, c'est pire encore. Dans un cabaret malpropre ses Anglais, la veille si heureux de vivre, ont tous des mines sinistres. Il apprend qu'une belle fille vient de se trancher la gorge, sans raison. C'est la faute, lui dit-on, du vent d'Est. Le développement se poursuit par quelques anecdotes illustrant le caractère changeant des Anglais. De la même veine, un autre fragment, publié aussi par les éditeurs de Kehl, traite des «contradictions» des Français rapprochées de celles des Anglais.[76] Les allusions permettent de donner une date au premier texte: fin mai 1728. Il y est fait état de la publication de quatre *Discours* de Woolston sur les miracles: le quatrième (qui sera suivi de deux autres) est du 14 mai. Voltaire prétend que ces audacieux écrits furent imprimés «impunément»: il ignore donc les poursuites intentées à Woolston peu après la sortie du quatrième *Discours*.

Le récit s'annonçait d'une belle venue. Mais après la scène du cabaret, il s'effrite. On ne voit pas comment le texte, ainsi engagé, en serait arrivé aux grands hommes et aux inventions utiles inscrits au programme de l'*Advertisement*. L'ébauche aboutissait à une impasse. Elle fut abandonnée.

75. G. Lanson en a publié et annoté le texte, *Lettres philosophiques*, ii.256-77.
76. *Lettres philosophiques*, ii.278-82.

Voltaire ne tarde pas à reprendre l'ouvrage sur de nouvelles bases, et cette fois en anglais. Les *Lettres philosophiques* paraîtront d'abord dans une version, *Letters concerning the English nation*, publiée à Londres en 1733 par les soins de Thiriot. Or il est aujourd'hui établi que ces *Letters*, pour la moitié au moins du texte, ne sont nullement, comme on l'a cru, une traduction du français. Elles furent écrites par Voltaire directement en anglais: Harcourt Brown l'a prouvé de façon décisive, par une comparaison des deux versions.[77] Si l'on s'avise de traduire le français des *Lettres philosophiques*, on ne retrouve jamais le texte des *Letters*. La conclusion s'impose. Quand Voltaire à partir de 1732 entreprend, comme il le dit, de «terminer» ses *Lettres*, il rédige à nouveau en français ce qu'il avait précédemment écrit en anglais. A quand remontait cette première rédaction? Dans les *Letters* le style anglais de Voltaire atteint une sorte de perfection. Aussi les *Letters* obtinrent-elles en Angleterre un franc succès: on en connaît au moins treize éditions au dix-huitième siècle.[78] On suppose donc qu'elles furent écrites à la fin du séjour, sans doute dans les semaines que Voltaire passe à Wandsworth de juin à août 1728. Quand il regagne la France, il emporte dans ses papiers, en version anglaise, d'après l'estimation d'Harcourt Brown, tout ou partie des *Letters* 1-8 (sur les sectes anglaises, sur le parlement), 10 (sur le commerce), 12 (sur le chancelier Bacon), 18 (sur la tragédie), 19 (sur la comédie), 21-22 (sur Rochester, Waller, Pope et quelques autres). Voltaire a d'abord rédigé, de verve, en anglais les sujets qui l'intéressent le plus: la religion, la politique, les lettres. Le reste sera composé en français en 1732-1733 et traduit, plus ou moins laborieusement, pour compléter le volume des *Letters*.

Où en est Voltaire au milieu de 1728? Imaginons que nous ne connaissions pas la suite.

Deux perspectives s'ouvrent à lui. Précédé par le succès de sa *Henriade* in-quarto et in-octavo, il va rentrer en France par la grande porte. A cette espérance correspond l'envoi qu'il fait à la reine de France de son poème épique, le 25 avril: il espère que Sa Majesté lui accordera sa «royale protection».[79] Mais du côté français, on demeure obstinément hostile. Marie Leszczynska fut-elle si flattée de l'envoi – et encore dans l'édition in-octavo, Voltaire n'ayant plus d'exemplaire in-quarto – d'un ouvrage si ostensiblement dédié à une autre reine, celle d'Angleterre? Elle ne semble pas avoir répondu. L'édition se présentait d'une telle sorte qu'elle ne pouvait plaire à Versailles.

77. Harcourt Brown, «The composition of the *Letters concerning the English nation*», dans *The Age of the Enlightenment, studies presented to Theodore Besterman* (Edinburgh 1967), p.15-34.
78. Harcourt Brown, p.17, n.3.
79. Dans *Studies* 179 (1979), p.166-67.

La liste de souscription faisait une large place au corps diplomatique de l'Europe protestante: ambassadeurs d'Angleterre en exercice ou en retraite, envoyés à Londres de la Hollande, du Danemark, du Brunswick, de la Suède. Apparemment Voltaire avait choisi son camp, qui n'était pas celui du roi très-chrétien. L'ambassade française à Londres était restée à l'écart. Une fois le volume paru, son entrée dans le royaume est prohibée. Les exemplaires adressés aux souscripteurs sont saisis à la douane et non distribués. Pour tourner l'obstacle, Voltaire voudrait faire imprimer en France, avec l'accord au moins tacite du lieutenant de police Hérault, deux éditions in-quarto et in-octavo, dont s'occuperait Thiriot.[80] Mais son ami se dérobe (mai 1728). Il songe donc à revenir lui-même secrètement pour surveiller une impression clandestine.[81] En définitive, il n'en fera rien. Fin juin 1728, il ne semble pas être à la veille de retourner en France.

Une autre perspective s'offre. Il restera en Angleterre. Il fera carrière comme écrivain français d'expression anglaise. Il s'y est essayé déjà par le petit volume préliminaire de décembre. Les *Letters* qu'il est en train de rédiger s'adressent évidemment à un public britannique. Simultanément, à Wandsworth, il a tracé le plan d'une nouvelle tragédie, *Brutus*; il en a écrit le premier acte en prose anglaise. Le sujet lui paraît convenir parfaitement au théâtre de ce pays.[82] C'est donc à une scène de Londres qu'il destine la tragédie commencée. Mais à peine entrevue, cette éventuelle carrière anglaise va être barrée par un ou plusieurs fâcheux épisodes.

Une zone d'ombre s'étend sur la fin de son séjour. Après une lettre du 4/15 août à Thiriot, il disparaît. Au bout de quatre mois, Peterborough nous apprend qu'il a quitté l'Angleterre, on ne sait pour où. Que s'est-il passé? Les rumeurs qui nous sont parvenues ont de quoi inquiéter.

Vraisemblablement, il se trouve à court d'argent. Ses ennemis Desfontaines, Saint-Hyacinthe, parlent confusément de démêlés avec des libraires, qui lui auraient attiré, une fois de plus, une bastonnade. Mais voici plus grave. En 1733, le quaker Ezra, dans une lettre publiée par le *Grub-street journal*, pour défendre contre lui la secte, l'accuse: M. de Voltaire n'avait pas son pareil pour multiplier l'argent «by way of erasement», en grattant les chèques. L'abbé Prévost se rendra coupable d'une falsification du même genre, qui l'aurait conduit à la potence si son patron, sir John Eyles, n'avait pas étouffé l'affaire. Thomas Gray écrira plus tard, dans ses notes, que si Voltaire était resté plus longtemps en Angleterre, «he would have been *hanged* for forging banknotes».

---

80. D333 (2 mai 1728).
81. D336 (25 juin 1728).
82. C'est ce que Voltaire nous fait connaître dans le *Discourse on tragedy*, publié à Londres en 1731, dans une réédition des *Essays*, p.1-2.

Enfin un M. Simon, qui fut son banquier à Londres, déclarera au cours d'un dîner, le 8 juin 1737, qu'il lui avait prêté sur son billet 300 livres qu'il ne lui remboursa pas, offrant à son créancier de verser le double après sa mort. Sans autre précision, le *London journal* de 1732 imprime qu'il se conduisit si mal que les maisons aristocratiques qui l'avaient d'abord si bien accueilli lui fermèrent leurs portes.[83] Une autre source, à vrai dire tardive, raconte une brouille entre lui et Peterborough, pour de l'argent versé à un libraire. Peterborough l'aurait chassé, l'épée à la main: «I will kill the villain»…[84]

On ne peut rien affirmer avec certitude. Mais il n'est guère douteux qu'en cette dernière phase de son séjour, il traîne de fâcheuses affaires qui vont l'obliger à quitter l'Angleterre. A Richard Towne, qui avait entrepris de traduire *La Henriade*, Peterborough annonce qu'il est parti furieux contre les Anglais, pour Constantinople, disait-il, «afin de croire dans les Evangiles, ce qui est impossible quand on vit parmi les prédicateurs du christianisme».[85]

La vie de Voltaire ne se déroule pas dans l'harmonie et la continuité. Des crises la ponctuent, qui brutalement interrompent ce qui se préparait. En octobre ou novembre 1728, il ne s'éloigne pas de la côte anglaise disposé à chanter les louanges de la civilisation d'outre-Manche. Cette «nation de philosophes, éprise de sa liberté, cultivée, spirituelle», qu'il exaltait naguère, ce n'est plus maintenant pour lui qu'un «foolish people who believe in God and trust in ministers». Ces *Letters* qui devaient proposer au monde l'exemple anglais, il en arrête la rédaction. Reparti, non pour Constantinople, mais pour la rive prochaine de la France, il n'en reprendra pas les feuillets avant longtemps.

83. Rousseau, i.152-54, donne l'ensemble du dossier avec les références.
84. Rousseau, i.97-98.
85. D342 (14/25 novembre 1728).

16. Le retour

A l'automne de 1728, Voltaire n'a pas connu un retour d'exil triomphal. Il ne reparaît pas à Paris. Où se cache-t-il? Nous l'ignorerions sans un document récemment découvert: la copie d'une lettre de Jacques Tranquillain Féret, apothicaire à Dieppe.[1]

Il débarque sur le sol français en ce port, et y passe l'hiver, prenant pension chez ce Féret, rue de la Barre. Son logeur n'était pas un simple marchand de drogues. Amateur de sciences, comme il y en avait tant dans la France du dix-huitième siècle, il entretenait une correspondance avec des confrères, parmi lesquels nous rencontrons Jussieu, Duhamel Du Monceau, Rouelle, plus tard Buffon. Les relations avec un tel personnage ne devaient pas manquer d'intérêt, surtout en cette ville de Dieppe qui, vers cette date, offrait peu de ressources intellectuelles, si l'on en croit Voltaire. Dans un fragment de lettre (non daté, non recueilli dans l'édition Besterman), il déclare avoir trouvé en ce port «plus de trente cabarets qui font bien leurs affaires», et «un seul pauvre libraire qui meurt de faim». Précieuse relation donc que celle d'un Féret: auprès de lui Voltaire s'initie à la médecine. Selon les termes de l'apothicaire, il devient son «disciple», il a «beaucoup profité» de ses «leçons». Etude non désintéressée. Secoué par les vilaines affaires qui marquèrent la fin du séjour anglais, il est une fois de plus malade. Selon ce qu'il mande à Thiriot[2] (en février 1729: c'est la première lettre que nous ayons depuis son retour), il est arrivé à Dieppe «très faible», il y a été «très mal»: l'air du pays ne lui vaut rien. Chez son apothicaire il a essayé des médicaments: sans résultat. Il fait une évocation saisissante de son état de «langueur»: «voir tous ses goûts s'anéantir, avoir encore assez de vie pour souhaiter d'en jouir et trop peu de force pour le faire, devenir inutile et insupportable à soi-même, mourir en détail»... Dans cette même lettre (est-ce l'effet des leçons de Féret?), il énonce les principes médicaux qui resteront les siens, et qui ne manquent pas de bon sens: du régime, de l'exercice. Manger et boire peu. Se donner une activité physique: il ne précise pas laquelle, sans doute le cheval et le jeu de paume. Grâce à quoi il continue à «exister». Et pendant plusieurs mois sa santé demeure assez bonne. Il cesse de s'en plaindre dans la correspondance de l'année 1729.

1. Voir *OC*, cxxx.46-47, et Jean-Claude Guédon, «Le retour d'Angleterre de Voltaire et son séjour chez Jacques Tranquillain Féret de Dieppe», *Studies* 124 (1974), p.137-41.
2. D344.

Il a d'autres soucis. Il prend toutes sortes de précautions pour rester incognito. Il n'écrit qu'au seul Thiriot. Il n'a confiance qu'en lui. Malgré le tour que ce cher confident lui avait joué l'année précédente. Thiriot s'était chargé de collecter à Paris les souscriptions de *La Henriade*. Or qu'arriva-t-il? Le jour de la Pentecôte, pendant que Thiriot faisait à l'église ses dévotions, voici que des voleurs s'introduisent chez lui et emportent l'argent. Tel est le conte qu'il sert à Voltaire. Comme bien l'on pense, le parasite avait bonnement dilapidé les fonds. Voltaire, toujours faible avec son ami, pardonne. «Cette aventure, lui répond-il, peut vous dégoûter d'aller à la messe, mais elle ne doit pas m'empêcher de vous aimer toujours.»[3] Il continue donc à aimer son Thiriot, son «potet».[4]

A Dieppe, il se fait passer pour un voyageur d'outre-Manche. Il n'y a aucune peine. Il s'est déshabitué du français. Il écrit à Thiriot en un anglais entremêlé de latin, avec peu ou point de français.[5] L'anglais au moins ne risque pas d'être compris, en cas d'interception. Il n'a pas révélé son identité à Féret,[6] qui ne l'apprendra que plus tard. Au mois de mars il se dissimule à Saint-Germain-en-Laye, chez un perruquier, sous le nom de Sansons. Il ne veut pas faire connaître sa présence à son ami de Maisons, dont le château est tout proche. Il hésite à annoncer son retour au duc de Richelieu. S'il se risque à passer une nuit à Paris le 1er avril, et y revient le 4, c'est toujours clandestinement. Il se claquemure dans la maison de son homme d'affaires Dubreuil, ne voit que Thiriot et Richelieu.[7] Pourquoi donc tant de mystère? Il avait obtenu deux ans plus tôt une permission de revenir à Paris pour trois mois: il n'en avait pas fait usage. Il l'alléguera le cas échéant, mais craint qu'elle ne soit plus valable.[8] Redoute-t-il vraiment s'il se montre qu'on le punisse pour avoir enfreint l'ordre d'exil à cinquante lieues? Mais l'affaire Rohan remonte à plus de trois ans. A-t-il à Paris des ennemis qui le guettent? A-t-il peur que les séquelles de ses fâcheuses affaires d'Angleterre, l'année précédente, ne le rejoignent dans la capitale française?

Il procède précautionneusement. La police ne soupçonne pas qu'il est revenu. C'est à Londres que le cardinal Fleury lui écrit pour lui annoncer, en termes gracieux, que Sa Majesté lui retire ses pensions. Il fait pressentir

---

3. Duvernet, p.60.

4. D361. Ce mot, ignoré des dictionnaires, est selon nous à rapprocher de notre populaire «pote». Il semble donc, contrairement à l'avis de Robert (qui ne connaît pas «potet»), que «pote» ne soit pas dérivé de «poteau», mais l'inverse.

5. D345 (10 mars 1729) entremêle latin et anglais, sans un mot de français.

6. Si on admet que dans D344 «Malafaire does not know me», Malafaire désigne l'apothicaire.

7. D351: c'est «la vie d'un rosecroix, toujours ambulant et toujours caché».

8. D344.

discrètement un M. Pallu qui lui veut du bien. Après consultation de Richelieu, il ose écrire au «vizir» Maurepas. Celui-ci, sèchement, lui accorde l'autorisation de venir à Paris, mais lui interdit Versailles. Il peut donc en avril s'installer ostensiblement rue Traversière.

Autre souci, celui-là récurrent: l'argent. Il s'emploie à faire rentrer des fonds. Il a toujours en main le titre de la pension octroyée en 1725 par la reine: il réussit à se faire payer les annuités échues.[9] Il fait encaisser les sommes que lui doit Bernard, libraire à Amsterdam. Il poursuit devant les juges-consuls une dame Pissot, libraire à Paris, débitrice récalcitrante: il gagne. Il réunit ainsi un petit magot, dont il donne une partie à son ami Thiriot.

Ce qu'il en conserve, il le fait immédiatement fructifier: il l'engage dans la loterie que vient de créer (arrêts des 19 octobre 1728 et 6 mars 1729) le Contrôleur général, autrement dit le ministre des Finances, Le Pelletier-Desforts. Jacques Donvez a démonté le mécanisme de l'opération, assez complexe.[10] Résumons. Le roi pour faire face aux déficits plaçait dans le public des emprunts. Mais l'argent prêté ne prenait pas la forme d'obligations remboursables à échéances fixes. Il se transformait en rentes, dites de l'Hôtel de ville. Aussi lorsque le prêteur voulait recouvrer son capital, il lui fallait vendre son titre de rente. Or les rentes s'étaient à tel point multipliées que leur prix de vente avait beaucoup baissé. C'est pourquoi, en 1728, Le Pelletier-Desforts veut réparer les pertes des souscripteurs. Il se propose en même temps d'éponger une partie de la dette publique, dans le cadre de la politique d'assainissement menée par Fleury. Il imagine donc d'établir une loterie. Seuls les détenteurs de rentes étaient admis à en acheter les billets, pour un prix proportionnel au montant de leur créance. Le tirage devait avoir lieu chaque mois, à partir de janvier 1729. Le fonds sur lequel seraient payés les billets gagnants était constitué par le prix d'achat des billets, augmenté d'un apport de 500.000 livres versées mensuellement par les Fermiers Généraux. Le Pelletier-Desforts ne s'était pas avisé que sa loterie était entachée de deux vices graves. Quel que soit le montant de la rente, le billet acquis donnait les mêmes chances de gain. En second lieu les modalités étaient telles qu'un particulier ayant pris tous les billets (de préférence à partir de rentes d'un faible montant) gagnait automatiquement la totalité du fonds.

A un dîner où se trouvait Voltaire, le mathématicien La Condamine aperçut

9. La reine n'avait donc pas donné suite à son intention d'annuler la pension en 1726. Mais tel était le désordre des finances royales au dix-huitième siècle qu'il n'est pas impossible que Voltaire ait perçu une pension supprimée. Désordre de ses finances personnelles aussi: on se souvient (voir p.195) qu'il avait immédiatement obtenu des frères Pâris une avance sur cette pension. L'avait-il oublié?

10. Jacques Donvez, *De quoi vivait Voltaire?*, p.37 et suiv.

le parti qui pouvait être tiré de ces dispositions.[11] Il suffisait de constituer une société qui achèterait tous les billets. Ce qui fut fait, avec la participation de Voltaire. Aussi remarque-t-on qu'à partir de mai 1729, dans les registres de la loterie qui ont été conservés, ce sont les mêmes noms, en petit nombre, qui reparaissent de mois en mois. Noms apparemment fantaisistes: Magdeleine du Château, Marguerite Gaultier, Amaranthe Lozan, Jean-Baptiste Lilly: tous ces inconnus empochent des sommes considérables. L'usage voulait qu'un souscripteur accompagnât son enjeu d'une devise. Or une fois que la société entre en action, les formules prennent un tour humoristique: «A l'heureuse idée de M.L.C. (Monsieur La Condamine)», «La reine est enceinte», «Fleury fait fleurir l'Etat», «Vive M. Pelletier-Desforts», et celle-ci qui résume la situation: «Je l'ai porté en brouette, je l'irai quérir en fiacre».

Selon Voltaire la société, à chaque tirage, gagnait un million. Sur ce pactole, on ignore combien il recevait personnellement, après répartition des bénéfices. La loterie mensuelle ayant duré près d'une année, il n'est pas douteux qu'il gagna au total un capital important. L'opération, soulignons-le, était parfaitement légale. La Condamine et ses associés mettaient à profit les dispositions d'un règlement mal conçu. Voltaire dira ultérieurement: «Pour faire fortune en ce pays-ci, il n'y a qu'à lire les arrêts du Conseil».[12] Le Pelletier-Desforts, comprenant un peu tard son erreur, tenta de refuser le paiement des gains. Mais le Conseil du roi lui donna tort et bientôt il sera renvoyé. Néanmoins Voltaire, craignant la vindicte du ministre, jugea prudent de quitter Paris pour quelque temps.

Il se rend à Plombières, puis à Nancy.[13] Traversant les campagnes de Lorraine, il est frappé par la misère du pays: des hameaux dépeuplés, des paysans croupissant dans l'ivrognerie et la paresse. Un si triste spectacle lui inspire une réflexion où s'ébauche l'économie politique voltairienne: «Ces coquins [...] préfèrent leur oiseuse stupidité aux commodités qu'un peu de peine et d'industrie fournit à nous autres Français».[14] C'est effectivement «la peine et l'industrie» qui le conduisent à Nancy. Il vient d'apprendre que le duc de Lorraine lance une opération qui promet de gros profits. Aussitôt il a quitté Paris: deux amis «l'emballèrent à minuit, sans avoir soupé, dans une

---

11. Duvernet, p.71. Voltaire résume l'affaire dans le *Commentaire historique*, M.i.75.

12. M.i.75.

13. Les dates et l'itinéraire sont incertains. D364 est un poème, adressé à Pallu, daté du 12 juillet. Th. Besterman se demande s'il ne s'agit pas de vers écrits pour un autre, sans que Voltaire ait fait le voyage. Mais l'évocation précise du lieu semble témoigner de la «chose vue». Le 12 août, Voltaire est de retour à Paris (D365). C'est vers septembre qu'il se rend à Nancy pour la transaction sur les actions de Lorraine.

14. D366.

chaise de poste». Il a roulé sans arrêt deux nuits et deux jours: il veut arriver à temps pour acheter des actions. A Nancy il est si épuisé qu'il demeure trois jours à l'auberge, sans pouvoir bouger. Quand il veut souscrire, les Lorrains de l'hôtel lui disent, goguenards, que le duc interdit de vendre des actions aux étrangers comme lui. A cette date en effet la Lorraine reste un Etat indépendant, non encore rattaché à la France. On connaît mal la spéculation dont il s'agit. Il ressort cependant que le nouveau duc (François de Lorraine, futur époux de Marie-Thérèse d'Autriche et empereur), venant de succéder à Léopold, a émis des actions dont le cours s'élève rapidement. Il veut les réserver aux seuls Lorrains. Voltaire en sera-t-il donc pour ses fatigues? Mais il se trouve que lui, Arouet, porte un nom lorrain (à l'orthographe près, dont on ne tient pas compte au dix-huitième siècle): une branche des Beauvau a pris le nom d'Haroué, localité proche de Lunéville. On lui permet donc de souscrire pour cinquante actions. Il les reçoit huit jours après. Aussitôt il a «profité de la demande de ce papier»: c'est-à-dire qu'il l'a immédiatement revendu, à la hausse. Il a ainsi «triplé son or».[15]

Après deux coups aussi réussis, Voltaire est riche. Il dispose désormais d'un considérable capital (un million de livres, ou plus?), encore accru le 1er mars 1730 par l'attribution de sa part de l'héritage paternel. Ses fonds, judicieusement placés, vont vite prospérer. Car au dix-huitième siècle comme en tout temps, pour accéder aux opérations rapportant gros, il faut disposer déjà de beaucoup d'argent. On ne cessera pas de lui faire grief de la fortune qu'il s'est acquise: certains esprits pardonnent plus facilement la richesse à ceux qui l'ont héritée. Mais dans le monde où il vivait elle était nécessaire au personnage qu'il allait devenir. Il ne dépendra plus des pensions royales, qui sont un moyen d'assujettir l'écrivain, ni du revenu, aléatoire et faible, de ses productions littéraires. Riche, il peut écrire en liberté. Il s'assure par là une puissance qui le fera respecter des pouvoirs, et le cas échéant le mettra en état de se soustraire à leur persécution. «J'ai vu tant de gens de lettres pauvres et méprisés que j'ai conclu dès longtemps que je ne devais pas en augmenter le nombre.»[16] Programme réalisé, à la fin de 1729.

Ses revenus lui permettent maintenant d'engager de la domesticité. Il prend à son service une cuisinière, un valet de chambre. Pour se loger plus au large avec ses gens, il loue un appartement rue de Vaugirard, près de la porte Saint-Michel. Par malheur, il va s'y trouver aux prises avec une redoutable mégère. Une dame Travers, tripière, locataire de l'immeuble, sous-louait des apparte-

15. D366.
16. M.i.44.

ments: l'un d'eux lui avait paru à sa convenance. Or cette femme, qui se levait chaque matin à trois heures pour son commerce, avait contracté des habitudes d'ivrognerie. Prise de vin dès le début de la journée, elle déversait des bordées d'injures sur les passants, sur ses locataires; se déshabillait entièrement et se promenait nue dans la rue, menaçant de mettre le feu à la maison et au quartier. Un jour elle provoqua réellement un début d'incendie. Pour tenter de la calmer, on l'avait expédiée à l'Hôpital, la prison des femmes. Elle n'en continua pas moins à mener le même train. Après l'installation de Voltaire, il y eut certain soir une bataille avec une autre femme dans l'escalier, puis une empoignade générale avec toutes celles de la maisonnée. La cuisinière et le valet de chambre de Voltaire s'y trouvent mêlés. Lui-même apparaissant sur le palier assiste à la bagarre. Il rédige une pétition au lieutenant de police, signée par les voisins, suivie d'une deuxième. Mais la tripière, qui n'en était pas à son coup d'essai, prend les devants. Elle dépose une plainte: l'innocente créature aurait été assaillie par ses locataires; se dévêtant une fois de plus, elle exhibe sous les yeux du commissaire les contusions qu'elle porte sur le corps. Après la requête des voisins, on lui envoie des gens de police pour lui enjoindre de se tenir tranquille: elle crie qu'elle se f... de la police et de ses chefs. L'affaire dura des mois, d'août à novembre 1730, et remonta jusqu'à Fleury. On décida enfin de renvoyer l'ivrognesse à l'Hôpital, malgré les attestations de bonne vie et mœurs décernées par ses confrères les tripiers.[17] L'épisode ouvre un jour curieux sur la vie du petit peuple parisien au dix-huitième siècle.

Voltaire allait prendre position, publiquement, dans un scandale d'une tout autre portée, et singulièrement plus dramatique. A Paris il avait retrouvé Adrienne Lecouvreur. Celle-ci poursuivait sa carrière de grande comédienne. Mais depuis quelque temps sa santé se délabrait. Elle s'était évanouie pendant une représentation. Elle continuait à jouer cependant, malgré son épuisement. Le 15 mars 1730, après une terrible attaque de dysenterie, elle fit encore l'effort d'interpréter le rôle de Jocaste dans l'*Œdipe* de Voltaire. Elle ne devait plus reparaître sur la scène. Revenue chez elle, elle se trouve au plus mal; des convulsions la saisissent.[18] Elle meurt au bout de quatre jours (20 mars). Voltaire était auprès d'elle quand elle expira. Le bruit courut qu'elle avait été empoisonnée, à l'instigation de la duchesse de Bouillon. Voltaire demanda une autopsie, dont les résultats ne furent pas concluants.[19] Il fallut donc procéder aux obsèques. Elle était décédée sur la paroisse de Saint-Sulpice: on s'adresse

---

17. Sur toute l'affaire, voir D376, D377, D378, D379, D.app.19.

18. D'après Mlle Aïssé, *Lettres* (Paris 1853), à Mme Calandrini, mars 1730.

19. Selon Mlle Aïssé, on trouva les entrailles «gangrenées». Voltaire qui ne croit pas à l'empoisonnement écrit qu'elle mourut d'une «inflammation d'entrailles» (note citée par Desnoiresterres, i.430). D'une péritonite, consécutive à une fièvre typhoïde?

au curé, Languet. Mais celui-ci, un prêtre rigide, refuse la sépulture, bien qu'elle eût fait par testament un don de mille livres à son église. Il répond que comme actrice Mlle Lecouvreur est excommuniée, et que son corps ne peut être admis au cimetière de la paroisse.

De tous les pays catholiques, la France était le seul où les comédiens fussent frappés d'excommunication. On voyait là une prérogative de l'Eglise gallicane. Quand les acteurs italiens revinrent à Paris en 1716, Riccoboni avait posé comme condition qu'ils conserveraient leurs droits religieux, comme en Italie. Ce qui avait été accepté. De sorte que l'acteur jouant sur la scène italienne n'était pas excommunié, et avait droit aux sacrements (baptême, mariage) ainsi qu'à l'enterrement chrétien, pendant que son confrère de la Comédie-Française était, lui, privé et des sacrements et de la sépulture. Une telle incohérence rendait plus révoltant encore le régime infligé aux acteurs. Dans la pratique, le clergé se prêtait pourtant à des accommodements. Certains ecclésiastiques acceptaient d'ignorer la profession du défunt. En général, on se contentait d'une déclaration purement formelle de renonciation. Mlle Lecouvreur avait fait un testament, désignant d'Argental, l'ami de Voltaire comme exécuteur. Mais elle n'avait pas songé à se mettre en règle avec l'Eglise. Sans doute ne croyait-elle pas, à l'âge de trente-huit ans, sa fin si proche: elle mourut alors qu'un certain mieux s'annonçait.[20]

Sur ordre du lieutenant de police, le cadavre fut donc placé dans un fiacre. Une escouade du guet l'accompagna jusqu'à un terrain vague, alors à la limite de la ville, à l'angle des rues de Grenelle et de Bourgogne. Un portefaix l'enterra dans le sol, sans aucune cérémonie, sans aucun monument pour marquer la tombe. Voltaire, bouleversé déjà par la disparition brutale de celle qu'il avait aimée comme actrice et comme femme, est révolté d'un traitement si odieux. Qu'à l'origine les responsables soient des «prêtres cruels» n'est pas fait pour atténuer sa fureur.[21] Son émotion s'exprime dans un poème, l'un des plus beaux qu'il ait laissés. Le langage poétique de l'époque, à travers sa rhétorique, ses conventions, laisse percevoir l'intensité du sentiment. Il y dit avec une discrétion qui ne manque pas d'énergie l'horreur de l'ancien amant en présence de ces formes si belles détruites par la mort, sa colère devant l'indifférence des hommes qui naguère entouraient l'actrice de leurs convoitises. Quelle ignominie d'insulter ainsi cette dépouille:

> Et dans un champ profane on jette à l'aventure
> De ce corps si chéri les restes immortels![22]

20. Selon Mlle Aïssé.
21. L'expression se lisait dans la première version du poème. Elle fut ensuite remplacée par celle d'«hommes cruels».
22. M.ix.371, première version.

L'actualité allait proposer un saisissant contraste. Le 23 octobre de la même année, mourut à Londres une comédienne, Mrs Oldfield, la Lecouvreur anglaise. Or elle est enterrée en ce Panthéon britannique qu'est Westminster Abbey, y rejoignant Dryden, Addison, Newton. Quelle leçon pour les Français! C'est l'Angleterre, non la France, qui aujourd'hui succède, comme capitale des lumières, à la Grèce et à Rome.

La protestation de Voltaire contre le sort barbare infligé à Mlle Lecouvreur, pour la seule raison qu'elle exerçait la profession d'actrice, correspond à notre état d'esprit. Aussi serions-nous tentés de supposer, comme le fait Desnoiresterres, que le poème exprimait la stupeur, l'indignation, la révolte de toute l'opinion en 1730.[23] Il n'en était rien. Le public dans son immense majorité considérait les gens de théâtre comme à part de la société. Les mesures qui les excluait ne soulevaient nulle réprobation. Voltaire le savait bien.[24] Aussi se garde-t-il de diffuser son poème, sinon en manuscrit pour quelques amis. Il le laisse imprimer seulement en 1732, à Amsterdam, dans une édition collective de ses œuvres.[25] Il répète sa protestation dans l'épître dédicatoire de *Zaïre*. Mais son ami Cideville, tout en étant de son avis, lui objecte «qu'il n'est pas permis de démentir si positivement et tout haut ce qui se dit au peuple dans nos chaires sur la profession des comédiens».[26] Rouillé, ministre chargé de la librairie, lui signifie que le passage de l'épître sur Mlle Lecouvreur est inacceptable.[27] Au moment même, Voltaire était intervenu devant les comédiens assemblés. Il leur avait demandé une grève des spectacles. Les comédiens promirent, mais ne firent rien.[28] Ils connaissaient assez leur public pour savoir qu'ils ne seraient pas soutenus. La question de «l'infamie» des gens de théâtre reviendra plusieurs fois au premier plan de l'actualité au dix-huitième siècle, sans qu'ils obtiennent gain de cause. En 1791 encore, Talma pour se marier à l'église fut obligé de dissimuler sa qualité d'acteur. Et même en 1815 un curé de Paris prétendit refuser la sépulture à une actrice, retirée depuis longtemps: il fallut que Louis XVIII envoyât son chapelain pour que la cérémonie eût lieu.[29] Voltaire ne cédait pas à une rhétorique facile lorsqu'il accusait la «gothique indignité» de ses compatriotes.

---

23. Desnoiresterres, i.431.

24. Il fait allusion à cet état d'esprit dans son poème: «Ah! verrai-je toujours ma faible nation, / Incertaine en ses vœux, flétrir ce qu'elle admire!» (M.ix.370).

25. Edition Ledet (Amsterdam 1732), tome 1.

26. D549.

27. D552.

28. D9973.

29. Sur l'ensemble de la question voir Martine de Rougemont, *La Vie théâtrale en France au XVIIIᵉ siècle* (thèse de doctorat ès-lettres, Université de Paris III; exemplaires dactylographiés, 1982), i.285 et suiv.

Il lui restait à faire sa rentrée littéraire. La grande édition anglaise de *La Henriade* n'avait pu pénétrer en France. A défaut, il imprime donc à Paris une nouvelle édition plus modeste, in-octavo, donnée comme publiée à Londres «chez Hierome Bold Truth, à la Vérité». Malgré cette annonce provocante, le directeur de la Librairie Chauvelin et le lieutenant de police Hérault en tolèrent la diffusion. Cependant cette nouvelle publication d'une œuvre déjà connue ne marquait pas suffisamment dans l'opinion du public.

Il rapportait d'Angleterre trois projets, plus ou moins avancés: des *Lettres anglaises* en partie rédigées, une *Histoire de Charles XII* ébauchée, une tragédie de *Brutus*. Dans les conditions de l'époque, c'est sur le théâtre qu'il compte pour revenir au premier plan. Il termine donc son *Brutus*. Il le lit aux comédiens en décembre 1729.[30] La première semble imminente. Mais on l'avertit que son rival le vieux Crébillon et son ennemi le chevalier de Rohan (qui n'a rien oublié) montent une cabale pour faire tomber la pièce. Lui-même au cours des répétitions s'aperçoit qu'elle laisse à désirer. Il préfère la reprendre pour la retravailler. La première n'aura lieu qu'en décembre de l'année suivante.

Il avait, nous le savons, commencé à écrire ce *Brutus* en Angleterre, étant encore sous l'impression des spectacles de Drury Lane et de Lincoln's Inn. Sujet archi-connu que cette histoire du consul qui aux premiers âges de Rome fait exécuter ses deux fils pour trahison. Mlle Bernard aidée, dit-on, de Fontenelle en avait tiré une tragédie au début du siècle. Le P. Porée, le professeur de Voltaire, en avait fait une pièce de collège. Mais il va, quant à lui, donner une œuvre toute différente, à l'anglaise, dans la mesure où une pièce jouée à la Comédie-Française peut être telle. Il expose ses vues dans un *Discours*, adressé à lord Bolingbroke, en tête de la première édition. Il voudrait retrouver la violence shakespearienne de la passion. Il parle à Bolingbroke, avec enthousiasme, de «cette force et cette énergie qu'inspire la noble liberté de penser», des «sentiments vigoureux de l'âme» qui en procèdent. Or c'est la tragédie à sujet romain qu'il estime susceptible de restituer un tel climat. Paradoxalement c'est dans cette direction que l'influence de Shakespeare l'oriente. Il garde un souvenir ébloui du *Julius Caesar*, notamment de la scène où l'autre Brutus (l'assassin de César), puis Antoine haranguent le *mob* romain, l'un brandissant un poignard sanglant, l'autre soudain découvrant le corps percé de coups du dictateur, provoquant ainsi dans la foule houleuse des mouvements contraires. Voilà la vraie tragédie, il le sent bien. Mais pour atteindre une telle puissance dramatique, le Français est entravé: par une versification rigide, par les habitudes d'un public qui n'admet pas un dialogue à plus de trois personnages, par les conditions de la représentation: les

30. D368.

spectateurs sur la scène rendent l'action «presque impraticable». En outre lui-même, homme de goût, ne peut accepter certaines brutalités et grossièretés de Shakespeare. Son *Brutus* sera donc un compromis entre l'énergie anglaise et les convenances françaises.

Nous sommes transportés à l'époque héroïque de la République romaine. Le despote Tarquin vient d'être renversé. Réfugié chez le roi étrusque Porsenna, il tente avec l'aide de celui-ci de reconquérir son trône. Les troupes de Porsenna assiègent Rome. Mais à l'intérieur de la ville la passion de la liberté enflamme les esprits. Ce qui nous vaut un premier acte fort beau. Les deux consuls Brutus et Valérius disent leur volonté de résister au tyran, quel qu'en soit le prix. Ce républicanisme, s'exhalant en tirades à effet, en formules à l'emporte-pièce, risquait cependant de demeurer quelque peu statique. Or voici qu'un ambassadeur de Porsenna, Arons, est introduit: officiellement pour négocier la paix et la restitution de la jeune Tullie, fille de Tarquin restée à Rome; mais secrètement sa mission est de fomenter un complot pour restaurer la royauté. En face de l'exaltation tendue des républicains, il incarne l'esprit monarchique, souple, insinuant, perfide. Voltaire institue ici une étude comparée des mentalités politiques, qui passera de son théâtre dans son historiographie.

Au cours des combats sous les murs de Rome, la république vient d'avoir pour principal champion Titus, le fils de Brutus. Mais Titus est mécontent. Le Sénat a refusé de l'élire consul. De plus il est amoureux de Tullie, demeurée fidèle au roi son père. Titus a pour confident Messala, un traître, qui prépare le retour de Tarquin. Le second fils de Brutus, Tiberinus, jaloux de son aîné serait prêt aussi à trahir. Arons joue habilement des dispositions des uns et des autres. Aussi la vertu républicaine subit-elle une éclipse dans les actes II, III et IV. L'action se réduit alors aux hésitations de Titus, tantôt soutenu par la passion de la liberté, tantôt cédant à ses rancœurs et à l'amour de Tullie. Comme dans *Artémire* et *Mariamne*, Voltaire construit l'intrigue sur un personnage partagé entre des impulsions contraires. Au quatrième acte enfin, Titus allait se résigner à trahir pour conserver Tullie. Mais voici qu'éclate, au cinquième acte, le coup de théâtre: tout le complot est démasqué; Brutus apprend que l'un des conjurés est son fils Titus, et que le Sénat le charge de déterminer le châtiment. Ce père héroïque, dans un sursaut, prononce la sentence qu'exige l'intérêt supérieur de la patrie: la mort. Voltaire évite cependant le poncif du Romain inhumain. A l'avant-dernière scène, le père et le fils réconciliés s'étreignent, en larmes. Titus accepte la mort qu'il a méritée. Et Brutus prononce le mot final: «Rome est libre: il suffit»…

Le dramaturge a donné forme ici à un rêve républicain qui est en lui. Un rêve qui prend sa source dans son amour de la liberté, mais sans aboutir à une pensée politique qui préconiserait pour la France contemporaine des institutions républicaines. Un républicanisme de tragédie, fort répandu dans l'esprit du temps, destiné à rester, jusqu'à la fin du siècle, platonique. C'est cette passion de la liberté qui soutient *Brutus* en son début et en son finale. Dans l'entre-deux, celle-ci se trouvant occultée, une baisse de tension est sensible.

Sur le plan dramaturgique, Voltaire ne risque que des audaces limitées. Il déplace la scène dans des parties différentes de la maison des consuls. Il montre les sénateurs en robes rouges, rangés en demi-cercle. Mais il n'ose pas leur donner la parole: ses «pères conscrits», obstinément muets, n'expriment leur opinion qu'en faisant mouvement d'un côté à l'autre du plateau.

Une pièce inégale, en définitive, qui n'obtint qu'un succès irrégulier. La première, le 11 décembre 1730, avait attiré une bonne affluence: plus de 1.500 entrées payantes. Malheureusement l'actrice chargée du rôle, d'ailleurs bien faible, de Tullie, Mlle Dangeville, à peine âgée de seize ans, fut intimidée et joua mal. Ce qui nous valut au moins l'une des plus jolies lettres de Voltaire. Avec infiniment de gentillesse, le lendemain, il console, il encourage la débutante. Aux séances suivantes, *Brutus* tombe à 950 spectateurs, remonte à plus de 1.200, puis retombe à 930. Au total en sa nouveauté la pièce eut quinze représentations: performance médiocre. Cette tragédie républicaine ne trouvera son véritable public que sous la Révolution. Représenté sur le Théâtre de la Nation le 17 novembre 1790, *Brutus* mettra aux prises dans une salle surchauffée «aristocrates» et «patriotes». Cette année-là, et plus encore en 1791 et 1792, on applaudira ou sifflera maintes allusions apparentes à l'actualité, tel l'hémistiche du consul romain: «Libre encore et sans roi.» Le sort habituel des pièces politiques est de prêter à des applications auxquelles l'auteur n'avait nullement songé.

En même temps que le consul romain, un autre personnage occupait l'esprit du dramaturge: Charles XII, roi de Suède. Rencontre où se manifeste non seulement une aptitude mais une propension à travailler simultanément dans des genres apparemment fort éloignés.

Cette œuvre historique, Voltaire prétend l'avoir «écrite» en 1728, et même en 1727.[31] On en retiendra qu'il l'a conçue et commencée à la fin de son séjour anglais. Il la termine en 1730 pendant qu'il met au point *Brutus*.[32] Le tome I s'imprime à Paris alors qu'est donnée la première de la tragédie. Publication ostensible, avec privilège.[33] Mais brusquement le garde des sceaux revient sur l'autorisation. Les 2.600 exemplaires déjà tirés sont saisis à la presse. A peine

---

31. *Œuvres historiques*, p.50, 141.
32. Les lettres que lui adresse Villelongue, l'un de ses informateurs, sont de février et mars 1730, D372, D374, D375.
33. D397: «munie de l'approbation du sceau».

Voltaire a-t-il réussi à en sauver un seul. La suppression fut si efficace qu'aujourd'hui on ne connaît aucun spécimen de cette édition originale.[34] Que s'était-il passé? L'historien avait dû rappeler le sort piteux que le conquérant suédois avait infligé à l'électeur de Saxe, Auguste II, roi de Pologne. Or le souverain, restauré après la défaite de Charles XII, régnait encore (il ne mourra qu'en 1733). On s'avisa soudain que l'histoire de ses malheurs, si bien racontée, risquait de lui déplaire.[35] Tel était l'inconvénient d'un régime de la librairie où aucun ouvrage, du moins en principe, ne pouvait paraître sans être autorisé: un livre publié avec l'approbation du roi passe pour exprimer un point de vue officiel. On laissa entendre cependant à l'auteur qu'on tolérerait son ouvrage s'il paraissait clandestinement, sans privilège. L'incident démontrait combien eût été plus avantageuse pour le pouvoir lui-même une liberté à laquelle le pouvoir ne voulait pas consentir.

Voltaire songe à une impression discrète à Rouen, comme au temps de *La Ligue*. C'est alors qu'il entre en relations avec Jore, libraire hardi qu'il croit sûr. Ce Jore était l'un des imprimeurs rouennais qui se pressaient autour du palais de justice. Parmi ceux-ci nous avons rencontré déjà Viret, éditeur clandestin du poème épique proscrit à Paris. La maison Jore avait moins d'importance. Mais on y faisait montre, de père en fils, de la plus grande audace. L'ancêtre, au dix-septième siècle, accusé de faux, n'avait échappé à la pendaison que par la fuite. Son fils Claude avait fait, en divers temps, au moins trois séjours à la Bastille pour avoir imprimé et débité des livres interdits, dirigés notamment contre la religion. La maison Jore n'en avait pas moins prospéré. En 1725 Claude-François avait succédé à son père. Ce Jore, à qui Voltaire va avoir affaire, passait, nous dit-on, pour «un esprit très remuant, très inquiet, et fort disposé à tout entreprendre dans la seule vue de l'intérêt».[36] Ce que devait confirmer plus tard l'affaire des *Lettres philosophiques*.

L'*Histoire de Charles XII* est donc mise en fabrication chez ce corsaire de l'édition: deux petits volumes, sous la fausse adresse de «Christophe Revis, à Bâle». Malgré la renommée suspecte de Jore, le premier président au parlement de Rouen, Camus de Pontcarré, et son secrétaire Desforges protègent l'opération.[37] Mais à Versailles le ministère demeure timoré. Fin juillet, Voltaire se plaint que *Charles XII* «s'impatiente dans son grenier»:[38] on ne lui permet pas de diffuser les exemplaires entreposés chez Jore. Toutefois, quelques jours plus tard, Chauvelin au cours d'une conversation privée l'encourage à les faire

34. *Œuvres historiques*, p.1659.
35. D402.
36. Sur Jore, voir J. Quéniart, p.212-13.
37. D438.
38. D420.

paraître.[39] A condition que l'ouvrage conserve les apparences d'un livre prohibé. Le roi de Suède, comme en 1723 Henri IV, pénètre dans Paris par des cheminements clandestins: soit caché dans des voitures de rouliers qui le déposent à Versailles chez Richelieu, soit transporté par eau jusqu'à Saint-Cloud. En novembre enfin les volumes se répandent dans la capitale.[40]

Voltaire avait cependant, plusieurs mois auparavant, pris ses mesures afin de tourner la censure française. Depuis l'édition de sa *Henriade* en 1728, il sait qu'il existe à Londres des artisans capables d'imprimer des livres français dans des conditions très satisfaisantes, certains employant comme main-d'œuvre des protestants réfugiés. Les imprimeurs londoniens n'avaient pas à subir les contrôles qui pesaient en France sur leurs confrères, et leurs productions accédaient facilement, par les voies du commerce britannique, au marché fort prospère des livres prohibés. Il a donc pris soin d'envoyer à Londres son *Charles XII*, en manuscrit ou en épreuves de la première édition. Dès le 1er janvier 1731 l'atelier de Bowyer le met en fabrication. Nous le savons par le registre que tenait cet entrepreneur minutieux et bien organisé.[41] A cette date Voltaire n'a pas encore commencé la publication de Rouen par Jore.[42] Apparemment il s'adressa outre-Manche dès que fut saisie l'édition de Paris, et peut-être avant. En outre, pendant que le *Charles XII* était en composition sur les presses de Bowyer, quelqu'un se chargeait de le traduire. De sorte que le 10 mars le même imprimeur met en chantier un *Voltaire's Charles XII*, «in English». Suivent en mars une seconde édition française et en mai une seconde édition de la traduction. Voltaire avait ainsi par avance «doublé» son imprimeur rouennais. Non dans le dessein de jouer un mauvais tour à Jore, comme celui-ci l'en accusera.[43] Suivant le précédent de *La Henriade*, l'auteur de *Charles XII* entre dans le système cosmopolite de production et de diffusion du livre, en vue de se soustraire à la répression policière en France. Il renouvellera bientôt la même manœuvre pour la publication des *Lettres anglaises*.

Son *Charles XII* assurément méritait de ne point périr étouffé par la censure. Par un *Discours* ajouté en tête de la première édition, l'historien s'explique sur le choix de son sujet. Il a retenu Charles XII comme un des personnages «les plus singuliers qui eussent paru depuis vingt siècles»: un être d'exception, hors

---

39. D422 (8 août 1731).

40. D439: Marais le commente le 22 novembre.

41. Reproduction du registre de Bowyer dans *Voltaire and the English* (*Studies* 179 (1979), p.160). Voir l'article de A.-M. Rousseau dans le même volume, «Naissance d'un livre et d'un texte: les *Letters concerning the English nation*», p.28.

42. D397 (30 janvier 1731): il tâte le terrain auprès de Cideville pour une impression rouennaise. A cette date, Bowyer a déjà commencé le travail depuis un mois.

43. D.app.39, p.494-95, factum de Jore contre Voltaire, 1736.

du «vulgaire parmi les princes».[44] On comprend qu'une telle personnalité ait pu coexister dans l'esprit de l'écrivain avec la figure de Brutus. La conclusion du livre sculpte la statue pour la postérité, en un style dense et antithétique, dans le goût de Salluste, de Tacite. «Avant la bataille et après la victoire, il n'avait que de la modestie; après la défaite, que de la fermeté: dur pour les autres comme pour lui-même [...] homme unique plutôt que grand homme; admirable, plutôt qu'à imiter».[45] *Post mortem*, le récit terminé, Charles XII se détache dans une perspective d'épopée ou de tragédie. Passionné de «gloire», il fut un «héros», portant «toutes les vertus à un excès où elles sont aussi dangereuses que les vices opposés».

C'est ici pourtant que Voltaire abandonne pour la première fois l'idéalisation des fictions nobles, pratiquées par lui jusqu'alors. Dans cette *Histoire* en prose il découvre les ressources d'une narration libérée des exigences conventionnelles de grandeur, liées aux formes contraignantes de la haute poésie. Son récit sans apprêt permet une approche du personnage sur le vif. Ainsi cette scène, à la fin du livre VI: le vizir turc a encerclé Pierre le Grand sur le Pruth; l'armée russe va être anéantie, le tsar capturé. Charles XII accourt à cheval de cinquante lieues pour participer à la curée. Mais à son arrivée il apprend que le vizir vient d'accorder une capitulation qui sauve le souverain et ses troupes. Furieux, le «visage enflammé», le roi se précipite dans la tente du vizir, lui fait une scène; après quoi il se jette sur un sopha, «et, regardant le vizir d'un air plein de colère et de mépris, il étendit sa jambe vers lui et embarrassant exprès son éperon dans la robe du Turc, il la lui déchira».[46] Homme d'action, conduit par des motivations puissantes mais simples, le personnage ne se prêtait pas à l'analyse psychologique. Son historien suit donc de l'extérieur ses faits et gestes, l'accompagnant dans ses extraordinaires entreprises. Il parvient de la sorte à créer une forte impression de présence. A tel point que le lecteur d'aujourd'hui se demande si le conquérant suédois ne fut pas l'un de ces névropathes dont l'histoire connaît d'autres exemples. Charles XII mourut à trente-six ans sans avoir connu de liaisons féminines; il n'avait «presque point de barbe»,[47] peu de cheveux: signes d'un déséquilibre endocrinien? Que nous puissions poser ces questions est l'indice d'un récit, pour l'époque, singulièrement réaliste.

Voltaire avait été séduit par l'intérêt dramatique du sujet. Il écrira plus tard que seuls les auteurs de tragédies peuvent donner de l'animation à l'histoire:

44. *Œuvres historiques*, p.55.
45. *Œuvres historiques*, p.272.
46. *Œuvres historiques*, p.197.
47. *Œuvres historiques*, p.273.

ils savent, eux, «peindre et remuer les passions».[48] Dramaturge, il se trouvait ici assurément à son affaire. Il vit et nous fait vivre en leur devenir des entreprises incertaines à l'origine, indécises en leur développement, aboutissant à des dénouements inattendus. Pris par la matière l'historien entre dans le récit des combats: épisodes dramatiques qui décident du sort d'un conquérant. Il est paradoxal que l'on doive à Voltaire, ennemi de la guerre, des narrations de batailles qui sont les modèles du genre. La bataille de Poltava en est un exemple classique. En cette journée la destinée de Charles XII a basculé. Le voici désormais aux prises avec l'adversité, hôte du Grand-Seigneur à Bender sur le Dniestr, mais plutôt son prisonnier. Nous suivons maintenant les aléas de l'intrigue. Le roi de Suède se berce de l'espoir que le sultan ottoman lui donnera une armée de cent mille hommes, pour reconquérir la Pologne et prendre sa revanche sur le tsar. Ses agents auprès de la Sublime Porte manœuvrent, tentant de mettre dans leurs intérêts la Sultane Validé, les vizirs successifs, les favoris. Au milieu de ces alternatives prend place la péripétie de Varnitza, contrepoint cocasse des grands combats de naguère. Charles XII l'épée à la main, à la tête d'une troupe de cuisiniers, bataille *pro aris et focis*, pour défendre sa maison contre une armée de Turcs et de Tartares. Enfin, une révolution de palais ayant porté au pouvoir son ennemi Ali Coumourgi, il se résigne à regagner son pays. Après avoir résisté à Stralsund et dans l'île Rugen, dans des conditions aussi précaires qu'à Varnitza, mais pour un tout autre enjeu, il est tué dans la tranchée au siège de Fredrikshald en Norvège. Dénouement abrupt: l'historien nous le montre s'affaissant avec un grand soupir sur le parapet, le crâne brisé par un projectile tiré des lignes ennemies (ou peut-être par l'un de ses hommes, près de lui).[49]

Le récit de l'historien souvent a pris l'allure d'un reportage. Aussi bien est-il rédigé après une enquête de type journalistique. Les événements ne remontaient qu'à une vingtaine d'années. Voltaire a pu interroger nombre de témoins encore vivants: Fabrice envoyé du Holstein, demeuré auprès de Charles XII à Bender, qui lui a inspiré la première idée de l'œuvre; Fonseca, médecin juif à Constantinople, qu'il a connu à Paris;[50] l'envoyé de France Fierville; Croissy, ambassadeur de Louis XIV qui suivit le roi de Suède jusque sous le canon de Stralsund;[51] le Français Villelongue, colonel au service de Charles XII; le comte Poniatowski, principal artisan des intrigues auprès du Grand-Seigneur; et même un «M. Bru», parent de Voltaire (inconnu d'autre

---

48. D2148 (26 janvier 1740), au marquis d'Argenson.
49. Voir *Œuvres historiques*, p.1682.
50. *Œuvres historiques*, p.172.
51. *Œuvres historiques*, p.253.

part), «premier drogman à la Porte Ottomane».[52] A partir de telles sources, l'esprit voltairien imprime à l'histoire un caractère de «chose vue», pour nous fort attrayant. Par exemple, lorsque les Danois, ennemis héréditaires de la Suède, ayant débarqué en Scanie, il faut lever en hâte une milice, Voltaire nous montre ces paysans, soldats improvisés, accourant en sarraux de toile, armés de pistolets attachés à leurs ceintures par des cordes; écumants de colère, ils obligent Steinbock, qui voudrait temporiser, à attaquer immédiatement.[53]

Voltaire n'a pas encore mis au point sa méthode. Cette biographie dramatique laisse à désirer du point de vue de l'histoire. Il manque un tableau de la Suède, faisant comprendre comment le roi a pu tirer du pays ces renforts dont il est question, affluant sans cesse en Pologne. Il manque aussi une analyse plus détaillée de la conjoncture européenne pendant la guerre de Succession d'Espagne. L'historiographie voltairienne néanmoins se dessine dans *Charles XII*. Evénementielle, cette histoire vise déjà à peindre les mentalités. Si le récit s'attache à des détails curieux sur la disgrâce du grand-vizir Couprougli, c'est, nous dit-on, dans l'intention de «faire connaître l'esprit du gouvernement ottoman».[54] Car l'auteur, en traitant son sujet, commence à prendre conscience de sa philosophie de l'histoire. L'une des leçons – à savoir que l'exemple du roi de Suède détournera les princes des conquêtes – ne ressortait guère d'une présentation plaçant en un si beau jour l'«homme unique». Mais Voltaire y revient dans le *Discours* rédigé après coup. Il s'avise aussi que le véritable grand homme n'est pas Charles XII, un simple «héros», mais Pierre le Grand. Alors que le texte de la première version réduisait le tsar à ne jouer que le rôle de l'ennemi principal, le *Discours* les situe tous deux sur le même plan. Ensuite les additions de 1739 rendront pleine justice au fondateur de l'Etat russe, qui osa entreprendre l'immense tâche de policer son peuple. Evolution des perspectives qui correspond à l'émergence d'une philosophie politique privilégiant les grands souverains civilisateurs.

Voltaire enfin, historien de vingt années de guerre, rencontre une terrible évidence: que l'histoire des hommes est tissée d'atrocités. Ce ne sont point tant les morts, les destructions, conséquences inévitables des opérations militaires, qui le font frémir; mais les horreurs délibérément voulues. Il a dû dans l'*Histoire de Charles XII* s'arrêter à deux épisodes particulièrement abominables. En accordant la paix à Auguste II, le roi de Suède exige la livraison de Patkul, patriote livonien. Ce malheureux est condamné à mourir, mais par le supplice le plus cruel: il fut tout vif roué et découpé en morceaux.[55] Autre horreur: en

52. *Œuvres historiques*, p.186.
53. *Œuvres historiques*, p.185.
54. *Œuvres historiques*, p.186.
55. *Œuvres historiques*, p.135-36.

1713, le général suédois Steinbock décide, par représailles, de brûler la ville d'Altona sur l'Elbe. L'exécution a lieu en une nuit, le 9 janvier. Les habitants sont chassés sur les coteaux environnants, couverts de glace, balayés par le vent du nord. «Quelques femmes nouvellement accouchées emportèrent leurs enfants et moururent de froid avec eux sur la colline, en regardant de loin les flammes qui consumaient leur patrie.»[56] Le plus affreux fut cependant un crime perpétré non par un chef de guerre endurci, mais par toute une population civile, qu'on aurait pu croire accessible aux sentiments humains. Le lendemain les Altonais survivants se traînent aux portes de Hambourg: or leurs voisins refusent de les admettre, heureux de se débarrasser de gens qui concurrençaient leur commerce. Les malheureux expirèrent sous les murs de Hambourg, sans abri, sans nourriture. Evénement si odieux qu'en 1733 les Hambourgeois adressèrent une protestation à Voltaire. Ils se défendaient non d'avoir repoussé leurs compatriotes d'Altona, mais d'avoir payé Steinbock pour qu'il détruise une ville rivale.[57] Avec l'*Histoire de Charles XII* Voltaire ouvrait le long registre des cruautés qui rempliront son *Essai sur les mœurs*.

Il prend conscience simultanément d'un aspect moins sinistre de l'histoire. Le goût voltairien de l'insolite trouve son aliment dans les péripéties bizarres qu'entraînent les bouleversements d'une longue guerre. Facilement, dans de telles circonstances, les grandeurs d'établissement sont bafouées. Une serve estonienne de dix-huit ans épouse un dragon suédois. Le mari, le lendemain de ses noces, est enlevé par un parti moscovite; il ne reparaîtra plus. La fille alors, fort jolie, passe de main en main, sous le nom de Catherine, au service et dans le lit de généraux russes: Bauer, Sheremetoff, Menzikoff. Un jour, dînant chez celui-ci, Pierre le Grand la remarque, s'enflamme, la prend pour femme, ayant répudié sa première épouse Ottokefa. La paysanne d'Estonie de servante concubine devient donc impératrice.[58] Elle était femme de tête. Sur le Pruth, c'est elle qui sauve le tsar désemparé: elle rassemble tout ce qu'elle peut trouver de bijoux et d'argent, achète le premier lieutenant du vizir, et obtient ainsi l'armistice qui délivre Pierre le Grand et son armée. Après la mort du tsar, l'ancienne serve couronnée sous le nom de Catherine Ière règnera sur l'empire et continuera l'œuvre de son mari.

Le Français sujet de Louis XV lisait dans l'*Histoire de Charles XII* un autre incident le concernant plus directement. Stanislas Leszczynski, pourchassé par son rival Auguste, doit quitter précipitamment Varsovie. Dans la fuite il perd sa seconde fille. On recherche le bébé. On finit par le découvrir abandonné

---

56. *Œuvres historiques*, p.233.
57. *Œuvres historiques*, p.279-81.
58. *Œuvres historiques*, p.192-93.

dans l'auge d'une écurie.[59] Or cette enfant deviendra Marie Leszczynska, reine de France.

Ainsi va le monde. L'*Histoire de Charles XII*, le plus étendu jusqu'ici des ouvrages en prose de Voltaire, marque dans son œuvre un commencement. De poète qu'il était il accède, en même temps qu'à une manière différente d'écrire, à une vision nouvelle des hommes et des événements.

Nulle rupture cependant. Des mois passeront avant qu'il ait l'idée d'un autre ouvrage historique, de plus large ambition que *Charles XII*. La souplesse de son génie l'empêche, ayant découvert un genre nouveau, de renoncer à ceux qu'il a jusqu'alors pratiqués. Pendant que Jore imprime son *Charles XII*, il a mis en chantier deux tragédies: une *Mort de César*, une *Eriphyle*.

Pour surveiller le travail de Jore, au printemps de 1731 il s'est rendu en Normandie. Là, il prend soin de se cacher. Cideville l'avait d'abord logé dans une auberge discrète, l'Hôtel de Mantes, qui avait l'inconvénient d'être un bouge: toiles d'araignée aux murs, lits durs, chaises branlantes, et pour l'éclairage, une «bouteille au cou cassé»

> Y soutient de jaunes chandelles
> Dont le bout y fut enfoncé
> Par les deux mains sempiternelles
> De l'hôtesse au nez retroussé.[60]

Il préfère donc aller simplement loger chez son libraire Jore, rue Saint-Lô, à l'ombre du palais de justice. Il y serait demeuré trois mois. Plus tard Jore, mortellement brouillé avec son auteur, racontera à sa manière le séjour, insistant sur la ladrerie de son pensionnaire.[61] Les beaux jours étant venus après un printemps maussade, il émigre à la campagne: à Canteleu, sur la rive droite de la Seine.[62] Il passe là le mois de juin. Il s'est mis au régime: légumes, œufs frais, laitage. La «jardinière» qui l'approvisionne lui rend en outre le service d'aller trois fois la semaine à Rouen porter et chercher des épreuves d'imprimerie.[63] Il continue à dissimuler son identité: il serait un Anglais,

---

59. *Œuvres historiques*, p.119.

60. D615, n.2, reproduit intégralement ces vers qui sont en réalité une lettre à Cideville, qui aurait sa place entre D406 et D407. Voltaire écrit quelques jours avant le vendredi saint: après avoir évoqué, en termes crus, son auberge, il plaisante sur la Passion, s'appliquant délibérément à choquer. Texte révélateur des réactions que suscitent en lui les grands moments de la religion chrétienne.

61. D'après le *Factum* de Jore, 1736 (D.app.39, p.495): à un valet à qui il avait promis 20 sols par jour, il n'en voulut donner que 10. Jore, grand seigneur, tira la différence de sa poche: 45 francs, qui ne lui furent jamais remboursés.

62. D'après D411.

63. Détails donnés par Jore, qui prétend qu'il paya fort mal la jardinière. Jore, toujours munificent, dut compléter la somme.

nommé M. Chevalier (nom pourtant peu britannique).[64] Il va jusqu'à faire courir le bruit qu'il est retourné en Angleterre. Ecrivant au *Nouvelliste du Parnasse*, il date de «Fakener, près de Canterbury»: pour le village où il est censé résider il a pris le nom de son ami Fawkener; il pousse la mise en scène jusqu'à indiquer la date d'après l'*old style* des Anglais. Le même jour il adresse au *Mercure de France* une lettre supposée écrite «De Fahner, près de Londres».[65]

Pourquoi tant de précautions? Il est entendu que l'*Histoire de Charles XII* doit s'imprimer clandestinement. Cela n'impliquait pas que son auteur dût se cacher. L'imprudent Thiriot laisse circuler dans Paris des copies de *La Mort de Mlle Lecouvreur*? Il n'en peut résulter de désagrément vraiment fâcheux; l'actrice étant décédée depuis un an, l'affaire est presque oubliée. En fait, malade, Voltaire traverse des phases d'hypocondrie. Il est resté tout un mois dans son lit, tourmenté par des maux d'entrailles, tour à tour dépressif et fébrilement actif:

> Toujours un pied dans le cercueil
> Et l'autre faisant des gambades.[66]

Du côté «gambades»: la rédaction de *La Mort de César*, l'élaboration d'*Eriphyle*, maintenant «dans son cadre»; la révision de plusieurs pièces, parmi lesquelles l'*Epître* désormais intitulée *à Uranie*; la version française de l'*Essai sur la poésie épique*; et puis des foucades contre Malebranche, contre Descartes, ces «mystiques fous», ces «pieux loups-garous», ces «conteurs de rapsodies», dont il renvoie les œuvres, prêtées par Cideville et Formont.[67]

Lui si changeant, il est, quand son humeur l'y porte, l'homme le plus aimable. Cideville s'en enchante, au point de ne pouvoir le jour songer à nul autre, et d'en rêver la nuit. Son ami écrit une lettre dithyrambique pour louer les deux attraits[68] chez lui les plus séduisants: la «douceur la plus grande» dans la société, «une flexibilité de génie [...] susceptible de toutes les formes». Ce que pour sa part Formont résume en trois mots: ce Voltaire, il est «plein d'esprit, de folies, et de coliques».[69]

Mais de Paris les affaires viennent le «lutiner»:[70] il revient dans la capitale au début d'août. Quelles affaires? Le *Charles XII* qu'il faudrait enfin extraire de sa cachette. Et toujours des tragédies à faire jouer. Dans le mois passé en son lit, il a terminé *La Mort de César*. Pour cette tragédie sur un sujet classique,

---

64. D413.
65. D415, D416.
66. D414 (le 1er juin), à Thiriot.
67. D411 (mai 1731).
68. D420 (31 juillet 1731): Cideville emploie un mot singulièrement plus grossier.
69. D452 (15 janvier 1732).
70. D418 (29 juillet 1731).

voire scolaire, il cherche l'approbation des Pères jésuites, ses anciens maîtres: Brumoy, Porée, Tournemine.[71] Le 19 août, la pièce a été lue devant dix Pères de la Société: l'aréopage a exprimé sa satisfaction. *La Mort de César*, peu jouable, nous le verrons, n'aura qu'en 1733 une première représentation, en privé, à l'Hôtel Sassenage, suivie d'une seconde en 1735 au collège d'Harcourt.[72] Il faudra attendre 1743 pour qu'elle paraisse à la Comédie-Française. Une édition pirate a toutefois été donnée après la représentation au collège d'Harcourt, ce qui contraint Voltaire à imprimer son texte authentique en 1736. Dans ces conditions, nous prenons le parti d'examiner cette tragédie au moment de son achèvement, en août 1731. La pièce doit en effet retenir l'attention du biographe.

Une déclaration de son auteur risque de nous tromper sur son dessein. Il aurait voulu faire connaître «les Muses anglaises en France».[73] Non pas en traduisant «l'ouvrage monstrueux» de Shakespeare, mais en proposant un équivalent supportable, qui resterait «dans le goût anglais». En réalité Voltaire ne se comporte pas comme un précurseur de Ducis, soucieux d'édulcorer Shakespeare à l'usage du public français. A partir du *Julius Caesar* il a fait une autre œuvre. Nous sommes en présence ici d'un «dialogue au sommet».[74]

N'imaginons pas Voltaire ayant sous la main le texte anglais tandis qu'il versifie sa tragédie. On doute qu'il en ait rapporté une édition d'outre-Manche, et il n'existait à cette date aucune traduction française. C'est d'après ses souvenirs vécus qu'il compose *La Mort de César*.[75] De tous les drames shakespeariens, *Julius Caesar*, on le sait, fut l'un de ceux qui le touchèrent le plus. Il a devant les yeux non un livre mais les scènes jouées sur les tréteaux de Drury Lane et Lincoln's Inn.

Il n'a donc pas de peine à élaguer, afin de ne retenir que ce qui émerge dans sa mémoire comme le meilleur. Il retranche les actes IV et V, où Shakespeare racontait la défaite en Macédoine des conjurés. Le dernier acte se situait sur le champ de bataille même, pendant les combats: «irrégularités barbares, fautes grossières».[76] Voltaire arrête sa tragédie à la scène d'Antoine

71. D423.
72. D908.
73. Préface de l'édition donnée par Voltaire en 1736.
74. Nous pensons aux études du maître de l'école allemande de la «réception», H.R. Jauss. Voir *Pour une esthétique de la réception* (Paris 1978), notamment «De l'*Iphigénie* de Racine à celle de Goethe».
75. Cf. André-Michel Rousseau, *Voltaire: La Mort de César* (Paris 1964), p.22: dans les expériences dramatiques de Voltaire après 1730, «Shakespeare se profile toujours à l'arrière-plan, plus par les souvenirs vécus que par l'analyse méthodique de textes encore jamais traduits et mal connus, même de Voltaire.»
76. *Discours sur la tragédie*, M.ii.316-17.

haranguant le peuple devant le cadavre de César, retournant la foule contre les assassins. Selon la règle française il fixe l'action en un lieu unique: le Capitole. Il se prive ainsi de la possibilité d'évoquer comme Shakespeare l'ambiance de la ville entière pendant la journée et la nuit qui précèdent le crime. Supprimé le lever du jour sur Rome, à la date fatidique des Ides de mars. Supprimés les épisodes prenant place dans des rues, dans le verger de Brutus, dans sa maison, dans le palais de César, ou aux abords du Capitole. Supprimés les comparses: le menuisier et le savetier sur le pas de leur porte, le devin, les serviteurs, donnant l'impression que toute une population est impliquée dans le drame. Voltaire élimine surtout les deux personnages féminins: Portia l'épouse de Brutus, Calpurnia celle de César. L'une et l'autre pressentent le malheur; tentant de le conjurer, elles contribuent à créer un climat d'attente anxieuse. En les faisant disparaître, il prive sa pièce de la résonance affective dont vibre celle de Shakespeare. Non seulement il réalise ici son idéal ancien d'une tragédie sans amour, mais il va jusqu'au paradoxe d'une tragédie sans femmes. Il se réservait de placer l'émotion à un autre niveau, où n'intervient pas la sensibilité féminine. Mais il ne lui échappait pas qu'ainsi la représentation à la Comédie-Française devenait quasi impossible. Il était impensable que la troupe acceptât, en 1731, une pièce ne comportant aucun rôle pour les comédiennes.

La Mort de César était injouable pour une autre raison encore. Voltaire sans doute fait l'économie de la mise en scène shakespearienne. Il relègue dans les coulisses l'assassinat, que le drame anglais mettait sous les yeux des spectateurs, non sans cruauté.[77] Il reste cependant que La Mort de César faisait figure de pièce «à grand spectacle» par rapport aux habitudes françaises.[78] Le troisième acte notamment montrait le tumulte des conjurés, la foule romaine se pressant autour du cadavre de César étendu sous une «robe sanglante», Antoine parlant du haut d'une tribune puis descendant près du corps: toutes actions irréalisables sur la scène encombrée de spectateurs. Il apparaît qu'en 1731 Voltaire a écrit sa tragédie pour lui-même, sans perspective d'une représentation prochaine.

Quel était son dessein? Assurément de faire une pièce politique. Shakespeare mettait en évidence l'inutilité du tyrannicide: César mort, la tyrannie subsiste. C'est pourquoi l'action se prolonge jusqu'à la défaite des républicains à Philippes. Voltaire ne retient pas cette leçon. Il porte à la scène l'exaltante passion de la liberté. Parce que César veut se faire couronner roi, Brutus, Cassius, leurs compagnons, exhalent leur indignation en alexandrins vigoureusement frappés. On retrouve l'ambiance de son Brutus de l'année précédente.

77. Acte III, scène 1, les conjurés baignent leurs bras «jusqu'au coude» dans le sang de César; ils en teignent leurs épées. Voltaire n'a pas tout à fait tort d'accuser Shakespeare de «barbarie».
78. A.-M. Rousseau, La Mort de César, p.20.

Mais la situation a changé. L'enthousiasme que suscitaient les débuts de la république, sonne faux dans la république décadente. Voltaire ne peut empêcher qu'il ne tourne à la déclamation. On est allé jusqu'à taxer «d'énergumène hypocrite et de fanatique obtus»[79] son Cassius proférant:

> Un vrai républicain n'a pour père et pour fils
> Que la vertu, les dieux, les lois et son pays.

De fait, César ne manque pas de justification quand il oppose à ses adversaires que «Rome demande un maître». Voltaire revient ici à la théorie monarchique de *La Henriade*. En des «temps corrompus», la liberté n'est plus qu'anarchie: l'avènement d'un «maître» peut seul empêcher que les factions ne déchaînent la guerre civile. On remarquera que sur cette «décadence» de la Rome républicaine sa pensée est moins élaborée que celle que développe à peu près à la même époque Montesquieu.[80] Il voit mal le problème institutionnel d'une république municipale devenue la tête d'un immense empire. Mais il est vrai qu'une tragédie se construit sur des passions, non sur des analyses politiques. *La Mort de César* met aux prises la passion du pouvoir chez le dictateur avec celle d'une liberté exacerbée dans la mesure même où elle s'est vidée de sa substance.

Cependant l'originalité de l'œuvre est à chercher ailleurs. Le drame politique s'accompagne d'un drame personnel. Voltaire a modifié les données traditionnelles en imaginant que Brutus était né d'un mariage secret de César. Le conflit devient dès lors celui du père et du fils. Dès la première scène se découvre le double fond du sujet. Antoine congratule César: le dictateur va recevoir du peuple la couronne royale. Mais il s'étonne: pourquoi en un jour de gloire cette tristesse, ces «longs soupirs»? César alors se décide à parler. Il ne cachera pas plus longtemps «l'amertume dont [son] cœur paternel en secret se consume». Il a un fils. Non pas Octave, enfant adopté, mais un fils selon la chair: ce «malheureux Brutus», ce farouche républicain qui conspire contre lui. Et pourtant il l'aime tendrement: en lui il reconnaît l'intransigeance de sa propre jeunesse, lorsque lui-même s'opposait à Sylla, à Pompée.

Comment se fait-il que nul jusqu'ici n'ait soupçonné sa paternité? En six vers il résume une sorte de roman. Il avait épousé secrètement Servilie, la sœur de Caton. Mais Caton rompant avec César lui reprend sa sœur: il la fait «passer en d'autres bras». Or elle était déjà enceinte de Brutus; et le jour même du second mariage le nouvel époux meurt. Brutus passe néanmoins pour le fils de celui-ci. Le père putatif occulte le père réel. En inventant un

---

79. A.-M. Rousseau, *La Mort de César*, p.25.
80. Montesquieu rédige ses *Considérations sur les causes de la grandeur des Romains et de leur décadence* après son retour d'Angleterre en 1732. Elles paraîtront en 1734.

tel imbroglio matrimonial, Voltaire dut penser au cas de double paternité qu'il savait ou croyait être le sien. Un peu plus loin (III.ii), Cassius s'écriera: qu'importe que César

> esclave de l'amour,
> Ait séduit Servilie et t'ait donné le jour?
> Laisse là les erreurs et l'hymen de ta mère.

Séduction, «erreurs»: les termes s'appliquent mal à Servilie, deux fois légitimement mariée. Mais ils conviendraient à l'adultère de Mme Arouet. Voltaire en ces passages a-t-il disposé des allusions perceptibles pour lui seul?

César se flatte de ramener Brutus, lorsqu'il lui découvrira son origine. Il fera de ce fils aimé son successeur au trône. Antoine doute du succès tant le jeune homme met de fanatisme dans sa conviction républicaine. En effet, à l'acte suivant, c'est Brutus qui par son éloquence enflammée décide les conjurés à poignarder le tyran. Au pied de la statue de Pompée, il fait serment de libérer Rome. Brutus va donc commettre la moitié du crime d'Œdipe: assassiner son père, sans le connaître. Mais voici que survient ce père lui-même. César fait sortir les complices, et reste seul avec Brutus. Il révèle à celui-ci qu'il est son fils; il en fournit la preuve. Foudroyé, Brutus quelque temps ne peut parler. Enfin il implore: il aimera son père, si son père renonce à régner. César, courroucé, refuse. A partir de ce moment, Brutus offre le triste spectacle d'une personnalité disloquée. Ses amis s'étonnent de le voir, lui tout à l'heure si ardent, reparaître abattu, prostré. Il leur dit ce qu'il en est. C'est Cassius, à son défaut, qui prend désormais la direction du complot. Le fils va tenter un suprême effort. Que César consente à redevenir un simple citoyen, Brutus alors surmontera les contradictions qui le déchirent: car il admire, il aime ce père tyrannique. Mais César réitère son refus: l'intérêt de Rome exige que s'institue un pouvoir absolu, et c'est à lui, César, d'assumer cette mission historique.

Les événements vont donc suivre leur cours. Brisé, Brutus se laisse entraîner. Il a participé à l'assassinat, mais l'opération fut conduite par Cassius, non par lui. Après le meurtre, c'est Cassius, et non lui comme dans Shakespeare, qui vient se justifier devant le peuple. Brutus a disparu et de la scène et de l'action. Voltaire termine sa pièce sur le grand spectacle du débat contradictoire devant le peuple, en présence du cadavre sanglant du dictateur: «l'un des morceaux les plus frappants et les plus pathétiques qu'on ait jamais vu sur aucun théâtre».[81] Le finale paraîtrait étranger au conflit père-fils, si Antoine dans sa harangue ne pointait sur Brutus absent un doigt vengeur. Il apprend au peuple que cet assassin était le fils de César. Et sa dénonciation raconte le parricide:

---

81. Cité par A.-M. Rousseau, *La Mort de César*, p.8.

Là, Brutus éperdu, Brutus l'âme égarée,
A souillé dans ses flancs sa main dénaturée.
César, le regardant d'un œil tranquille et doux,
Lui pardonnait encore en tombant sous ses coups.
Il l'appelait son fils; et ce nom cher et tendre
Est le seul qu'en mourant César ait fait entendre:
«O mon fils», disait-il.

UN ROMAIN

O monstre que les dieux

Devaient exterminer avant ce coup affreux!

Le dénouement de *La Mort de César* est à rapprocher de celui de *Brutus*. La tragédie de 1730 aboutissait à la mise à mort du fils par le père. Dans celle de 1731 c'est le fils qui tue le père. Mais ici et là, au moment suprême, la cruauté du geste est atténuée par le sentiment. Titus, on l'a vu, avant d'expirer s'était réconcilié avec son père, acceptant la sentence capitale que celui-ci lui infligeait. Symétriquement le second Brutus, le fils, frappe, mais «éperdu, l'âme égarée», et c'est le père qui accepte le coup, «d'un œil tranquille et doux». Il meurt en soupirant «O mon fils»: non pas un reproche, mais un «nom cher et tendre». Car depuis le début César s'était résigné à mourir de la main de ce fils aimé.

Ce serait une entreprise aléatoire que de tenter une psychanalyse de Voltaire. Une conjecture se présente à l'esprit. Une névrose a-t-elle part à la maladie qui le tient un mois au lit pendant qu'il rédige *La Mort de César*? Névrotique, au cours du printemps de 1731, ce souci de se cacher qu'on parvient mal à expliquer? On se gardera d'être affirmatif. Mais on demeure sur un plan objectif en constatant la présence dans son œuvre, depuis *Œdipe*, d'un thème du Père. Thématique réactivée en 1731. Après les représentations de *Brutus*, le conflit est repris, en termes inversés, dans *La Mort de César*. Et dans ce même printemps de 1731 Voltaire a révisé l'*Epître à Uranie*, dont le Père éternel occupe le centre. On se rappelle les vers:

Je veux aimer ce Dieu, je cherche en lui mon père:
On me montre un tyran que nous devons haïr.

Comme l'auteur de l'*Epître*, Brutus voudrait aimer en César son père; mais en lui il se heurte à un «tyran» qu'il doit «haïr». De l'*Epître* à la tragédie l'ambivalence n'a pu être surmontée. Et voici que Voltaire une nouvelle fois pendant l'été de 1731 traite dans son *Eriphyle* la tragédie du père assassiné, inspirée de *Hamlet*.

Un comportement paraît étonnant de la part d'un homme de lettres aussi laborieux. Il n'a jamais eu jusqu'ici de domicile durable. Il vit dans des auberges, chez des amis, ou en pension chez des particuliers, mais toujours pour des périodes brèves: quelques jours, quelques semaines, tout au plus quelques mois. Quand il loue un appartement, c'est pour peu de temps. Il n'a guère séjourné dans la maison de la rue de Beaune que lui ont donnée à bail les Bernières; ni dans l'immeuble de l'ivrognesse, rue de Vaugirard. Nul n'est alors moins sédentaire que cet homme qui laissera son nom à un fauteuil. Toujours en camp volant, il a vite fait de mettre en paquet, avec ses effets, les manuscrits de ses ouvrages en cours. C'est miracle qu'il n'en ait pas perdu dans ses continuels déplacements.

En septembre 1731, il est dans une maison d'Arcueil que lui prêtent le prince et la princesse de Guise: il n'y reste qu'une dizaine de jours.[82] Mais à l'approche de la quarantaine, il sent le besoin d'une existence plus stable. En décembre, il s'est installé chez la comtesse, ou plutôt la baronne,[83] de Fontaine-Martel. Il y demeurera plus d'un an, jusqu'à la mort de cette dame (janvier 1733).

La maison, rue des Bons-Enfants, a vue sur le Palais-Royal. Voltaire loge en un «appartement bas», sous les toits.[84] Il s'y est mis dans ses meubles.[85] Une partie de son mobilier par la suite se répandra aux étages inférieurs. Il aura de la peine, après le décès de son hôtesse, à séparer ce qui lui appartient de ce qui fait partie de l'héritage: tant il s'était établi en la maison sur un pied d'intime familiarité. Septuagénaire, la baronne, fille du président Desbordeaux, était une vive et gaillarde personne. «Très singulière Martel»: ainsi Voltaire la désigne-t-il dans une épître que peu après son arrivée il lui fait porter par un domestique au bas de son escalier.[86] Des plus singulières, en effet. D'humeur fantasque, elle était connue par ses foucades. Elle avait pratiqué l'un et l'autre libertinage. Elle s'affichait toujours un esprit fort. Le curé de la paroisse ne la voyait jamais aux offices. Ce qui, à l'heure du grand départ, créera quelque difficulté. En revanche elle fréquente assidûment l'Opéra, tout proche, où elle a sa loge. Elle avait eu des galanteries. On disait que M. de Fontaine-Martel (décédé, semble-t-il, à la date où nous sommes), n'avait en rien contribué à la naissance de sa fille.[87] L'âge venu, elle n'avait point embrassé le parti de la pruderie. Elle professe que lorsqu'on a «le malheur de ne pouvoir plus être

---

82. D428. Il est revenu à Paris au chevet du président de Maisons, atteint de la petite vérole. Son ami meurt «entre ses bras», le 13 septembre (D432). Il ne retourne pas dans la maison d'Arcueil.

83. C'est le titre de baronne que Voltaire lui donne presque toujours.

84. D450, «l'appartement bas qui donne sur le Palais-Royal», doit s'entendre, non d'un appartement du rez-de-chaussée, mais d'un appartement bas de plafond: cf. M.x.277, à Mme de Fontaine-Martel: «D'un recoin de votre grenier».

85. Voltaire y place les «tableaux de M. de Nocé» qu'il vient d'acheter, D444.

86. M.x.277.

87. D'après D570, elle l'aurait eue d'un de ses amants, un M. Chapit.

catin, il faut être maquerelle».[88] Sur son lit de mort ce n'est pas à l'au-delà qu'elle pense. L'idée qui la réconforte, en ce moment grave, c'est qu'à toute heure «il y a quelqu'un qui empêche la race de s'éteindre».[89] Mais c'est une femme pleine de contradictions. Elle se conduit chez elle tout au contraire d'une «maquerelle». Riche, elle prend des pensionnaires non pour de l'argent, mais pour avoir la compagnie de gens qui la divertissent. C'est à cette condition qu'elle a logé Thiriot: c'est par Thiriot sans doute que Voltaire fut admis dans la maison. Elle donne même à cet aimable parasite une rente de 1.200 francs, pour qu'il l'amuse.[90] Or voici qu'il s'éprend d'une danseuse de l'Opéra, Mlle Sallé. La baronne se fâche, expulse Thiriot, lui retire sa rente. Cette femme aux propos grivois ne veut pas héberger d'hommes qui aient des maîtresses. On lui a présenté Crébillon le fils (qui ne s'est pas encore fait connaître comme romancier libertin). Il lui plaît. Mais on lui dit qu'il n'a que vingt-cinq ans: elle le refuse. Voltaire voudrait introduire dans la maison Linant, un protégé de Cideville et de Formont. Hélas! Linant a dix-neuf ans. Elle pousse les hauts cris. «Elle a toujours peur qu'on ne l'égorge pour donner son argent à une fille d'Opéra». Au contraire, elle accueillerait fort bien quelqu'un qui aurait pour titre d'«être impuissant».

A cet égard, Voltaire semble présenter toute garantie. Depuis des mois sa santé délabrée fait qu'il vit sans maîtresse. En outre sa gaîté enchante la baronne. Il s'institue rapidement l'organisateur de ses plaisirs. Elle aime la bonne chère, comme elle aime l'esprit.[91] Chaque dimanche elle tient donc un dîner. Ses convives forment comme une académie: quand l'un se retire, on pourvoit à son remplacement. A ces agapes Voltaire sait attirer un invité de choix: le comte de Clermont, un Condé, prince du sang, auprès duquel il a accès par Moncrif. Mais la table chez la baronne est, comme le reste, inégale. Si parfois on s'y délecte, assez souvent on y mange mal.[92] Car Mme de Fontaine-Martel passe par des alternances de prodigalité et de ladrerie. Elle se montre pingre avec ses domestiques, qu'elle rudoie. Elle a attiré auprès d'elle, comme demoiselle de compagnie, une jeune fille pauvre; elle ne lui sert aucun gage, sous la vague promesse de l'inscrire sur son testament (ce qu'elle ne fera pas).[93] Ce ne sera pas une mince prouesse, de la part de Voltaire, que

88. D14218.
89. Propos noté par Voltaire dans ses carnets, OC, lxxxii.506. Même propos, sous une forme atténuée, dans une lettre à Richelieu, D15763.
90. Ces détails et les suivants dans D493.
91. D553.
92. D448, D462, D480.
93. D570.

de désarmer son avarice. Il réussira finalement à lui faire dépenser pour lui jusqu'à 40.000 francs.[94]

Où passait tout cet argent? demandera-t-on. Pour une bonne part à des spectacles de société. A cette femme passionnée d'Opéra il fait aimer le théâtre. Il la persuade d'organiser en son domicile des représentations d'amateurs. Pratique fréquente au dix-huitième siècle. L'originalité est ici que Voltaire fait jouer ses propres pièces: *Brutus*, *L'Indiscret* notamment. Il recrute des acteurs bénévoles, entre autres Moncrif. On ne manque pas de s'écrier que les uns et les autres jouent infiniment mieux que la troupe professionnelle du Théâtre-Français. Au printemps de 1732, l'habitude s'est établie, rue des Bons-Enfants, de donner «assez régulièrement» la comédie.[95] Il est probable que Voltaire ne se contente pas de diriger le spectacle, et qu'il y intervient comme interprète: ce sont ses débuts d'acteur amateur. De ses premiers rôles, aucun écho ne nous est parvenu. Mais avant la fin de cette année nous le verrons briller sur la scène de Mme de Fontaine-Martel, dans un personnage à effet d'une de ses tragédies.

Pour l'heure, la pièce qui lui donne de la tablature, c'est son *Eriphyle*. Il peine sur ces cinq actes depuis plus d'un an. Il avait commencé par «faire» sa tragédie; ensuite seulement il avait songé «à ce qu'il fallait pour la faire bonne».[96] Or c'est cette seconde opération qu'il ne parvient pas à mener à bien. En janvier 1732, l'œuvre a été lue aux comédiens, acceptée, distribuée. Mais son ami Formont le met en garde: un sujet «mauvais, et incorrigible». Il multiplie pourtant les corrections, s'y employant jusque dans la loge de l'Opéra où il se trouve en compagnie de ce même Formont. Comme il craint l'échec, il ne veut pas qu'on sache que la pièce est de lui: c'est un secret, «qu'il a confié à la moitié de Paris, en suppliant qu'on ne le révèle pas à l'autre moitié».[97] Tandis qu'il s'évertue, il fait jouer sa pièce rue des Bons-Enfants: le théâtre de Mme de Fontaine-Martel va être le banc d'essai d'*Eriphyle*. On la représente le 3 février: les assistants ont pleuré, mais...[98] Après la première en public (le 7 mars), nouvelle mise à l'épreuve en privé, le 17 avril, d'une *Eriphyle* très remaniée.[99] Apparemment la baronne ne se lasse pas de ces reprises, sur son théâtre devenu l'atelier de Voltaire.

Tant d'efforts n'aboutiront qu'à un médiocre résultat. Voltaire a combiné le sujet de *Hamlet* avec celui d'*Œdipe*, en y introduisant peut-être quelques

94. D564.
95. D474, D475, D480.
96. D458, lettre de Formont à Cideville.
97. D458.
98. D459.
99. D480.

réminiscences de *Macbeth*. Eriphyle, reine d'Argos, est hantée de visions. Un «spectre épouvantable» la poursuit. Elle a, en effet, jadis laissé son amant Hermogide assassiner son mari Amphiaraüs. Pour plus de sûreté, Hermogide en outre a fait mettre à mort l'enfant de la reine. Ces événements remontent à une vingtaine d'années. Or voici que depuis peu d'étranges phénomènes se produisent: les murs du temple s'ébranlent, une «plaintive voix» s'en élève; on a rencontré dans les rues le fantôme d'Amphiaraüs. Drame d'épouvante, qui se double d'un drame politique. Eriphyle doit désigner ce jour même un roi, qu'elle épousera. L'ambitieux Hermogide compte bien être l'élu. Mais un jeune homme, Alcméon, vient de se distinguer par des exploits guerriers: une attirance porte vers lui Eriphyle. Ni la reine, ni Hermogide n'ont deviné ce que le spectateur a compris dès le début: cet Alcméon est le fils, prétendument assassiné, d'Eriphyle. Lui-même ne l'apprendra que plus tard. S'il aspire à la main d'Eriphyle, c'est par ambition, comme son rival Hermogide. En ce personnage conventionnel, rien qui rappelle le tourment de Hamlet, hanté et paralysé par le devoir de venger, sur une mère criminelle et sur le complice de celle-ci, le meurtre du père. Enfin, en présence de la cour, Eriphyle choisit le roi son époux: Alcméon. A ce moment précis, le temple s'ouvre, apparaît «l'ombre» d'Amphiaraüs. Le spectre enjoint au jeune Alcméon d'avoir à le venger. De qui? De sa mère. Cela dit, il se retire dans le temple. Alcméon ne comprend pas. Mais il apprend bientôt que cette mère n'est autre qu'Eriphyle. Pendant ce temps, Hermogide, avec ses partisans, est sur le point de s'emparer du pouvoir. Ce qui nous vaut un cinquième acte confus. Alcméon combat l'usurpateur dans les coulisses. Par mégarde, dans le temple, il poignarde Eriphyle, laquelle reparaît, soutenue par ses femmes, et vient mourir sous les yeux d'Alcméon horrifié.

Voltaire, comme il l'explique dans un avant-propos, a voulu ramener sur la scène française «la terreur».[100] Il cite comme garant, non Shakespeare, inconnu de son public, mais Eschyle. S'il a échoué, il prie qu'on lui soit indulgent. Effectivement, il a échoué. A la différence de *Hamlet*, le fantastique n'est ici nullement intériorisé. Ce spectre sans mystère, qui apparaît en plein jour, devant une nombreuse assistance, n'inspire aucune «terreur». Utilisé comme un moyen de l'intrigue, il laisse le spectateur tout à fait «froid»: Voltaire doit en convenir.

La première, le 7 mars 1732, ne remporte guère qu'un succès d'estime. On applaudit les beaux vers. Les quatre premiers actes intéressent. Mais l'imbroglio du cinquième est mal reçu.[101] On juge choquante l'apparition du fantôme.

---

100. M.ii.458.
101. D465, lettre de Formont, qui assistait à la première.

Au total, Voltaire s'estime heureux d'avoir évité les sifflets. Après huit représentations, il retravaille sa pièce pour une reprise à la fin d'avril. Il la fait précéder d'un texte en vers récité par Dufresne, l'interprète d'Alcméon (c'est l'avant-propos dont nous avons parlé). *Eriphyle* se traîne encore pendant quatre représentations.[102] Après en avoir envoyé le texte à Jore, Voltaire se ravise: il renonce à l'imprimer. Il en met le manuscrit de côté, et pour longtemps. Quinze années passeront avant qu'il n'en tire sa *Sémiramis*.

Dans la période qui a suivi son retour en France – plus de trois ans – il semble n'avoir retenu de son expérience anglaise que ce qui a trait au théâtre. Il tente de rénover la scène française par des emprunts discrets aux spectacles qu'il a vus outre-Manche. Sans beaucoup de succès. Son *Brutus* n'a réussi qu'à demi. *La Mort de César* reste injouable. *Eriphyle*, qui lui a coûté tant de peine, se solde par un échec. On constate que le triomphe d'*Œdipe*, qui remonte à 1718, n'a pas eu de suite. Ce qui lui vaut, dans le salon de Mme de Tencin, qu'il ne fréquente pas, la commisération des beaux esprits. Fontenelle et quelques autres charitablement lui conseillent de renoncer au théâtre.[103]

C'était mal prendre la mesure de son génie. Il n'était pas homme à s'avouer vaincu. La passion de la scène le possède. Il continue ses efforts pour s'imposer par des spectacles qu'il veut puissamment dramatiques. Surtout, une partie de lui-même ne s'est depuis 1728 qu'incomplètement exprimée. L'*Histoire de Charles XII*, brillante réussite de librairie, annonçait une nouvelle dimension de son œuvre. Dans cette ligne, en mai 1732, il projette d'écrire l'histoire du siècle de Louis XIV. Assurément les dédaigneux comme Fontenelle, qui le jugent de l'extérieur, le connaissent mal. En ce printemps de 1732, il vit dans un bouillonnement de travail. Presque à huis clos. Il ne sort pas de son logement. Il faut que ceux qui veulent le voir viennent chez lui. Il n'a d'autre plaisir que de s'occuper de ses ouvrages futurs.[104] «Ecrire et se cacher», dira Jean-Jacques: c'est son cas à lui aussi, par intermittences. Il lui arrive de vivre en tête-à-tête avec son seul écritoire, «moitié en philosophe, et moitié en hibou».[105]

Il n'a pas abandonné le projet des *Lettres anglaises*, commencées à Londres. Il les mentionne en ce mois de mai 1732 parmi les travaux en cours. Mais un phénomène de latence s'est produit. Les vilaines affaires de son départ en 1728 ont occulté son enthousiasme pour les Anglais. Cependant, après des

---

102. D474: pour persuader les comédiens de reprendre la pièce, Voltaire avait dû faire intervenir le comte de Clermont et abandonner ses droits d'auteur.
103. Propos de Voltaire rapporté par La Harpe (Desnoiresterres, i.447).
104. D488 (13 mai 1732), lettre en anglais à Thiriot.
105. D404.

mois et des années, le temps a fait son œuvre. Les impressions se sont décantées. Et lorsque Thiriot à son tour se rend à Londres, ce sont les meilleurs souvenirs qui émergent. Voltaire recommande son ami à ses relations de naguère: Bubb Dodington, lord Hervey, lord Richmond... Il se remet à lui écrire de longues lettres en anglais. Par l'usage retrouvé de cette langue, il redevient Anglais... à Paris. Les ressentiments sont effacés. Ce peuple, qu'il nomme à nouveau «a free and generous nation», il recommence à l'admirer. Il avoue qu'il le regrette, et reconnaît ce qu'il lui doit.[106] Il va donc reprendre pour tout de bon, en vue de les terminer, ses *Lettres anglaises*, qui seront des «lettres philosophiques».

106. D488.

17. Littérature et philosophie mêlées

Terminer les ouvrages commencés depuis des années: telle était la sagesse. Si Voltaire s'était conduit en auteur méthodique, il n'aurait pas manqué de remplir le programme fixé en sa tête et noté sur le papier, à l'adresse de Thiriot.[1] Mais voici qu'une brusque inspiration bouscule ses plans. Si le 26 mai il s'occupe encore de rapetasser *Eriphyle*, le 29 il est saisi par un nouveau sujet. *Eriphyle* est enterrée. Il s'adonne totalement, jour et nuit, à *Zaïre*.[2] A peine l'idée lui est-elle venue, qu'il a déjà versifié le premier acte. Voltaire poète? Il l'est plus qu'on ne le veut croire. Une fougue de la création, un enthousiasme de l'écriture le portent. Alors qu'il y a peu il peinait sur les cinq actes d'une tragédie manquée, il se sent entraîné par le sujet: «la pièce se faisait toute seule».

Elle est terminée en vingt-deux jours. Le 27 juin, il la lit aux comédiens français. A la séance il a conduit avec lui le jeune Linant. Ce fruit sec, qu'il essaie de placer à Paris, il le juge dans son euphorie un «cœur neuf», un «esprit juste». Il veut essayer sur lui l'effet d'une tragédie aussi émouvante. Pendant que les acteurs la répètent, autre mise à l'épreuve: il en a lu quatre actes à une Mme de La Rivaudaie, amie de Cideville. A sa grande satisfaction, les «beaux yeux» de la dame ont pleuré.[3] «Paraissez, aimable Zaïre!», s'écrie Formont, qui l'a reçue en manuscrit.[4] Elle paraît en effet, et Formont selon son habitude a tenu à être présent à la première, le 13 août 1732. Ce fut dans la carrière théâtrale de Voltaire l'un de ses jours de gloire. Salle comble: «on s'y étouffe».[5] «Un succès prodigieux»: les «femmes du Marais» y pleurent à chaudes larmes.[6] Mais il n'est pas donné à Voltaire de jouir d'un plaisir sans que la malveillance s'en mêle. Des rumeurs se sont élevées du parterre. Ce public de connaisseurs, où il ne manque pas d'ennemis, murmure contre des négligences de versification. A certains moments l'ambiance fut même «tumultueuse».[7] Il est sûr que

1. D488 (13 mai 1732).
2. D492, D493, D494.
3. D507 (3 août 1732).
4. D506.
5. Marais, cité D515, n.1.
6. Selon l'abbé Le Blanc, cité Desnoiresterres, i.450. L'abbé en gémit: «*O saeclum insipiens et inficetum!*»
7. D526.

la pièce avait été écrite trop vite. Formont doit déplorer, à partir du troisième acte, un style peu soigné, des maladresses, une intrigue embarrassée.

Voltaire n'en disconvient pas. Après la première, il se hâte de corriger les vers mal venus, d'introduire çà et là quelques retouches. Mais il fallait faire accepter ces changements par les acteurs. L'un d'eux, Dufresne, interprète du rôle d'Orosmane, hautain personnage, qui affecte des airs de grand seigneur, a pour principe de refuser aux auteurs toute retouche au texte qu'il s'est donné la peine d'apprendre. Il consigne sa porte. Il rejette les billets qu'on lui fait tenir. On sait à quel subterfuge dut alors recourir l'auteur de *Zaïre*. Le lendemain ou surlendemain de la première, Dufresne offrait un dîner. A l'entremets, on pose sur la table un énorme pâté en croûte. On l'ouvre. Apparaissent une multitude de perdrix. Chacune tend en son bec un petit papier: ce sont autant de vers corrigés de *Zaïre*. Désarmé par le procédé, Dufresne doit se résigner à les apprendre pour les représentations suivantes.[8]

Ainsi amendée, la pièce jouée pour la quatrième fois recueille un applaudissement général. L'auteur qui guettait la salle ose se montrer, dans une loge. Le parterre le reconnaît: on lui fait une ovation. Voltaire savoure son triomphe. Il rougit, il se cache, mais, ajoute-t-il, «je serais un fripon, si je ne vous avouais pas que j'étais sensiblement touché».[9] «Fumée de vaine gloire»? Soit, mais elle est nécessaire à son âme, «comme la nourriture l'est au corps».[10] Il fait suspendre les représentations après la dixième. Les salles ne désemplissaient pas. Mais il veut garder son public en haleine. La pièce est donnée en octobre à Fontainebleau devant la cour, en présence de l'auteur.[11] Elle est reprise au Théâtre-Français le 10 novembre. Elle aura en sa nouveauté, jusqu'au 11 janvier suivant, trente-et-une représentations. Chiffre exceptionnel pour l'époque. Voltaire voyait renaître les beaux jours d'*Œdipe*.

On pleurait volontiers au théâtre, au dix-huitième siècle, plus qu'il n'est d'usage aujourd'hui. Mais *Zaïre* remporta un succès de larmes jamais atteint. Le clergé lui-même n'y résista pas. L'archevêque de Rouen, qui ne pouvait aller au spectacle, se fit lire en son palais la tragédie nouvelle. Il pleura abondamment, ainsi que ses grands vicaires, présents à ses côtés.[12]

Voltaire s'était en cette pièce livré sans retenue au pathétique. L'excitation qu'il en éprouve se confond avec cette inspiration dont il se sent possédé, dans le feu d'une improvisation rapide. Il agence l'action en vue d'obtenir des scènes bouleversantes, dût la vraisemblance en pâtir.

---

8. La source de l'épisode se trouve dans des *Anecdotes dramatiques* tardives (1775), citées par Desnoiresterres, i.448: aucune raison cependant de le révoquer en doute.

9. D515 (23 août 1732), à Cideville et Formont.

10. D526.

11. C'est ce qui résulte de D527.

12. D525 (septembre 1732).

Il imagine qu'à Jérusalem, à l'époque de saint Louis, règne le «soudan» Orosmane. Saladin, père de celui-ci, a quelques vingt ans plus tôt reconquis la ville sur les chrétiens. Mais Orosmane va s'écarter des mœurs musulmanes. Il aime Zaïre, captive d'origine chrétienne élevée dans l'Islam. Il en est aimé. Il va donc non pas l'adjoindre à son harem, mais la prendre en mariage comme son épouse unique. Les noces sont imminentes, lorsque arrive Nérestan, jeune chevalier chrétien, naguère captif avec Zaïre. Il rapporte la rançon de dix prisonniers. Magnanime, Orosmane en libère cent. Mais il en excepte le vieux Lusignan, ancien roi chrétien de Jérusalem, et Zaïre. Premier acte débordant de beaux sentiments, qui achemine aux péripéties déchirantes de l'acte II.

Zaïre a obtenu qu'Orosmane revienne sur sa décision première. Lusignan aussi sera libéré. Et voici qu'apparaît ce vieillard, surgissant du «séjour du trépas», émergeant du cachot sans lumière où il a végété vingt ans. Tremblant de faiblesse et d'émotion, il retrouve ses anciens compagnons. Il se remémore ses combats d'antan. Il pense à sa femme, à ses deux fils, tués dans la défaite. Magnifique version du «père noble», il soupire:

Hélas! et j'étais père, et je ne pus mourir!

Deux de ses enfants cependant, un fils et une fille, ont survécu. Ils auraient l'âge de Nérestan et de Zaïre... On devine la suite. Il aperçoit à cet instant une croix au cou de la jeune fille:

Quel ornement, Madame, étranger en ces lieux!

C'est «la croix de ma mère». Zaïre est la fille de Lusignan, et Nérestan son fils. Effusions. Mais le vieil homme est tourmenté d'un doute. Sa fille est-elle restée chrétienne? Zaïre doit l'avouer: «sous les lois d'Orosmane [...] elle était musulmane».

Alors le vieux chef chrétien éclate. C'est la grande tirade:

Mon Dieu, j'ai combattu soixante ans pour ta gloire...

Il montre à sa fille tout ce qui en ces lieux atteste la présence chrétienne. Ici fut répandu le sang des Croisés, celui des martyrs qui en ce moment même ouvrent à Zaïre «leurs bras sanglants, tendus du haut des cieux». Près d'ici, sur le Golgotha, le Christ est mort pour sauver l'humanité; et voici le lieu du sépulcre d'où il ressuscita. Accablée, remuée au profond de l'âme, Zaïre se rend. Elle accepte de proférer, sur l'injonction paternelle: «Je suis chrétienne». Tant d'émotions, on l'imagine, méritaient les larmes de l'archevêque de Rouen et de son clergé. Mais le public n'a pas le loisir de reprendre son souffle. Survient un messager d'Orosmane: ordre est donné à Zaïre de quitter «ces vils chrétiens», et à ceux-ci de suivre l'envoyé du soudan.

A partir d'ici, pour obtenir des situations d'un pathétique plus violent encore, Voltaire est obligé d'introduire une donnée peu croyable. Orosmane n'a pas été informé de la scène de reconnaissance. Il ignore que Zaïre est la sœur de Nérestan. Soupçonneux, prompt à la colère, il croit qu'une intrigue amoureuse a pris naissance entre eux. Il leur permet toutefois une dernière entrevue. Nérestan en profite pour arracher à Zaïre la promesse de recevoir le baptême le soir même, des mains d'un prêtre secrètement introduit dans le sérail. A Orosmane qui la presse de se rendre à la cérémonie du mariage, elle demande d'ajourner. Elle refuse de s'expliquer. Déconcerté, mordu par la jalousie, le soudan menace: contre «ce sexe dangereux» il va selon les usages de l'Orient employer la contrainte.

A l'acte suivant, une nouvelle entrevue n'aboutit à aucun éclaircissement. Tous deux sont partagés entre des sentiments contraires: donnée habituelle de la tragédie voltairienne. Orosmane oscille entre la fureur jalouse et la tendresse, Zaïre entre sa volonté d'être chrétienne et son amour. Mais voici la péripétie fatale: Orosmane intercepte une lettre de Nérestan fixant le rendez-vous pour le baptême. Par un malheureux hasard, le billet se trouve rédigé en des termes qui conviendraient aussi bien à un rendez-vous amoureux. Sommée de se justifier, Zaïre persiste dans son silence. Orosmane, qui lui déclare tenir en sa main la preuve de sa trahison, omet de la produire, inexplicablement. Ou plutôt l'explication est que s'il montrait le billet, Zaïre devrait enfin parler, et l'issue tragique deviendrait impossible.

A l'acte v une nuit lourde de menaces s'est appesantie sur le palais. Orosmane a fait remettre à Zaïre le billet du rendez-vous. Il se tient sur les lieux, caché, le poignard à la main. Zaïre avance, frissonnant, «le cœur éperdu», vers le baptême. Entendant du bruit, elle lance, malencontreusement:

> Est-ce vous, Nérestan, que j'ai tant attendu?

Orosmane, à ces mots, se jette sur elle et la tue. Nérestan survient enfin:

> Ah! que vois-je? ma sœur!

Ce nom de sœur, que ne l'a-t-il prononcé plus tôt! Le soudan comprend alors l'affreux malentendu. Après avoir généreusement libéré tous ses prisonniers chrétiens, il se poignarde sur le corps de sa bien-aimée.

L'invraisemblance du dénouement, évidente à la lecture, devait être occultée, lors de la représentation, par un pathétique poussé au paroxysme. Le rythme haletant des scènes, où s'enchaînent à vive allure des dialogues passionnés, ne laissait point au spectateur le temps de réfléchir.

Cette tragédie si émouvante était en 1732 fort bien servie par l'interprète de Zaïre: Mlle Gaussin. Jeune – elle n'a que vingt ans – l'actrice vient de débuter, l'année précédente, à la Comédie-Française. Elle sut animer le personnage assez fadement conventionnel de cette amoureuse. Elle avait une belle voix, chantante, touchante, de grands yeux noirs d'Orientale. Femme facile, passant d'un amant à l'autre (il se peut que Voltaire ait été l'un d'eux), elle excellait dans le genre de la tendresse voluptueuse. Grâce à elle, Zaïre régnait sur le cœur et les sens d'Orosmane comme du parterre, tout masculin, on le sait.

Dramatique, l'œuvre s'approfondit non du côté de la psychologie, qui s'en tient aux stéréotypes, mais par une signification philosophique. Voltaire a voulu peindre les mœurs de l'Islam opposées aux mœurs chrétiennes.[13] Ce fut là, apparemment, l'idée génératrice de l'œuvre. Il avait, déclare-t-il, «depuis longtemps dans la tête» le projet de traiter cette confrontation: depuis, sans doute, qu'à Londres il s'était intéressé à l'Orient. Le contraste permet des effets scéniques: le spectateur avait la surprise de voir les plumets des chevaliers chrétiens mêlés aux turbans musulmans. Nouveauté de mise en scène. Mais plus neuf encore était le sujet emprunté à l'histoire nationale, à l'époque des Croisades. En cela Voltaire s'inspire de Shakespeare et de ses drames historiques. En revanche sa tragédie ne rappelle que d'assez loin le drame de la jalousie qu'est *Othello*.

Mais entre l'Islam et le christianisme Voltaire n'a pas tenu la balance égale, comme il en avait eu peut-être l'intention. Le militantisme religieux des Croisés est fort éloquemment représenté par Lusignan et à un moindre degré par Nérestan. Quant à Orosmane et aux siens, on voit qu'ils portent le turban, qu'ils sont en tant qu'Orientaux exposés à des accès de passion violente. Mais si le credo des chrétiens, les grandes scènes de la Passion, le sacrement même du baptême sont évoqués avec précision, rien n'est dit en contrepartie de la foi et de la pratique musulmanes. Saladin et ses successeurs se sont, croirait-on, assuré l'avantage par la seule supériorité militaire. La puissance d'expansion de l'Islam est méconnue. L'idée n'a pas effleuré l'auteur que cette religion forte de sa simplicité, que ce monothéisme absolu, proclamant que «Dieu est Dieu, et que Mahomet est son prophète», ait pu prendre l'ascendant sur le christianisme dans de vastes territoires, comme ce fut historiquement le cas. Le monde musulman était certainement pour Voltaire et ses contemporains moins proche qu'il ne l'est pour nous. Et sans conteste le public de 1732 n'aurait pas admis une présentation du «mahométisme» qui eût passé pour une apologie. Même dans son *Mahomet* Voltaire, devenu pourtant à cette date (1743) l'historien de «l'esprit des nations», réduira la religion du Prophète à n'être qu'une imposture.

Zaïre, pour sa part, superficiellement musulmane, incline secrètement vers la foi de ses pères. De ses hésitations elle vient à tirer une vue philosophique:

---

13. D497 (25 juin 1732): il dit les mœurs «turques». En fait Saladin, et donc son fils Orosmane, sont kurdes d'origine. En antithèse avec «les mœurs chrétiennes», les mœurs «turques» désignent au prix d'une impropriété celles des musulmans dans l'empire ottoman.

que l'option religieuse ne se détermine pas par la valeur intrinsèque d'une croyance, mais par l'influence du milieu originel. «L'instruction fait tout», confie-t-elle à sa compagne, la chrétienne Fatime (qui a pour nom celui de la fille de Mahomet). De sorte que, dit-elle,

> J'eusse été près du Gange esclave des faux dieux,
> Chrétienne dans Paris, musulmane en ces lieux. (I.i)

Bayle, dans son *Commentaire philosophique*, avait imaginé une expérience: qu'on suppose une ville où coexistent des chrétiens et des musulmans; qu'on fasse l'échange des nouveaux-nés entre les familles des deux communautés: il est sûr que l'enfant né musulman sera chrétien, et inversement. La Zaïre voltairienne est demeurée sur la ligne de démarcation: chrétienne d'intention, mais non encore baptisée; cependant attachée toujours à l'Islam par son amour pour Orosmane.

Elle échappe ainsi aux partis pris des hommes (et femmes) de foi. Bayle et Voltaire à sa suite attaquent la prévention de ces croyants qui attribuent à leur seule secte le privilège de la moralité comme de la qualité humaine. Zaïre le sait bien: son Orosmane n'a pas moins de noblesse d'âme que son père Lusignan, son frère Nérestan. Ce musulman,

> Généreux, bienfaisant, juste, plein de vertus,
> S'il était né chrétien, que serait-il de plus? (IV.i)

La tragédie de Voltaire illustre, contre une apologie étriquée, l'objection depuis longtemps tirée des «vertus des païens». Tragédie philosophique, et d'un philosophe historien. Une grande inspiration s'y fait jour. Le phénomène religieux étant universellement répandu, les modalités autres que la modalité chrétienne ne sauraient être considérées comme marginales par rapport à celle-ci. La grandeur de l'homme peut s'affirmer quel que soit son credo, et à travers lui. *Zaïre* admet à l'égard des religions une générosité de pensée dont Voltaire s'écartera souvent.

Par cette œuvre séduisante, aux implications multiples, le poète imposait au public sa suprématie sur le théâtre de son siècle. *Zaïre*, après *La Henriade*, le situe comme le mainteneur des formes classiques de la grande littérature. Il réussit en même temps à répondre au besoin d'émotion que ressentent les spectateurs d'un âge «sensible». Et non seulement en France. *Zaïre* fait carrière en Angleterre, adaptée sous le titre de *Zara*. Elle est jouée dans toute l'Europe, en version originale ou en traduction. Lessing l'honore de ses commentaires acides. Talma pouvait dédaigner le rôle d'Orosmane: personnage trop «gascon», qu'il laisse à l'acteur gascon Lafon.[14] Moins méprisants, Sarah Bernhardt

---

14. Talma, *Mémoires* (Paris 1849-1850), iii.235.

et Mounet-Sully s'associent pour jouer la pièce en 1874. Vers ce même moment, Desnoiresterres assure que «de nos jours encore» l'œuvre «malgré sa forme surannée ne se lit pas sans émotion et sans larmes».[15] *Zaïre* mourra la dernière des tragédies de Voltaire. La Comédie-Française la reprit encore cinq fois en 1928, deux en 1931, une en 1934. Elle expire enfin le jeudi 12 novembre 1936. C'était la quatre-cent-quatre-vingt-huitième représentation. A cette date *Bajazet* n'en avait obtenu que quatre-cent-trente-cinq. Les hasards de l'actualité vaudront-ils un jour à *Zaïre* la chance d'une exhumation, à l'instar de ce qui fut tenté pour *L'Orphelin de la Chine?*[16]

A l'automne de 1732, l'auteur de *Zaïre*, stimulé par le succès, déploie une intense activité. Il rédige une épître dédicatoire pour sa pièce que Jore imprime. Il écrit le *Temple du Goût* et celui *de l'Amitié*. Il achève les *Lettres anglaises*. Quelques déboires, chemin faisant. Il a reçu l'hommage d'une muse bretonne, Mlle Malcrais de La Vigne. Il remercie la poétesse par l'envoi de *La Henriade* et de *Charles XII*, accompagnés d'une épître. Comme d'autres célébrités parisiennes, il était tombé dans le panneau. Cette dame, «ou soi-disant telle», était un homme, le provincial Desforges-Maillard. Las de ne pouvoir se faire entendre, il avait soudain conquis la notoriété en se faisant passer pour une femme. Autre mystification: Voltaire certain jour de décembre dîne chez M. du Faÿ avec Maupertuis et un Turc digne de figurer dans *Zaïre*: c'était La Condamine déguisé qu'il n'a pas reconnu.[17]

A Fontainebleau il a obtenu que soit reprise devant la cour, dans le sillage de *Zaïre*, sa *Mariamne*, oubliée depuis longtemps. Le duc de Mortemart qui s'y opposait a décidé par représailles que la parodie de *Mariamne* serait donnée comme petite pièce. Voltaire tempête, met la reine dans ses intérêts. A l'instant où allait commencer la seconde partie du spectacle, la reine se lève et sort: la parodie ne peut être jouée. «J'ai eu un crédit étonnant en fait de bagatelles», conclut Voltaire.[18]

Pour ce qui n'est pas une «bagatelle», sa *Zaïre*, il veut en accompagner l'édition d'une préface qui produise son effet. L'épître dédicatoire en tête de l'œuvre s'annonce originale. Par la personne du dédicataire d'abord: le poète s'adresse à un «marchand anglais», son ami Fawkener. Un marchand! C'était

---

15. Desnoiresterres, i.447.
16. Jean Hervé, qui avait interprété Orosmane le 12 novembre 1936 (le rôle de Zaïre était tenu par Colonna Romano), joua en 1952 la pièce devant un public de lycéens, au théâtre de la Porte Saint-Martin, sans résultat bien probant. L'expérience attira à *Zaïre* les sarcasmes conventionnels d'un journaliste (*Le Monde*, 5 avril 1952).
17. D546.
18. D532 (29 octobre 1732).

attenter à la dignité de Melpomène: une parodie de la Comédie italienne vengea la muse de la tragédie en montrant un grossier Kafener arpentant la scène, pipe à la bouche. Voltaire ne s'écarte pas moins de la tradition en écrivant l'épître dédicatoire en prose alternant avec des passages en octosyllabes. Sa plus grande hardiesse cependant se trouve dans le propos lui-même. Il débute par une profession de foi cosmopolite: «les honnêtes gens» de tous les pays «ne composent qu'une république». Au nombre de ces honnêtes gens il faut compter Fawkener: les négociants anglais comme lui font la grandeur de l'Etat; ils ont leur place au parlement, où ils siègent. Voltaire célèbre la liberté anglaise, et conjointement Louis XIV en tant que protecteur des lettres et des arts, sous-entendant que Louis XV et Fleury délaissent le mécénat royal. Considérations qui font écho aux *Lettres anglaises*, mises au point simultanément. D'où des difficultés avec l'autorité, préludant à celles que rencontreront les *Lettres*. Rouillé, responsable de la librairie, interdit que l'épître paraisse dans l'édition avec privilège. Il ne tolère ce texte malséant que dans une publication séparée et dans une édition de *Zaïre* non autorisée.

Voltaire continue à demeurer chez Mme de Fontaine-Martel. En l'hôtel de cette dame, on joue, de diverses manières. Au biribi: il est arrivé à Voltaire d'y perdre jusqu'à 12.000 francs.[19] On joue toujours la comédie, pour les habitués de la maison. Les représentations de *Zaïre* au Théâtre-Français s'étaient interrompues le 11 janvier 1733. Dans les jours suivants, pour satisfaire à la demande, on reprend la pièce rue des Bons-Enfants.[20] Mme de La Rivaudaie derechef pleure à pleins mouchoirs. Mais l'intéressant, c'est que l'acteur qui fait pleurer est Voltaire lui-même. Nous avons là la première mention de ses débuts comme interprète de ses propres pièces. Le rôle qu'il s'est choisi ne manque pas de retenir l'attention: non pas Orosmane, ni Nérestan, qui seraient en rapport avec son âge (il a alors trente-huit ans), mais le vieux Lusignan. Il fut dans cette interprétation d'un pathétique frénétique. Manifestement il jouait d'âme ce personnage. Comme il l'avait fait en écrivant la scène, il entrait, lui l'éternel moribond, dans la psychologie du vieillard exténué par l'âge, sortant de son tombeau pour proférer, avec noblesse mais avec vivacité, des paroles lourdes de conséquences. Ce rôle très émotif lui convient. Le plus singulier, c'est qu'il semblait revivre l'émotion religieuse du bonhomme. Voltaire acteur devient, pour quelques instants, ce militant chrétien exalté, évoquant avec fougue, sur les lieux mêmes, les scènes dramatiques de la Passion, sommant avec le fanatisme d'un père et d'un partisan sa fille Zaïre de rejoindre la bonne cause. Sincérité momentanée d'un comédien qui se

19. D524 (3 septembre 1732).
20. Le 15 janvier, d'après D564, n.3.

294

situait à l'opposé du «paradoxe» selon Diderot. Il adhère à un «génie du christianisme» théâtral; et l'on comprend que Chateaubriand ait loué cette scène dans son livre, lorsqu'il s'appliquait à réhabiliter le christianisme pour ses aspects «sensibles». On touche ici, on le sent bien, au complexe religieux de Voltaire. Il joue cette passion de la foi qui le fascine en même temps qu'elle lui fait horreur.

Un problème religieux plus concret allait dans les jours suivants se poser à lui. La représentation de *Zaïre* devait être la dernière qu'on donnerait rue des Bons-Enfants. Mme de Fontaine-Martel touche à sa fin: le 25 ou 26 janvier, elle expire. Voltaire l'assiste en ses derniers jours, pendant qu'à l'extérieur on saisit l'édition non autorisée de *Zaïre* et qu'il doit aller solliciter le garde des sceaux. Ce fut lui qui annonça à la vieille dame qu'il «fallait partir».[21] Il tenta d'obtenir qu'elle léguât quelque argent à ses domestiques et à sa demoiselle de compagnie. Mais la mourante fut intraitable: «elle voulut absolument dispenser toute sa maison de la douleur de la regretter.» Elle se laissa cependant fléchir sur un autre article. Volontiers elle serait morte comme elle avait vécu, sans le moindre souci de la religion: «elle ne voulait point entendre parler des cérémonies du départ.» Voltaire songea à ce qui en résulterait: un refus de sépulture de la part du clergé, la privant d'un enterrement décent. Et l'on ne manquerait pas d'accuser son hôte, introolisé en sa maison, de l'avoir détournée *in articulo mortis* de ses devoirs chrétiens. Il insista donc pour la faire mourir «dans les règles». Il alla chercher à la paroisse de Saint-Eustache un prêtre, lequel se montra accommodant. Il «fit semblant de la confesser» et lui donna la communion. Personne n'était dupe. Lorsqu'il lui demanda «tout haut si elle n'était pas bien persuadée que son Dieu, son créateur, était dans l'eucharistie, elle répondit *ah, oui!*, d'un ton qui m'eût, écrit Voltaire, fait pouffer de rire dans des circonstances moins lugubres». Voilà à quelle navrante comédie on en vient, lorsqu'un dogme est imposé, dans des conditions telles que même les plus réfractaires ne peuvent se soustraire à un simulacre d'adhésion.

Il va demeurer rue des Bons-Enfants quelque temps encore, jusqu'à la liquidation de l'héritage. Il y vit comme de coutume. Il s'adonne à une frénésie de travail, sans se laisser arrêter par les accès de la maladie. Certains jours il ne peut s'asseoir à son bureau: se baisser sur une table est si douloureux qu'il écrit allongé dans son lit. Encore lui faut-il se redresser pour tenir la plume: cette seule posture «fait mal».[22] Confidence précise, sur laquelle on risquera un diagnostic. Les troubles digestifs ayant entraîné un amaigrissement extrême,

21. D563.
22. D574 (15 mars 1733).

il souffre d'une ptose stomacale qui le contraint à garder la position couchée.[23] Mais il s'en faut qu'à trente-neuf ans il soit définitivement grabataire. La maladie ne le terrasse que par intervalles. Le mauvais moment passé, il va et vient avec une activité accrue.

Il se rend chez son notaire, le 30 janvier 1733, pour signer un contrat avec une relation rouennaise, Angot de Lezeau, conseiller au parlement de Normandie. Il prête à celui-ci 7.000 livres, moyennant une rente viagère de 700 francs. L'année précédente, il avait déjà prêté au même personnage 1.100 livres sur la même base. L'acte, que nous avons,[24] permet de comprendre comment ses placements finiront par lui assurer un gros revenu. Il existe déjà au dix-huitième siècle des entreprises qui, sollicitant du crédit, permettent aux particuliers d'investir leurs capitaux. Nous verrons bientôt Voltaire s'engager dans l'une d'elles. Mais ce sont des placements risqués. Les capitaux peuvent être employés autrement. Beaucoup achètent des terres: mais la rentabilité est incertaine, et il faut surveiller l'exploitation des domaines. On peut prêter au Trésor royal: mais il n'est pas alors de plus mauvais payeur que le roi. Voltaire préfère donc convertir la plus grande partie de son argent en rente viagère, auprès de personnes paraissant présenter toutes garanties. Angot de Lezeau lui semble être de ceux-là. On verra qu'il se trompait.

On l'aperçoit assiégeant les cabinets des ministres, à Versailles, pour les tracas que lui cause la publication de ses ouvrages. Le 7 mars, Linant l'entraîne à une représentation de *Gustave Wasa*. La tragédie de Piron a l'insolence de remporter un succès comparable à celui de *Zaïre*. Voltaire la trouve détestable. Il part au quatrième acte, n'ayant pas la sagesse de cacher son dépit.[25] Parmi ses déambulations diverses – dîners, visites, spectacles, soupers – on note qu'il est allé voir, accompagné de Formont, les statues antiques rapportées de Rome par le cardinal de Polignac.

Chez lui, selon son habitude il travaille, à sa table ou dans son lit, à plusieurs œuvres à la fois. Il voudrait avoir «deux têtes et deux mains droites». Il se dit «toujours en mal d'enfant».[26] Grossesses multiples: au printemps de 1733, il achève sa nouvelle tragédie, *Adélaïde Du Guesclin*, commence le *Siècle de Louis XIV*, donne un *Charles XII* révisé, avec sa réponse à La Mottraye (qui avait contesté l'exactitude de son récit), reprend de temps à autres les *Lettres anglaises*, exhume *Eriphyle* pour tenter de la faire revivre, a l'idée d'un opéra,

---

23. Nous nous inspirons de l'étude de Jacques Bréhant sur Voltaire malade, inédite au moment où sont écrites ces lignes.
24. D.app.24.
25. D573.
26. D581.

Tanis et Zélide.[27] Mais c'est surtout le *Temple du Goût* qui lui donne du souci. L'ouvrage, sorti des presses le 15 mars, a provoqué une tempête.

Cet essai critique relève du genre du «temple», pour nous étrange, mais alors fort pratiqué. Montesquieu avait donné naguère un *Temple de Gnide*, évocation voluptueuse où l'auteur des *Lettres persanes* s'essayait à la prose poétique. Le président Hénault fera jouer à l'Opéra un *Temple des chimères*, Voltaire un *Temple de la Gloire*. Il vient de chanter en décasyllabes le *Temple de l'Amitié*, en l'honneur de Mme de Fontaine-Martel. Il y montre d'abord les faux amis, qui pour se combattre fuient le «Temple»: deux courtisans, quatre dévots, des jeunes gens s'affrontant en duel, des femmes jalouses. L'Amitié «se gela de froid sur ses sacrés autels». Fort heureusement pour cette divinité, il existe une amitié véritable: celle de Voltaire et de Mme de Fontaine-Martel.

Pourquoi le goût n'aurait-il pas aussi son «temple»? Il est certain que ce que nous nommons «la littérature» est dans l'esprit de Voltaire en quelque sorte sacralisé. L'allégorie se prête à une présentation animée d'un panorama critique. Le texte raconte un voyage au pays du Beau. L'auteur, escorté de deux guides, le cardinal de Polignac et l'abbé de Rothelin, chemine vers le temple où siège le dieu du Goût. Comme il est d'usage alors dans les lettres de voyage, il fait alterner les petits vers, de huit ou dix pieds, avec la prose. Il évite la monotonie en jouant sur deux tons, comme il vient de le faire dans l'épître dédicatoire de *Zaïre*. Aux abords du sanctuaire, nos pélerins croisent ceux qui en sont exclus: les Lexicocrassus et autres érudits en *-us*, les Dacier, les Saumaise, «les petits Maîtres qui assistent à un spectacle sans l'entendre», «tous ces petits satiriques obscurs qui […] insultent les auteurs connus». Voltaire règle ici quelques comptes. Dans la foule, voici Houdar de La Motte, voici Jean-Baptiste Rousseau. Ouvrira-t-on la porte à ces deux poètes, parfois si mauvais? La Critique rend enfin sa sentence: qu'ils brûlent les deux-tiers de leurs œuvres et ils seront admis dans le Temple.

Ayant franchi le seuil, les voyageurs rencontrent à l'intérieur Fontenelle, le bon Rollin. Ils apprennent qu'en sont sortis ceux qui jadis y régnaient: Benserade, Voiture, Guez de Balzac, Saint-Evremond… Mais dans le saint des saints trônent les grands auteurs du siècle de Louis XIV, occupés cependant à corriger leurs fautes: La Bruyère, Fénelon, Bossuet, Corneille, Racine, La Fontaine, Boileau, Molière, Regnard. Voltaire aime ces récapitulations, où il prétend évaluer chacun à son juste prix. Il avait dans ses *Lettres sur Œdipe* passé en revue les tragiques, de l'antiquité à nos jours. Même tour d'horizon dans l'*Essai sur la poésie épique*, repris en résumé dans ses stances sur les *Poètes épiques* (1731). Mais le *Temple du Goût* ne s'en tient pas à un genre littéraire,

27. D584, D602.

ni à la seule littérature. Y figurent les peintres, les sculpteurs, les acteurs, y compris les amateurs des théâtres de société. A propos de l'architecture, Voltaire esquisse tout un programme d'urbanisme pour Paris, qu'il attribue à Colbert. Le Beau est un, à travers les formes diverses des arts. Sa réalisation est liée à des conditions sociales. Voltaire qui ne manque aucune occasion de faire sa cour accorde en son *Temple* une place d'honneur aux protecteurs des arts (ou supposés tels): le duc de Richelieu, neveu du grand cardinal, les princes de Clermont et de Conti. Le mécénat du règne précédent est rappelé, avec nostalgie: thème qui reparaît dans les ouvrages contemporains du *Temple*: les *Lettres anglaises*, le *Siècle de Louis XIV*.

Voltaire tranchait péremptoirement. Son ton «décisif» fit crier «tout Paris», et non seulement les auteurs malmenés.[28] Expulser tant de monde du «temple du Goût», ce n'est pas supportable. La critique littéraire ne relève pas directement du lieutenant de police. L'auteur du *Temple* fut pourtant menacé d'être envoyé à la Bastille, par lettre de cachet. Le garde des sceaux se fâche. Pour la troisième fois Voltaire publie un livre sans autorisation: les deux précédents étaient l'*Histoire de Charles XII* et l'édition de *Zaïre* avec l'épître dédicatoire.[29] Pour conjurer la menace, il se met sur le champ à élaborer une version corrigée, adoucie, mais aussi augmentée de «plusieurs chapelles»: le *Temple* prend les proportions d'une «cathédrale». Son nouveau manuscrit est bientôt prêt. Il espère pour celui-là le privilège scellé de cire jaune. On lui désigne un censeur: Crébillon le tragique. Il adresse donc le paquet à son domicile: la gouvernante, une «vieille Muse», fait suivre l'envoi à la maison de campagne du poète, à Bercy. Voltaire tremble que là-bas les chats, dont le bonhomme fait sa compagnie habituelle, ne lacèrent les pages du *Temple*.[30] Crainte vaine: en quelques jours Crébillon décerne son approbation, ne demandant que peu de corrections. Néanmoins le ministère ne se décide pas à accorder l'autorisation promise.

Approuvé par Rouillé, ministre de la librairie, le *Temple* avait été aussitôt «supprimé».[31] Devant tant de difficultés, Voltaire avait songé à en donner une édition anglaise, comme naguère celle de *Charles XII*, comme celle des *Lettres philosophiques* qui viennent de paraître à Londres. Il en fait parvenir un manuscrit à Thiriot, avec mission d'en «régaler quelque libraire» d'outre-Manche.[32] C'est cependant à Amsterdam, chez Desbordes, qu'est imprimée

---

28. D577 (21 mars 1733).
29. D584.
30. D590.
31. D609 (*c.* 10 mai 1733).
32. D584 (vers le 1er avril 1733).

la nouvelle édition du *Temple*, avec l'approbation de Crébillon, mais sans privilège.[33]

L'édition hollandaise relance la persécution. Le garde des sceaux ne décolère pas. Il en veut à l'auteur tout autant que si celui-ci, à l'instar de Calvin, «avait abattu une partie du trône du pape».[34] A cette date (24 juillet 1733), la publication du *Temple* interfère avec celle des *Lettres anglaises*, menacées de toutes les foudres si elles voient le jour en France. Voltaire se sent en position si périlleuse qu'il a l'idée de chercher refuge à Avignon. Mais son correspondant l'abbé de Sade (oncle futur du célèbre marquis) l'avertit qu'en ces terres pontificales il n'échapperait pas aux griffes de l'Inquisition.[35] Il voudrait écrire et publier en liberté, comme il en aurait la faculté sur le sol anglais. Il a tenté d'ignorer la réglementation française de la librairie, comme si elle était tombée en désuétude. Or tout au contraire la surveillance policière se renforce: sa tentative d'émancipation a échoué.

La liberté est pourtant un droit fondamental de l'écrivain. Il la revendique dans un de ses textes les mieux venus: la *Lettre à un premier commis*, factum en forme épistolaire, adressé à un correspondant fictif, supposé être haut fonctionnaire au service ministériel de la librairie.[36] Il énonce comme une évidence que les lettres ne peuvent s'accommoder de contrainte. «Une liberté honnête élève l'esprit, et l'esclavage le fait ramper». Il en donne pour exemple les Anglais: Milton, Dryden, Pope, Locke. S'ils n'avaient été libres, «l'Angleterre n'aurait eu ni des poètes, ni des philosophes». La puissance publique doit laisser faire. Il ne lui appartient pas d'interdire tel livre comme mal écrit. La critique littéraire ne relève pas d'elle (contrairement à ce qu'il était advenu dans l'affaire du *Temple du Goût*). C'est au lecteur de choisir «le bon». L'homme d'Etat, quant à lui, «permet le bon et le mauvais». Au nom du même principe libéral, Voltaire refuse au Pouvoir le droit de décider quelles idées sont licites et lesquelles doivent être interdites. Cela, sa *Lettre* ne le dit pas expressément, mais le sous-entend comme allant de soi. Il demande que le non-conformiste Bayle cesse enfin de n'entrer en son propre pays, auquel il fait «tant d'honneur», qu'en «contrebande». Au magistère dogmatique il veut substituer un libre-échange intellectuel, entendu au sens littéral. Les pensées des hommes sont

---

33. Voir l'édition critique par E. Carcassonne, p.49. Nous avons fondé notre étude sur la première édition (dans l'édition citée, p.63-99), «A l'enseigne de la Vérité. Chez Hierosme Print-All». Ce Jérôme Imprime-Tout est Jore, à Rouen.
34. D635.
35. D654, D657 (septembre 1733).
36. C'est à tort que Beuchot et Moland ont rangé ce texte dans la correspondance (M.xxxiii.352-55).

devenues l'objet important d'un «commerce»: «les libraires hollandais gagnent un million par an parce que les Français ont eu de l'esprit», et qu'on ne leur permet pas de le manifester chez eux. Voltaire admet qu'on sévisse seulement dans un cas: contre les libelles diffamatoires. Ce qui suppose que toutes les autres productions imprimées doivent recevoir pleine liberté de paraître et de circuler. L'exemple anglais est invoqué avec insistance. Dans cette *Lettre*, en marge des *Lettres philosophiques*, l'institution française de la librairie est catégoriquement contestée, quoique sur un ton modéré.

La revendication était si justifiée que Voltaire n'osa pas la publier. Il aurait singulièrement aggravé son cas. Il veut vivre à Paris, et n'être point exilé comme Ovide ou Saint-Evremond. Il ne donnera donc la *Lettre à un premier commis* que treize ans plus tard, dans un volume de ses *Œuvres diverses*. Se reportant alors à l'époque des persécutions contre le *Temple du Goût* et les *Lettres anglaises*, il la datera du 20 juin 1733.

Le dieu voltairien du Goût n'aimait guère les édifices parisiens alors existants. Dans le petit nombre de ceux auxquels il accorde quelque éloge, il distingue le portail de Saint-Gervais: un «chef-d'œuvre d'architecture», affirme Voltaire, ajoutant cependant qu'il y manque «une église, une place et des admirateurs».[37] Le portail est représenté sur le plan de Turgot, à l'est de l'Hôtel de Ville. Ce n'est en effet qu'une façade, sur trois étages ornés de colonnes doriques, ioniennes, corinthiennes. La partie supérieure porte des statues à l'antique. L'admiration pour cette construction de style «jésuite» caractérise le goût classique de Voltaire. Derrière le portail devaient subsister les restes d'une église gothique, recouverte des toitures irrégulières qu'on discerne sur le plan de Turgot, en attendant qu'elle fût reconstruite dans le même style que la façade. Devant, une petite place exiguë ne permettait pas un recul suffisant pour embrasser l'ensemble du portail. De nos jours, celui-ci subsiste, tel que l'admirait Voltaire. L'église a été restaurée, mais dans un gothique jurant avec la façade. Devant le parvis s'étend la place dont le *Temple du Goût* souhaitait l'ouverture. Les admirateurs, toutefois, font toujours défaut. Saint-Gervais disparaît derrière la masse de l'Hôtel de Ville; l'édifice est encadré de lourds bâtiments administratifs, en partie annexes de la mairie de Paris. Les visiteurs viennent sur ces arrières pour les bureaux, non pour le portail.

Devant Saint-Gervais commençait la rue de Longpont, en direction du fleuve. C'est au début de cette rue, dans l'angle faisant face au portail, que Voltaire va se loger en mai 1733, lorsqu'il quitte la rue des Bons-Enfants. La maison sera au siècle suivant «absorbée par la mairie du quatrième arrondisse-

---

37. Edition Carcassonne, p.89.

ment», nous dit Desnoiresterres, témoin de la transformation du quartier.[38] Une partie de la rue de Longpont disparaît alors. L'autre en direction du quai a pris le nom, qu'elle conserve, de Jacques de Brosse, l'architecte du portail. L'emplacement où habita Voltaire est occupé actuellement par la place Saint-Gervais et l'angle de l'annexe sud de l'Hôtel de Ville.

L'appartement, à l'étage, devait être assez spacieux. Il y installe près de lui son cher Linant. Bientôt il y logera un autre homme de lettres débutant, nommé Lefèvre. Il s'y met dans ses meubles, et se promet d'y mener une «vie douce».[39] Pour cela, cependant, l'endroit n'était pas des mieux choisis. Les églises et couvents avoisinants emplissaient l'air de bruyantes sonneries. Le nouvel occupant se dit «plus étourdi de cloches qu'un sacristain». Il se vante de faire «tant de bruit avec [sa] lyre» qu'il ne les entendra plus. Surtout, la population riche émigrant vers l'ouest, cette partie de la capitale était abandonnée à la vétusté. Délaissant les parages élégants du Palais-Royal, Voltaire allait donc habiter «dans le plus vilain quartier de Paris, dans la plus vilaine maison».[40] Etait-ce pour le seul plaisir de contempler de sa fenêtre le portail de Saint-Gervais, comme le prétendait l'abbé Le Blanc?[41]

Il avait d'autres raisons, qu'il explique à Thiriot.[42] Il utilise alors pour ses affaires les services de Demoulin (ou Dumoulin), beau-frère de Germain Dubreuil: ce dernier, ancien employé de son père, reste aussi l'un de ses agents. Demoulin est son prête-nom. Il a accordé au duc de Richelieu, le 18 septembre 1733, un prêt hypothécaire de 35.000 livres, gagé sur une terre appartenant au duc, Bouillé Ménard (ou Brouillé Ménard).[43] Mais il a prêté la somme à son homme de paille, qui l'a prêtée à Richelieu. Il n'a pas voulu que son nom apparaisse dans le contrat. Pourquoi? En prévision sans doute d'un mauvais paiement des intérêts. Les poursuites en ce cas seraient engagées par Demoulin. Ses relations personnelles avec le duc ne s'en trouveraient pas affectées. On peut supposer que Richelieu ignorait l'identité du créancier auquel il était redevable, en dernier ressort, d'un prêt aussi considérable.

L'histoire financière de Voltaire ne nous est accessible qu'à travers une documentation fragmentaire, excluant une connaissance continue et complète. On constate seulement qu'il met en œuvre des opérations de types divers. Tantôt ce sont des spéculations comme celle de la loterie Le Pelletier-Desforts,

---

38. Desnoiresterres, i.181. La mairie du quatrième arrondissement a été depuis déplacée: elle se trouve place Baudoyer, en bordure de la rue de Rivoli.
39. D625 (26 juin 1733).
40. D610.
41. Cité par Desnoiresterres, i.180.
42. D638 (27 juillet 1733).
43. D.app.30.

ou celle des actions de Lorraine: on peut croire qu'il n'a nullement renoncé à des «coups» de ce genre, qui font gagner gros en peu de temps. Tantôt il fait des placements en rentes viagères, comme celles d'Angot de Lezeau. Tantôt il consent des prêts hypothécaires, comme celui de Richelieu. Mais il engage aussi ses capitaux dans le commerce. Et ce fut la raison véritable de son installation rue du Longpont.

A Demoulin, qui lui sert ici encore de prête-nom, il a avancé une grosse somme. Ce sera un fond de roulement pour faire le commerce des grains, à l'intérieur du royaume et, semble-t-il, à l'exportation. L'auteur de *Zaïre* aurait même, nous dit-on, tâté d'une entreprise industrielle singulièrement novatrice: la fabrication de papier avec de la paille. Voltaire a suffisamment fréquenté le monde des imprimeurs pour souhaiter une production de papier à partir d'une matière première bon marché. Il aurait existé toute une correspondance, aujourd'hui perdue, relative à ce projet.[44]

Toujours est-il qu'il tient à habiter près de l'utilisateur de ses capitaux. En contrepartie de l'argent avancé, et comme à-valoir sur les intérêts, il loge gratuitement dans la maison appartenant à Demoulin, dans l'immeuble même où celui-ci vit avec sa famille, rue du Longpont. Il est de plus nourri, toujours gratuitement, par les soins de Mme Demoulin: ce qui délivre l'homme de lettres célibataire de beaucoup de soucis. La combinaison, avantageuse pour lui, le met à même de suivre attentivement les opérations qu'il commandite. La rue de Longpont est proche des grèves où arrivent et d'où partent, par le fleuve, les cargaisons de grains.

Cette maison mal située, Voltaire l'aménage de son mieux. Il procède à des travaux. Il achète des tableaux pour l'orner: des Titien (en copies?), des «magots» (soit des petits maîtres flamands, soit des porcelaines de Saxe ou de Chine).[45] Il peut donc recevoir chez lui des visiteurs de marque: des voyageurs de passage, comme le cosmopolite Charles-Etienne Jordan, ou le Genevois Jacob Vernet; et depuis quelque temps une jeune dame qu'il convient d'accueillir dans un cadre élégant, Mme Du Châtelet.

44. Desnoiresterres en fait mention, i.180.
45. D610.

18. Emilie

Au printemps de 1714, Arouet, qui n'était pas encore Voltaire, fit, on se le rappelle, un séjour à Saint-Ange, chez Louis Urbain de Caumartin. C'est alors qu'il y rencontre un cousin des Caumartin, Louis Nicolas Le Tonnelier de Breteuil. Revenu à Paris, il rend visite au baron de Breteuil, en son hôtel qui donne sur les Tuileries. Il y voit une fillette de huit ou neuf ans, Gabrielle Emilie.[1] Il est loin de se douter que cette enfant deviendra sa «divine Emilie».

Il fréquenta chez Le Tonnelier de Breteuil qui, peut-on croire, l'appréciait. Il se peut qu'en 1716, à la faveur de l'exil à Sully, il soit allé jusqu'au château de celui-ci à Preuilly-sur-Claise, près de Loches.[2] L'homme, fort original, méritait d'être connu. Il avait dilapidé ses biens dans une vie libre et orageuse, mais avec tant de bonne grâce et de désinvolture que Louis XIV eut l'indulgence de s'en accommoder. Car Louis-Nicolas était aussi un homme cultivé, bon écrivain comme en témoignent les rapports savoureux qu'il adresse au roi lors de son ambassade à la cour de Mantoue, aimant les belles lettres et les belles femmes, sans jamais perdre de vue le service du roi. Louis XIV attendait qu'il fût marié pour lui confier une charge importante: il attendit longtemps. Des aventures de Louis-Nicolas on ferait un livre qui éclairerait les passions futures de sa fille.[3]

Deux de ses liaisons furent particulièrement scandaleuses. Sa cousine Anne-Marie Lefèvre de Caumartin, enceinte de ses œuvres et voyant qu'il ne l'épouserait pas, se réfugia dans un couvent où elle tomba malade. Pour apaiser les Caumartin, les dévots et le roi, il s'unit à elle par le mariage sur son lit de mort. A peine veuf, il se laissa entraîner par la passion violente d'Anne Bellinzani, devenue la présidente Ferrand, dont il eut une fille, Michelle, non reconnue, qui passera sa vie au couvent. Enfin, ayant rompu avec la présidente, Louis-Nicolas finit par se ranger. C'est à quarante-neuf ans qu'il épouse, en 1697, Anne de Froulay, personne de caractère assez austère. Il en a une fille, au bout de neuf ans de mariage, Gabrielle Emilie née le 17 décembre 1706.

1. D4046, après la mort de Mme Du Châtelet, «Je l'avais vue naître», doit faire allusion à cette rencontre de Gabrielle Emilie enfant.

2. D40: Voltaire annonce son intention de se rendre de Sully à Ussé et à Preuilly; nous ne savons pas s'il fit effectivement ce voyage.

3. Voir René Vaillot, *Madame Du Châtelet* (Paris 1978). Le présent chapitre est largement redevable à cette excellente biographie. Nous y renvoyons par l'indication: Vaillot.

Le roi avait tenu parole et lui avait permis d'acquérir la charge d'introducteur des ambassadeurs. Il achète alors la baronnie de Preuilly-sur-Claise et son hôtel parisien.

Tel est le père que connut Gabrielle Emilie: un homme assagi par l'âge, par la gestion d'une famille et la dignité d'une charge qui le met en relations fréquentes avec Louis XIV. Il possède une riche bibliothèque, reçoit à sa table Fontenelle, Saint-Simon, Dangeau, et verse une pension de six cents livres à Jean-Baptiste Rousseau. Ce père qui avait l'âge d'être grand-père[4] s'attacha à sa fille. Il la garda près de lui, ne prenant pas le parti, comme c'était alors l'habitude, de l'envoyer dans un couvent. L'éducation qu'y recevaient les filles se réduisait à fort peu de chose, mises à part la piété et les bonnes manières. Le baron remarqua chez Gabrielle Emilie un goût pour l'étude. Il s'appliqua à le développer. Il eut l'idée de faire de sa fille une femme de science, à la manière de Mme Dacier, dont la réputation à ce moment même faisait grand bruit. C'est par Voltaire que nous sommes informés de ce qu'on enseigna à l'enfant.[5] Elle apprit le latin, assez bien pour être capable de réciter par cœur «les plus beaux morceaux d'Horace, de Virgile et de Lucrèce», et d'entreprendre une traduction de l'*Enéide*.[6] Mais déjà elle manifeste l'orientation de ses intérêts. Par Cicéron elle accède à la philosophie. Dès ses jeunes années, «son goût dominant était pour les mathématiques et pour la métaphysique». Les mathématiques: c'est par là que son éducation paraît novatrice. De son entraînement juvénile elle conservera une aptitude exceptionnelle au calcul mental. Voltaire la verra «diviser jusqu'à neuf chiffres par neuf autres chiffres, de tête et sans aucun secours, en présence d'un géomètre étonné qui ne pouvait la suivre». Elle sera avec Mme Dacier la femme la plus véritablement savante de son siècle. Mais d'une science qui n'est plus l'érudition humaniste. Mathématicienne, physicienne, métaphysicienne, on cite à son propos aujourd'hui non la traductrice et la championne d'Homère, mais Marie Curie.[7]

Voltaire était resté en relation avec le baron de Breteuil. Il fait appel à sa protection. A sa sortie de la Bastille, il lui demande d'intervenir auprès de La Vrillière (4 juillet 1718). Il use de lui comme intermédiaire dans sa

---

4. Voir à ce sujet les observations d'Elisabeth Badinter, *Emilie, Emilie, l'ambition féminine au XVIIIᵉ siècle* (Paris 1983), p.51.

5. Quelques phrases dans deux textes: *Eloge historique de la marquise Du Châtelet* (M.xxiii.520), *Mémoires pour servir...* (M.i.7).

6. Son père ne semble pas lui avoir fait apprendre l'anglais. Voltaire dit «J'enseignai l'anglais à Mme Du Châtelet, qui au bout de trois mois le sut aussi bien que moi» (M.i.8). Ceci se place en 1733. Pourtant il note: «Dès sa tendre jeunesse elle avait nourri son esprit de la lecture des bons auteurs en plus d'une langue» (M.xxiii.520); sans doute en italien et en espagnol.

7. E. Badinter, p.203, 443.

correspondance avec Jean-Baptiste Rousseau.[8] Nous sommes en 1722. L'année suivante, c'est à Breteuil qu'il adresse la lettre ostensible sur sa petite vérole et sur le traitement de Gervasi qui lui sauva la vie. Il lui a fait lire *La Ligue* qui est sous presse. Il tient compte des observations qui lui sont communiquées, et Breteuil, enchanté, lui écrit: «Vous êtes véritablement le seul poète».[9] Gabrielle Emilie atteint sa dix-huitième année. Il se peut qu'elle ait aperçu Voltaire dans la maison des Tuileries, qu'elle ait lu ou vu jouer *Œdipe*, *Mariamne*, qu'elle lise *La Ligue* dès sa publication. Mais aucune relation ne se noue. Breteuil qui se sent vieillir cherche à marier sa fille, et ce n'est évidemment pas à Voltaire qu'il songe.

Il ne peut lui offrir qu'une dot relativement faible: 150.000 livres. Ce qui exclut la perspective d'une grande alliance. Il porte donc son choix sur un parti peu fortuné mais de très noble origine: Florent Claude, marquis Du Châtelet. Les Du Châtelet-Lomont (ou Laumont) descendaient, croyait-on, de Charlemagne. Leurs lointains ancêtres avaient participé aux premières croisades. Ils avaient donné des ducs à la Lorraine, leur terre natale. Présentement, Florent Claude ne possède que le château de Cirey-sur-Blaise, en Champagne, qui menace ruine, et la charge de gouverneur d'une petite ville de Bourgogne, Semur-en-Auxois. Mais il confère à sa femme, avec le titre de marquise, le privilège enviable de s'asseoir à la cour sur un «tabouret».

Il faut dire quelques mots de l'homme qui va se trouver associé plus ou moins directement à la vie de Voltaire, jusqu'à la mort d'Emilie en 1749. Figurant discret, non sans mérite. Il ne réussira pas si mal dans un rôle ingrat: celui de mari d'une femme célèbre. Il est avant tout un militaire, comme l'a été son père. A peu près du même âge que Voltaire (il est né en 1695), dès dix-sept ans il sert dans les armées du roi. Au moment de son mariage, il est colonel du régiment de Hainaut-Infanterie. Son service le tiendra souvent éloigné de sa femme. Tout à la fois intelligent et modeste, il reconnaît vite la supériorité d'esprit de celle qu'il épouse. Il ne cherchera pas à la contrecarrer dans sa passion pour l'étude, ni dans ses autres passions. Il n'exige point d'elle la fidélité. Il demande seulement que les bienséances soient respectées. La fiction d'un Voltaire «ami de la famille» sera maintenue devant l'opinion, qui sait à quoi s'en tenir. En une conjoncture délicate, en 1748, il fera le nécessaire auprès de sa femme pour sauver les apparences, sans être dupe, croyons-nous.

---

8. D103, D105.

9. D174. Dans sa réponse Breteuil ne donne pas le titre de l'ouvrage dont il parle. Nous pensons que «la pièce» en question est *La Ligue* plutôt que *Mariamne*. Breteuil dit en effet que «les louanges ne réussissent jamais à la cour», mais que dans cet «ouvrage» les «portraits» sont si «ressemblants» que le public «les aimera toujours». Ce qui convient non pas à *Mariamne* mais à *La Ligue* où les allusions flatteuses à des personnalités en vue ne manquent pas.

Le mariage est célébré le 20 juin 1725. Voltaire à ce moment-là ne pense qu'aux perspectives que va lui ouvrir un autre mariage, celui de Louis XV. En septembre, pendant que l'auteur de *Mariamne* va faire sa cour à la nouvelle reine de France, la marquise Du Châtelet fait son entrée officielle dans les petites rues étroites de Semur, jusqu'au château du gouverneur (aujourd'hui, pour ce qui en reste, l'hôpital de la ville). Festivités, discours, feu d'artifice. La jeune femme – elle n'a que dix-neuf ans – s'efforce d'aménager une existence agréable dans le cadre vieillot où elle devrait vivre désormais. On peut admettre, avec René Vaillot, que comme époux Florent Claude ne fut pas si décevant. Ayant onze ans de plus que Gabrielle Emilie, il ne manque pas d'expérience. «Il est loin, ainsi que l'auraient pu faire d'autres hommes, de l'avoir dégoûtée de l'amour»:[10] la suite va le prouver. Bientôt enceinte, Mme Du Châtelet pour ses couches revient à Paris: non pas chez son père, mais chez une parente, la femme du marquis Du Châtelet-Clémont, gouverneur du château de Vincennes. Celle-ci n'est autre que la sœur aînée du duc de Richelieu, l'ami de Voltaire. Mais à cette date Voltaire est en exil à Londres. Mme Du Châtelet donne naissance, le 30 juin 1726, à une fille qu'elle mariera, le moment venu, à un prince italien. Ayant regagné Semur, elle donne le jour, le 20 novembre 1727, à un fils, Florent Louis Marie: il aura une destinée assez brillante, qui se terminera tragiquement en 1794, sur l'échafaud. Mme Du Châtelet sera maintenant plus disponible. Elle place ses deux enfants en nourrice, selon l'usage. Sa descendance étant assurée, le marquis s'éloigne pour son service aux armées. Il laisse son épouse revenir à Paris pour y vivre à sa guise.

Son père est décédé, en son hôtel des Tuileries, le 24 mars 1728: disparition dont elle est douloureusement affectée. Privée de celui qui depuis toujours veillait sur elle, elle se sent seule. Car elle s'entend mal avec sa mère, et celle-ci se retire à Créteil où elle ira rarement la voir. Mme Du Châtelet habite désormais dans la maison de son mari, rue Traversière-Saint-Honoré. C'est alors que se révèle la fougue de son tempérament. Elle se livre à la vie mondaine avec l'ardeur de sa jeunesse. Opéra, bal, parties fines, nuits passées au jeu. Elle joue au pharaon, au cavagnole, au biribi, comme c'est la mode. Mais elle y apporte une frénésie bien imprudente. Elle perd beaucoup d'argent, elle qui n'en a guère.

Dans cette société légère, sa vertu ne tarde pas à être attaquée. Ardente au plaisir et sans expérience, elle se défend mal. Elle s'abandonne au comte de Guébriant: un bellâtre, aux conquêtes faciles, qui ajoute son nom à une «liste» fort longue. Mais Emilie prend cette liaison tout à fait au sérieux. Elle n'a encore jamais aimé: la voici passionnément éprise de son partenaire. Elle

---

10. Vaillot, p.41.

l'obsède, le relance, l'accable de gémissements quand il tente de se dérober. Guébriant en bon libertin pratiquait la galanterie comme une succession d'épisodes agréables. Contre l'envahissement de cette femme possessive, il veut mettre le holà. Il espace les rencontres, préparant une rupture. Son amante, torturée de jalousie, comprenant un peu tard qu'un tel homme ne peut l'aimer comme elle l'aime, sombre dans le désespoir. En serait-elle venue à un parti extrême?

Les *Mémoires* apocryphes de Maurepas relatent une scène qu'on doit accueillir avec réserve.[11] Cependant dans ces *Mémoires* fabriqués le faussaire intègre parfois des éléments authentiques plus ou moins déformés. Et le rôle attribué à Mme Du Châtelet correspond si bien à sa personnalité qu'on est tenté de croire qu'une portion de vérité subsiste dans le récit.

Guébriant a accepté un dernier rendez-vous, pour sceller la rupture. Il trouve Emilie allongée sur un sofa. L'entrevue se passe calmement. Comme il prenait congé, elle lui demande de lui apporter un bol de bouillon, qui attendait sur la cheminée. Il le lui tend. Elle le boit, entièrement. Puis elle lui donne une lettre, en lui recommandant de ne l'ouvrir que lorsqu'il sera dans la rue. Enfin sorti, Guébriant respire. Le voilà débarrassé de cette femme. Il ouvre la lettre. Or que lit-il? «Je meurs empoisonnée par votre main.» Elle avait, dans le bouillon, versé une forte dose d'opium. A partir d'ici, deux versions. Guébriant remonte précipitamment et fait administrer un contrepoison. Ou bien il la trouve vomissant le breuvage empoisonné. Mais on s'interroge. Emilie a-t-elle réellement voulu se donner la mort, elle qui est si fort attachée à la vie? Les grandes amoureuses, lorsqu'elles se décident à une semblable extrêmité, font en sorte que la lettre parvienne posthume à l'infidèle. On conserve l'impression que la marquise, qui a le sens du théâtre, a monté une scène de faux suicide pour ramener et, qui sait? fixer définitivement le volage. Ce ne sera pas la dernière fois qu'elle aura recours à un chantage de ce genre pour imposer sa volonté.

Guébriant, en tout cas, se garde bien de renouer avec une femme aussi dangereuse. Emilie se console par ses chères études qu'au milieu de tant de troubles elle n'a jamais tout à fait délaissées. Puis une autre diversion se présente. Le duc de Richelieu est revenu en juillet 1728 de son ambassade à Vienne. Elle le connaît par sa cousine, Mme Du Châtelet-Clémont. Il a trente-trois ans et un brillant passé de don Juan. Etre distinguée par lui la flatte. Fort bel homme – «il ressemble à l'amour», disait Marais – il a de l'esprit, une délicatesse qui faisait défaut à Guébriant. Il ménage cette jeune femme qui a

---

11. Maurepas, *Mémoires* (Paris 1792), iv.173. L'anecdote fut ajoutée dans la seconde édition des pseudo-*Mémoires*. Nous intégrons à notre récit certaines variantes qui le rendent plus vraisemblable, en suivant Vaillot, p.51-52.

souffert et qui est sa parente. Si elle se donne à lui, c'est cette fois-ci de la tendresse plutôt que de la passion. La liaison se dénouera doucement, sans drame. Au début de 1732, Mme Du Châtelet est rappelée par son mari à Semur. Elle en reviendra enceinte. Entre Richelieu et elle, une page est tournée. Mais elle conserve pour son ancien amant des sentiments d'amitié amoureuse. Peut-être aurait-elle renoué, si un autre homme en 1733 n'était entré dans sa vie.

Elle a passé l'année 1732 dans son triste château de Semur. Elle y vit seule avec son mari. Son beau-père le vieux comte de Lomont y est décédé au mois de janvier. Ses deux belles-sœurs, mariées, ont quitté la ville. Pour occuper ses journées, elle travaille. Peut-être lit-elle dès maintenant le *Discours sur les différentes figures des astres* de Maupertuis, qui vient de paraître. Cet exposé de la physique newtonienne, chargé d'algèbre, n'est pas pour la rebuter. A la fin de l'année elle regagne Paris avec le marquis. Mais voici qu'une nouvelle guerre s'annonce: la guerre dite de Succession de Pologne. M. Du Châtelet rejoint son régiment en janvier 1733.

Libre de ses faits et gestes, Emilie se livre aux plaisirs du monde, dans la mesure où sa grossesse le lui permet. Chez Mme de Brancas et à l'Opéra elle rencontre la duchesse de Saint-Pierre. Elle devient la compagne de cette dame, qui cherche à compenser par le plaisir de longues années d'ennui. La duchesse a cinquante-trois ans, mais ne les porte pas. Trente ans plus tôt elle avait été mariée à un grand seigneur espagnol beaucoup plus âgé qu'elle. Depuis 1704 elle avait dû vivre dans l'ambiance étouffante de la cour d'Espagne, très surveillée par un mari jaloux. Le duc de Saint-Pierre enfin était mort, en 1727. Sa veuve rentre à Paris. Fort belle encore, elle s'applique à rattraper le temps perdu. Elle choisit un amant de vingt-trois ans, le comte de Forcalquier, charmant garçon, dont on disait qu'il «éclairait une chambre en y entrant».[12] En cette fin d'hiver, Mme Du Châtelet forme avec la duchesse et Forcalquier un trio qu'on voit dans tous les lieux où l'on s'amuse. Trio à compléter, il va de soi, dès que Mme Du Châtelet sera de nouveau en état d'aimer.

Elle accouche d'un garçon le 11 avril 1733. Cet enfant ne survivra pas. Elle le perdra à seize mois, en août 1734. Ne l'accusons pas d'avoir délaissé le nouveau-né confié à une nourrice. Du moins elle ne fut pas plus négligente que les autres mères de son milieu.[13] Mme Du Châtelet a eu quatre enfants (le quatrième, une fille, naîtra en 1749): deux vivront, ce qui correspond au pourcentage moyen du dix-huitième siècle.

Rapidement rétablie, dans quelques jours elle va rencontrer Voltaire. Quelle

---

12. Cité par Vaillot, p.69.
13. On lira dans E. Badinter, p.124, ce qu'elle écrit à la mort de l'enfant.

est-elle en ce printemps de 1733? Tout d'abord, disons-le, une belle jeune femme. Car nous n'en croirons pas le portrait dessiné par Mme Du Deffand, chef-d'œuvre de méchanceté: «Représentez-vous une femme grande et sèche, sans cul, sans hanches, la poitrine étroite, deux petits tétons arrivant de fort loin, de gros bras, de grosses jambes, des pieds énormes, une très petite tête, le visage aigu, le nez pointu, deux petits yeux vert-de-mer, le teint noir, rouge, échauffé, la bouche plate, les dents clairsemées et extrêmement gâtées. Voilà la figure de la belle Emilie»[14]... La Tour, Nattier, qui n'étaient pas égarés par une jalousie haineuse, ont laissé des images qui ressemblent certainement mieux à l'original. Le portrait de Nattier, aujourd'hui à l'Institut et Musée Voltaire de Genève, nous montre Emilie à l'approche de la quarantaine. Elle apparaît plus jeune sur celui de La Tour, qui la représente à sa table de travail, tenant un compas sur un cahier ouvert. Le visage, sans doute, n'est pas d'une régularité parfaite: un nez un peu long, des yeux qui doivent loucher, comme le lui reprochera son ami, quand ils se chargent de colère. Mais un large front, un regard vif: la femme que nous montrent les deux peintres, animée, spirituelle, était assurément une fort agréable personne. Elle plaisait, ce dont enragent ses rivales. De grands pieds, des mains trop grosses, soit. Mais un corps admirablement fait. Comme elle ne se gênait pas pour se dénuder devant ses domestiques, même masculins, l'un d'entre eux nous a transmis son témoignage: «une statue de marbre».[15]

D'elle se dégage une impression de vigueur. Elle est infatigable dans les divertissements comme dans le travail. Elle adore jouer la comédie. Elle chante, et fort bien, des airs d'opéra, notamment ceux d'*Issé*.[16] Et après d'exténuantes journées de mondanités, il lui reste des forces pour s'attabler devant ses x et y. Dans les salons elle ne laissait pas voir qu'elle était aussi une femme de science: elle avait en elle assez de ressources pour soutenir brillamment l'une et l'autre partie de son existence. On doit rendre hommage à la savante. Mme Du Deffand prétend que ses ouvrages ne sont pas d'elle: pure calomnie. On admire sa compétence scientifique, en une époque où les femmes (Mme Du Deffand comme les autres) étaient sur ces questions d'une totale ignorance. Ses *Institutions de physique* (1740) exposent la physique et la métaphysique de Newton avec autant d'ordre que de clarté. Et sait-on que sa traduction des *Principia* de Newton, qu'elle laissait à sa mort presque terminée, demeure aujourd'hui la seule version française de ce texte fondamental. Elle sera encore réimprimée en 1966.[17]

---

14. Portrait inséré en mars 1777 dans la *Correspondance littéraire* de Grimm (Paris 1879), xi.436.
15. Longchamp et Wagnière, ii.119.
16. Opéra d'Houdar de La Motte, musique de Destouches.
17. E. Badinter, p.351.

Une femme qui comme elle veut raisonner avec rigueur devait être en son temps «esprit fort». Une personne de sa condition respecte les formes extérieures de la religion. Elle aura soin à Cirey de se pourvoir d'un aumônier, chargé de dire la messe au château. Mais en son for intérieur elle n'a que mépris pour ces «superstitions». Elle pense comme Voltaire que le système du monde suppose une Raison suprême. Mais elle refuse ce qui s'est ajouté à une «religion naturelle» très simplifiée. Toutes ces croyances dont s'encombre la religion officielle: inventions des prêtres, abusant de la sottise des peuples. Comme il est fréquent au dix-huitième siècle, sa «philosophie» s'inspire d'un sentiment aristocratique. Elle, fille du baron de Breteuil, mariée à un descendant de Charlemagne, elle n'a pas, si peu que ce soit, la fibre démocratique. Les petites gens, les valetailles de sa maison, elle les tient pour une espèce inférieure. On l'a vu: un valet de chambre qui l'aide à changer de chemise, qui la sert dans son bain,[18] n'est pas pour elle un homme; les règles de la pudeur ne valent pas devant ce domestique.

Cette femme possédait des qualités – aptitude à l'abstraction, esprit de décision – qu'on attribue d'ordinaire à l'homme. Mais ces tendances quelque peu masculines, elle les réfrénait en usant et abusant des ornements de la féminité. Elle se couvre de bijoux, de rubans, de fanfreluches: La Tour et Mme Du Deffand en témoignent pareillement, de même que Voltaire qui l'appelait «Pompon-Newton». Elle mettait à se parer l'ardeur qu'elle apporte à toute chose. «Tempérament de feu», elle a dans l'intimité des sens exigeants. Elle n'est pas femme à se contenter de peu, sur aucun plan. Son ambition – c'est le mot qui s'impose[19] – est de s'élever au plus haut niveau, par ses connaissances scientifiques, par le choix de l'homme qui partagera sa vie. Cet homme-là, au printemps de 1733, elle ne l'a pas encore découvert. Ni l'honnête M. Du Châtelet, ni le piètre Guébriant, ni même l'aimable duc de Richelieu n'avaient de quoi l'enthousiasmer. C'est alors qu'elle refait connaissance avec ce Voltaire qu'elle avait entr'aperçu en ses années d'enfance.

Ils durent se retrouver à l'Opéra, à la fin d'avril ou au début de mai. Au dix-huitième siècle, les spectacles sont les lieux les plus propices aux rencontres. Remise de ses couches, Emilie recommence à fréquenter les théâtres. A ce même moment Voltaire est appelé à l'Opéra par son ami Moncrif, pour soutenir une nouvelle production de celui-ci, l'*Empire de l'amour*, qui dès sa création menace de tomber. Voltaire aide l'auteur à ravauder son texte.[20] C'est pourtant

18. Longchamp et Wagnière, ii.119-20.
19. E. Badinter lui consacre le livre que nous avons cité, comme étant avec Mme d'Epinay un exemple de «l'ambition féminine au dix-huitième siècle».
20. D595, D597, D601.

un autre faiseur d'opéras qui au foyer ou dans une loge va l'introduire auprès d'Emilie. Un familier des Breteuil, ce Dumas d'Aigueberre auquel il écrivait, lors de son exil à Londres, qu'il n'avait pas «le nez tourné à être prophète en *son* pays», c'est lui maintenant qui lui fait «renouveler connaissance» avec la fille du baron, son ancien protecteur.[21]

Depuis longtemps Voltaire n'avait plus de maîtresse. Sa dernière liaison, avec Mme de Bernières, remontait à une dizaine d'années. On ne lui en connaît aucune pendant son séjour en Angleterre ni depuis son retour. Ce qui n'a pas exclu, sans doute, quelques passades. Mais l'abstention de tout commerce féminin était, on le sait, une condition pour être logé chez Mme de Fontaine-Martel. Pensionnaire de cette vieille dame, il avait cru que l'âge des relations amoureuses était pour lui révolu. Et le rôle qu'il s'attribuait aux représentations d'amateurs, rue des Bons-Enfants, était celui du vieillard Lusignan. Mais à trente-neuf ans l'heure de renoncer n'avait certainement pas encore sonné. Bientôt il va, en vers, s'écrier sur «les plaisirs qu'il goûte dans les bras» de sa nouvelle amante.[22] Au vrai, il atteint l'âge de se fixer: dans un domicile stable, dans une relation féminine durable. Il lui arrive, dans les lettres de 1734 de désigner Emilie par une expression conjugale, «ma femme»,[23] ce qu'il s'abstiendra de faire par la suite, craignant de la compromettre. Le possessif dit bien, en tout cas, qu'il a reconnu en elle la femme au-dessus du commun digne de partager sa vie. Et celle-ci voit en lui un partenaire à la mesure de ses aspirations.

Ils devinrent amants assez vite, dans les semaines qui suivent: peu après sans doute le billet qu'il lui écrit le 6 mai 1733.[24] Leurs rapports au début sont discrets. Ils se voient soit chez Voltaire, rue du Longpont, soit chez Mme Du Châtelet, rue Traversière. Voltaire est très épris:

> Je vous adore, ô ma chère Uranie!
> Pourquoi si tard m'avez-vous enflammé?

Il le lui dit en trois épîtres. Il est «enivré de bonheur et d'amour». Jamais il n'avait connu des «moments si doux et si voluptueux». Et cette femme si désirable est un esprit supérieur: elle sait manier le compas, «pointer une lunette».[25] Il nous manque, il manquera jusqu'à la fin de leur vie commune le

---

21. D294, D4046. «Il y a plus de vingt ans» écrit-il à Dumas d'Aigueberre, le 26 octobre 1749, après la mort de Mme Du Châtelet: indication très approximative qui doit s'entendre de la rencontre de 1733.
22. M.x.293.
23. D779, D781 (août 1734).
24. Il emménage rue du Longpont. Il parle à Mme Du Châtelet de sa colique. Ce genre de confidence, même adressé à une femme, n'était pas à l'époque considéré comme choquant.
25. M.x.292-94.

témoignage de la correspondance qu'ils échangèrent. Les lettres de Voltaire à elle adressées, que Mme Du Châtelet avait soigneusement conservées, et fait relier en six volumes in-quarto, peuvent hélas! être considérées comme définitivement perdues.[26] Une zone d'ombre entoure donc pour nous le plus intime de leur relation.

Autant qu'on sache, Mme Du Châtelet était non moins amoureuse. On rapporte qu'un jour en public elle saisit Voltaire par le cou et l'embrassa à pleine bouche.[27] Très spontanée, elle commet des imprudences, guettées par ses bonnes amies à la langue de vipère. Aussi Voltaire entreprend-il dès le 3 juillet de versifier une épître *Sur la calomnie*, pour la défendre et pour la consoler. Auraient-ils fait ensemble, entre le 9 et le 24 juillet,[28] un rapide voyage jusqu'à Cirey? Le 10 juillet, Cideville écrit une lettre qui «par la poste en habit champêtre» doit parvenir à Voltaire en ces «beaux lieux».[29] Aucun document ne contredit celui-ci. Il est possible qu'en un aller et retour ils aient voulu inspecter le château, alors fort délabré, avec la pensée d'y venir vivre, de temps à autre, plus librement qu'à Paris.

Le bonheur des amours commençantes ne manque pas d'influer sur l'œuvre de Voltaire. On relève une coïncidence. En juin 1733, les *Lettres philosophiques* sont imprimées. Elles attendent dans le magasin de Jore à Rouen le moment favorable pour sortir. Or, inopinément, le 1er juillet, Voltaire envoie à Cideville le manuscrit d'une vingt-cinquième *Lettre*, «Sur les *Pensées* de M. Pascal». Il l'avait rédigée les jours précédents, dans l'euphorie de son amour pour Emilie. Depuis longtemps il a dans ses papiers des remarques critiques sur les *Pensées*. En outre la logique interne des *Lettres philosophiques* appelait la conclusion de l'*Anti-Pascal*. Mais cette logique, elle s'impose à lui à la faveur des dispositions heureuses où il se trouve. Jamais le pessimisme janséniste ne lui a paru si faux, ni si malsain. Il rassemble donc ses notes, les complète, et ajoute au livre ce supplément, en apparence déviant, mais qui en dégage avec force la philosophie.

---

26. Voir D.app.26. Mme Du Châtelet à la fin de sa vie a permis à Voisenon de feuilleter la collection. Nous avons son témoignage, confirmé par celui de François de Neufchâteau en 1778. Selon Neufchâteau, Saint-Lambert après la mort de son amie se serait emparé des six volumes. «Perfidie» que Voltaire pardonne sous condition que Saint-Lambert ne publiera pas ces textes. Selon Voisenon on y lisait «plus d'épigrammes contre la religion que de madrigaux pour sa maîtresse». Neufchâteau est plus nuancé: «Cette collection considérable [...] renfermait toute la coquetterie de l'esprit de Voltaire amoureux, et toute la hardiesse de la philosophie du même Voltaire, catéchisant une prosélyte qui l'adorait et qui était digne de l'entendre.» Th. Besterman formulait l'espoir qu'on retrouverait peut-être un jour ces précieux in-quarto. Quant aux lettres de Mme Du Châtelet, il est probable que Voltaire les détruisit.
27. Vaillot, p.74.
28. Dates de D628, D635, écrits de Paris.
29. D629. Cideville orthographie: «Sirey».

Mme Du Châtelet l'entraîne à fréquenter une société joyeuse. On ne le laisse pas vaquer tranquillement à ses travaux de plume. Certain soir, deux «déesses» – Emilie et Mme de Saint-Pierre – accompagnées du «dieu de l'amour» – Forcalquier – envahissent son logis, rue de Longpont, et l'emmènent souper d'une «fricassée de poulets», aux chandelles, dans le village de Charonne.[30] Il a commencé une nouvelle tragédie, *Adélaïde Du Guesclin*. Mais ses amis mondains préfèrent les pièces plus légères qu'on chante sur la scène de l'Opéra. Il se met donc à l'unisson: il entreprend, comme un Moncrif, comme un Dumas d'Aigueberre, d'écrire un livret, *Tanis et Zélide*, puis un second, *Samson*.

Il destinait *Tanis et Zélide*, en avril-mai 1733, à Brassac, le musicien de Moncrif. Cet «opéra égyptien» racontait une histoire romanesque, pimentée de «philosophie». De diaboliques «prêtres de Memphis» ont pris le pouvoir, renversant la monarchie légitime. Zélide, fille du roi, s'est enfuie à la campagne où le berger Tanis, un fort sympathique jeune homme, la protège. Chœur des bergers. Chœur des bergères. Offensive des mages, repoussés par Tanis. Les deux jeunes gens fileraient un amour parfait sans les intrigues du jaloux Phanor. Au moment où Isis et Osiris allaient les marier, Zélide a disparu. Le chef des mages Otoès l'a enlevée, avec la complicité de Phanor. Voici la malheureuse prisonnière dans le temple de ces affreux mages. Otoès, malgré Phanor, va la sacrifier à ses dieux, des monstres à forme animale. Tanis survient: il demande à être immolé à la place de sa bien-aimée. Otoès en profitera plutôt pour les mettre à mort tous les deux. Dans les coulisses une bataille se déchaîne, entre les soldats des mages et ceux de Tanis et de Phanor (qui a une nouvelle fois changé de camp). Il faut qu'au cinquième acte Isis et Osiris interviennent: par l'incendie, l'inondation, le tonnerre, ils exterminent les mages et leurs monstres. Tanis pourra donc épouser Zélide. C'était une «tragédie pour être mise en musique». Mais il s'est trouvé qu'elle n'a réussi à inspirer ni Brassac ni aucun autre musicien. Jamais représentée, elle ira tardivement grossir la section du théâtre dans l'édition in-quarto des œuvres complètes (1768-1796).

C'est sur commande de Rameau que fut composé le second opéra, *Samson*, à l'automne de la même année 1733. Jusqu'alors Jean-Philippe Rameau, bien qu'ayant atteint la cinquantaine, n'avait donné que des ouvrages théoriques. Il tente enfin d'appliquer ses idées dans *Hippolyte et Aricie*, sur un livret de l'abbé Pellegrin. Sa musique parut d'abord compliquée et peu mélodique. Mais l'opéra, repris en septembre 1733, avait été mieux accueilli. Alors Rameau, soutenu par le salon du financier mélomane La Popelinière, veut risquer une deuxième tentative. La Popelinière sollicite Voltaire qui se met d'accord avec

---

30. D633 (juillet 1733?).

Rameau pour écrire un *Samson*. Le livret est prêt au début de décembre. Sujet «philosophique» comme le précédent. Les Israëlites, vaincus par les Philistins, gémissent sur les bords du fleuve Adonis: «des prêtres mensongers, pleins de zèle et de rage» veulent les contraindre à adorer les idoles. Mais Samson renverse les autels des faux dieux, incendie le palais du roi. Pour en venir à bout, les Philistins lui dépêchent Dalila, laquelle avec l'aide des «filles de Gaza», amollit sa vaillance. Ce faisant, Dalila s'est éprise de lui. Le grand-prêtre des Philistins lui promet qu'elle pourra l'épouser, à une condition: qu'elle découvre le secret de sa force. Elle amène donc Samson à révéler que toute sa puissance tient en sa chevelure. Informé, le grand-prêtre, perfide comme il se doit, trahit la promesse faite à Dalila, et fait enchaîner Samson aux piliers du temple. Mais, comme on sait, l'Hercule israëlite, recouvrant sa vigueur, ébranle les colonnes et écrase sous l'édifice les serviteurs des idoles. Le livret ne manquait pas de morceaux propres à servir l'inspiration du musicien, tel le monologue de Samson: «Profonds abîmes de la terre»... Pourtant la collaboration de Voltaire avec Rameau, partenaire difficile, n'aboutira pas. Rameau renonce bientôt à ce sujet d'opéra. Il reprendra les parties composées de sa musique pour les insérer dans d'autres ouvrages. *Samson* ne sera donc jamais porté à la scène.

Il est une œuvre dont nous n'avons pas encore parlé, *La Pucelle*. Nous supposons qu'en ces mois de 1733 Voltaire la sortit de ses portefeuilles pour l'amusement de ses amis. Peut-être même est-ce à ce moment qu'il commence à l'écrire, dans l'ambiance de gaîté dont il est entouré.

Longchamp rapporte une anecdote qu'on peut accepter. A un souper chez le duc de Richelieu, on vint à parler de Jeanne d'Arc. On se moqua du poème cacophonique de Chapelain, qui s'était avisé de faire de sa Pucelle une sainte. Richelieu à Voltaire: «Je gage que si vous aviez traité ce sujet, vous en auriez tiré un meilleur parti, et que pour agrandir votre principal personnage, vous n'auriez pas eu besoin de la béatifier.» Voltaire répond qu'à son avis on ne peut faire sur un tel sujet un bon ouvrage dans le genre sérieux: «trop de circonstances triviales», mêlées à d'autres «excessivement atroces». L'histoire de Jeanne se prêterait mieux au «genre plaisant». Richelieu: «Je le crois aussi, et personne ne serait plus capable que vous de le bien mettre en œuvre, si vous vouliez l'entreprendre.» Les convives font chorus. On presse Voltaire de chanter Jeanne sur le mode comique. Il se défend, alléguant les «idées tragiques» dont il est présentement occupé. Finalement il cède. Délaissant ses autres ouvrages, «en quelques semaines» il rime les quatre premiers chants de *La Pucelle*. Nouveau souper des mêmes convives chez Richelieu: Voltaire lit ce qu'il a composé. On applaudit et on le persuade de continuer.

Longchamp, dans la version de ses *Mémoires* publiée en 1826, date l'épisode de «1730 ou 1731».[31] Datation hésitante: une note sur les «travaux» de Voltaire, à l'époque où il commence *La Pucelle*, cite *Brutus*, *Eriphyle*, *Adélaïde Du Guesclin*, soit des œuvres échelonnées de 1730 à 1733. Il existe, on le sait, une autre version des *Mémoires*, publiée en 1863, procédant apparemment d'un manuscrit moins élaboré.[32] Le souper chez Richelieu y est rapporté plus succinctement. Aucune date n'est indiquée. Longchamp entra au service de Mme Du Châtelet et de Voltaire en 1746. Quoi d'étonnant s'il ne peut situer avec précision, dans un passé relativement lointain, le récit qu'on lui a fait? Quant à Voltaire, il écrit en 1760 que le poème fut composé «il y a plus de trente ans». Des notes ajoutées au texte en 1762 disent qu'il fut fait «en 1730», «vers l'an 1730». Dans deux lettres de 1755 le chiffre reste le même que dans celle de 1760: «depuis trente ans», «il y a trente ans».[33] Sous la plume de Voltaire ces indications en nombres ronds n'ont qu'une valeur approximative, laissant, on le voit, une marge de cinq ou six années. Il est donc impossible de déterminer avec certitude la date où fut commencée la rédaction de *La Pucelle*.

On risquera une conjecture. Les joyeusetés de ce poème héroï-comique ne s'accordent-elles pas avec l'état d'esprit de son auteur, pendant la belle saison de ses amours en 1733? Pour aborder aujourd'hui les décasyllabes sautillants écrits sur un tel sujet, il faut écarter de nous la Jeanne d'Arc de Michelet, la Jeanne d'Arc de Péguy. Celle qu'on considérait comme une «servante d'auberge», devenue femme soldat et brûlée par sentence d'un tribunal ecclésiastique, n'était pas révérée comme la «sainte de la patrie». On s'étonnait même qu'une telle idée fût venue à Chapelain, qui en fait devançait le jugement de l'avenir. On comprend mieux la réflexion de Richelieu censurant cette conception, si l'on se rappelle que la béatification de Jeanne remonte seulement à 1909 et sa canonisation à 1920. Il était naturel que pour une œuvre de fiction dont elle serait l'héroïne Voltaire ait pensé à l'Arioste plutôt qu'à Virgile.

Mais il renchérit sur les gaillardises de l'Italien. Des quatre chants qu'il aurait rapidement rédigés, le premier narre les amours de Charles VII et d'Agnès Sorel. Une imagination érotique est ici à l'œuvre. Les ébats des deux amants sont peints en traits d'autant plus forts qu'ils restent discrètement suggestifs. Dans la suite, le poème fait alterner les passages d'une revue de chansonniers sur l'actualité (le P. Girard et La Cadière, les convulsions de Saint-Médard, etc.) avec des scènes fort libres (assauts de Grisbourdon contre

---

31. Longchamp et Wagnière, ii.184-86.

32. J.-A. Havard, *Voltaire et Madame Du Châtelet, révélations d'un serviteur attaché à leurs personnes* (Paris 1863), p.165-66.

33. Voir *OC*, vii.13. Les lettres de 1755 (l'année 1756 donnée pour Best. 5817 est une erreur à corriger dans *OC*, vii.13) sont D6425, D6476. Ces indications vagues de Voltaire sont sans doute à l'origine de la date 1730-1731 donnée par Longchamp dans les *Mémoires* de 1826.

Jeanne, de Chandos contre Agnès...). Se trompe-t-on si l'on y reconnaît une sensualité qui s'exprimait en termes plus voilés dans les épîtres de l'amant à la nouvelle «Uranie»? Voltaire commençant *La Pucelle* dans l'ivresse de l'été 1733? L'hypothèse aurait besoin d'être appuyée de preuves qui, nous l'avouons, font défaut. Ce qui, en tout état de cause, ne fait aucun doute, c'est que le scandaleux manuscrit ne va pas tarder à inspirer les plus vives alarmes à Mme Du Châtelet.

Après quelques mois de bonheur, le couple à la fin de l'année traverse une crise. Une nouvelle fois, Voltaire tombe malade, en septembre, avec une rechute aggravée en décembre. Souffrant d'une «espèce d'inflammation d'entrailles», il est des semaines sans sortir.[34] Il fait réflexion que la maladie favorise la création littéraire; il se concentre sur son travail. Elle ne favorise certainement pas ses relations avec l'exigeante Emilie. Il se dit «mort au plaisir».[35] Comme amant, il se révèle déficient.

Mme Du Châtelet a repris ses études (comme dérivatif?). Avec l'aide de Voltaire elle apprend l'anglais, très vite.[36] Elle veut compléter ses connaissances en mathématiques. Voltaire commet alors l'imprudence de lui présenter Maupertuis. Celui-ci, l'un des rares partisans français de Newton, faisait figure de champion d'une science d'avant-garde. Voltaire avait eu recours à lui pour se faire expliquer la physique newtonienne. Maupertuis est de plus un homme du monde, fréquentant l'Opéra et les salons, réputé pour ses succès féminins. A la demande de Voltaire, en janvier 1734, il commence à faire travailler Emilie: devoirs et leçons, comme à une écolière. Sous sa direction, la jeune femme s'applique à des exercices tels que d'«élever un nôme infini à une puissance donnée».[37] On le devine: entre un maître de trente-cinq ans et une élève aussi ardente, les longs tête-à-tête ne peuvent se limiter aux mathématiques. Que Mme Du Châtelet ait ou non fait les avances,[38] elle devient la maîtresse de son prestigieux professeur. Maupertuis était habitué à ce genre de bonnes fortunes. Il n'entendait pas pour autant aliéner si peu que ce soit sa liberté. Il n'a que très peu de temps à consacrer à la galanterie. Il se dérobe, tandis qu'Emilie, envahissante à son habitude, le relance, le supplie de venir à des rendez-vous à prétexte mathématique, l'envoie chercher chez lui, et même à l'Académie des sciences. C'est l'histoire de sa passion pour Guébriant qui se renouvelle, sans tentative de suicide cette fois. Maupertuis trouve enfin

34. D685 (fin novembre 1733).
35. D691 (27 décembre 1733).
36. D689 (décembre 1733).
37. D705.
38. Vaillot, p.82, pense qu'elle les fit.

un bon moyen de se soustraire: il part pour Bâle, afin d'y rencontrer le mathématicien Jean Bernoulli. Mais que serait-il advenu des relations entre Voltaire et Emilie, s'il s'était montré moins réticent?

Voltaire est informé de son infortune. Il la prend en patience. Les déboires, qu'il connaît, de l'amoureuse auprès de l'homme de science, le rassurent.[39] Infidèle, Emilie n'a pas rompu, ni lui avec elle. Une vie ne peut se développer avec la pureté d'une courbe géométrique. Entre eux la situation, pendant toute l'année 1734, demeure dans le flou, en dépit des graves événements qui les rapprochent. C'est seulement en mai 1735 que Mme Du Châtelet se décidera à s'engager avec Voltaire entièrement et sans retour.[40]

39. M.x.280-81.
40. Elle l'annonce à Richelieu, D874 (c. 30 mai 1735).

19. Un manifeste des Lumières

1734, l'année des *Lettres philosophiques*, débute par la création d'une nouvelle tragédie, *Adélaïde Du Guesclin*, jouée pour la première fois au Théâtre-Français le 18 janvier.

Voltaire l'avait conçue un an plus tôt, chez Mme de Fontaine-Martel. On voit combien fut productive pour lui cette année 1733. Il a œuvré à plusieurs «ateliers», passant de l'un à l'autre: *Temple du Goût*, *Lettres philosophiques* où le travail n'est pas tout à fait terminé, épîtres en vers, opéras, et vraisemblablement *La Pucelle*. A Cideville qui s'alarme de tous ces labeurs de plume, il répond que «l'esprit plié depuis longtemps aux belles-lettres s'y livre sans peine et sans effort»: «comme on parle facilement une langue qu'on a longtemps apprise», ou «comme la main du musicien se promène sans fatigue sur le clavecin».[1]

Il eut l'idée de la nouvelle pièce le jour même où s'achevait l'impression de *Zaïre*. Il veut revenir à ces personnages de chevaliers français, si réussis dans sa tragédie «turco-chrétienne»: le panache dont s'agrémente leur vaillance plaît et à lui-même et à son public. «Amour, jalousie, fureur, bienséance, probité, grandeur d'âme»: voilà ce qui va animer ses héros. Mais cette fois nous n'irons pas en pays exotique: un «sujet tout français», en apparence historique, en fait «tout de [son] invention».[2] Il lui suffit de situer la fiction dans une période déterminée de l'histoire nationale. Curieusement, il choisit celle même où il place l'action de sa *Pucelle*: le règne de Charles VII, ici en son début, avant Jeanne d'Arc. L'ambiance d'anarchie, de batailles confuses et incertaines, est la même dans le poème héroï-comique et dans la tragédie. On peut s'en étonner. Mais cette sorte de dédoublement correspond à une bipolarité essentiellement voltairienne. Il est tout autant lui-même dans la dérision, assaisonnée de grivoiserie, que dans le climat de noblesse où l'amour s'exalte comme un grand sentiment habillé de beau style.

La guerre de Cent Ans, à la fois invasion étrangère et guerre civile, permet d'imaginer des situations propres à exercer les âmes fortes. Adélaïde Du Guesclin, nièce (inventée par Voltaire) du grand Connétable, a été sauvée par Vendôme, prince du sang. Elle se trouve avec lui, qui est du parti anglais,

1. D669.
2. D570.

assiégée dans la ville de Cambrai. Elle est aimée et de Vendôme et du sire de Coucy son lieutenant. Vendôme la presse de l'épouser. Mais elle résiste. Il lui répugne de passer par son mariage dans le camp des ennemis de Charles VII. Surtout, ce qu'elle cache soigneusement, elle aime un frère de Vendôme, Nemours, champion de la cause française; elle en est aimée. Entre l'acte I et l'acte II, un combat se livre sous les murs de la ville. Vendôme reparaît conduisant un prisonnier blessé, le bras en écharpe: le casque fermé cache le visage. Le prisonnier se découvre: c'est, bien entendu, Nemours. D'où à l'acte III la grande scène entre Vendôme, Nemours, Adélaïde. Croyant vaincre les dernières résistances de la jeune fille, Vendôme annonce que par amour pour elle il va se rallier au roi de France. «Non, seigneur, répond Adélaïde, je ne puis être à vous.» Nemours révèle que depuis deux ans ils sont secrètement fiancés: il s'offre aux coups de son frère. Fureur de Vendôme: désespéré, il veut mourir au combat. Mais il entraînera dans sa perte son rival. Il commande à Coucy de mettre à mort ce Nemours, proscrit d'ailleurs par les Anglais. Un coup de canon tiré des remparts annoncera l'exécution. A l'acte V, Vendôme seul en scène attend. Le remords le tourmente. Soudain il change sa résolution: il va annuler l'ordre de tuer son frère. Hélas! à ce moment précis le coup de canon retentit. Adélaïde (qui ignore le sens du signal) survient à son tour: elle se déclare résignée à épouser Vendôme, à condition qu'il épargne Nemours. Vendôme: «Madame, il n'est plus temps...» Mais il se trompe. Nemours reparaît, bien vivant. Coucy lui a sauvé la vie, persuadé que Vendôme se repentirait du crime qu'il a ordonné. Réconciliation générale: Vendôme accepte le mariage d'Adélaïde avec son frère; il va désormais comme eux servir le bon parti: le parti français. Coucy, qui depuis longtemps souhaitait ce ralliement au roi légitime, applaudit. La pièce se termine dans l'euphorie des bons sentiments. L'idéalisme de Voltaire fait que ses personnages «méchants» ne réussissent pas à l'être vraiment. Chez Vendôme, comme naguère chez Orosmane, le mal n'est qu'un moment d'égarement. L'accès passé, ils reviennent à la noblesse naturelle de leur caractère.

Voltaire rédige vite ce sujet, qui l'inspire comme l'avait inspiré celui de *Zaïre*. A peine en a-t-il annoncé le projet qu'il en a déjà écrit trois actes (24 février 1733). Le 12 avril, *Adélaïde* est «dans son cadre»,[3] c'est-à-dire qu'il ne reste plus qu'à polir le détail de la versification. En juin et juillet, l'auteur en donne des lectures devant des amis. Tous fondent en larmes.[4] Les «ouvrages d'imagination», observe-t-il, «tirent l'âme hors d'elle-même»; ils sont «une espèce de passion violente».[5] Ce qui vaut pour le public de ses lectures comme

3. D593.
4. D621, D638.
5. D669.

pour lui-même. Car il pleure tout le premier en lisant son *Adélaïde*. Rien de plus étranger à Voltaire que la création froidement agencée par une intelligence extérieure à l'œuvre. Auteur, acteur, ou lecteur, il devient ses personnages. «Hors d'elle-même», son «âme» entre en ces êtres de fiction, par lesquels il vit une autre vie, plus intense, plus belle. Ses tragédies touchaient incontestablement son auditoire aux points sensibles. Il n'avait pas à faire effort pour calculer ses effets, en vue d'un tel résultat: spontanément sa sensibilité s'accordait à celle du public contemporain.

Restait à affronter l'épreuve de la scène. Au début de novembre les manuscrits d'*Adélaïde* sont entre les mains des comédiens. Mais un problème de distribution se pose. Voltaire avait destiné à Mlle Dufresne le personnage de l'héroïne: le rôle ne semblait pas convenir, comme celui de Zaïre, à la beauté sensuelle de Mlle Gaussin. Il fallut pourtant confier à celle-ci la création d'Adélaïde, Mlle Dufresne étant gravement malade. Granval interprète Nemours, et Dufresne Vendôme, qu'il joue avec négligence.

La première, le 18 janvier, fut houleuse. Le public n'accepta pas qu'un prince du sang portant le nom des Vendôme fût un personnage antipathique, ni que Nemours parût sur la scène le bras en écharpe. Le coup de canon du cinquième acte fut aussi mal reçu que ce coup de pistolet dans un concert dont parlera Stendhal. Enfin l'émotion du dénouement est, le jour de la première, dissipée par l'un de ces incidents de la représentation comme il en survenait souvent au dix-huitième siècle. Aux derniers vers, Vendôme rallié à Charles VII se tourne vers son confident: «Es-tu content, Coucy?» Une voix jaillit du parterre: «Coussi-coussi».[6] Applaudissements, éclats de rire, tumulte: tout l'effet de la dernière scène est gâché. Le mot, facile, était bien trouvé: il résumait l'impression du public, seulement à demi satisfait.

La deuxième représentation se passa mieux. La pièce fut jouée onze fois, jusqu'au 20 février: total honorable, sans plus. Voltaire décide de la retirer. Il refuse de la laisser imprimer. Il en extraira en 1751-1752 trois autres pièces, où l'action émigre toujours plus au sud: *Les Frères ennemis (ou Le Duc d'Alençon)*, qui se situe à Lusignan en Poitou; *Le Duc de Foix*, qui nous transporte dans le duché de ce nom, au huitième siècle; *Alamire*, qui se passe dans l'Espagne envahie par les Maures. Enfin en 1765 Lekain exhume l'archétype et fait triompher *Adélaïde Du Guesclin*, auprès du public qui venait d'applaudir *Le Siège de Calais* de De Belloy.[7] On s'aperçoit alors que Voltaire avait créé trente ans plus tôt la tragédie nationale, cette nouveauté des années 1760. L'œuvre qui n'avait guère eu de retentissement au temps de la guerre de Succession

6. Duvernet, p.81.
7. A la faveur d'une révision, la ville assiégée n'est plus Cambrai, mais Lille.

de Pologne fait vibrer la fibre patriotique des spectateurs au lendemain de la guerre de Sept Ans.

Le patriotisme est même le seul aspect quelque peu idéologique de la pièce. On s'étonne qu'*Adélaïde* soit si peu «philosophique», à la veille des *Lettres* que caractérisera l'adjectif. Point de sentence contre le clergé, entièrement absent de l'action. Aucun trait contre la guerre, alors que le sujet s'y prêtait si bien. Quant aux Anglais, envahisseurs et occupants, ils demeurent à la cantonade. Rien ici qui laisse entrevoir l'originalité de ce peuple. Aucune réflexion sur l'esprit des deux nations anglaise et française, à la manière dont *Zaïre* avait confronté chrétiens et musulmans. Mais cette comparaison, au moment où paraît *Adélaïde*, Voltaire l'avait traitée dans une forme mieux appropriée que la tragédie.

Le Temple du Goût[8] soulignait l'infériorité d'un «homme qui ne sait que rimer» par rapport à «un esprit éclairé et étendu»: par rapport à un Fontenelle, qui considérait avec une «compassion philosophique» un Jean-Baptiste Rousseau, rimeur incapable de «penser». Voltaire veut porter son ambition au-delà des jeux formels de la littérature. Son œuvre, comme celle de Fontenelle quoique différemment, va s'enrichir d'une dimension philosophique: la «philosophie» embrassant au dix-huitième siècle avec la physique (au sens le plus large) la politique, la métaphysique. L'auteur de *La Henriade* et de *Zaïre* prendra toute sa stature par ces *Lettres anglaises* pour lesquelles nous préférons avec raison le titre de *Lettres philosophiques*.[9]

Au début étaient les *Letters concerning the English nation*. On sait comment, en ses derniers mois d'Angleterre, il rédigea directement en anglais la majeure partie de quatorze lettres, sur les vingt-quatre que contiendra le recueil. Il a laissé de côté alors les questions philosophiques (Locke) et scientifiques (Newton) dont il est mal informé. A son retour en France, ses ressentiments contre les Anglais relèguent dans l'oubli l'ouvrage commencé. Pourtant au bout de deux ans, les mauvais souvenirs s'étant effacés, il y pense à nouveau. En novembre 1731 il consulte son ami Formont sur la manière dont il doit «finir [ses] lettres sur les Anglais».[10]

Pour suivre la rédaction et la publication de l'œuvre, il faut en considérer ensemble les trois versions. Soit, dans l'ordre chronologique de la publication:
– les *Letters concerning the English nation*, «by M. de Voltaire, printed for C. Davis and A. Lyon», sorties à Londres en août 1733,

---

8. Edition Carcassonne, p.79.
9. Voltaire habituellement emploie le titre *Lettres anglaises*. *Lettres philosophiques* est pourtant le titre de l'édition Jore dont il est incontestablement responsable.
10. D439.

– les *Lettres écrites de Londres sur les Anglais et autres sujets*, «par M. D. V...,
à Basle» (Londres), 1734, qui, imprimées dès septembre 1733,[11] se diffusent
seulement en mars 1734,

– les *Lettres philosophiques par M. de V...*, «à Amsterdam, chez E. Lucas, au
Livre d'or» (Rouen, Jore), 1734.

Gustave Lanson eut le tort de ne pas prendre en compte conjointement les
trois textes originaux. Son édition, qui passa longtemps pour le modèle de
l'édition critique, doit être tenue désormais pour périmée. Il est certain qu'il
commit une erreur en choisissant pour texte de base celui de Rouen: il fallait
préférer le texte de «Basle» (Londres).[12]

Voltaire travaille à ses *Lettres* pendant toute l'année 1732, dans les moments
libres que lui laissent *Eriphyle* et *Zaïre*. C'est alors, croyons-nous, qu'il récrit
en français les lettres rédigées en anglais quatre ans plus tôt. La version
anglaise lui sert de canevas à partir duquel il établit son texte français. Il a fait
d'ailleurs en cette même année l'expérience d'une semblable réécriture sur
son *Essay upon the epick poetry*, refait et adapté en un *Essai* français *sur la poésie
épique*. S'agissant des *Lettres*, il complète l'ancienne rédaction des *Letters*,
ajoutant ici ou là: ainsi dans la lettre cinquième, le paragraphe final sur les
abbés français, une «espèce inconnue en Angleterre», et donc jusqu'alors
absente d'un texte destiné au public anglais.[13]

Il introduit de nouvelles lettres. Depuis son retour, son horizon intellectuel
s'est singulièrement élargi. Il va présenter non seulement les singularités des
Britanniques, mais leurs idées. Il emprunte à la Bibliothèque du roi des livres
anglais, se fait envoyer de Londres un livre sur Clarke.[14] Il veut exposer la
physique de Newton, c'est-à-dire la gravitation universelle et l'optique.[15] Il
utilise à cette fin l'ouvrage de Pemberton. Il demande en outre assistance à
Maupertuis, dont le *Discours sur les différentes figures des astres* vient de paraître.
Les réponses du savant lèvent ses doutes. Il fait «profession de foi newtonienne
entre ses mains».[16] Plus philosophiquement encore, il ajoute un exposé sur

11. D652 (14 septembre 1733): Henri Fox en apporte un exemplaire à Voltaire.

12. Comme l'a montré A.-M. Rousseau, «Naissance d'un livre et d'un texte», *Studies* 179
(1979), p.25-46. L'édition Lanson des *Lettres philosophiques* n'ayant pas à ce jour été remplacée,
c'est à elle que nous continuerons à renvoyer.

13. Voir ci-dessous, note 20.

14. D502, D519.

15. Il avait eu en 1730 l'idée étrange d'ajouter en annexe à une réédition de *La Henriade* une
«explication de la philosophie de Newton» (D380, Formont à Cideville, novembre 1730). Ce qui
prouve: 1. que déjà il comprend l'importance de cette «philosophie», avant que Maupertuis ne
lui en démontre la vérité; 2. qu'à cette date il a renoncé au projet de 1727-1728: «to give an
account of my journey into England».

16. D535 (3 novembre 1732).

Locke. Sujet dangereux. Le sensualisme (mieux vaudrait dire «sensation-nisme») de l'*Essay concerning human understanding* est accusé de matérialisme. Il écarte une première rédaction de la lettre treizième.[17] Il osait y suivre la croissance simultanée de l'enfant nouveau-né et du jeune animal. Il montrait comment les facultés de l'un et de l'autre se forment progressivement par l'expérience des sens: point de différence de nature, mais seulement une différence de degré entre le psychisme (il n'emploie pas ce mot) de l'homme et celui d'un animal tel que le chien ou le chat. Bien peu d'esprits étaient préparés en France, vers 1730, à accueillir de pareilles idées, qui réintégraient l'espèce humaine dans une «biosphère». Voltaire veut «vivre en France», il ne lui est donc pas permis d'être «aussi philosophe qu'un Anglais».[18] Aussi a-t-il refait la lettre sur Locke. Il a dans la nouvelle version «égayé» la matière. La lettre s'ouvre par une revue des idées saugrenues des philosophes sur l'âme (ou de celles qu'il leur prête, d'après Bayle), depuis Anaxagoras jusqu'à Malebranche. Enfin Locke est venu. Il souligne la sagesse et la prudence de cette «histoire de l'âme», prenant pour point de départ la sensation. Il insiste toutefois sur l'idée: «Je suis corps et je pense». Ce qui veut dire, selon Locke interprété par Voltaire, que Dieu a eu le pouvoir d'attribuer la faculté de penser à une portion de matière: notre corps. On ne manquera pas de subodorer dans cette opinion, en apparence pleine de révérence pour la Divinité, un matérialisme détestable.

Signalons encore parmi les lettres ajoutées la douzième, «sur l'insertion de la petite vérole», qu'on aurait pu croire rédigée à Londres. Mais dans le livre elle forme une introduction concrète à la partie philosophique. Il s'en faut donc que Voltaire soit devenu «philosophe» en Angleterre. Que le séjour outre-Manche ait produit en lui un choc intellectuel, on n'en doutera pas; mais les effets ne s'en sont développés que dans les années de son retour. Les plus «philosophiques» de ses *Lettres anglaises* ont été élaborées et écrites à Paris, à partir de 1732.

Il prend immédiatement des mesures pour faire imprimer le livre simultané-ment en France et en Angleterre. Depuis avril 1732, Thiriot se trouve à Londres, pour une longue période. Il y suit la danseuse dont il est épris, Mlle Sallé. A la faveur de cette circonstance, Voltaire va l'employer comme son représentant auprès des libraires et éditeurs anglais. Il lui a fait parvenir déjà son manuscrit, ou plutôt ses deux manuscrits.[19] Car son ami veillera sur l'édition en anglais des *Letters* et sur l'édition française de Londres (avec la

---

17. *Lettres philosophiques*, i.191-203. Il publiera cette première version en 1738 comme une *XXVIᵉ Lettre sur l'âme*.
18. D542.
19. D563 (27 janvier 1733).

fausse adresse de «Basle»). Pour les *Letters*, il a expédié les anciens feuillets de 1728: Thiriot les complète en faisant traduire les parties en français que Voltaire vient d'ajouter. Un Anglais se charge de la besogne, non sans commettre des bévues.[20] Il n'est donc pas faux que ces *Letters* soient une traduction du texte français: mais cela ne vaut que pour un tiers environ de l'ouvrage, parties qu'un style terne et plat distingue de la rédaction proprement voltairienne.

Sur la fabrication à Londres aussi bien des *Letters* que des *Lettres* nous sommes bien renseignés. Le travail fut effectué pour le libraire Davis par l'imprimeur Bowyer. Or le registre d'atelier de Bowyer, fort bien tenu, nous donne même les noms des protes. L'un d'eux, un certain Gaillard, est manifestement un huguenot réfugié.[21] Mais même les ouvriers anglais, Micklewright, Holmes, s'avèrent tout à fait capables de composer un texte en français. Le libraire et son imprimeur font en sorte d'assurer la priorité à l'édition des *Letters*: imprimée entre le 24 avril et le 17 juillet, elle sort en août 1733. L'édition française, composée entre le 19 mai et le 28 juillet, attendra plusieurs mois; elle ne sortira qu'en mars 1734, précédant de peu celle de Jore. L'intérêt commercial de Davis imposait cet échelonnement, de même qu'il dictait la différence des tirages: 2.000 pour les *Letters*, 1.500 seulement pour l'édition française. A titre de comparaison, Jore tire à Rouen à 2.500 exemplaires.[22] Il ressort que Voltaire, perfectionnant la procédure suivie pour l'*Histoire de Charles XII*, a mis au point une tactique de publication à l'échelle européenne. Car l'édition de Londres va essaimer sur le continent: à Amsterdam (et Thiriot est prié d'y veiller),[23] puis à Francfort, en 1735.[24]

Du côté français au contraire les obstacles s'accumulent. Voltaire entretient d'abord l'illusion d'obtenir une permission tacite, ou une tolérance de fait. Il en a parlé au cardinal de Fleury. Il lui a lu des passages soigneusement choisis des lettres sur les quakers. «Sa dévote et sage Eminence» a bien voulu les trouver «assez plaisants».[25] Il a lu aussi des extraits à Maurepas, qui s'en est

20. Harcourt Brown les a relevées. Citons un exemple: l'addition à la lettre cinquième, sur «l'abbé». Dans le manuscrit français, le texte devait être coupé ainsi: «Cet être indéfinis/sable qui n'est ni ecclésiastique ni séculier»... Le traducteur ne comprend pas ce «sable» en début de ligne. Il traduit: «That sable mix'd kind of mortal (not to be defin'd) who is neither», etc. Sur l'errata Thiriot corrige: «That mix'd being».

21. Reproduction en hors-texte, *Studies* 179, p.160-61.

22. Chiffre donné par Voltaire, D602, confirmé par Jore, D.app.39, p.496. Il faut corriger le chiffre de 3.000 que Voltaire indique pour le tirage de «Basle».

23. Ce serait dans le *Catalogue* de la Bibliothèque nationale les numéros 3670 (dérivant non de l'édition Jore, mais de l'édition de Londres), 3675, 3680.

24. Numéro 3683 du *Catalogue* de la Bibliothèque nationale, avec sous-titre: «Suivant la copie imprimée à Londres».

25. D542 (6 décembre 1732).

amusé.[26] Plus ouvertement, il a consulté l'abbé de Rothelin. Celui-ci ne remplit pas, comme on l'a écrit, les fonctions de «censeur royal», au sens strict de l'expression.[27] Docteur en théologie, protégé du cardinal de Polignac, dont il fut le conclaviste à l'élection du pape Benoît XIII (1724), membre de l'Académie française et de celle des Inscriptions, il est une personnalité en vue du monde littéraire. Voltaire en tête du *Temple du Goût* a loué son esprit «si délicat, si sage». Il lui a demandé de lire le manuscrit des *Lettres*: la réponse est qu'on pouvait espérer une permission tacite, si certains traits étaient adoucis.[28] Ni Rothelin, ni Voltaire lui-même à cette date n'apprécient correctement la puissance explosive du livre.

Pendant que Thiriot négocie à Londres, Voltaire a tout de suite pensé, pour la France, à son éditeur de Rouen, l'audacieux Jore.[29] En 1736, lors de ses démêlés avec son auteur, Jore racontera les faits dans un mémoire dont nous avons déjà parlé. Il va de soi qu'il s'y présente comme un libraire scrupuleusement respectueux de l'autorité, qui aurait été indignement trompé par Voltaire. En réalité Jore était, on le sait, un habitué de l'impression clandestine. Il avait publié sans autorisation aucune *La Ligue*, l'*Histoire de Charles XII*. Il prenait hardiment des risques sur le marché des livres prohibés, aussi rémunérateur que périlleux. A la fin de janvier 1733, Voltaire hésite encore à braver une nouvelle fois «l'inquisition» qui persécute en France la littérature. Il attend le retour de Jore à Paris pour prendre un parti.[30] Quelques jours après, il reçoit la visite de l'imprimeur rouennais dans l'hôtel de la rue des Bons-Enfants, où il continue à résider après la mort de Mme de Fontaine-Martel. Ce que lui dit Jore le décide. Il parle au libraire de l'éventualité d'une «permission verbale». Mais ni l'un ni l'autre n'attendent de l'avoir en bonne et due forme pour conclure un contrat, à compte d'auteur. Voltaire paiera le papier, l'impression, «tous les frais de l'édition», pour 2.500 exemplaires.[31] L'opération était pour le libraire tout profit. On comprend qu'il s'y soit vaillamment engagé. Une seule clause peut le gêner: il devra attendre la sortie des deux éditions de Londres avant de diffuser la sienne. L'éditeur anglais a imposé cette condition à Thiriot.

Voltaire consulte une nouvelle fois Rothelin. L'abbé répond qu'il «donnerait son approbation» (non comme censeur officiel, mais à titre de conseiller) «à

26. Cela ressort de D723.
27. Mise au point par William Hanley, «The abbé de Rothelin and the *Lettres philosophiques*», *Romance notes* 23 (1983), p.1-6.
28. D559 (4 janvier 1733).
29. D548 (? 19 décembre 1732).
30. D563 (27 janvier 1733).
31. D.app.39, p.496.

toutes les lettres, excepté seulement celle sur Mr. Locke».[32] On peut supposer que Rothelin a lu la première version de la lettre treizième, et que c'est pour tenir compte de son avis que fut établie la version atténuée de ce texte. Déjà, fort d'une telle assurance, Voltaire songe à «doubler» Jore. Il prévoit de faire une «petite édition à Paris», distincte de celle de Rouen: projet qu'il réalisera un peu plus tard. Vers le milieu de mai, en son nouveau logement de la rue du Longpont, il reçoit pour correction les premières feuilles de Jore. Un auteur qui vient de lire ses épreuves en retire une certaine impression sur son livre. Celle de Voltaire est que le meilleur est constitué par «ce qui regarde la philosophie»: «on a beau dire, le siècle est philosophe».[33] C'est alors que pour expliciter plus fortement encore cette «philosophie» de ses *Lettres*, il met au point et adresse à Jore, le 1er juillet, le «petit anti-Pascal» qui est achevé d'imprimer le 14.[34]

Jusqu'ici il pense renouveler la tactique tentée pour l'*Histoire de Charles XII*, *Zaïre*, et dans les semaines qui précèdent pour *Le Temple du Goût*: ignorer les entraves imposées à l'édition. «La vie d'un homme de lettres est la liberté.»[35] Il s'empare donc de cette liberté sans demander de permission à quiconque. Espère-t-il qu'ainsi traitée par le mépris «l'inquisition» littéraire va tomber en désuétude? Mais, on le sait, à la fin de juillet Chauvelin, le garde des sceaux, se fâche.[36] Il est informé que les *Lettres philosophiques* s'impriment à Rouen. Il menace Voltaire du pire – de la Bastille – si elles paraissent. Jore se trouve à ce moment-là à Paris. Voltaire craint qu'il n'ait été arrêté. Mais il n'en est rien. Il le rencontre quelques jours après. Il lui enjoint de cacher «sous vingt clefs» les exemplaires imprimés.[37] Il voudrait persuader le libraire, suspect à l'autorité, de confier les 2.500 volumes à un dépositaire choisi par lui. Jore refuse, et se contente de changer de place ce «magasin de scandale». Jore se méfie, non sans raison. Voltaire s'est fait remettre deux exemplaires, sous prétexte de corrections. Il en confie un pour être relié, mais non pas à un relieur: à un libraire de Paris, François Josse. Il a prévu ce qui va arriver: Josse, appâté par le gain, en prend copie et en tire une édition. Voltaire pratique ici, non sans impudence ni hardiesse, les techniques de la clandestinité: en l'occurrence, faire imprimer le livre en plusieurs endroits, de façon qu'une saisie policière, en l'un de ces lieux, ne puisse anéantir l'ouvrage. Il avait même songé à une

---

32. D570 (24 février 1733).
33. D617 (vers le 1er juin 1733).
34. D626, D631.
35. D655 (15 septembre 1733).
36. Voir plus haut, p.299, au sujet du *Temple du Goût*.
37. D637 (26 juillet 1733).

deuxième édition rouennaise, par un certain Ferrant. Mais Jore, peu soucieux de se donner un concurrent, s'y était opposé.[38]

A Londres, Thiriot à la demande de son ami retarde la sortie de l'édition française, jusqu'à l'hiver tout au moins. Toutefois il est trop tard pour arrêter l'édition en anglais; ces *Letters*, «philosophiques, politiques, critiques, poétiques, hérétiques et diaboliques», se vendent outre-Manche.[39] Elles sont connues sur le continent vers le milieu d'août. *Le Pour et le contre* de l'abbé Prévost, la *Bibliothèque britannique* publiée à La Haye en donnent des comptes rendus détaillés dans les fascicules d'octobre 1733. Jore avait promis «une fidélité à toute épreuve». Mais Voltaire le soupçonne d'avoir fait «quelque petite brèche à sa vertu». Le libraire rouennais, voyant sortir les *Letters*, craint d'être devancé. Il laisse donc échapper dans Paris quelques exemplaires, à titre d'essai. Hérault, le lieutenant de police, réagit immédiatement. Jore est convoqué et vertement tancé. C'est un miracle, «plus grand que tous ceux de saint Pâris et des apôtres», qu'il ne soit sur-le-champ expédié à la Bastille. Lorsque, en septembre, il revient dans la capitale, il doit se terrer en un galetas. Pendant ce temps un policier est allé fureter à Rouen pour découvrir la cachette des *Lettres philosophiques*: sans résultat.[40]

Des mois passent. De tout l'hiver les 2.500 exemplaires ne sortent pas du dépôt où ils sont enfouis. Jore les cachait à Passy, dans une écurie qu'il louait pour l'utiliser comme entrepôt clandestin.[41] Mais attendrait-il indéfiniment? Il se prive d'un profit certain. Il s'impatiente d'autant plus qu'il n'a pas été réglé intégralement de ses frais, comme il avait été convenu par l'accord de février 1733.[42] En avril 1734, il décide donc de passer outre aux objurgations de Voltaire et aux menaces de l'autorité. «Basle» – l'édition anglaise en français –, sortie à la fin de mars, s'introduit en France. Josse répand sa contrefaçon dans Paris. Jore n'hésite plus. Il se met à débiter ses volumes. Les conséquences ne tardent pas. Arrêté, il est envoyé à la Bastille. Il n'y reste que quatorze jours, mais il est destitué de sa maîtrise d'imprimeur et de libraire.[43]

Si Voltaire lui-même échappe à la prison, il le doit à l'événement heureux d'un mariage: celui de son ami Richelieu. Le duc avait déjà été marié une première fois. En 1711, Louis XIV et Mme de Maintenon, inquiets des tendres sentiments que lui portait la duchesse de Bourgogne, lui avaient fait épouser en hâte un laideron de haute naissance, Anne-Catherine de Noailles. Il

---

38. D.app.39, p.496-97.
39. D646 (vers le 15 août 1733).
40. D655 (15 septembre 1733).
41. Voir J. Quéniart, p.201.
42. D.app.39, p.499.
43. D.app.39, p.498.

avait alors quinze ans. Pour protester contre une union forcée, il refusa de consommer le mariage. La délaissée était morte en 1716. Par la suite, on tenta à plusieurs reprises de remarier le don Juan de la cour de France. En vain. Mais au bout de dix-huit ans, il devenait urgent d'assurer la descendance des Richelieu. Voltaire alors pensa à une alliance avec les Guise.[44] On se rappelle qu'il avait été hébergé quelque temps par le duc et la duchesse en leur château d'Arcueil. Ils avaient une fille Elisabeth, sage, fort belle, intelligente, capable de remplir un rôle d'épouse particulièrement difficile. L'affaire fut conduite, avec le concours de Mme Du Châtelet, «comme une intrigue de comédie».[45] La cérémonie devait avoir lieu dans la terre de Montjeu, que possédait près d'Autun la famille de la fiancée.

Voltaire, accompagné de Mme Du Châtelet, quitta donc Paris le 2 ou le 3 avril. Les *Lettres philosophiques* n'étaient pas encore sorties de leurs caches. Il est certain que son départ encouragea libraires et colporteurs à répandre bien vite le dangereux ouvrage. Il assiste le 7 à l'union, dans la chapelle du village, de Richelieu avec Elisabeth de Guise. Il égaie la fête d'une épître, complimenteuse et malicieuse, à l'adresse de la nouvelle mariée:

> Un prêtre, un *oui*, trois mots latins
> A jamais fixent vos destinées.[46]

Tout allait le mieux du monde, lorsqu'il apprend que ses *Lettres philosophiques* font dans Paris un horrible scandale. Très alarmé, il essaie de se justifier par une campagne de correspondance. Le même jour, le 24 avril, il écrit à Fleury, à Maurepas, à Mme Du Deffand pour qu'elle intervienne auprès de Fleury, à l'abbé d'Olivet, à Cideville et à Formont pour ce qui est de Rouen.[47] Il fait écrire à Fleury par la jeune mariée. Il écrit à Maupertuis et lui fait écrire par Mme Du Châtelet.[48] Il répète, sur tous les tons, qu'il n'est pour rien dans la publication des *Lettres*, qu'au contraire il s'est évertué à en empêcher la sortie, allant pour cela jusqu'à offrir de l'argent aux libraires.

Protestations inutiles. Le 10 juin, un arrêt du parlement condamne le livre. En conséquence ce même jour, à onze heures du matin, au bas du grand escalier du Palais, l'exécuteur de haute justice lacère le volume et le jette au

---

44. Les Guise dont il s'agit ne descendaient pas des chefs de la Ligue au seizième siècle. Ils appartenaient à la famille d'Harcourt-Lorraine. Le duc Léopold leur avait attribué la terre de Guise, dont ils avaient usurpé le nom. Pour plus de détails, voir Vaillot, p.87.

45. D715 (31 mars 1734).

46. M.x.289. La «destinée» de la duchesse de Richelieu sera brève: elle mourra, de tuberculose croit-on, en 1740, après avoir donné au duc un fils, le futur duc de Fronsac, et une fille qui sera la comtesse d'Egmont.

47. D721-D726.

48. D728-D730.

feu, en présence du commis Ysabeau et de deux huissiers.[49] On rapporte cependant que cet Ysabeau, qui était bibliophile, ne voulut pas sacrifier un livre qui se vendait sous le manteau six francs, et qu'il avait grande envie de lire. L'exemplaire voué au bûcher, il le garda pour lui. A sa place, il livra au bourreau un volume sans intérêt, un tome dépareillé des *Révolutions d'Espagne*.[50] On mesure une fois de plus, par cet incident, l'incohérence du régime de la librairie au dix-huitième siècle. Il arrivera encore, en d'autres circonstances, qu'une publication ostensiblement proscrite, se trouve sauvée en sous-main, par des exécutants secrètement favorables à l'auteur condamné.

La persécution n'en restait pas moins bien réelle. Le 9 juin, sur l'ordre du lieutenant de police Hérault, le commissaire perquisitionne l'appartement d'une dame Aubry, à l'angle des rues de Bièvre et de la Tournelle, où Jore entreposait sa littérature clandestine. On y saisit vingt-trois exemplaires, brochés ou en feuilles, des *Lettres philosophiques*, en même temps que *Les Quinze joies du mariage*, *La Religieuse malgré elle* et des libelles jansénistes.[51] Quelques semaines plus tard, la police perquisitionne dans l'écurie de Passy. Là, pêle-mêle avec un *Traité de l'autorité du Pape*, des fascicules des *Nouvelles ecclésiastiques*, une histoire des *Intrigues amoureuses de la Cour de France*, on met la main sur trente-et-un paquets des *Lettres philosophiques*. L'autorité est dès lors définitivement édifiée.

Le plus grave pour Voltaire est qu'une lettre de cachet a été lancée contre lui: le garde des sceaux Chauvelin tenait parole. Le 3 mai, un ordre est signifié à l'intendant de Dijon d'arrêter «Arouet de Voltaire» et de le conduire au château d'Auxonne. Ordre réitéré le 8, avec cette incise désenchantée: on arrêtera le sieur Arouet de Voltaire, «supposé qu'il y soit encore».[52] L'administration royale procède avec une lenteur peut-être calculée. Le courrier officiel avait été devancé par un exprès envoyé de Paris par d'Argental.[53] Lorsque la maréchaussée se met en mouvement, Voltaire n'est plus à Montjeu. Sur le conseil de Richelieu et d'Emilie, il roule vers Cirey, où il sera en sûreté. Quand les gendarmes se présentent, on leur répond qu'il est à Plombières, son état de santé exigeant qu'il y fasse une cure. Ces messieurs les agents du roi ne manqueront certainement pas de l'y trouver.[54]

---

49. D.app.31, p.498-99.
50. Note manuscrite en marge de l'arrêt du parlement, publié par Albert Lantoine, *Les Lettres philosophiques de Voltaire* (Paris 1931), p.120.
51. D.app.31, p.495, et J. Quéniart, p.215.
52. D731, D737.
53. D738 (vers le 8 mai 1734).
54. D738, D740, D741.

Ce n'est pas le lieu d'ajouter une analyse des *Lettres philosophiques* à toutes celles qui ont été proposées. Dans une biographie de Voltaire, deux questions sont à poser sur cette œuvre. La première se rapporte à l'image de Voltaire que se forment les contemporains: la projection de sa personnalité dans l'opinion faisant partie de la biographie de cet homme, qui est une «vedette». On ne saurait cependant s'en tenir à la considération de son ombre portée. Il est nécessaire de s'interroger sur ce qui est au centre de notre sujet: le projet voltairien, issu de l'expérience passée et orientant l'avenir. Quelle définition les *Lettres philosophiques* en donnent-elles, à la date de 1734?

Comment a-t-on lu cette mince brochure, dans les mois qui suivirent sa sortie scandaleuse? La réponse ne saurait négliger les éléments quantitatifs, à savoir: combien les *Lettres philosophiques* eurent-elles de lecteurs, en leur nouveauté? Ce qui veut dire: jusqu'en 1739. Car après cette date, Voltaire désarticule le livre, pour en disperser les lettres à travers les «Mélanges» de ses *Œuvres*. Les textes de 1734 se fondront désormais dans l'effet global de l'immense «discours Voltaire»: entre 1777 et l'édition Lanson de 1909, il ne paraîtra plus d'édition séparée, à une exception près.[55]

Les tirages des éditions, entre 1734 et 1739, sont connus ou peuvent être conjecturés avec quelque vraisemblance. «Basle» et Jore totalisent 4.000 exemplaires. Josse dut tirer à 2.000 ou 2.500. On recense quatre éditions ou contrefaçons hollandaises,[56] trois contrefaçons diverses:[57] compte tenu des conditions de l'imprimerie au dix-huitième siècle, chacune de ces sept publications ne dut guère dépasser le tirage de 2.000. L'addition de l'ensemble s'élèverait à 20.000, à quoi s'ajoutent les 2.000 exemplaires des *Letters*. Chiffre particulièrement élevé pour la période où nous sommes, qui ne sera pas dépassé, si même il est atteint, par *Candide* en 1759.[58] On en conclut que les *Lettres philosophiques* ont obtenu la diffusion maximale dans l'Europe des Lumières de 1730-1740. Mais cette société éclairée ne formait qu'une élite étroite dans la population européenne. Les chiffres records de la littérature philosophique paraissent dérisoires en comparaison de ceux de la Bibliothèque bleue qui, d'après les évaluations récentes, se comptaient par centaines de mille.[59] Une œuvre comme les *Lettres philosophiques* ainsi que la quasi totalité

---

55. Il parut encore des éditions en 1757, 1776 et 1777. Beuchot en donna une en 1818: encore a-t-il pris le parti de supprimer à cette date la vingt-cinquième lettre, contre Pascal (*Catalogue de la BN*, no. 3685).

56. *Catalogue* de la BN, nos 3672, 3675, 3680, 3684.

57. *Catalogue* de la BN, no. 3676, 3682, plus une contrefaçon de Londres, 1737 (Lanson 37a).

58. Voir dans *OC*, xlviii.64, une tentative d'évaluation de la diffusion de *Candide* en 1759.

59. Voir Lise Andries, *Robert le Diable et autres récits* (Paris 1981), p.23, et Lise Andries et Geneviève Bollème, *Les Contes bleus* (Paris 1983), p.47. Ces très gros chiffres étaient atteints par d'innombrables rééditions sur une longue période.

de celles qui constituent pour nous la littérature du dix-huitième siècle restent tout à fait en dehors des circuits populaires du colportage.

Entre les contemporains, lecteurs des *Lettres philosophiques*, deux nous ont laissé leur appréciation, laquelle a quelque chance d'être représentative. Le 15 avril 1734, l'abbé Le Blanc vient de les lire, dans un exemplaire de l'édition Josse. Il en rend compte de Paris au président Bouhier, à Dijon.[60] L'abbé se dit fort choqué du «ton de mépris» qui y règne. Il ne peut supporter que Voltaire «décide» ainsi, «cavalièrement», sur tout: sur la nation française, sur le gouvernement, sur les ministres, et ce qui est plus grave, sur la religion. Il ressent les traits contre les quakers, les anglicans, les presbytériens comme visant non seulement des sectes anglaises plus ou moins ridicules, mais l'esprit religieux lui-même. Sans être janséniste, Le Blanc s'indigne de la lettre contre Pascal. Ce «géomètre si renommé», cet «homme de tant d'esprit et de savoir», Voltaire le traite «comme un misérable, comme un laquais». «Cela est d'une indécence horrible». Ce qui a scandalisé au suprême degré Le Blanc et toute une opinion moyenne, c'est cette désinvolture insultante à l'égard de «tout ce qui est respectable», et d'abord de la religion, que Voltaire «attaque toujours», «en faisant semblant de la respecter». Les traits sont ici plus concentrés, plus percutants que jadis dans les *Lettres persanes*. Par leur accent incisif, les *Lettres philosophiques* tranchent sur la production dont l'abbé entretient en même temps son correspondant: les *Considérations* de Montesquieu *sur les Romains*, une pièce de La Chaussée dédiée à l'Académie française, le *Paysan parvenu* de Marivaux, pour ne rien dire du *Compliment* du «petit Riccoboni» à la clôture du Théâtre italien.

Le Blanc ne souffle mot de Locke, il mentionne à peine les lettres sur Newton: l'humaniste qu'il est se sent égaré dans ces *terrae incognitae*. Mais un autre contemporain a fait des *Lettres* une lecture différente, s'attachant précisément à la partie négligée par l'abbé Le Blanc: c'est Jean-Jacques Rousseau. Rousseau fait ici son entrée dans la vie de Voltaire. Il n'en sortira qu'en 1778, au terme de l'existence de l'un et de l'autre. Il nous intéresse à cette date comme lecteur de Voltaire. Vivant chez Mme de Warens à Annecy (1729), puis à Chambéry (1731-1737), il se donne une formation d'autodidacte par les livres. «Rien de tout ce qu'écrivait Voltaire ne nous échappait», notera-t-il dans les *Confessions*.[61] Il a lu dès 1729 *La Henriade*, dans les années suivantes les tragédies, *Brutus*, *Zaïre*. A une telle école, il apprend à parler purement le français, corrigeant ses vilains «idiomes provinciaux».[62] Le futur auteur des *Discours* prend à la lecture de Voltaire le goût des lettres: il a le désir d'écrire

---

60. D718.
61. J.-J. Rousseau, *Les Confessions*, éd. J. Voisine (Paris 1964), p.246.
62. *Confessions*, p.121.

avec élégance comme son modèle, et d'imiter son «beau coloris». En 1734 ou 1735, il lit les *Lettres philosophiques*.[63] Il n'eut apparemment aucune peine pour se les procurer. Chambéry, dans le royaume de Savoie, est approvisionné en livres français interdits en France par les circuits étrangers dont nous avons parlé, en provenance d'Angleterre, de Hollande, de Francfort. Dans cet ouvrage Rousseau découvre un Voltaire autre que poète. Il ne semble pas avoir été principalement retenu, comme Le Blanc, par les lettres sur la religion. Il nous dit que le nouveau livre de Voltaire fut celui qui «l'attira le plus vers l'étude», et fit naître en lui un goût du savoir qui ne s'éteindra plus. Ce qui indique sans doute qu'il s'est surtout intéressé à la partie la plus sérieuse: les lettres sur Bacon, sur Locke, sur Newton. Voltaire avait réussi à exposer le «système de l'attraction» et l'optique sans calculs, sans équations: il avait rendu ces matières intelligibles à un public dépourvu de toute formation mathématique. A qui les lisait mieux que l'abbé Le Blanc, les *Lettres* révélaient un univers aussi neuf qu'excitant: celui de la science moderne. Le jeune Jean-Jacques en ses années obscures fut l'un de ceux qui reçurent cette initiation. Peut-être cependant n'a-t-il pas perçu toute la portée de l'ouvrage. Du moins, quand il rédige ses *Confessions*, il ne retrouve pas dans ses souvenirs une évidence: que les *Lettres philosophiques* affirment cette philosophie même que combattra la philosophie du «citoyen de Genève».

Ni Le Blanc ni Rousseau ne prenaient la pleine mesure du livre. Le biographe, quant à lui, connaissant ce qui allait suivre, n'a pas grand mérite à le situer dans une perspective d'avenir. En 1734, Voltaire le poète, Voltaire le tragique, fait une avancée décisive. C'est en corrigeant ses épreuves, en juin de l'année précédente, qu'il prend conscience du devenir qui l'a porté jusque là. La déclaration capitale se lit dans la lettre déjà citée du 1er juin (ou environ) à Formont. Appréciant son «petit ouvrage», il privilégie «ce qui regarde la philosophie». Le projet d'un reportage sur les Anglais – «an account of my journey into England» – a abouti à un manifeste, à travers les Anglais, de la «philosophie». Il craint que ce qui a trait à Locke et à Newton soit peu lu: il ne se trompe pas, s'agissant de lecteurs comme Le Blanc. Ses inquiétudes cependant sont tempérées par une certitude: «le siècle est philosophe». Voltaire se déclare pour la «philosophie», en accord avec un siècle «philosophe». Irréversiblement le livre de 1734 trace son avenir.

Au niveau scientifique, il lui faudra dans les années suivantes faire œuvre de militant newtonien. La gravitation universelle est loin, on le sait, d'avoir cause gagnée en France. Il va travailler à la faire accepter par un large public,

---

63. Chronologie brouillée dans cette partie des *Confessions*: Rousseau situe la publication des *Lettres philosophiques* après le début de la correspondance entre Voltaire et Frédéric de Prusse.

celui-là même qui en 1732 avait boudé le savant exposé de Maupertuis, le *Discours sur les différentes figures des astres*: il ne s'en était pas vendu deux cents exemplaires.[64] Il faut se faire lire de «l'honnête homme», et se faire comprendre: ce à quoi Voltaire parviendra avec les *Eléments de la philosophie de Newton*, ouvrage de vulgarisation mieux vérifié, plus complet, à tous égards supérieur aux *Lettres philosophiques* sur Newton. Newton, et avec lui Bacon, Locke prêtent vie à la figure du philosophe: esprits prudents et sages, qui savent douter, qui résistent – contrairement à Descartes – aux entraînements d'une imagination métaphysique. Mais qui affirment intrépidement la vérité, une fois celle-ci atteinte par l'observation et le calcul. Ils ne craignent pas alors de braver les préjugés. Ils affrontent ce qui peut en résulter de fâcheux pour eux. Un paragraphe de la dix-septième lettre dresse le tableau d'honneur des savants persécutés pour des découvertes heurtant les idées reçues: Hervey et la circulation du sang, Perrault et la circulation de la sève, Hartsoeker et Leeuwenhoek pour la découverte des spermatozoïdes, que d'ailleurs ils se disputaient entre eux. L'auteur des *Lettres philosophiques*, décrété, exilé, pouvait se réclamer d'illustres prédécesseurs.

La lettre sur Bacon définissait la «philosophie» comme la pratique de la méthode expérimentale. A ce titre, le livre compte dans l'histoire de l'esprit scientifique, ou tout au moins des relations publiques de la science. Mais sur la question des applications, Voltaire s'écarte des idées qui nous sont familières. Roland Mousnier a fortement souligné le divorce, au dix-huitième siècle, entre la science et la technique.[65] Effectivement la science des *Lettres philosophiques* demeure théorique, presque sans conséquence pratique. La seule qui soit signalée ici est l'invention d'un nouveau télescope, d'après les lois de l'optique établies par Newton. Voltaire relève au contraire que toutes les inventions les plus utiles ne procèdent nullement de la «saine philosophie», mais d'un «instinct mécanique qui est chez la plupart des hommes». C'est ainsi que «dans les temps de la plus stupide barbarie» furent découvertes la boussole, l'imprimerie, les estampes, les glaces, la poudre à canon, etc.[66] Et dans la onzième *Lettre* le sensationnel progrès que constitue l'insertion de la petite vérole procède de toute évidence d'un pur et simple empirisme, sans aucune connaissance, ajouterons-nous, du virus ni des lois de l'immunologie. Il n'en fallut pas moins beaucoup de courage à lady Mary Wortley Montagu et à la reine Caroline pour imposer cette bienfaisante nouveauté, comme il en faudra beaucoup à ceux – Voltaire sera l'un d'eux – qui s'efforceront de l'introduire en France.

---

64. D'après Voltaire, D617.
65. R. Mousnier, *Progrès scientifique et technique au XVIIIᵉ siècle* (Paris 1958).
66. *Lettres philosophiques*, i.155-56.

La «philosophie» inscrit à son programme la prospérité matérielle. Pour y atteindre, et pour atteindre la forme de bonheur qui en résulte, les *Lettres* de 1734 ne proposent pas comme moyen les ressources de la société industrielle. Celle-ci à cette date commençait à peine à se développer en Grande-Bretagne. Voltaire a ignoré l'Angleterre des mines et des manufactures. Il n'a pas consacré de lettre à l'industrie, ou à ce que nous désignons par ce terme.[67] Mais il donne une lettre «Sur le commerce»: il voit la cause de la prospérité anglaise dans l'essor des grandes compagnies, opérant outre-mer, comme celle de son ami Fawkener. Une telle réussite suppose des qualités qui se trouvent être celles mêmes du «philosophe»: goût de l'entreprise, activité, rationalité et pragmatisme, ainsi qu'une pondération excluant toute sorte de passion, au premier chef la passion religieuse. Le quaker Andrew Pitt s'avéra un bon homme d'affaires parce qu'il était en matière de religion un modéré, à la différence des excités de Gracechurch Street. Le commerce encourage en même temps que le cosmopolitisme la tolérance, l'une et l'autre vertu étant pratiquée selon Voltaire en ce haut lieu qu'est le Royal Exchange de Londres.

L'apologie de la tolérance, à la faveur d'une enquête sur les sectes anglaises, est ici poussée plus avant que dans *La Henriade* ou dans *Zaïre*. «Un Anglais comme homme libre va au Ciel par le chemin qui lui plaît.»[68] A vrai dire, ont-ils un si grand souci d'«aller au Ciel», ces Anglais des *Lettres philosophiques*? L'anti-Pascal de la vingt-cinquième lettre postule que l'angoisse janséniste du salut a cessé de tourmenter les âmes. Voltaire nie tranquillement la vision pascalienne de l'homme «entrant en désespoir» de sa condition. Cet auteur tragique refuse le sens tragique de l'existence. A Pascal il oppose un providentialisme rassurant: «la terre, les hommes et les animaux sont ce qu'ils doivent être» dans l'ordre du monde.[69] Situé en un environnement qui n'a rien d'hostile, l'homme peut prendre confiance. C'est ce que les Anglais ont compris. Leur exemple prouve que la «philosophie» est un état d'esprit, qui crée une manière de vivre. Hommes libres, ils pensent avec indépendance, avec hardiesse. Ils agissent de même. Ils ont conquis par des luttes séculaires une constitution politique où l'équilibre des pouvoirs a enfin établi chez eux la liberté des citoyens.[70]

---

67. Le mot signifie seulement, à la date où nous sommes, habileté, savoir faire. Il est absent des *Lettres philosophiques*, si l'on en croit le lexique de «Basle» complété par Lanson. Il serait intéressant de rechercher dans l'œuvre de Voltaire l'apparition d'*industrie* dans l'acception moderne: Littré cite des exemples de l'*Essai sur les mœurs* et de *L'Homme aux quarante écus* où le mot est pris à peu près dans le sens que nous lui donnons.

68. *Lettres philosophiques*, i.61.

69. *Lettres philosophiques*, ii.193.

70. *Lettres philosophiques*, i.90.

Voltaire donnait ainsi de la «philosophie» une image autrement concrète que celle de l'opuscule *Le Philosophe*, à peu près contemporain.[71] Il s'engageait par ce livre à soutenir désormais les valeurs qu'il venait d'annoncer. Lorsqu'il s'échappe de Montjeu, en mai 1734, c'est une période de sa vie qui s'achève. A l'âge de quarante ans, il a trouvé sa vérité. Aussi son départ est-il non pas une fuite, mais un nouveau départ.

71. Ce texte, imprimé en 1743 dans les *Nouvelles libertés de penser*, fut sans doute rédigé vers 1730.

20. Sur un portrait

Qui est donc ce Monsieur de Voltaire à la réputation si bruyante? Pour répondre à l'interrogation d'un correspondant, réel ou supposé, un anonyme fait circuler, vers 1734-1735, ce *Portrait*:[1]

Vous me demandez, Monsieur, le portrait de M. de V... que vous ne connaissez, dites-vous, que par ses ouvrages. C'est déjà beaucoup, selon moi, que de connaître l'auteur; vous voulez voir l'homme: je vais vous dépeindre l'un et l'autre.

M. de V... est au-dessous de la taille des grands hommes, c'est-à-dire un peu au-dessus de la médiocre (je parle à un naturaliste, ainsi point de chicane sur l'observation). Il est maigre, d'un tempérament sec. Il a la bile brûlée, le visage décharné, l'air spirituel et caustique, les yeux étincelants et malins. Tout le feu que vous trouvez dans ses ouvrages, il l'a dans son action. Vif jusqu'à l'étourderie, c'est un ardent qui va et vient, qui vous éblouit et qui pétille. Un homme ainsi constitué ne peut pas manquer d'être valétudinaire. La lame use le fourreau. Gai par complexion, sérieux par régime, ouvert sans franchise, politique sans finesse, sociable sans amis, il sait le monde et l'oublie. Le matin Aristippe et Diogène le soir, il aime la grandeur et méprise les grands, est aisé avec eux, contraint avec ses égaux. Il commence par la politesse, continue par la froideur, et finit par le dégoût. Il aime la cour et s'y ennuie. Sensible sans attachement, voluptueux sans passion, il ne tient à rien par choix et tient à tout par inconstance. Raisonnant sans principes, sa raison a ses accès, comme la folie des autres. L'esprit droit, le cœur injuste, il pense tout, et se moque de tout. Libertin sans tempérament, il sait aussi moraliser sans mœurs. Vain à l'excès, mais encore plus intéressé, il travaille moins pour la réputation que pour l'argent. Il en a faim et soif. Enfin il se presse de travailler, pour se presser de vivre. Il était fait pour jouir, il veut amasser. Voilà l'homme. Voici l'auteur.

Né poète, les vers lui coûtent trop peu. Cette facilité lui nuit; il en abuse, et ne donne presque rien d'achevé: écrivain facile, ingénieux, élégant. Après la poésie, son métier serait l'histoire, s'il faisait moins de raisonnements et jamais de parallèles, quoiqu'il en fasse quelquefois d'assez heureux.

M. de V... dans son dernier ouvrage a voulu suivre la manière de Bayle; il tâche de le copier en le censurant. On a dit depuis longtemps que pour faire un écrivain sans passions et sans préjugés il faudrait qu'il n'eût ni religion ni patrie. Sur ce pied-là, M. de V... marche à grands pas vers la perfection. On ne peut d'abord l'accuser d'être

---

1. Voir R. A. Leigh, «An anonymous eighteenth-century character-sketch of Voltaire», *Studies* 2 (1956), p.241-72. Nous reproduisons le texte établi par R. A. Leigh, en modernisant l'orthographe et la ponctuation.

partisan de sa nation. On lui trouve au contraire un tic approchant de la manie des vieillards. Les bonnes gens vantent toujours le passé, et sont mécontents du présent. M. de V... est toujours mécontent de son pays, et loue avec excès ce qui est à mille lieues de lui. Pour la religion, on voit bien qu'il est indécis à cet égard. Sans doute il serait l'homme impartial que l'on cherche, sans un petit levain d'anti-jansénisme un peu marqué dans ses ouvrages.

M. de V... a beaucoup de littérature étrangère et française et de cette érudition mêlée qui est si fort à la mode aujourd'hui. Politique, physicien, géomètre, il est tout ce qu'il veut; mais toujours superficiel, et incapable d'approfondir. Il faut pourtant avoir l'esprit bien délié pour effleurer comme lui toutes les matières. Il a le goût plus délicat que sûr: satirique ingénieux, mauvais critique. Il aime les sciences abstraites, et l'on ne s'en étonne point. L'imagination est son élément, mais il n'a point d'invention, et l'on s'en étonne. On lui reproche de n'être jamais dans un milieu raisonnable. Tantôt philanthrope et tantôt satirique outré. Pour tout dire, en un mot, M. de V... veut être un homme extraordinaire, et il l'est à coup sûr.

Non vultus, non color unus.

Morceau brillant. Il apparaît dans les mois qui suivent le scandale des *Lettres philosophiques*: bien évidemment, c'est le livre lancé sur le marché par Jore et par Josse que l'anonyme désigne comme le «dernier ouvrage» de «M. de V...». Dans une telle conjoncture, le texte produit son plein effet. Ses antithèses tranchantes, ses formules incisives, son ton quelque peu insolent réalisent un mimétisme par le style du personnage évoqué. La brièveté de ce *Portrait* permet de le répandre aisément. On en diffuse une version imprimée en quatre pages; on en prend de nombreuses copies manuscrites. On l'envoie aux Pays-Bas, en Allemagne, en Angleterre. On le traduit, on l'adapte, jusque dans la seconde moitié du siècle.

En sa nouveauté, il était attribué au comte (ou marquis) de Charost. Voltaire à Cirey en recevra un exemplaire, par les soins de Thiriot.[2] Il veut croire plutôt que le responsable est le petit abbé de Lamare: il donne pour raison qu'il a secouru celui-ci et qu'il est naturel que l'abbé l'en remercie en tentant de lui nuire.[3] Mais il emploiera plus tard Lamare comme courtier littéraire: sans doute n'a-t-il pas persisté dans ses soupçons. Le nom de Ramsay, qui a été proposé, ne paraît pas non plus devoir être retenu: le portrait n'est nullement dans la manière de ce disciple de Fénelon, fastidieux auteur des *Voyages de Cyrus*.

L'attribution à Charost reste la plus vraisemblable. Voltaire l'écarte sous le prétexte qu'il ne l'a jamais «vu»: il veut dire que Charost n'était pas de ses relations. Mais il n'était pas nécessaire de fréquenter un personnage aussi

---

2. D875 (12 juin 1735); il l'a reçu lorsqu'il adresse à Thiriot D893, vers le 15 juillet.
3. D899 (vers le 15 août 1735).

public que l'auteur de *Zaïre* pour le connaître. Charost l'a pu «voir» maintes fois, notamment aux spectacles. Sans lui avoir été présenté, il en sait assez pour saisir le caractère de l'homme. Le comte ou marquis, fils du duc de Charost, petit-fils d'un ami de Saint-Simon, est alors fort jeune: né vers 1710, il a vingt-quatre ou vingt-cinq ans. Il aime écrire, dans le genre moraliste. Il vient de donner des *Réflexions de M. le marquis de ... sur l'esprit et le cœur*. Il a en portefeuille des pensées *Sur l'amour et l'amitié*. Mais après des débuts prometteurs (dont la meilleure réussite serait le *Portrait*), la carrière du jeune écrivain s'interrompt tragiquement. Charost meurt le 23 octobre 1735 des blessures reçues à la bataille d'Esch, dans la guerre de Succession de Pologne.

Il n'est pas étonnant qu'il ait choisi d'exercer sa plume, en 1734 ou au début de 1735, sur une personnalité telle que «M. de V...». Il déclare s'adresser «à un naturaliste»: mention énigmatique que certaines copies corrigent («je parle en naturaliste») ou suppriment. Il se peut que Charost ait été réellement sollicité par un correspondant, provincial ou étranger, amateur de sciences naturelles. Il prend donc cette occasion de tracer un «caractère». Les intérêts du destinataire l'autorisent à commencer par le physique de son modèle: taille, tempérament; maigreur et «bile brûlée»; vivacité d'allure et complexion maladive. Moraliste, l'auteur du portrait impute au psychique le mauvais état de santé du personnage. C'est «la lame» qui «use le fourreau».

Des deux parties – l'homme, l'auteur – la première est celle qui tombe le plus juste. Ce portrait en mouvement fait vivre «M. de V...» sous nos yeux: un «ardent qui va et vient, qui vous éblouit et qui pétille». Mais la plume du portraitiste – voltairienne – est animée de malveillance. Aussi bien savons-nous que Charost était lié avec Saint-Hyacinthe lequel est un ennemi de Voltaire depuis la querelle qui les mit aux prises à Londres. «Sociable», certes. Mais il est faux que le confident de Thiriot, de d'Argental, de Cideville, de Formont, n'ait pas d'amis. «Il ne tient à rien par choix, et tient à tout par inconstance»: voilà une formule qui «pétille», pour le plaisir de l'antithèse. Que l'homme soit «intéressé», nul ne le conteste. Mais il faudrait dire, inversant les termes de Charost, qu'il travaille à ses ouvrages «pour la réputation» plutôt que «pour l'argent». Il est assez connu qu'au dix-huitième siècle le métier d'écrire ne rapportait guère. C'est par d'autres voies que Voltaire a «amassé» sa fortune.

Se recommandant à la fois par sa pertinence et par sa malignité, le *Portrait* contribua efficacement à fixer dans l'opinion une image de «l'homme extraordinaire». Avide jusqu'à l'avarice, instable en ses humeurs, possédé d'une boulimie d'action et d'écriture; auteur «facile, ingénieux, élégant», mais abusant de l'improvisation; esprit plus touche-à-tout qu'encyclopédique; penseur superficiel, qui ne fait qu'«effleurer» les sujets; pratiquant une littérature d'imagination sans avoir d'«invention»: de telles appréciations seront maintes fois répétées, jusqu'à Faguet et au-delà. Et combien de critiques l'accuseront, après Charost, de n'aimer pas sa patrie. Il pratique effectivement cette forme très française du patriotisme qui se montre sensible surtout aux faiblesses et échecs de la nation, et s'exprime de préférence par le dénigrement. Le portrait en tire argument pour reprocher à l'auteur des *Lettres philosophiques* d'être «toujours mécontent de son pays» et de «louer avec excès» l'étranger, en l'occurrence l'ennemi anglais.

Il semble même que Voltaire, quoiqu'irrité du reflet qu'on lui tendait, s'en soit souvenu parfois dans ce qu'il dit de lui-même. Quand il s'avoue semblable aux «petits ruisseaux», «transparents parce qu'ils sont peu profonds»,[4] quand il parle à Mme Du Deffand de sa «peau de caméléon»,[5] sans le savoir ou en le sachant il fait écho à Charost (nommons ainsi, selon les probabilités, l'auteur anonyme). Alerté par le *Portrait*, il sera désormais sur ses gardes. Pour démentir sa réputation, on le verra aspirer à la dignité, s'entourer de respectabilité: il travaillera à devenir «l'un des quarante» de l'Académie française, «gentilhomme ordinaire de la chambre du roi», et enfin seigneur de Ferney, comte de Tourney.

On s'étonne que le *Portrait* passe si vite sur l'œuvre poétique. En 1734 Voltaire est renommé principalement comme auteur de *La Henriade*, de *Zaïre*. On soupçonne que Charost ne veut pas insister sur ces titres de gloire de son personnage. Sa malveillance latente ne conteste pas – à la différence de futurs réquisitoires antivoltairiens – que l'écrivain dont il parle soit authentiquement un poète. Au contraire, à la jointure entre le portrait de l'homme et celui de l'auteur, il énonce comme une évidence admise par tous que «M. de V...» est «né poète». Une des maximes de l'esthétique classique veut qu'on «naisse poète». En une époque où tout honnête homme est apte à s'exprimer en vers, bien ou mal, on pense que seuls quelques-uns possèdent le véritable don de poésie: ceux qui ont reçu en venant au monde une complexion bizarre, qui fait d'eux des êtres plutôt inquiétants. Ainsi Jean-Baptiste Rousseau, illustre par des malheurs imputables à son caractère. Ainsi ce «M. de V...», brûlé d'un «feu» qui le consume, et incapable «d'être jamais dans un milieu raisonnable».

De Voltaire poète, Charost ne retient que le défaut communément reproché à ses tragédies. Dans sa hâte de se faire jouer, il lâche des alexandrins faibles, négligés. Le public, attentif alors à la qualité de la versification, en murmurait, même aux premières représentations, nous l'avons vu, de *Zaïre*: tragédie à succès, mais rédigée trop vite. Or en se limitant de la sorte à un tel grief, le

---

4. D1341 (20 juin 1737), à Henri Pitot.
5. D5786 (23 avril 1754), de Colmar, à Mme Du Deffand: «J'étais devenu Anglais à Londres, je suis Allemand en Allemagne. Ma peau de caméléon prendrait des couleurs plus vives auprès de vous».

Portrait ignore (sans doute délibérément) ce que fut en fait la réception de la poésie voltairienne par son public. A travers des formes pour nous inertes, irrémédiablement désuètes, tout un message de grandeur et d'émotion a cessé de passer, qui bouleversait les contemporains. Et ce n'était pas le cas seulement d'esprits routiniers, enchantés d'un poète ayant le don de ranimer une tradition vieillissante. En ces années, le Voltaire de la haute poésie a marqué fortement deux hommes jeunes, aussi éloignés que possible l'un de l'autre, mais appelés tous deux à dominer le siècle. A défaut d'éléments plus complets, dont nous ne disposons pas, ces deux exemples de «réception» méritent d'être considérés.

Jean-Jacques Rousseau, nous le savons, lisant à Chambéry les *Lettres philosophiques*, y prend le goût de l'étude. Mais antérieurement il avait découvert grâce à Voltaire le monde de la grande poésie.[6] C'est ce qu'il laisse comprendre (avec quelques confusions chronologiques) dans ses *Confessions*. Dès 1729, il a lu chez Mme de Warens, à Annecy, *La Henriade*. Son Voltaire est «le touchant Voltaire»:[7] celui de ce grand poème et des tragédies. Il s'éprend dans *Brutus*, dans *Zaïre*, de «beautés mâles et fortes»: il reprochera plus tard à l'«illustre Arouet» d'avoir sacrifié celles-ci à «l'esprit de galanterie».[8] «Beautés» qui opèrent en lui des effets physiques. Bientôt, assistant à Grenoble à une représentation d'*Alzire*, il en sera ému au point d'en perdre le souffle, littéralement; il est saisi de «palpitations», si violentes qu'il se déclare forcé de «renoncer au tragique», jusqu'au rétablissement de sa santé. Il s'interroge: «pourquoi y a-t-il des cœurs sensibles au grand, au sublime, au pathétique, pendant que d'autres ne semblent faits que pour ramper dans la bassesse de leurs sentiments?»[9] Comme l'a montré Henri Gouhier, jusqu'à la fin, en dépit de tout, il reconnaîtra en Voltaire le poète du «grand, du sublime, du pathétique». Cet aspect du génie voltairien, moins perceptible pour nous, s'imposait avec la force de l'évidence à Rousseau comme à la plupart de ses contemporains.

Dans les mêmes années, à l'autre extrémité de l'Europe, le fils du roi-sergent, le *kronprinz* Frédéric, lit Voltaire en cachette. Il avait mis en bonne place les œuvres du poète français dans la bibliothèque qu'il s'était constituée, à l'âge de quinze ans. Son père la fait brutalement disperser: interdiction à l'héritier de la couronne de lire autre chose que le *Theatrum europeum*, énorme compilation des batailles et des changements de souverains depuis le début du

6. Voir Henri Gouhier, *Rousseau et Voltaire, portraits dans deux miroirs* (Paris 1983).

7. *Le Verger de Madame la baronne de Warens*, cité par H. Gouhier, p.20: «et toi touchant Voltaire, / Ta lecture à mon cœur restera toujours chère».

8. Expressions du *Discours sur les sciences et les arts*, commentées par H. Gouhier, p.34-35.

9. Lettre à Mme de Warens, 13 septembre 1737, citée par H. Gouhier, p.22 (voir la *Correspondance complète*, éd. R. A. Leigh (Oxford 1965-), no. 16).

dix-septième siècle. Mais Frédéric-Guillaume avait confié son éducation à des protestants réfugiés: grâce à eux le jeune prince s'initie aux lettres françaises; il se procure les récentes publications voltairiennes. Quand il fait aménager dans la lande poméranienne le petit Versailles de Rheinsberg, au plafond de son cabinet un génie tend à Minerve un livre où sont inscrits deux noms: Horace, Voltaire. Il s'enthousiasme surtout pour *La Henriade*: «ouvrage parfait» selon lui. Plus tard il projettera, on le sait, d'en donner une édition: à cette fin il rédigera une longue préface qui nous est parvenue. Le futur roi qu'il est recherche dans ce poème un modèle de ce que doit être un monarque. Cependant, lorsque en 1735 on lui communique le *Portrait* de «M. de V...», il n'en repousse pas les insinuations; il les accueille même avec une satisfaction maligne.[10] En cet esprit retors, déjà sous l'admiration vouée au grand homme perce l'animosité.

Le biographe s'assure un avantage qui nécessairement échappait aux contemporains. Il a accès à des documents ignorés de ceux-ci: correspondances, témoignages non publiés, écrits inédits de l'auteur. Charost tire parti de tout ce que procurent la présence de l'homme et l'ambiance où il vit. Mais il n'a pas eu connaissance, par exemple, de l'*Epître à Uranie*, ou bien il ne croyait pas qu'elle fût de Voltaire. Aussi se trompe-t-il sur les opinions de son personnage en matière de religion. Il le dit «indécis», relevant seulement «un petit levain d'anti-jansénisme un peu marqué dans ses ouvrages»: appréciation fondée sur la vingt-cinquième *Lettre philosophique* contre Pascal, et peut-être sur la tragédie d'*Œdipe* interprétée comme visant le Dieu terrible des jansénistes. Nous savons, quant à nous, qu'à cette date Voltaire, nullement «indécis», a opté définitivement pour le déisme. Il n'en fait nul mystère, du moins à ses intimes. Mais Charost (ou l'anonyme du *Portrait* quel qu'il soit), s'il connaissait bien son Voltaire, d'une certaine manière, n'avait certainement pas été admis dans sa confidence.

Aussi la portée des *Lettres philosophiques* est-elle méconnue. Le *Portrait* ne voit guère en ce livre que la performance d'un écrivain polygraphe. Voltaire aurait voulu imiter Bayle: le Bayle des journaux, présentés sous forme de lettres, plutôt que celui du *Dictionnaire*; ce même Bayle que Voltaire, décidément fort capricieux en ses jugements, vient de critiquer dans le *Temple du Goût*.[11] Les vingt-cinq «lettres» du recueil ne proposeraient rien d'autre qu'un pot-pourri d'«érudition mêlée»: de la politique, de la physique et de la géométrie, de la

10. Voir Christiane Mervaud, *Voltaire et Frédéric II, une dramaturgie des Lumières*, Studies 234 (Oxford 1985), p.23-24 et 443-44.

11. Dans le *Temple du Goût*, éd. Carcassonne, p.92 (texte de Rouen), Voltaire demande que Bayle pour être admis dans le sanctuaire soit réduit «à un seul tome».

littérature. La convergence des éléments divers n'est pas aperçue. Charost apparemment ne comprend pas que les *Lettres anglaises* explicitent, sur le mode polémique, une vision de l'homme et un projet de société: ceux-là mêmes qu'expriment le mot de «philosophie».

L'erreur procède sans doute de la perspective même du *Portrait*. En ce texte, le personnage est saisi dans le moment présent, les œuvres évoquées se situant toutes entre 1732 et 1734. C'est au *Charles XII* que fait allusion la phrase sur l'ouvrage historique, entaché selon l'auteur de trop de raisonnements et de parallèles. L'accusation d'être «satirique outré» et «mauvais critique» porte sur la partie littéraire des *Lettres philosophiques*, mais aussi sur le *Temple du Goût*. Et dans les œuvres poétiques, taxées de négligence, le lecteur reconnaissait les tragédies des mêmes années. Charost peint un Voltaire se dispersant dans des écrits sans cohérence interne: productions telles qu'on en peut attendre d'un homme aussi instable: *Non vultus, non color unus*, changeant sans cesse de visage et de couleur.[12] Le trait final, justifié en apparence par les variations voltairiennes, achève pourtant de fausser le *Portrait*.

Les constantes se dessinent non dans un instantané comme celui-ci, mais dans le devenir d'une vie. L'histoire personnelle de Voltaire nous a fait découvrir, à travers accidents et hasards, une continuité d'où se dégage une orientation. Dans la succession des années que nous avons parcourues, bien des points, considérés isolément, demeurent obscurs, d'interprétation conjecturale. Cette biographie serait même impossible, si une évidence ne ressortait dans la ligne qui réunit ces «points». Il n'est pas de méthode plus sûre pour trahir Voltaire que de le réduire à des miettes biographiques. Le *Portrait* de Charost illustre à sa façon ce procédé de déformation par le fractionnement.

Voltaire voulant dès l'origine être poète, Voltaire s'affirmant au fil des ans «philosophe»: nous l'avons reconnu tel, en le suivant dans cette première phase de son existence. Nulle dichotomie ici, car la poésie comme il la conçoit n'exclut pas l'exercice de la pensée; elle s'y élève plutôt comme vers un sommet. Et la philosophie voltairienne de l'histoire, dès les *Lettres philosophiques*, désigne l'essor des lettres et des arts comme la fin dernière d'une société éclairée.

On avouera pourtant que c'est la connaissance de la suite qui aide aujourd'hui le biographe à déchiffrer cette période initiale. Lorsque Voltaire en mai 1734 roule sur les routes de Bourgogne vers les frontières, l'avenir proche et lointain demeurait pour lui, comme pour tout homme à chaque époque de sa vie, indéterminé. Mais déjà, même sans le savoir bien clairement, il avait choisi.

12. Citation de l'*Enéide*, vi.47: dans ce texte l'expression désigne les métamorphoses de la Sibylle en proie dans son antre à l'inspiration du dieu.

BIBLIOGRAPHIE

1. La biographie: théories et pratiques

Blücker, G., «Biographie. Kunst der Wissenschaft», *Definitionen* (1963), p.58-84.

Biographie und Geschichtswissenschaft: Aufsätze zur Theorie und Praxis biographischer Arbeit, Wien 1979.

Cockshut, Anthony Oliver John, *Truth to life: the art of biography in the nineteenth century*, London 1974.

Ellmann, Richard, *Literary biography*, Oxford 1971.

Kendall, Paul Murray, *The Art of biography*, New York 1965.

Lee, Sidney, *Principles of biography*, Cambridge 1911.

Madalénat, Daniel, *La Biographie*, Paris 1984.

Maurois, André, *Aspects de la biographie*, Paris 1928.

Romein, Jan, *Die Biographie: Einführung in ihre Geschichte und ihre Problematik*, Bern [1948].

Sartre, Jean-Paul, *Baudelaire*, Paris 1947.

– *L'Idiot de la famille: Gustave Flaubert de 1821 à 1857*, Paris 1971.

Scheuer, Helmut, *Biographie: Studien zur Funktion und zum Wandel einer literarischen Gattung vom 18. Jahrhundert bis zur Gegenwart*, Stuttgart 1979.

Shackleton, Robert, *Montesquieu, biographie critique*, Grenoble 1977.

Stephen, Leslie, *Studies of a biographer*, London 1898.

Studies in biography, éd. Daniel Aaron, London 1978.

2. Bibliographies concernant Voltaire

Barr, Mary-Margaret H., *A century of Voltaire study: a bibliography of writings on Voltaire, 1825-1925*, New York 1929.

– *Etudes voltairiennes récentes, après 1965, dans la collection personnelle de M.-M. H. Barr*, [1978].

– et Frederick A. Spear, *Quarante années d'études voltairiennes: bibliographie analytique de livres et articles sur Voltaire, 1926-1965*, Paris 1968.

Bengesco, Georges, *Voltaire, bibliographie de ses œuvres*, Paris 1882-1890.

Bibliothèque de Voltaire: catalogue des livres, Moscou, Leningrad 1961.

Bibliothèque nationale, *Catalogue général des livres imprimés de la Bibliothèque nationale: auteurs*, tome 214, Paris 1978.

Candaux, Jean-Daniel, «Premières additions à la bibliographie des écrits français relatifs à Voltaire, 1719-1830», *Studi francesi* 39 (1969), p.481-90.

– «Voltaire: biographie, bibliographie et éditions critiques», *RHLF* 79 (1979), p.296-319.

Cioranescu, Alexandre, *Bibliographie de la littérature française du dix-huitième siècle*, Paris 1969.

Quérard, J.-M., *Bibliographie voltairienne*, Paris 1842.

Vercruysse, Jeroom, «Bibliographie des écrits français relatifs à Voltaire, 1719-1830», *Studies* 60 (1968), p.7-71.

3. Biographies de Voltaire

Bergner, Tilly, *Voltaire: Leben und Werk eines streitbaren Denkers: Biographie*, Berlin 1976.

Besterman, Théodore, *Voltaire*, 3e éd., Oxford 1976.

Bibliothèque nationale, *Voltaire: un homme, un siècle*, Paris 1979.

343

Bibliothèque royale Albert 1er, *Voltaire: bicentenaire de sa mort*, Bruxelles 1978.

Delattre, André, *Voltaire l'impétueux*, Paris 1957.

Desnoiresterres, Gustave, *Voltaire et la société française au XVIIIe siècle*, 2e éd., Paris 1871-1876.

Donvez, Jacques, *De quoi vivait Voltaire?*, Paris 1949.

Hearsey, John E. N., *Voltaire*, London 1976.

Lanson, Gustave, *Voltaire*, Paris 1960.

Mailhos, Georges, *Voltaire témoin de son temps*, thèse de doctorat ès-lettres, Université de Toulouse le Mirail, 1972, exemplaires dactylographiés.

Mason, H. T., *Voltaire, a biography*, London 1981.

Michigan Museum, *The World of Voltaire*, Detroit 1969.

Naves, Raymond, *Voltaire*, Paris 1966.

Orieux, Jean, *Voltaire, ou la royauté de l'esprit*, Paris 1966.

Raynaud, Jean-Michel, *Voltaire soi-disant*, Lille 1983.

Vianu, Tudor, *Voltaire*, Bucarest 1972.

«Voltaire, Rousseau, 1778-1978», *RHLF* 79 (1979), p.179-500.

4. Editions des œuvres de Voltaire

Œuvres complètes, éd. Louis Moland, Paris 1877-1885.

Œuvres complètes de Voltaire, [Kehl] 1784-1789.

Œuvres complètes de Voltaire, Genève, Banbury, Oxford 1968-; édition en cours, déjà parus:

2. *La Henriade*
7. *La Pucelle*
48. *Candide*
53-55. *Commentaires sur Corneille*
59. *La Philosophie de l'histoire*
64. *La Défense de mon oncle*
81-82. *Notebooks*

85-135. *Correspondence and related documents.*

Corpus des notes marginales de Voltaire, Berlin, Oxford 1979-.

Correspondance de Voltaire (1726-1729): la Bastille, l'Angleterre, le retour en France, éd. L. Foulet, Paris 1913.

«The *Epître à Uranie*», éd. Ira O. Wade, *PMLA* 47 (1932), p.1066-112.

Lettres philosophiques, éd. G. Lanson et A.-M. Rousseau, Paris 1964.

Œuvres historiques, éd. R. Pomeau (Bibliothèque de la Pléiade), Paris 1978.

Romans et contes, éd. F. Deloffre et J. Van den Heuvel (Bibliothèque de la Pléiade), Paris 1979.

Le Temple du Goût, éd. E. Carcassonne, Paris 1938.

«Variantes aux poésies mêlées de Voltaire», éd. E. Meyer, *RHLF* 39 (1932), p.414-23.

5. Témoignages

Aissé, Mlle, *Lettres*, Paris 1853.

Barbier, Edmond, *Journal historique et anecdotique du règne de Louis XV*, Paris 1847-1856.

Chabanon, Michel P. G. de, *Tableau de quelques circonstances de ma vie: anecdotes sur Voltaire*, Paris an III [1795].

[Chaudon, Mayeul L.], *Mémoires pour servir à l'histoire de M. de Voltaire, dans lesquels on trouvera divers écrits de lui peu connus sur ses différends avec J.-B. Rousseau, un grand nombre d'anecdotes et une notice critique de ses pièces de théâtre*, Amsterdam 1785.

Collini, Cosimo A., *Mon séjour auprès de Voltaire et lettres inédites que m'écrivit cet homme célèbre jusqu'à la dernière année de sa vie*, Paris 1807.

Condorcet, J.-A.-N. de Caritat de, *Vie de Voltaire*, Londres 1786.

Cousin, Charles Y., dit d'Avalon, *Voltai-*

riana, ou recueil des bons mots, plaisanteries, pensées ingénieuses et saillies spirituelles de Voltaire etc., Paris 1801.

Durdent, René J., *Histoire littéraire et philosophique de Voltaire*, Paris 1818.

[Duvernet, Théophile I.], *La Vie de Voltaire*, Genève 1786.

[Harel, Maximilien M.], *Voltaire, recueil des particularités curieuses de sa vie et de sa mort*, Porrentruy 1781.

Havard, J.-A., *Voltaire et Mme Du Châtelet, révélations d'un serviteur attaché à leurs personnes*, Paris 1863.

Lekain, Henri L., *Mémoires*, Paris 1801.

Lepan, Edouard M. J., *Principales erreurs de Condorcet, dans sa «Vie de Voltaire», avec des détails historiques où les faits sont établis sur des preuves irrécusables*, Paris 1824.

– *Réfutation des principaux faits rapportés par M. Mazure dans sa «Vie de Voltaire»*, [Paris] 1821.

– *Vie politique, littéraire et morale de Voltaire, où l'on réfute Condorcet et ses autres historiens*, Paris 1817.

Longchamp, Sébastien G., et Wagnière, Jean-Louis, *Mémoires sur Voltaire et sur ses ouvrages; suivis de divers écrits inédits tous relatifs à Voltaire*, Paris 1826.

[Luchet, Jean P. L. de], *Histoire littéraire de M. de Voltaire*, Cassel 1780.

Marais, Mathieu, *Journal et mémoires sur la Régence et le règne de Louis XV (1715-1737)*, Paris 1863-1868.

Mazure, F. A. J., *Vie de Voltaire*, Paris 1821.

Mémoires et anecdotes pour servir à l'histoire de Voltaire, depuis sa naissance jusqu'à sa mort; précédés de son éloge qui a remporté le prix de l'Académie Française en 1779; suivis de toutes les poésies qui ont paru à son occasion pendant son dernier séjour à Paris, et autres pièces qui ne sont point comprises dans ses œuvres, Liège 1780.

Paillet de Warcy, L., *Histoire de la vie et des ouvrages de Voltaire, suivie des jugemens*

qu'ont portés de cet homme célèbre divers auteurs estimés, Paris 1824.

Palissot de Montenoy, Charles, *La Mort de Voltaire, ode, suivie de l'éloge de ce grand homme, avec la tragédie d'Eriphile, et autres pièces pour servir de suite aux mémoires et anecdotes de cet homme illustre*, s.l. 1780.

Peignot, G., *Recherches sur les ouvrages de Voltaire*, Paris 1817.

Saint-Simon, Louis Rouvroy de, *Mémoires*, éd. A. de Boislisle, Paris 1879.

Villars, Louis-Hector, duc de, *Mémoires*, Paris 1884-1904.

[Villette, Charles de], *Mémoires et anecdotes pour servir à l'histoire de M. de Voltaire*, Amsterdam 1779.

6. Famille, études et formation

Beaune, Henri, *Voltaire au collège: sa famille, ses études, ses premiers amis*, Paris 1867.

Chardonchamp, Guy, *La Famille de Voltaire: les Arouet*, Paris 1911.

Clogenson, J., *Lettre à M. le rédacteur du Nouvelliste de Rouen sur la naissance de Voltaire*, Rouen 1860.

La Servière, J., *Un professeur d'ancien régime, le Père Charles Porée*, Paris 1899.

Pierron, Alexis, *Voltaire et ses maîtres, épisodes des humanités en France*, Paris 1865.

Pomeau, René, «Voltaire au collège», *RHLF* 52 (1952), p.1-10.

Renaud, Jacques, «Les ancêtres poitevins de Voltaire», *Bulletin de la Société historique et scientifique des Deux-Sèvres* (1968), p.185-86.

Rochemonteix, C., *Un collège de jésuites aux XVIIe et XVIIIe: le collège Henri IV de La Flèche*, Le Mans 1889.

Wade, Ira O., *The Intellectual development of Voltaire*, Princeton 1969.

7. Jeunesse: 1711-1726

Arnelle, *Les Filles de Mme Du Noyer*, Paris [1921].

Bauchy, Jacques-Henry, «Les séjours de Voltaire en Orléanais», *Bulletin trimestriel de la Société archéologique et historique de l'Orléanais* n.s., 4 (1965), p.6.

Léouzon-le-Duc, L. A., *Voltaire et la police*, Paris 1867.

Schorr, James L., «A Voltaire letter in the *Journal historique, politique, critique et galant*», *Studies* 185 (1980), p.21-25.

Taylor, Owen R., «Voltaire et *La Ligue*: le projet de souscription – note complémentaire», *Studies* 212 (1982), p.1-5.

Vercruysse, Jeroom, «Les domiciles bruxellois de Voltaire», *Cahiers bruxellois* (1970-1971), p.19-24.

– *Voltaire et la Hollande* (Studies 46), 1966.

Waller, R. E. A., «Voltaire and the regent», *Studies* 127 (1974), p.7-39.

– «Voltaire's 'pension from the regent': Foulet was right», *Studies* 219 (1983), p.59-62.

8. L'Angleterre: 1726-1728

Ballantyne, Archibald, *Voltaire's visit to England, 1726-1729*, London 1893.

Baratier, Paul, *Lord Bolingbroke, ses écrits politiques*, Paris 1939.

Barber, W. H., «Voltaire and Samuel Clarke», *Studies* 179 (1979), p.47-61.

– «Voltaire et Newton», *Studies* 179 (1979), p.193-202.

Brown, Harcourt, «The composition of the *Letters concerning the English nation*», *The Age of the Enlightenment: studies presented to Theodore Besterman*, Edinburgh, London 1967, p.15-34.

Casini, Paolo, «Briarée en miniature: Voltaire et Newton», *Studies* 179 (1979), p.63-77.

Fletcher, D. J., «The fortunes of Bolingbroke in France in the eighteenth century», *Studies* 47 (1966), p.207-32.

Gunny, Ahmad, «Pope's satirical impact on Voltaire», *Revue de littérature comparée* 49 (1975), p.92-102.

Hanley, William, «The abbé de Rothelin and the *Lettres philosophiques*», *Romance notes* 23 (1983), p.1-6.

Jones, Shirley E., «Voltaire's use of contemporary French writing on England in his *Lettres philosophiques*», *Revue de littérature comparée* 56 (1982), p.139-56.

Miège, Guy, *The Present state of Great-Britain*, London 1707.

Perry, Norma, «La chute d'une famille séfardie: les Mendes da Costa de Londres», *Dix-huitième siècle* 13 (1981), p.11-25.

– «The Rainbow, the White Peruke, and the Bedford Head: Voltaire's London haunts», *Studies* 179 (1979), p.203-20.

– *Sir Everard Fawkener, friend and correspondent of Voltaire* (Studies 133), 1975.

– «Voltaire in London», *The Times* (22 april 1978), p.9.

Pomeau, René, «Les *Lettres philosophiques*: le projet de Voltaire», *Studies* 179 (1979), p.11-24.

Porset, Charles, «Voltaire franc-maçon», *Chroniques d'histoire maçonnique* 32, Paris 1984.

Prévost d'Exiles, A.-F., *Mémoires et aventures d'un homme de qualité*, éd. Mysie E. I. Robertson, Paris 1934.

Rousseau, André-Michel, *L'Angleterre et Voltaire* (Studies 145-147), 1976.

– «Naissance d'un livre et d'un texte: les *Letters concerning the English nation*», *Studies* 179 (1979), p.25-46.

9. Du retour en France aux *Lettres philosophiques* (1728-1734)

Alekan, Jacques, «Chronique littéraire du passé: Voltaire dans la «clandestinité» à Rouen et ses complices», *Revue des sociétés savantes de Haute-Normandie* (1969), p.41-53.

Bauchy, Jacques-Henry, «Voltaire historiographe et ses informateurs Orléanais», *Bulletin trimestriel de la Société archéologique et historique de l'Orléanais* (1969), p.436-40.

Chastang, Marie-Laure, «Essai de réhabilitation d'un poète», *Studies* 205 (1982), p.65-74.

Guédon, Jean-Claude, «Le retour d'Angleterre de Voltaire et son séjour chez Jacques Tranquillain Féret de Dieppe», *Studies* 124 (1974), p.137-42.

Hanley, William, «The policing of thought: censorship in eighteenth-century France», *Studies* 183 (1980), p.265-95.

«Letters concerning the English nation», *Bibliothèque britannique* (1733), ii.16-35, iii.104-37.

Mousnier, Roland, *Progrès scientifique et technique au XVIIIe siècle*, Paris 1958.

Taylor, Owen R., «Voltaire iconoclast: an introduction to *Le Temple du Goût*», *Studies* 212 (1982), p.7-81.

10. Voltaire et le théâtre

Bengesco, Georges, *Les Comédiennes de Voltaire*, Paris 1912.

Bourgeois, Armand, *Voltaire et Adrienne Lecouvreur*, Paris 1902.

Faguet, Emile, «Voltaire et ses comédiennes», *Propos de théâtre*, Paris 1905, ii.195-211.

Lagrave, Henri, *Le Théâtre et le public à Paris de 1715 à 1750*, Paris 1972.

Lancaster, H. Carrington, «The Comédie-Française, 1701-1774: plays, actors, spectators, finances», *Transactions of the American Philosophical Society* 41 (1951), p.591-850.

Moureaux, José-Michel, *L'Œdipe de Voltaire: introduction à une psycholecture* (Archives des lettres modernes, 146), Paris 1973.

Olivier, J.-J., *Voltaire et les comédiens interprètes de son théâtre: étude sur l'art théâtral et les comédiens au XVIIIe siècle*, Paris 1899.

Rougemont, Martine de, *La Vie théâtrale en France au XVIIIe siècle*, thèse de doctorat ès-lettres, Université de Paris III, exemplaires dactylographiés, 1982.

Rousseau, André-Michel, *Voltaire: La Mort de César*, Paris 1964.

11. Amis et correspondants de Voltaire

Badinter, Elisabeth, *Emilie, Emilie, l'ambition féminine au XVIIIe siècle*, Paris 1983.

Bauchy, Jacques-Henry, «Voltaire n'a pas connu Desmahis de Corsembleu à Sully», *Bulletin trimestriel de la Société archéologique et historique de l'Orléanais* n.s., 4 (1965), p.89.

Beaurepaire, Ch. de Robillard de, «Notice sur un des amis et des correspondants de Voltaire: Jean-Nicolas Formont», *Précis analytique des travaux de l'Académie des sciences, belles lettres et arts de Rouen* (1868-1869), p.330-68.

Daoust, Joseph, «Voltaire et la marquise de Bernières», *Etudes normandes* 176 (1965), p.1-16.

Estrée, Paul d', *Le Maréchal de Richelieu*, Paris s.d.

Giraud, Ch., *Le Maréchal de Villars et son temps*, Paris 1881.

Mason, H. T., *Pierre Bayle and Voltaire*, London 1963.

Maurel, André, *La Duchesse du Maine, reine de Sceaux*, Paris 1928.

Sareil, Jean, *Voltaire et les Grands*, Genève, Paris 1978.

Tronchin, H., *Le Conseiller Tronchin*, Paris 1882.

Vaillot, René, *Madame Du Châtelet*, Paris 1978.

INDEX

des noms de personnes et des œuvres de Voltaire

349

TABLE DES MATIÈRES

Henriade s'achève. La mort du père. Le testament de François Arouet, le codicille non signé. La part de Voltaire «substituée». L'inventaire.

(1722). Voltaire pro-Anglais. Bolingbroke. Accointances à Vienne (Autriche): J.-B. Rousseau, le prince Eugène. L'aventureux Görtz propose à Voltaire d'entrer à son service. Difficultés d'argent. Le président de Bernières et la «caisse de juifrerie». Relations avec les frères Pâris. Mme de Bernières. La Rivière-Bourdet. Offres de service à Dubois: fiche sur Salomon Levi. L'affaire Beauregard. Voyage en Hollande avec Mme de Rupelmonde (p.150). L'escale de Cambrai. Nouvelles et vaines avances à Dubois. Bruxelles. Esclandre à la messe. Rencontre avec J.-B. Rousseau. La Haye. *La Henriade* en souscription. Découverte d'une société commerçante: tolérance, prospérité. Scandale à la synagogue? Au retour, halte à Bruxelles. Brouille avec J.-B. Rousseau. *L'Epître à Julie* (Mme de Rupelmonde) (p.158). Le «contre», le «pour». Lecture d'Houtteville. La chasse au Beauregard. Visite à Bolingbroke à la Source.

(1723 – 1724). *La Henriade* sauvée des flammes. Louis xv, douze ans, prévenu contre Voltaire. Préparation d'une édition clandestine, *La Ligue*, à Rouen. Cideville, Formont. Voltaire entre Mariamne et une ânesse. Binbin-Piron: le croûton et la bouteille. Les ravages de la variole; l'épidémie de 1723 (p.168). M. de Maisons et Voltaire atteints; les fêtes annulées. Voltaire à l'extrémité se confesse. La cure de Gervasi: deux cents litres de limonade et un traitement psychologique. Le malade guéri s'installe rue de Beaune. *Henri IV* entre à Paris avec le mobilier de Mme de Bernières. Le succès, ses raisons (p.173). Une versification aisée, les dons du narrateur. Une inspiration épique tributaire des modèles. Un Henri IV incolore. L'idéologie monarchique et le message philosophique. La promotion scolaire du poème. Les limites du génie voltairien.

(1724 – 1725). Une grande première manquée: *Mariamne*. Créativité de Voltaire. L'homme de spectacle. Saison à Forges-les-Eaux. Monsieur le Duc et Mme de Prie: le règne des plaisirs et de l'argent. Le paresseux Thiriot refuse un poste sous Richelieu, à Vienne. Desfontaines, abbé, journaliste, sodomite. Voltaire le fait sortir de Bicêtre, où il risquait le bûcher. Pamphlet de Desfontaines contre son bienfaiteur. Les rentes viagères (p.187). Dettes à l'égard des Bernières. Supplanté auprès de Mme de Berniè-res. Polémique avec l'abbé Nadal. *Hérode et Mariamne*: une mécanique parfaite. *L'In-discret*, comédie de cour. On cherche une épouse pour Louis xv (p.192). Mme de Prie choisit Marie Leszczynska. Voltaire présent à l'annonce du mariage. Il assiste à la cérémonie à Fontainebleau. «Mon pauvre Voltaire». *La Fête de Bélébat*. Voltaire curé de Courdimanche. Pension sur la cassette de la reine. Espérance d'un «établissement». Lectures de Locke, Malebranche, Pascal (p.195). Le miracle de l'hémorroïsse. L'arche-vêque de Paris coupe court à une revendication par les jansénistes. Voltaire rend des visites à «la femme au miracle»: allusion dans le mandement de Monseigneur de Noailles. Conversation avec une Indienne anthropophage. Consultation des astrologues: Voltaire mourra à trente-deux ans. Décision de publier *La Henriade* à Londres (p.200). Projet de voyage. Transfert des fonds.